姜明安公法著作系列丛书

监察法研究

姜明安——著

Research on Supervision Law

法律出版社
LAW PRESS · CHINA
北京

图书在版编目(CIP)数据

监察法研究 / 姜明安著. -- 北京 : 法律出版社,
2023
(姜明安公法著作系列丛书)
ISBN 978-7-5197-7673-2

Ⅰ. ①监… Ⅱ. ①姜… Ⅲ. ①行政监察法－研究－中
国 Ⅳ. ①D922.114.4

中国国家版本馆 CIP 数据核字(2023)第 043383 号

监察法研究
JIANCHAFA YANJIU

姜明安 著

策划编辑 朱 峰
责任编辑 苗 婕
装帧设计 贾丹丹

出版发行 法律出版社
编辑统筹 辞书·融出版编辑部
责任校对 王晓萍
责任印制 吕亚莉
经　　销 新华书店

开本 710 毫米×1000 毫米 1/16
印张 32.25 字数 480 千
版本 2023 年 7 月第 1 版
印次 2023 年 7 月第 1 次印刷
印刷 三河市龙大印装有限公司

地址:北京市丰台区莲花池西里 7 号(100073)
网址:www.lawpress.com.cn
投稿邮箱:info@lawpress.com.cn
举报盗版邮箱:jbwq@lawpress.com.cn

销售电话:010-83938349
客服电话:010-83938350
咨询电话:010-63939796

书号:ISBN 978-7-5197-7673-2
定价:128.00 元

凡购买本社图书,如有印装错误,我社负责退换。电话:010-83938349

序　言

本书在一定意义上可以认为是笔者2018年出版的《监察工作理论与实务》[①]（以下简称原书）一书的第2版，因为本书的基本框架和很多内容是对原书的承袭。但是，本书在很大程度上又应认为是笔者的一本新书，理由如下：

第一，原书的研究对象只是《监察法》，本书的研究对象则是“三法一条例”——《监察法》、《公职人员政务处分法》（以下简称《政务处分法》）、《监察官法》和《监察法实施条例》。笔者在撰写原书时，《监察法》刚刚出台，而《政务处分法》、《监察官法》和《监察法实施条例》尚未出台，甚至这“两法一条例”当时尚未提上立法议事日程。[②] 原书研究的只是《监察法》一部法律，现在新书研究的则是监察法的整个法律体系。

第二，原书偏重于对法律条文的释义，本书则是在对法律条文释义的同时，注重对法律原理的探讨。特别是第一章，从整个法律监督的宏观层面探讨监察监督的地位、功能和作用，而不是就监察论监察，从而使对监察法的意义和具体监察法律制度、具体监察法律规范的理解和阐释能更深一些，视角能更广一些。

第三，本书较原书结构有所变化，章节有所增加。结构方面，将“监察制度发展的历史沿革”和“监察证据制度”置前。在原书中，这两章为最后两章，现新书将“我国监察制度发展的历史沿革”提前至第二章，“监察证据制度”提前至第九章。章节方面，原书共11章，本书增至16章。增加的章节除

---

① 姜明安：《监察工作理论与实务》，中国法制出版社2018年版。

② 《政务处分法》于2020年6月20日第十三届全国人民代表大会常务委员会第十九次会议通过；《监察官法》于2021年8月20日第十三届全国人民代表大会常务委员会第三十次会议通过；《监察法实施条例》于2021年7月20日由国家监察委员会公布。

第一章“法律监督概述”(阐释法律监督的含义、功能与意义,以及我国整个法律监督的体系和结构,包括人大监督、监察监督、检察监督和审判监督等)外,还增加了第三章“监察法立法背景与立法过程”、第四章“监察法的宪法根据”、第十章“政务处分”(对《政务处分法》的阐释)和第十三章“监察官制度”(对《监察官法》的阐释)。另外,本书还将原书第九章“监察工作若干具体实务问题解析”修改变更为现书的第十六章“纪检规则在监察中的适用”。因为笔者撰写原书时,调整纪检工作的党内法规还很不完善,只能解析实践中的做法和分析《监察法》有关规范的含义与党内有关规范性文件的试行性规则。而笔者撰写本书时,调整纪检工作的党内法规已相对完善,特别是 2019 年 1 月中共中央办公厅发布的《中国共产党纪律检查机关监督执纪工作规则》正式版本,为纪检机关办理执纪案件提供了完善的程序规范,这些规范所确立的许多规则(但非全部规则)无疑可为监察机关办理公职人员职务违法案件所适用。故本书对原书第九章内容加以修改,并将章名改为“纪检规则在监察中的适用”。

第四,本书将原书的四个附录改为两个。删去了附录二(涉公职人员职务犯罪的有关刑法条款),因为有关内容已吸收到本书正文中;删去了附录三(《中国共产党党内监督条例》),因为该条例与纪检监察有关的规则已体现在第十六章所介绍和阐释的《中国共产党纪律检查机关监督执纪工作规则》中;删去了附录四(《中国共产党纪律检查机关执纪工作规则(试行)》),因为该规则已有正式版本,且在第十六章中予以介绍。本书增加了一个新的附录一,收录了笔者在“监察三法”出台前后对此三法研究的若干成果,包括笔者根据立法机关发布的对“监察三法”草案向社会征求意见的要求,对“监察三法”草案所提出的一些修改和完善的建议、意见。笔者就“监察三法”草案发表的相关文章和建议、意见有的已在本书有关章节中作了介绍和阐释,为避免重复则未收录。附录一中收录的文章的内容大多是本书正文中笔者未加详细介绍和论及的观点。此外,本书将原书附录一改为附录二,并将一法(《监察法》)改为收录“监察三法”(增加《政务处分法》和《监察官法》)。

由于本书对原书内容和体系结构所进行的上述“大修”,故笔者不再将本书视为原书的第 2 版,而将本书视为一本新书,并将书名改为《监察法研究》。

《监察法研究》是笔者对“监察三法”进行统一研究的一个最初步的成

果,故难免会存在这样或那样的缺陷和不足,甚至还可能存在某些谬误。对此,希望读者不吝指教,笔者将虚心听取,并在今后再版时予以纠正。

姜明安

于北京市海淀区八里庄公寓

2023 年 1 月 20 日

目　　录

第一章　法律监督概述／ 1

第一节　法律监督的含义、功能与意义／ 1

第二节　人大常委会对“一府一委两院”的监督／ 8

第三节　人民检察院行政检察对行政诉讼和行政行为的监督／ 17

第四节　人民法院行政审判对行政行为的监督／ 37

第二章　我国监察制度发展的历史沿革／ 54

第一节　我国古代的监察制度／ 54

第二节　北洋政府和国民政府时期的监察制度／ 60

第三节　中华人民共和国的监察制度／ 62

第三章　监察法立法背景与立法过程／ 74

第一节　监察法的立法背景／ 74

第二节　监察法的立法过程／ 80

第三节　监察法立法的若干问题探讨／ 91

第四章　监察法的宪法根据／ 104

第一节　2018 年修宪为《监察法》出台提供根据／ 104

第二节　2018 年《宪法修正案》对国家监察体制改革的回应／ 105

第三节　2018 年《宪法修正案》关于“监察委员会”的规定／ 110

第五章　监察法的立法目的、指导思想与基本原则 / 115

第一节　监察法的立法目的 / 115

第二节　监察立法的指导思想 / 121

第三节　监察法的基本原则 / 126

第六章　监察机关的组织与职责 / 139

第一节　监察机关的组织 / 139

第二节　监察机关的领导体制 / 142

第三节　监察机关的职责 / 147

第七章　监察对象与管辖 / 153

第一节　监察对象与管辖概述 / 153

第二节　《监察法实施条例》关于监察对象与监察管辖的具体规定 / 159

第八章　监察权限 / 164

第一节　监察权限概述 / 164

第二节　监察权限的主要种类 / 167

第三节　监察机关行使监察权限的相关制度 / 196

第九章　监察证据制度 / 202

第一节　监察证据的种类 / 202

第二节　监察证据收集、调取、审查、认定的若干规则 / 205

第三节　监察调查和监察处置中可适用的若干司法诉讼一般证据规则 / 208

第十章　政务处分 / 223

第一节　政务处分概述 / 223

第二节　政务处分的种类与适用规则 / 228

第三节　公职人员的违法行为及应适用的政务处分 / 233
第四节　政务处分的程序 / 237
第五节　复审、复核与法律责任 / 241

第十一章　监察程序 / 244
第一节　程序法治在监察监督中的功能和作用 / 244
第二节　《监察法》规定的一般监察程序 / 247
第三节　《监察法实施条例》规定的具体监察程序 / 253

第十二章　反腐败国际合作 / 270
第一节　《监察法》关于反腐败国际合作的一般规定 / 270
第二节　《监察法实施条例》关于反腐败国际合作的具体规定 / 273

第十三章　监察官制度 / 279
第一节　监察官制度概述 / 279
第二节　监察官的条件、选用与任免 / 284
第三节　监察官的管理与奖惩 / 288
第四节　监察官的职业保障 / 294

第十四章　对监察机关和监察人员的监督 / 297
第一节　对监察机关和监察人员的监督概述 / 297
第二节　人大及其常委会的监督 / 299
第三节　民主监督、社会监督和舆论监督 / 305
第四节　监察机关内部专门监督和自律 / 308

第十五章　监察法律关系中的法律责任 / 315
第一节　有关单位的责任 / 315
第二节　有关人员的责任 / 316

第三节　监察对象和控告人、检举人、证人的责任 / 318
第四节　监察机关及其工作人员的责任 / 319
第五节　违反《监察法》的刑事责任和国家赔偿责任 / 323

第十六章　纪检规则在监察中的适用 / 327
第一节　报案、举报与线索处理规则 / 327
第二节　谈话函询、初步核实和立案规则 / 332
第三节　审查调查和审理规则 / 336
第四节　监督管理规则 / 341

附录一　监察法研究部分前期成果 / 344
宪法修改如何体现新时代的需要？/ 344
《监察法》颁行：推进监察体制改革和反腐败法治化 / 347
试析《监察法》中的"公权力" / 352
对《政务处分法（草案）》修改完善的意见 / 356
加强和推进政务处分的法治化、规范化——对《公职人员政务处分法（草案）》的修改建议 / 359
中国共产党建党以来廉政建设的主要经验及其在新时代的继承和发展 / 370
"三不一体"推进是反腐败取得实效的关键 / 383
坚持制度治党、依规治党，保障和促进党依法执政 / 389

附录二　监察"三法一条例" / 405
中华人民共和国监察法 / 405
中华人民共和国公职人员政务处分法 / 418
中华人民共和国监察官法 / 431
中华人民共和国监察法实施条例 / 442

第一章

法律监督概述*

第一节　法律监督的含义、功能与意义

一、法律监督的含义

法律监督[①]有最广义、广义和狭义、最狭义之分。最广义的法律监督是指国家机关、社会组织和公民个人对法规[②]制定,法律、法规的执行、遵守行为的监督;广义的法律监督是指国家机关对法规制定,法律、法规的执行、遵守行为的监督;狭义的法律监督是指特定国家机关[③]对国家公权力执掌者、行使者制定法规,执行、遵守法律、法规行为的监督;最狭义的法律监督则仅指检察机关对国家公权力执掌者、行使者执行和遵守法律、法规行为的监督,即我国《宪

---

* 本书书名为《监察法研究》,是专门研究监察监督的,但第一章的章名为"法律监督概述",笔者用一章的篇幅研究人大监督、检察监督和审判监督,其旨意在于探究和把握监察监督在整个法律监督中的位置和边界。要弄清这一点,就必须明确监察监督与人大监督、检察监督和审判监督各个监督环节的关系,明确人大监督、检察监督和审判监督各自的性质、地位及其监督范围和边界。因为这四种监督既有重要区别,亦有一定联系,甚至在监督对象和监督内容上还有某些交叉或重合。所以,研究监察监督应该具有整个法律监督的广阔视野,将监察监督放在法律监督的整体机制中进行探讨和考察。

① 本书所用"法律监督"是指监督主体依"法律"对监督对象"法律活动""法律行为"的监督。这里的"法律活动""法律行为"中的"法律"是指广义的法律文件,包括法律、法规、规章和具有普遍约束力的规范性文件。但法律监督的客体不包括人大和人大常委会制定法律的活动,对人大和人大常委会立法活动的监督属于宪法监督而非法律监督的范畴。

② 这里的"法规"是指行政法规、监察法规、军事法规和党内法规以及自治条例、单行条例。

③ 我国行使法律监督的特定国家机关一般指人大和人大常委会、监察机关、检察机关和审判机关。

法》第134条规定的“法律监督”。

本书研究的“法律监督”是狭义的法律监督。相对于最广义的法律监督,狭义法律监督的监督主体仅为国家机关,而不包括社会组织和公民个人。尽管国家机关实施的法律监督必须依靠社会组织和公民个人,其监督启动所基于的信息和证据材料部分(有时可能是很大部分)源于社会组织和公民个人所提供,但作出有法律效力的监督行为的只能是国家机关而不可能是社会组织和公民个人。

本书所研究的狭义法律监督相对于广义的法律监督,其监督主体仅为特定国家机关(广义法律监督的监督主体包括所有国家机关)。所谓“特定国家机关”,一般指人大和人大常委会、监察机关、检察机关和审判机关,而不包括行政机关。行政机关虽然行使对公民、法人或者其他组织进行社会、经济活动的监督职能和内部上级行政机关对下级行政机关的纵向监督职能,以及职能行政机关(审计、财政、人事、国有资产等行政机关等)对其他行政机关的横向监督职能,但这些监督不属于本书所研究的狭义法律监督。行政机关及其公职人员在狭义法律监督中只是监督对象而非监督主体。当然,在狭义法律监督中,行政机关及其公职人员也并非唯一的监督对象,检察机关及其他人员(包括检察官)、审判机关及其公职人员(包括法官),以及《监察法》第15条所列“公职人员和有关人员”也是狭义法律监督的对象。

本书所研究的狭义法律监督相对于最狭义的法律监督,其监督主体为特定国家机关,而最狭义的法律监督的监督主体只是检察机关,不包括人大和人大常委会、监察机关和审判机关。检察机关和其他法律监督主体的区别只是监督范围、监督对象和监督方式的不同,而非监督的性质不同。它们作为监督主体,都是国家机关而非社会组织和公民个人,其监督依据都是法律而非内部规则或内部纪律,其监督客体都是公权力的实施行为或者公权力实施者依法履职和守法的行为。本书将具有所有这些共性的监督统称为“法律监督”,并对之进行整体研究;而将最狭义的法律监督——检察机关实施的监督——称为“检察监督”,且将之作为狭义法律监督的种类之一进行研究。

二、法律监督的功能

法律监督的功能主要有以下五项：

（一）保障法规、规章和规范性文件[①]依法制定，不与法律相抵触

根据《宪法》、《监督法》[②]、《立法法》和《地方组织法》[③]的规定，全国人大常委会有权撤销同宪法、法律相抵触的行政法规，有权撤销同宪法、法律和行政法规相抵触的地方性法规，有权撤销省、自治区、直辖市的人大常委会批准的违背宪法和《立法法》第85条第2款规定的自治条例和单行条例；国务院有权改变或者撤销不适当[④]的部门规章和地方政府规章；省、自治区、直辖市的人民代表大会有权改变或者撤销它的常务委员会制定和批准的不适当的地方性法规；地方人大常委会有权撤销本级人民政府制定的不适当的规章；省、自治区的人民政府有权改变或者撤销下一级人民政府制定的不适当的规章；授权机关有权撤销被授权机关制定的超越授权范围或者违背授权目的的法规（必要时还可撤销授权）。[⑤]

（二）保障行政机关依法实施行政行为，避免违法行政

这一功能在法律监督功能中占有重要地位，因为它是法律监督主体最经常运用的监督功能。在各种法律监督主体中，人民法院则是运用这一监督功能的最主要的主体。《行政诉讼法》规定，人民法院"监督行政机关依法行使职权"；"对行政行为是否合法进行审查"；撤销违法的行政行为或者确认具有重大、明显违法情形的行政行为无效。[⑥]

---

① 本书使用的"规范性文件"是指国家机关制定和发布的对公民、法人或者其他组织具有普遍约束力的，除法律、法规、规章以外的各种决议、决定、命令等文件。严格地讲，这些文件应该称"其他规范性文件"，因为法律、法规、规章也是规范性文件。但为了表述的方便，本书不使用"其他规范性文件"而一律简称"规范性文件"。

② 《监督法》的全称是《中华人民共和国各级人民代表大会常务委员会监督法》。

③ 《地方组织法》的全称是《中华人民共和国地方各级人民代表大会和地方各级人民政府组织法》。

④ 本书中，"不适当"包括违法，并且首先是违法。对违法规章的监督属于"法律监督"的范畴，对非违法的其他不适当规章的监督属于工作监督而非"法律监督"。

⑤ 参见《宪法》第67条第7项、第8项；《监督法》第28—33条；《立法法》第108条；《地方组织法》第11条第10项、第11项，第50条第11项、第12项。

⑥ 参见《行政诉讼法》第1条、第6条、第70条、第75条。

除人民法院外，人大常委会和人民检察院在运用法律监督这一功能方面亦发挥着重要作用。《监督法》规定，各级人大常委会可通过法定途径，对关系改革发展稳定大局和群众切身利益、社会普遍关注的重大问题，有计划地对有关法律、法规实施情况组织检查，提出执法检查报告，并向社会公布。[①]《行政诉讼法》规定："人民检察院在履行职责中发现生态环境和资源保护、食品药品安全、国有财产保护、国有土地使用权出让等领域负有监督管理职责的行政机关违法行使职权或者不作为，致使国家利益或者社会公共利益受到侵害的，应当向行政机关提出检察建议，督促其依法履行职责。行政机关不依法履行职责的，人民检察院依法向人民法院提起诉讼。"[②]

（三）保障司法机关依法司法和公正司法，防止冤假错案

这是法律监督的第三项功能。实现这一功能的监督主体主要是人民检察院。根据《人民检察院组织法》的规定，法律授予人民检察院的多项职权是与法律监督的此项功能密切相关的：其一，对刑事案件进行审查，批准或者决定是否逮捕犯罪嫌疑人；其二，对刑事案件进行审查，决定是否提起公诉；其三，对诉讼活动实行法律监督；其四，对判决、裁定等生效法律文书的执行工作实行法律监督；其五，对监狱、看守所的执法活动实行法律监督。[③] 另外，根据《刑事诉讼法》的规定，在刑事诉讼程序中，人民检察院除出庭支持公诉外，在庭审中发现人民法院审理案件违反法律规定的诉讼程序，有权向人民法院提出纠正意见。最高人民检察院对各级人民法院已经发生法律效力的判决和裁定，上级人民检察院对下级人民法院已经发生法律效力的判决和裁定，如果发现确有错误，有权按照审判监督程序向同级人民法院提出抗诉。[④] 根据《民事诉讼法》和《行政诉讼法》的规定，最高人民检察院对各级人民法院已经发生法律效力的判决和裁定，上级人民检察院对下级人民法院已经发生法律效力的判决和裁定，发现确有错误，具备法定应当再审的情形的，或者发现调解书损害国家利益、社会公共利益的，应当提出抗诉。地方各级人民检察院对同级

---

① 参见《监督法》第22—27条。
② 参见《行政诉讼法》第25条第4款。
③ 参见《人民检察院组织法》第20条。
④ 参见《刑事诉讼法》第209条、第254条第3款。

人民法院已经发生法律效力的判决和裁定，发现确有错误，具备法定应当再审的情形的，或者发现调解书损害国家利益、社会公共利益的，可以向同级人民法院提出检察建议，并报上级人民检察院备案；也可以提请上级人民检察院向同级人民法院提出抗诉。各级人民检察院对审判监督程序以外的其他审判程序中审判人员的违法行为，有权向同级人民法院提出检察建议。[①]

除人民检察院外，人大常委会在运用法律监督这一功能方面亦发挥着重要作用。《宪法》第 71 条规定，全国人大和全国人大常委会认为必要的时候，可以组织关于特定问题的调查委员会，并且根据调查委员会的报告，作出相应的决议。这里的"特定问题"，即包括重大的司法腐败问题和重大冤假错案问题。此外《监督法》第 22 条规定的执法检查，不仅适用于行政机关的行政行为，也适用于人民法院、人民检察院的司法行为。[②]

（四）保障公职人员廉洁、勤勉履职，防止腐败、滥权和不作为

对于法律监督的第四项功能，主要体现在监察机关的职能行使上。监察监督[③]过去曾被认为是纪律监督，但现在的政务纪律基本上都以法律——《监察法》《政务处分法》《公务员法》等——规定，并依法律实施。而且，监察机关原从属于行政机关，属于各级政府的一个工作部门；现在则独立于行政系统，与行政机关、司法机关并列，构成"一府一委两院"（人民政府、监察委员会、人民法院和人民检察院），故监察监督已构成法律监督的组成部分。《宪法》第 127 条规定："监察委员会依照法律规定独立行使监察权，不受行政机关、社会团体和个人的干涉。监察机关办理职务违法和职务犯罪案件，应当与审判机关、检察机关、执法部门互相配合、互相制约。"《监察法》第 3 条规定，各级监察委员会是行使国家监察职能的专责机关，依照该法对所有行使公权力的公职人员进行监察，调查职务违法和职务犯罪，开展廉政建设和反腐败工作，维护宪法和法律的尊严。可见，其法律监督的性质非常明了。至于其监

---

① 参见《民事诉讼法》第 215 条、《行政诉讼法》第 93 条。

② 参见《监督法》第 22—27 条。

③ 在 2018 年《监督法》制定之前，监察监督指行政监察监督；而在 1997 年《行政监察法》和 1990 年《行政监察条例》制定以前，监察监督主要是纪律监督。

督功能作用,从《监察法》第 11 条规定监察委员会的三项职责[①]中也体现得很明确,对之归纳即:保障公职人员廉洁、勤勉履职,防止腐败、滥权和不作为。

(五)保障监督机关依法和公正监督,避免侵犯被监督者的合法权益

法律监督除了上述四项功能外,还有一个重要功能,就是保障监督机关依法和公正监督,避免侵犯被监督者的合法权益。例如,检察机关是法律监督机关,但检察机关每年要向人大报告工作和不定期向人大常委会作专项工作报告,接受人大和人大常委会的监督,人大有权罢免检察长;检察官和检察院其他公职人员要接受监察机关的监督,监察机关可以对违法的检察官和检察院其他公职人员给予政务处分。而监察机关同样要接受人大和人大常委会的监督,各级人大常委会不定期听取和审议监察委员会的专项工作报告,人大有权罢免监察委员会主任。另外,《监察法》规定,监察机关要通过设立内部专门的监督机构等方式,加强对监察人员执行职务和遵守法律情况的监督,建设忠诚、干净、担当的监察队伍。[②]

三、法律监督的意义

法律监督的意义主要体现在下述五个方面:

(一)维护国家法制的统一和尊严

《宪法》第 5 条规定,国家维护社会主义法制的统一和尊严。一切法律、行政法规和地方性法规都不得同宪法相抵触。一切国家机关和武装力量、各政党和各社会团体、各企业事业组织都必须遵守宪法和法律。一切违反宪法和法律的行为,必须予以追究。任何组织或者个人都不得有超越宪法和法律的特权。[③] 如何保障社会主义法治这一基本原则的实现?关键即在于法律监督机制和制度的健全与完善。维护法制的统一和尊严是法律监督的最重要的意义和价值之一。

---

① 《监察法》第 11 条规定监察委员会的三项职责分别是:(1)对公职人员开展廉政教育,对其依法履职、秉公用权、廉洁从政从业以及道德操守情况进行监督检查;(2)对涉嫌贪污贿赂、滥用职权、玩忽职守、权力寻租、利益输送、徇私舞弊以及浪费国家资财等职务违法和职务犯罪进行调查;(3)对违法的公职人员依法作出政务处分决定;对履行职责不力、失职失责的领导人员进行问责;对涉嫌职务犯罪的,将调查结果移送人民检察院依法审查、提起公诉;向监察对象所在单位提出监察建议。

② 参见《监察法》第 55 条。

③ 参见《宪法》第 5 条第 2—5 款。

(二)保护公民的人权

《宪法》规定,国家尊重和保障人权。[1] 保护公民人权与维护法制的统一和尊严是法律监督的两项最重要的意义和价值。公民人权包括生命权、人格尊严权、健康权、自由权、生存权和发展权等基本权利。这些基本权利均赖于法律监督的保护。没有法律监督,公民人权随时都可能被公权力侵犯。例如,如果没有检察机关对刑事侦查、刑事强制措施、逮捕、刑事审判、刑事判决执行,以及看守所和监狱等的法律监督,公民的相关人权就可能失去保障。如果没有监察机关内设监督机构对监察人员行使调查、留置、通缉和政务处分等职权行为的法律监督,以及检察机关对监察机关行使对职务犯罪人员调查、制作起诉意见书等职权行为及之后刑事审判的法律监督,被监察的公职人员的相关人权就可能失去保障。

(三)保护公民法人和其他组织的合法权益

一个法治国家的公民,除了享有人权外,还享有各种其他合法权益,如劳动权,受教育权,动产、不动产等各种财产权,知识产权等。对公民各种合法权益的保护,同样是法律监督存在和加强、完善的意义和价值所在。例如,检察机关对人民法院民事审判、行政审判的法律监督,对于保障人民法院公正审判,保护当事人各种案涉合法权益无疑具有重要意义;监察机关对公职人员履职行为的法律监督,对于防止公职人员腐败、滥权、侵犯公民合法权益无疑具有重要意义。

(四)维护国家和社会公共利益

法律监督的重要价值和意义除了维护公民个人的人权和其他合法权益外,还在于维护国家和社会公共利益。《人民检察院组织法》明确规定:"人民检察院是国家的法律监督机关。人民检察院通过行使检察权,追诉犯罪,维护国家安全和社会秩序,维护个人和组织的合法权益,维护国家利益和社会公共利益,保障法律正确实施,维护社会公平正义,维护国家法制统一、尊严和权威,保障中国特色社会主义建设的顺利进行。"[2]《监督法》规定,各级人大常委会行使监督职权,应当围绕国家工作大局,以经济建设为中心……各级人大常

---

① 参见《宪法》第 33 条第 3 款。

② 参见《人民检察院组织法》第 2 条。

委会对本级人民政府、人民法院和人民检察院的工作实施监督，促进依法行政、公正司法。[1] 保障和促进“国家工作大局”“经济建设”“依法行政”“公正司法”等，无疑都体现了维护国家和社会公共利益的价值和意义。

（五）维护社会经济秩序，保障人民群众生产生活正常有序进行

法律监督的第五个方面的价值和意义是维护社会经济秩序，保障人民群众生产生活正常有序进行。这方面的价值和意义主要由下述四个要素构成：其一，法律监督主体通过运用相应监督手段和采取相应监督措施，防止公权力拥有者和行使者滥用权力和乱作为，维护社会经济秩序；其二，法律监督主体通过运用相应监督手段和采取相应监督措施，防止公职人员腐败和惩治违法乱纪的公职人员，避免因其腐败和违法乱纪行为破坏社会经济秩序；其三，在国家社会经济常态发展的条件下，法律监督主体通过运用相应监督手段和采取相应监督措施，防止公权力拥有者和行使者任意瞎折腾，随意干预人民群众的生产生活，给人民群众增加不必要的负担和义务，扰乱人民群众正常有序的生产生活；其四，在国家发生自然或社会突发事件的情况下，法律监督主体通过运用相应监督手段和采取相应监督措施，防止公权力拥有者和行使者违宪违法采取应对措施或者失职渎职，以避免因此导致社会秩序混乱，扩大突发事件给人民群众生命财产和国家社会公共利益造成的损害、损失。

第二节　人大常委会对“一府一委两院”的监督

人民代表大会和人大常委会[2]的监督既是政治监督，也是法律监督，而且是最重要的法律监督。人大监督包括各级人大和各级人大常委会的监督。由于各级人大每年均只召开一次会议，故对“一府一委两院”的经常性监督主要由各级人大常委会行使。加之《监督法》规定的监督主体也只是各级人大常委会，所以，本节所讨论的“人大监督”基本上只涉及各级人大常委会的监督而一般不涉及各级人大，特别是不涉及全国人大的监督。全国人大的监督更

① 参见《监督法》第3条、第5条。

② 在本书中，“人民代表大会”会简称为“人大”，如“全国人大”“各级人大”等；“人民代表大会常务委员会”会简称为“人大常委会”，如“全国人大常委会”“各级人大常委会”等。

多地具有政治监督和宪法监督的性质。全国人大的监督尽管也包括法律监督的内容，但本节不作专门讨论。

《监督法》是2006年8月27日第十届全国人大常委会第二十三次会议通过的，所规定的监督对象是“一府两院”而不包括“一委”（监察委员会）。因为监察体制改革在全国全面推进是2018年，各级监察委员会也只是到2018年才在全国普遍设立。《监督法》现在尚未修改，但《监察法》已经明确规定，“各级监察委员会应当接受本级人民代表大会及其常务委员会的监督”。因此本节讨论“人大监督”不仅包括各级人大常委会对“一府两院”的监督，也包括人大常委会对“一委”的监督。《监督法》规定的对“一府两院”的监督措施基本上也都适用于“一委”，故本节讨论“人大监督”即包括对整个“一府一委两院”的监督。

根据《监督法》和《监察法》的规定，各级人大常委会对“一府一委两院”的监督方式主要包括下述七项：

一、听取和审议专项工作报告

（一）听取和审议专项工作报告的启动

各级人大常委会每年选择若干关系改革发展稳定大局和群众切身利益、社会普遍关注的重大问题，有计划地安排听取和审议本级人民政府、监察委员会、人民法院和人民检察院的专项工作报告。人大常委会听取和审议专项工作报告的年度计划，经委员长会议或者主任会议通过，印发常务委员会组成人员并向社会公布。

人大常委会专项工作报告的议题，根据下列途径反映的问题确定：其一，本级人大常委会在执法检查中发现的突出问题；其二，本级人大代表对“一府一委两院”工作提出的建议、批评和意见集中反映的问题；其三，本级人大常委会组成人员提出的比较集中的问题；其四，本级人大专门委员会、人大常委会工作机构在调查研究中发现的突出问题；其五，人民来信来访集中反映的问题；其六，社会普遍关注的其他问题。

在实践中，“一府一委两院”除根据本级人大常委会的工作计划和安排向人大常委会作专项工作报告外，也可以主动要求向本级人大常委会作专项工作报告。

（二）听取和审议专项工作报告的程序

人大常委会听取和审议“一府一委两院”专项工作报告前，委员长会议或者主任会议可以组织本级人大常委会组成人员和本级人大代表，对“一府一委两院”的有关工作进行视察或者专题调查研究。人大常委会可以安排参加视察或者专题调研的代表列席常委会会议，听取专项工作报告，提出意见。

人大常委会听取和审议专项工作报告前，常委会办事机构应当将各方面对该项工作的意见汇总，交由本级“一府一委两院”研究并在专项工作报告中作出回应。“一府一委两院”应当在人大常委会举行会议的20日前，由其办事机构将专项工作报告送交本级人大有关专门委员会或者委员会有关工作机构征求意见；“一府一委两院”对报告修改后，在人大常委会举行会议的10日前送交常委会。常委会办事机构应当在人大常委会举行会议的7日前，将专项工作报告发给常委会组成人员。

专项工作报告由“一府一委两院”的负责人向本级人大常委会报告，人民政府也可以委托有关部门负责人向本级人大常委会报告。

人大常委会组成人员对专项工作报告的审议意见交由本级“一府一委两院”研究处理。“一府一委两院”应当将研究处理情况由其办事机构送交本级人大有关专门委员会或者常委会有关工作机构征求意见后，向人大常委会提出书面报告。常委会认为必要时，可以对专项工作报告作出决议；本级“一府一委两院”应当在决议规定的期限内，将执行决议的情况向人大常委会报告。人大常委会听取的专项工作报告及审议意见，“一府一委两院”对审议意见研究处理情况或者执行决议情况的报告，向本级人大代表通报并向社会公布。

二、审查和批准决算，听取和审议国民经济和社会发展计划、预算的执行情况报告，听取和审议审计工作报告

（一）对决算的审查和批准

国务院应当在每年6月，将上一年度的中央决算草案提请全国人大常委会审查和批准。县级以上地方各级人民政府应当在每年6月至9月间，将上一年度的本级决算草案提请本级人大常委会审查和批准。

决算草案应当按照本级人大批准的预算所列科目编制，按预算数、调整数或者变更数以及实际执行数分别列出，并作出说明。

(二)听取和审议国民经济和社会发展计划、预算的执行情况报告

国务院和县级以上地方各级人民政府应当在每年6月至9月,向本级人大常委会报告本年度上一阶段国民经济和社会发展计划、预算的执行情况。

国民经济和社会发展计划、预算经人大批准后,在执行过程中需要作部分调整的,国务院和县级以上地方各级人民政府应当将调整方案提请本级人大常委会审查和批准。人大常委会应严格控制不同预算科目之间的资金调整。预算安排的农业、教育、科技、文化、卫生、社会保障等资金需要调减的,国务院和县级以上地方各级人民政府应当提请本级人大常委会审查和批准。

国务院和县级以上地方各级人民政府有关主管部门应当在本级人大常委会举行会议审查和批准预算调整方案的1个月前,将预算调整初步方案送交本级人大财政经济委员会进行初步审查,或者送交常委会有关工作机构征求意见。

(三)对决算草案和预算执行情况报告审查的重点

人大常委会对决算草案和预算执行情况报告审查的重点内容有下述六个方面:(1)预算收支平衡情况;(2)重点支出的安排和资金到位情况;(3)预算超收收入的安排和使用情况;(4)部门预算制度建立和执行情况;(5)向下级财政转移支付情况;(6)本级人大关于批准预算的决议的执行情况。

除上述内容外,全国人大常委会还应当重点审查国债余额情况;县级以上地方各级人大常委会还应当重点审查上级财政补助资金的安排和使用情况。

(四)听取和审议审计工作报告

人大常委会每年在审查和批准决算的同时,要听取和审议本级人民政府提出的审计机关关于上一年度预算执行和其他财政收支的审计工作报告。

(五)对国民经济和社会发展计划执行情况报告、预算执行情况报告和审计工作报告的审议意见的处理

人大常委会组成人员对国民经济和社会发展计划执行情况报告、预算执行情况报告和审计工作报告的审议意见交由本级人民政府研究处理。人民政府应当将研究处理情况向常委会提出书面报告。常委会认为必要时,可以对审计工作报告作出决议;本级人民政府应当在决议规定的期限内,将执行决议的情况向常委会报告。

人大常委会听取的国民经济和社会发展计划执行情况报告、预算执行情

况报告和审计工作报告及审议意见，人民政府对审议意见研究处理情况或者执行决议情况的报告，向本级人大代表通报并向社会公布。国民经济和社会发展五年规划经人民代表大会批准后，在实施的中期阶段，人民政府应当将规划实施情况的中期评估报告提请本级人大常委会审议。规划经中期评估需要调整的，人民政府应当将调整方案提请本级人大常委会审查和批准。

三、执法检查

（一）执法检查的启动

各级人大常委会每年选择若干关系改革发展稳定大局和群众切身利益、社会普遍关注的重大问题，有计划地对有关法律、法规实施情况组织执法检查。

人大常委会年度执法检查计划，经委员长会议或者主任会议通过，印发常务委员会组成人员并向社会公布。常委会执法检查工作由本级人大有关专门委员会或者常委会有关工作机构具体组织实施。常委会根据年度执法检查计划，按照精干、效能的原则，组织执法检查组。执法检查组的组成人员，从本级人大常委会组成人员以及本级人大有关专门委员会组成人员中确定，并可以邀请本级人大代表参加。

全国人大常委会和省、自治区、直辖市的人大常委会根据需要，可以委托下一级人大常委会对有关法律、法规在本行政区域内的实施情况进行检查。受委托的人大常委会应当将检查情况书面报送上一级人大常委会。

（二）执法检查报告及对执法检查中发现的问题的处理

执法检查结束后，执法检查组应当及时提出执法检查报告，由委员长会议或者主任会议决定提请常务委员会审议。执法检查报告包括下列内容：(1)对所检查的法律、法规实施情况进行评价，提出执法中存在的问题和改进执法工作的建议；(2)对有关法律、法规提出修改完善的建议。

人大常委会组成人员对执法检查报告的审议意见连同执法检查报告，一并交由本级“一府一委两院”研究处理。“一府一委两院”应当将研究处理情况由其办事机构送交本级人大有关专门委员会或者常委会有关工作机构征求意见后，向常委会提出报告。必要时，由委员长会议或者主任会议决定提请常委会审议，或者由常委会组织跟踪检查；常委会也可以委托本级人大有关专门委员会或者常委会有关工作机构组织跟踪检查。

人大常委会的执法检查报告及审议意见，“一府一委两院”对其研究处理情况的报告，向本级人大代表通报并向社会公布。

四、规范性文件的备案审查

（一）备案时限和备案、审查、改变或者撤销规范性文件的权限划分

根据《立法法》的规定[①]，行政法规[②]、地方性法规、自治条例和单行条例、规章应当在公布后的30日内依照下列规定报有关机关备案：（1）行政法规报全国人大常委会备案。（2）省、自治区、直辖市的人大及其常委会制定的地方性法规，报全国人大常委会和国务院备案；设区的市、自治州的人大及其常委会制定的地方性法规，由省、自治区的人大常委会报全国人大常委会和国务院备案。（3）自治州、自治县的人大制定的自治条例和单行条例，由省、自治区、直辖市的人大常委会报全国人大常委会和国务院备案；自治条例、单行条例报送备案时，应当说明对法律、行政法规、地方性法规作出变通的情况。（4）部门规章和地方政府规章报国务院备案；地方政府规章应当同时报本级人大常委会备案；设区的市、自治州的人民政府制定的规章应当同时报省、自治区的人大常委会和人民政府备案。（5）根据授权制定的法规应当报授权决定规定的机关备案；经济特区法规报送备案时，应当说明对法律、行政法规、地方性法规作出变通的情况。

根据《立法法》的规定[③]，改变或者撤销法律、行政法规、地方性法规、自治条例和单行条例、规章的权限是：（1）全国人大有权改变或者撤销全国人大常委会制定的不适当的法律，有权撤销全国人大常委会批准的违背宪法和《立法法》第85条第2款规定的自治条例和单行条例；（2）全国人大常委会有权撤销同宪法和法律相抵触的行政法规，有权撤销同宪法、法律和行政法规相抵触的地方性法规，有权撤销省、自治区、直辖市的人民代表大会常务委员会批准的违背宪法和《立法法》第85条第2款规定的自治条例和单行条例；（3）国

---

① 参见《立法法》第109条。

② 《立法法》关于行政法规备案、审查、撤销的规定也适用于监察法规。

③ 参见《立法法》第108条。

务院有权改变或者撤销不适当的部门规章和地方政府规章;(4)省、自治区、直辖市的人大有权改变或者撤销它的常务委员会制定的和批准的不适当的地方性法规;(5)地方人大常委会有权撤销本级人民政府制定的不适当的规章;(6)省、自治区的人民政府有权改变或者撤销下一级人民政府制定的不适当的规章;(7)授权机关有权撤销被授权机关制定的超越授权范围或者违背授权目的的法规,必要时可以撤销授权。

(二)撤销规范性文件的条件①

县级以上地方各级人大常委会对下一级人大常委会发布的规范性文件(作出的决议、决定)和本级人民政府发布的规范性文件(作出的决定、命令),经审查,认为有下列不适当的情形之一的,有权予以撤销:(1)超越法定权限,限制或者剥夺公民、法人和其他组织的合法权利,或者增加公民、法人和其他组织的义务的;(2)同法律、法规规定相抵触的;(3)有其他不适当的情形,应当予以撤销的。

(三)对司法解释的备案、审查②

最高人民法院、最高人民检察院作出的属于审判、检察工作中具体应用法律的解释,应当自公布之日起30日内报全国人大常委会备案。

国务院、中央军委和省、自治区、直辖市的人大常委会认为最高人民法院、最高人民检察院作出的具体应用法律的解释同法律规定相抵触的,最高人民法院、最高人民检察院之间认为对方作出的具体应用法律的解释同法律规定相抵触的,可以向全国人大常委会书面提出进行审查的要求,由常委会工作机构送有关专门委员会进行审查、提出意见。其他国家机关和社会团体、企业事业组织以及公民认为最高人民法院、最高人民检察院作出的具体应用法律的解释同法律规定相抵触的,可以向全国人大常委会书面提出进行审查的建议,由常委会工作机构进行研究,必要时,送有关专门委员会进行审查、提出意见。全国人大宪法和法律委员会以及有关专门委员会经审查,认为最高人民法院或者最高人民检察院作出的具体应用法律的解释同法律规定相抵触,而最高人民法院或者最高人民检察院不予修改或者废止的,可以提出要求最高

① 参见《监督法》第30条和《立法法》第107条。
② 参见《监督法》第31—33条。

人民法院或者最高人民检察院予以修改、废止的议案，或者提出由全国人大常委会作出法律解释的议案，由委员长会议决定提请全国人大常委会审议。

五、询问和质询①

各级人大常委会会议审议议案和有关报告时，本级人民政府或者有关部门、监察委员会、人民法院或者人民检察院应当派有关负责人员到会，听取意见，回答询问。

全国人大常委会组成人员 10 人以上联名，省、自治区、直辖市、自治州、设区的市人大常委会组成人员 5 人以上联名，县级人大常委会组成人员 3 人以上联名，可以向常委会书面提出对本级人民政府及其部门、监察委员会和人民法院、人民检察院的质询案。质询案应当写明质询对象、质询的问题和内容。

质询案由委员长会议或者主任会议决定交由受质询的机关答复。委员长会议或者主任会议可以决定由受质询机关在常委会会议上或者有关专门委员会会议上口头答复，或者由受质询机关书面答复。在专门委员会会议上答复的，提质询案的常委会组成人员有权列席会议，发表意见。委员长会议或者主任会议认为必要时，可以将答复质询案的情况报告印发常委会会议。

提质询案的人大常委会组成人员的过半数对受质询机关的答复不满意的，可以提出要求，经委员长会议或者主任会议决定，由受质询机关再作答复。质询案以口头答复的，由受质询机关的负责人到会答复。质询案以书面答复的，由受质询机关的负责人签署。

六、特定问题调查②

各级人大常委会对属于其职权范围内的事项，需要作出决议、决定，但有关重大事实不清的，可以组织关于特定问题的调查委员会。

委员长会议或者主任会议可以向本级人大常委会提议组织关于特定问题的调查委员会，提请常委会审议。1/5 以上常委会组成人员书面联名，可以向

---

① 参见《监督法》第 34—38 条。

② 参见《监督法》第 39—43 条。

本级人大常委会提议组织关于特定问题的调查委员会，由委员长会议或者主任会议决定提请常委会审议，或者先交有关的专门委员会审议、提出报告，再决定提请常委会审议。

调查委员会由主任委员、副主任委员和委员组成，由委员长会议或者主任会议在本级人大常委会组成人员和本级人大代表中提名，提请常委会审议通过。调查委员会可以聘请有关专家参加调查工作。与调查的问题有利害关系的常委会组成人员和其他人员不得参加调查委员会。

调查委员会进行调查时，有关的国家机关、社会团体、企业事业组织和公民都有义务向其提供必要的材料。提供材料的公民要求对材料来源保密的，调查委员会应当予以保密。调查委员会在调查过程中，可以不公布调查的情况和材料，但调查委员会应当向产生它的人大常委会提出调查报告。常委会根据报告，可以作出相应的决议、决定。

七、对撤职案的审议和决定

县级以上地方各级人大常委会在本级人大闭会期间，可以决定撤销本级人民政府个别副省长、自治区副主席、副市长、副州长、副县长、副区长的职务；可以撤销由它任命的本级人民政府其他组成人员和监察委员会副主任、委员、人民法院副院长、庭长、副庭长、审判委员会委员、审判员，人民检察院副检察长、检察委员会委员、检察员，中级人民法院院长，人民检察院分院检察长的职务。①

县级以上地方各级人民政府、监察委员会、人民法院和人民检察院，可以向本级人大常委会提出对相应国家机关工作人员的撤职案。县级以上地方各级人大常委会主任会议，可以向常委会提出对相应国家机关工作人员的撤职案。县级以上地方各级人大常委会 1/5 以上的组成人员书面联名，可以向常委会提出对相应国家机关工作人员的撤职案，由主任会议决定是否提请常委会会议审议；或者由主任会议提议，经全体会议决定，组织调查委员会，由以后的常委会会议根据调查委员会的报告审议决定。撤职案应当写明撤职的对象和理由，并提供有关的材料。撤职案在提请表决前，被提出撤职的人员有权在

---

① 参见《监督法》第 44 条和《地方组织法》第 50 条第 17 项。

人大常委会会议上提出申辩意见，或者书面提出申辩意见，由主任会议决定印发常委会会议。撤职案的表决采用无记名投票的方式，由人大常委会全体组成人员的过半数通过。①

第三节　人民检察院行政检察对行政诉讼和行政行为的监督

检察机关对行政审判和行政行为的监督即为行政检察。行政检察是一项极具中国特色的法律监督制度。② 无论是法治发达国家，还是其他法治发展中国家，都没有中国这种由检察机关对法院行政诉讼活动和行政机关行政活动（限特定行政行为）进行法律监督的制度。行政检察是中国特色社会主义国家治理体系中一项独特的、反映和体现中国国情的法律监督制度。

新时代行政检察，是指党的十八大以后，特别是指 2018 年我国检察制度推进"四大检察"③新格局改革以后，其检察职能、范围、方式、手段和作用领域等均发生了一定变化的，所谓"一手托两家"的现行行政检察制度。行政检察在党的十八大和"四大检察"新格局形成以前在我国即已存在，但其地位没有现行行政检察这么突出，其功能、作用没有现行行政检察这么广泛和重要。

一、新时代加强中国特色行政检察监督制度的意义

新时代加强中国特色行政检察制度建设的意义主要表现在下述三个方面：

（一）加强中国特色行政检察监督制度建设是坚持和完善作为我国根本政治制度的人民代表大会制度的需要

人民代表大会制度是我国的根本政治制度。这一制度区别于西方国家的

---

① 参见《监督法》第 45—46 条。

② 检察机关的"法律监督"包括刑事检察监督、民事检察监督、行政检察监督和行政公益诉讼检察监督。行政公益诉讼检察监督实质上可归属于行政检察监督。因此，本节研究行政检察监督，自然也涉及行政公益诉讼检察监督的有关内容。但是，本节不讨论刑事检察监督和民事检察监督的问题，因为这两项监督属于检察机关传统法律监督的内容，笔者主要探讨新时期检察监督的新发展。

③ "四大检察"的概念是 2018 年 7 月张军检察长在大检察官研讨班上首次提出的。"四大检察"指刑事检察、民事检察、行政检察和公益诉讼检察。

"三权分立"制度。在"三权分立"制度下,国家立法权、行政权、司法权相互分立,相互制约。[①] 在我国人民代表大会制度下,全国人民代表大会和地方各级人民代表大会是国家权力机关,国家行政机关、监察机关、审判机关、检察机关均由人民代表大会产生,对它负责,受它监督。我国的人民代表大会制度在确立全国人民代表大会作为国家最高国家权力机关的前提下,实行国家行政机关、监察机关、审判机关、检察机关所行使权力的相互制约和相互配合。例如,审判机关通过行使行政审判权对行政机关行使行政权进行一定的制约;监察机关通过行使监察权对所有行使公权力的公职人员进行监督,从而对行政机关行使行政权、审判机关行使审判权、检察机关行使检察权也形成实质上的制约;审判机关、检察机关和属于行政机关系统的公安机关在办理刑事案件时互相配合、互相制约;[②]等等。在我国这种国家权力配置的宪制体系中,检察机关有着特殊的地位和作用。这种特殊的地位和作用就是宪法对检察机关的性质定位,即"中华人民共和国人民检察院是国家的法律监督机关"。[③]

可见,检察机关的法律性质定位是我国根本政治制度——人民代表大会制度——的构成要素之一。而检察机关的"法律监督机关"性质定位体现于刑事检察、民事检察、行政检察和行政公益诉讼检察整个四大检察领域,更多和更大限度地体现于行政检察和行政公益诉讼检察两大领域。从检察机关的传统职能来说,行政检察自然首先是行政诉讼检察,主要是对人民法院行政审判活动的监督;但从检察机关的国家法律监督机关性质定位来说,它还应包括对行政机关行政行为(行政许可行为、行政处罚行为、行政强制行为等)的监督。即使是对行政诉讼活动的监督,其直接针对的是人民法院的行政审判活动,但间接效力无疑也针对行政机关的行政行为,特别是对行政判决、裁定执行的监督和对非诉执行行为的监督。检察机关在监督过程中发现行政机关有违法行为和违法不作为情形的,可直接对相应行政机关提出检察建议,或者向监察机关移送行政机关公职人员相应的违法行为事实材料或者相关线索。至于行政公益诉讼检察,虽然在检察机关内部机构设置上与行政检察分属不同

---

① 尽管西方各国均实行"三权分立"制度,但分权模式和权力相互制约平衡的方式不尽相同。如美国采行三权平衡制约模式,英国采行议会主权模式,德国、日本等采行议会内阁制模式等。

② 参见《宪法》第140条。

③ 参见《宪法》第134条。

检察部门，但其基本性质仍属于行政检察，广义上的行政检察无疑应包括行政公益诉讼检察。

由此可见，行政检察是中国特色检察制度的基本构成要件，而中国特色检察制度乃是作为我国根本政治制度的人民代表大会制度的重要内容。因此，要坚持和完善我国根本政治制度——人民代表大会制度，就必须切实加强行政检察制度建设，促进行政检察的创新发展。

（二）加强中国特色行政检察监督制度是坚持和完善中国特色社会主义法治体系，建设法治国家、法治政府、法治社会，推进国家治理体系和治理能力现代化的需要

行政检察监督制度对于坚持和完善中国特色社会主义法治体系的作用主要表现在保障和推进法治国家建设、法治政府建设和法治社会建设三个方面。

在法治国家建设方面，行政检察的主要作用是保障和推进公正行政审判。而公正行政审判是公正司法的重要环节，公正司法则是法治国家的基本要件。在法院整个审判活动中，行政审判是最可能受到各种干预而影响公正的环节。因为行政诉讼的被告是与人民法院、人民检察院同为国家机关的行政机关。① 被诉行政机关不仅因与案件有利害关系而有可能干预的意愿，而且因执掌公权力而有较行政诉讼原告以及民事诉讼原告、被告更强的干预能力。所以《行政诉讼法》不仅规定，“人民法院依法对行政案件独立行使审判权，不受行政机关、社会团体和个人的干涉”，而且还特别规定“行政机关及其工作人员不得干预、阻碍人民法院受理行政案件”，“人民检察院有权对行政诉讼实行法律监督”。② 为保证检察监督的公正，《人民检察院组织法》又特别规定，任何领导干部或检察机关内部人员均不得干预、插手具体案件。“对于领导干部等干预司法活动、插手具体案件处理，或者人民检察院内部人员过问案件情况的，办案人员应当全面如实记录并报告；有违法违纪情形的，由有关机关根据情节轻重追究行为人的责任。”③

---

① 这与民事诉讼不同，民事诉讼的被告是与原告法律地位完全相同的自然人、法人或者非法人组织。虽然行政机关也可以“机关法人”的身份成为民事诉讼的被告，但此时它不再具有公权力主体地位。参见《行政诉讼法》第 2 条、第 26 条和《民法典》第 96 条。

② 《行政诉讼法》第 3 条第 2 款、第 4 条第 1 款、第 11 条。

③ 《人民检察院组织法》第 47 条第 2 款。

检察机关的这种监督无疑有利于防止行政机关及其公职人员滥用职权，保障和推进法治政府建设。

广义的行政检察监督对于保障和推进法治政府建设的作用除通过上述两种相对间接的途径实现外，还有一个重要的直接实现途径。这就是2017年第十二届全国人大常委会第二十八次会议修订的《行政诉讼法》规定的行政公益诉讼：人民检察院在履行职责中发现生态环境和资源保护、食品药品安全、国有财产保护、国有土地使用权出让等领域负有监督管理职责的行政机关有违法行使职权或者不作为的问题，可以直接监督。即可以对这些领域的行政机关直接提出检察建议，督促其纠正；如果相应行政机关在收到检察建议后仍不采取措施依法履行职责，人民检察院可以依法向人民法院提起诉讼。[①] 检察机关对行政机关的这种直接监督行为，对于保障和促进其依法行政，推进法治政府建设，无疑同样具有重要的作用。

在法治社会建设方面，行政检察监督的作用主要是为受到行政违法行为或行政违法不作为侵害的相对人提供进一步的救济，保障社会公平正义，维护社会稳定。行政检察监督的这一作用主要通过两个途径实现：一是受到行政违法行为或行政违法不作为侵害的相对人在通过申请行政复议和提起行政诉讼后仍然得不到其依法应该获得的救济，可向检察机关提出申诉。检察机关在对其申诉材料审查后，如认为法院的行政判决、裁定确有错误，依法向法院提出抗诉或检察建议，使相对人获得其依法应该获得的救济，以保障社会公平正义，避免相对人因冤屈和救济无效做出危害社会的过激行为，影响社会稳定。二是检察机关通过对行政判决、裁定等生效法律文书执行的监督和对非诉行政行为执行的监督，发现法院执行行为违法或者执行人员在执行时有贪污受贿、徇私舞弊、枉法执行等行为，或者发现法院在执行活动中存在怠于履行职责情形的，可以通过提出检察建议的形式督促法院纠正。这种监督和督促纠正对于保障社会公平正义，维护社会稳定，防止群体性事件的发生和推进法治社会建设具有重要作用。

（三）加强中国特色行政检察监督制度是健全和完善党和国家监督体系，强化对公权力运行制约和监督的需要

2018年《监察法》颁行以后，我国对公权力的监督总体系主要包括四大分

---

① 参见《行政诉讼法》第25条第4款。

支体系：一是人大监督体系；二是纪检监察监督体系；三是检察监督体系；四是审计监督体系。[①] 这四大体系在监督职能上有所分工：人大与人大常委会负责对所有国家机关行使职权行为的监督，重点监督国家机关立法行为（如行政机关的行政立法行为、监察机关的监察立法行为和司法机关的司法解释行为）和政策制定行为的合宪性、合法性（全国人大常委会可撤销行政法规、监察法规等），监督"一府一委两院"负责人（如总理、副总理、国务委员、部长、委员会主任、监委主任、"两院"院长等）依法履行职责（全国人大可罢免"一府一委两院"负责人）。[②] 纪检监察机关负责监督包括作为党和国家机关领导干部的所有中国共产党党员以及所有行使公权力的公职人员遵纪守法的行为，重点监督党和国家机关领导干部及公职人员的贪腐、滥权、渎职等腐败行为。[③] 审计机关负责监督国务院各部门和地方各级政府的财政收支，以及国家财政金融机构和企业事业组织的财务收支。[④] 而检察监督的范围既包括对国家机关行使职权行为（如人民法院的审判行为和对裁判文书的执行行为，公安机关的刑事侦查行为和采取刑事强制措施行为，监狱、看守所的执法行为等[⑤]）的监督，也包括对一定范围公职人员行为（如审判人员在审理案件过程中的贪污受贿、徇私舞弊、枉法裁判行为等[⑥]）的监督；既包括对法院、公安、监狱、看守所等传统监督对象的监督，也包括对作为新拓展监督对象（一定范围一定领域的行政机关）的监督。[⑦]

对于上述四大法律监督分支体系的监督对象和监督范围，宪法和相关法律虽然对其界限有相应的划分和界定，但其中也不可避免地会有一定的重合、

---

① 我国对公权力的监督总体系除了上述四大体系外，还有国家机关层级监督体系、行政诉讼监督体系、政协和民主党派监督体系、社会监督体系、媒体和舆论监督体系等。但上述四大法律监督体系是总体系的主要构成环节。

② 参见《宪法》第 62—63 条、第 67 条、第 71 条、第 73 条；《立法法》第 107—114 条。

③ 参见《监察法》第 1 条、第 15 条；《中国共产党党内监督条例》第 5—6 条。

④ 参见《宪法》第 91 条；《审计法》第 1—4 条。

⑤ 参见《人民检察院组织法》第 20 条。

⑥ 不过，这种监督不是直接的。检察机关发现审判人员在审理案件过程中的贪污受贿、徇私舞弊、枉法裁判行为，应将相关材料移送纪检监察机关，由纪检监察机关处理。同时，检察机关发现审判人员在审理案件过程中的贪污受贿、徇私舞弊、枉法裁判行为后，可以依审判监督程序对相应判决、裁定提出抗诉。参见《行政诉讼法》第 91 条、第 93 条。

⑦ 参见《行政诉讼法》第 25 条。

交叉。如对行政不作为、乱作为的监督，既可以是人大监督（通过质询等方式）的对象和范围，也可以是纪委监察监督（通过对行政公职人员调查、处分的方式）的对象和范围，还可以是检察监督（通过行政公益诉讼的直接监督方式或对行政诉讼及非诉执行监督的间接监督方式）的对象和范围。又如，审判人员在审理案件过程中的贪污受贿、徇私舞弊、枉法裁判行为，既是纪委监察监督的对象和范围，也是检察监督的对象和范围。只是前者的监督着重于人，旨在追究违法审判人员的法律责任（给予政务处分或追究刑事责任）；后者的监督着重于事，旨在决定对违法审判人员审判的案件是否再审。

在国家公权力的监督总体系中，由于各种监督系统的监督不可避免地存在一定重合、交叉的情形，从而也就不可避免地会存在一定空隙、导致各监督系统都不予监督的情形。某些领域、某些事项几个监督主体都监督，都管；某些领域、某些事项没有监督主体监督，没人管。正是针对此种情形，《宪法》确定检察机关是"国家的法律监督机关"。对于其他监督主体都不监督都不管的领域和事项（无论其是否应归属于某特定监督主体的监督范围），检察机关均应担负起相应的监督职责。例如，对行政不作为、乱作为的监督，在法律上就存在多个监督主体（不作为、乱作为机关的所属政府、相应上级行政机关、人大和人大常委会、监察机关、受理相对人起诉的人民法院等），如果这些监督主体都不履行监督职责，检察机关作为"国家法律监督机关"就应该出手监督。这是中国特色宪制所设计的对公权力监督的总体系和监督机制赋予检察监督的功能和使命，而检察监督的这种功能和使命又主要集中于行政检察。当然，行政检察履行这种功能和使命一要受制于自己当下的资源和能力，监督范围只能逐步展开；二要视其他监督主体行使监督职能的情况而定，其他监督主体已经启动或正准备启动监督，行政检察则不宜直接介入。

二、新时代行政检察监督的范围

行政检察监督属于法律监督。前文所及本书所研究的"法律监督"，是指特定国家机关对国家公权力执掌者、行使者制定法规，执行、遵守法律、法规行为的监督，是监督主体依法律实施的，对监督对象行使职权、职责的活动、行为所涉法律层面问题的监督。法律监督既区别于监督主体依层级隶属关系对监督对象实施的工作监督（上级行政机关对下级行政机关的监督、各级人民政府对所属工作部门的监督）；也区别于监督主体依政治体制机制对监督对象实施的政治、政策监督（人大对政府政策的监督）。行政诉讼活动属于法律性质的活动，行政诉讼主体（人民法院、被告、原告）实施的诉讼行为属于法律行为。人民检察院对行政诉讼活动，包括对行政诉讼主体实施的各种诉讼行为（起诉、受理、审理、裁判、执行）进行的监督均属于法律监督，其行使与之相应的职权、职责和采取相应的措施是宪法确定其作为国家法律监督机关的性质所决定的。另外，行政机关的行政活动亦属于法律性质的活动，行政主体实施的各种行政行为（作为和不作为）均属于法律行为。人民检察院对行政行为实施的监督（通过行政诉讼监督间接实施的监督和通过行政公益诉讼直接实施的监督）均属于法律监督。

《人民检察院组织法》第20条规定了检察机关的七项具体职权和一项概括性职权（“法律规定的其他职权”），其中第5项“对诉讼活动实行法律监督”和第6项“对判决、裁定等生效法律文书的执行工作实行法律监督”都同行政检察监督有关。“对诉讼活动实行法律监督”当然包括对行政诉讼活动的法律监督；“对判决、裁定等生效法律文书的执行工作实行法律监督”当然包括对行政判决、裁定等生效法律文书执行的监督，也包括对非诉执行的监督。因为非诉执行裁定也应认为是一种行政裁定，至少是“行政判决、裁定等生效法律文书”中的“等”生效法律文书。另外，《人民检察院组织法》第20条第4项的“依照法律规定提起公益诉讼”也含有行政检察监督的内容（行政公益诉讼）。只是从检察机关机构设置的角度，将行政公益诉讼归入“四大检察”中公益诉讼检察监督而非行政检察监督的范畴。

据此，我们可以将新时代行政检察的范围分为三大类别：行政诉讼检察监督，行政判决、裁定执行和非诉执行检察监督，以及对违法行政行为的检察监督。

（一）行政诉讼检察监督

根据《宪法》、《人民检察院组织法》和《行政诉讼法》的规定，行政诉讼检察监督的范围可以概括为以下四项：

1. 对行政诉讼起诉、受理的监督

起诉、受理是行政诉讼活动的第一个环节。检察机关对行政诉讼活动的法律监督是全过程、全方位的。因此，行政诉讼检察监督的第一项监督即是对行政诉讼起诉、受理环节的监督。根据《行政诉讼法》第 91 条和第 93 条的规定,公民、法人或者其他组织向人民法院提起诉讼,人民法院作出确有错误的不予立案或者驳回起诉的终局裁定,不管这种裁定是人民法院因受被告行政机关或其他行政机关、社会组织或个人(特别是领导干部)干预作出的,还是人民法院错误适用法律或法官对法律错误理解作出的,人民检察院都可以向人民法院提出抗诉或者检察建议,以纠正此种错误裁定,保护公民、法人和其他组织的行政诉权。

2. 对行政审判活动的监督

行政审判是行政诉讼活动中最重要的环节。这个环节如果出现行政机关、社会团体或个人违法干预或人民法院违反法定诉讼程序等情形,诉讼结果显然就难以保障公正。因此,检察机关对行政审判的监督是整个行政诉讼检察监督的最重要环节。《人民检察院组织法》第 47 条第 2 款要求,对于领导干部等干预司法活动、插手具体案件处理,或者人民检察院内部人员过问案件情况的,办案人员应当全面如实记录并报告;有违法违纪情形的,由有关机关根据情节轻重追究行为人的责任。这一条款适用于所有审判活动,但特别适用行政审判活动。另外,根据《行政诉讼法》第 91 条第 1 款第 5 项的规定,检察机关要对行政审判的诉讼程序进行监督,对人民法院违反法律规定的诉讼程序作出的可能影响公正的终局裁判,人民检察院可以向人民法院提出抗诉或者检察建议,以启动再审,纠正裁判中可能的错误。

3. 对生效行政判决、裁定和调解书的监督

人民检察院对人民法院生效行政判决、裁定和调解书的监督是行政诉讼检察监督中最常见、最具法律效力的监督类型。根据《行政诉讼法》第 93 条的规定,最高人民检察院对各级人民法院已经发生法律效力的判决、裁定,上级人民检察院对下级人民法院已经发生法律效力的判决、裁定,发现有《行政诉讼法》第 91 条规定情形之一(主要证据不足、未经质证或者系伪造;适用法律、法规确有错误;遗漏诉讼请求;有新的证据,足以推翻原判决、裁定的等),或者发现调解书损害国家利益、社会公共利益的,应当提出抗诉。地方各级人民检察院对同级人民法院已经发生法律效力的判决、裁定,发现有以上情形之一的,可以向同级人民法院提出检察建议,并报上级人民检察院备案;也可以提请上级人民检察院向同级人民法院提出抗诉。

4. 对行政审判人员在审判程序中的违法行为的监督

对行政审判人员在审判程序中违法行为的监督也属于广义的行政诉讼检察监督的范畴。《行政诉讼法》第 93 条第 3 款规定，各级人民检察院对审判监督程序以外的其他审判程序中审判人员的违法行为，有权向同级人民法院提出检察建议。另外，根据《行政诉讼法》第 91 条第 8 项和第 93 条第 1 款、第 2 款的规定，检察机关发现行政审判人员在案件审理时有贪污受贿、徇私舞弊、枉法裁判的情形，应对相应终局裁判提出抗诉，启动法院再审。并且，依据《监察法》第 34 条的规定，检察机关对在监督中发现行政审判人员涉嫌贪污贿赂、失职渎职等职务违法或者职务犯罪的问题线索，应移送监察机关，由监察机关依法调查处置。

（二）行政判决、裁定执行和非诉执行检察监督

1. 行政判决、裁定执行的检察监督

《人民检察院组织法》第 20 条规定的检察机关的职权之一即是对判决、裁定等生效法律文书的执行工作实行法律监督。《行政诉讼法》及其司法解释虽然没有专门规定对行政判决、裁定等生效法律文书执行的检察监督，但是根据行政法理论及实践，最高人民法院、最高人民检察院 2016 年发布的《关于民事执行活动法律监督若干问题的规定》应可以适用于行政判决、裁定等生效法律文书执行的检察监督。根据该规定，具有下列情形之一的民事执行案件，人民检察院应当依职权进行监督：（1）损害国家利益或者社会公共利益的；（2）执行人员在执行时有贪污受贿、徇私舞弊、枉法执行等违法行为、司法机关已经立案的；（3）造成重大社会影响的；（4）需要跟进监督的。[①] 此外，人民检察院认为人民法院在执行活动中可能存在怠于履行职责情形的，亦属于检察监督的范围。人民检察院对行政判决、裁定等生效法律文书执行的监督主要采取检察建议的形式。

2. 非诉执行检察监督

行政非诉执行检察监督是指人民检察院依据《人民检察院组织法》第 20

---

① 参见《关于民事执行活动法律监督若干问题的规定》第 7 条。

条第6项的授权，对人民法院行使行政非诉执行职能活动的监督。[①] 行政非诉执行是指人民法院依据《行政诉讼法》和《行政强制法》的规定，应行政机关的申请，并对相应申请的合法性进行审查和作出执行裁定后，对在法定期限内既不自动履行行政决定，又不申请行政复议和提起行政诉讼的公民、法人或者其他组织采取强制执行措施，强制执行行政决定的行为。[②]

行政非诉执行检察监督对于新时代法治政府建设具有非常重要的，并有为其他制度不可替代的作用。首先，行政非诉执行检察监督是实现宪法和组织法对人民检察院的性质定位，全面履行人民检察院法律监督职能的需要。在《人民检察院组织法》第20条规定人民检察院享有的八项职权中，有两项包含行政非诉执行检察监督：一项是对诉讼活动的法律监督；另一项是对判决、裁定等生效法律文书执行的法律监督。行政非诉执行是《行政诉讼法》第八章规范的行政诉讼执行活动的重要内容之一，故属于行政诉讼活动的组成部分。行政非诉执行，在行政机关提出申请后，人民法院无论是准予执行，还是不准予执行，都要作出裁定，故此种裁定属于判决、裁定等生效法律文书的范畴，对此种裁定的执行则属于对判决、裁定等生效法律文书执行的内容。因此，检察机关加强行政非诉执行检察监督对于其全面履行《人民检察院组织法》赋予的法律监督职能，实现宪法和组织法对人民检察院的性质定位具有重要意义。

其次，行政非诉执行检察监督是保障人民法院依法、公正、高效履行行政非诉执行职能，保护作为被执行人的公民、法人和其他组织的合法权益的需要。法律之所以授权人民法院应行政机关申请，对在法定期限内既不自动履行行政决定，又不申请行政复议和提起行政诉讼的公民、法人或者其他组织采取强制执行措施，执行行政决定，而非授权行政机关自己强制执行（当然，法律也授权行政机关自己对某些比较紧急的或侵权可能性较小的行政决定的强制执行），其主要目的在于防止行政机关违法行使职权，滥用权力，侵犯公民、法人或者其他组织的合法权益。虽然公民、法人或者其他组织对行政机关违

---

① 根据《人民检察院组织法》第20条第6项的规定，人民检察院对判决、裁定等生效法律文书的执行工作实行法律监督。这里的“等生效法律文书”显然包括非诉执行裁定。

② 参见《行政诉讼法》第97条、《行政强制法》第53条。

法侵犯其合法权益的行政决定可以申请行政复议和提起行政诉讼,但是,由于各种客观或主观的原因(法律知识欠缺,不会告;行政机关威胁,不敢告;害怕行政机关打击报复,不愿告等),放弃了复议、诉讼的机会或者耽误了复议、诉讼的法定期限。在这种情况下,法律不将强制执行权赋予行政机关而赋予人民法院,就是要让法院对行政决定的合法性进行审查,以阻止对可能的违法行政决定的强制执行,保护公民、法人和其他组织的合法权益。但是法律的这种目的有赖于人民法院依法、公正地审查相应行政决定和正确作出准予或不准予执行的裁定并予以实施。如果法院、法官不能依法、公正行使行政非诉执行职能,这种目的就会落空。然而,在目前的法治运行环境下(法院尚存在一定的外部干预,某些法官法律素质或政治素质尚存在一定问题等),法院、法官违法,错误地行使行政非诉执行职能的情况难以完全避免。因此,为了加强对法院、法官依法、公正行使行政非诉执行职能的监督,以更好地保护公民、法人和其他组织的合法权益,法律赋予人民检察院行政非诉执行检察监督的职能。

再次,行政非诉执行检察监督也是防止行政机关及其公职人员滥用职权,推进法治政府建设的需要。行政非诉执行检察监督的直接对象是人民法院,但是此种监督必然涉及行政机关,行政机关无疑构成行政非诉执行检察监督的间接对象。检察机关在对人民法院就行政非诉执行案件作出的准予执行或不准予执行的裁定进行法律监督时,必然要审查行政机关所申请法院执行的行政行为的合法性。如果通过审查发现相应行为存在实施主体不具有行政主体资格,或者相应行为明显缺乏事实根据或法律、法规依据,或者相应行为具有其他明显违法并损害被执行人合法权益的情形,人民法院却对之作出予以执行的裁定,人民检察院不仅应向人民法院发出检察建议,制止人民法院对违法行政行为的执行,同时还应审查相应行政公职人员在实施相应行政行为的过程中是否有违法乱纪、滥用职权、贪污腐败的行为。如发现相应公职人员有以上行为,应将案件有关材料移送纪检监察机关调查处理。这样,检察机关在对人民法院行政非诉执行活动进行监督时,也监督了行政机关及其公职人员的行政行为。

最后,行政非诉执行检察监督还是支持公民、法人和其他组织依法维权,促进行政相对人守法和依法履行法定义务的需要。行政非诉执行检察监督大多是由公民、法人或者其他组织向人民检察院申请监督启动的(检察机关通过报刊、广播、电视、网络等其他渠道获得人民法院行政非诉执行违法的信息也可主动启动监督程序)。人民检察院这种应申请启动监督的程序实质是对公民、法人和其他组织维权行为的支持。当然,人民检察院应申请启动行政非诉执行监督程序,最后的结果不一定能如申请人所愿:认定人民法院的执行裁定违法,终止人民法院的强制执行行为。如果行政机关的行政行为确实违法,人民法院仍裁定准予执行,检察机关自然会支持申请人的申请。但是,如果行政机关的行政行为是合法的,公民、法人或者其他组织有依法履行行政行为为之确定的义务的义务,人民法院裁定准予执行,检察机关则不仅不会建议人民法院撤销准予执行裁定,还应说服申请人自觉主动履行行政行为为之确定的义务;如人民法院已经启动强制执行,则应说服申请人配合人民法院的强制执行,使相应行政行为为之确定的义务得以实现。在这种情况下,行政非诉执行检察监督即实质上发挥了促进行政相对人守法和依法履行法定义务的功能。同时,检察机关这样做,还具有防范和化解社会矛盾,推进和谐社会建设的作用。因为公民、法人和其他组织不履行行政机关的行政行为为之确定的义务,通常是其认为相应行政行为违法,侵犯了他们的合法权益;而行政机关申请人民法院强制执行,则通常是其认为相应行政行为合法,相对人不履行是违法的。在这种情况下,二者的争议和矛盾如果不能获得公正处理,必然会影响社会的和谐和社会秩序的稳定;如果矛盾激化,还可能导致社会冲突。对此,人民检察院展开行政非诉执行检察监督,如认定行政机关的行政行为违法,可建议人民法院不准予强制执行,以平息行政相对人对政府的不满和怨愤情绪;如认定行政机关的行政行为合法,相对人不履行违法,则教育相对人知法、守法,使之认识到自己抗拒履行的错误,从而自觉履行法定义务。上述情形无论属于哪种情形,非诉执行检察监督在其中均可发挥防范和化解社会矛盾,推进和谐社会建设的作用。

(三)对违法行政行为的检察监督

现行《人民检察院组织法》除了规定公益诉讼(行政公益诉讼和民事公益诉讼)外,没有直接赋予检察机关对违法行政行为的检察监督职权。[①] 但是,中共十八届四中全会《关于全面推进依法治国若干重大问题的决定》要求

① 参见《人民检察院组织法》第20条。

"检察机关在履行职责中发现行政机关违法行使职权或者不行使职权的行为,应该督促其纠正",相当于赋予了检察机关对违法行政行为的行政检察监督职能。当然,党中央决定只是党的文件;要在实践中贯彻落实,还必须通过国家立法将党的政策上升为法律。尽管2017年6月27日,第十二届全国人大常委会第二十八次会议通过修改《行政诉讼法》,赋予检察机关提起行政公益诉讼,对违法行政行为进行行政检察监督的职能;但是该法将这种监督的范围仅限于生态环境和资源保护、食品药品安全、国有财产保护、国有土地使用权出让四个领域。当然,法律在这四个领域之后还使用了"等"的表述,从而为检察机关扩大对其他领域行政行为的监督留下了较广阔的余地。事实上,自2017年修改后的《行政诉讼法》实施以来,全国各地检察机关都在探索拓展行政公益诉讼的范围。① 但四大检察格局中的行政检察如何开展对违法行政行为的检察监督,如何界定范围,与行政公益诉讼如何分工配合,是需要进一步认真研究探讨的问题。

关于检察机关对违法行政行为监督的范围,笔者认为可循以下四项原则逐步拓展:一是协同和补充监督的原则。根据这一原则,检察机关对违法行政行为监督只起协同和补充的作用。凡是其他监督主体已经在进行监督的事项,检察机关不应重复介入。只有其他监督主体都缺席监督时,检察机关如再不介入,国家利益、社会公共利益或公民、法人、其他组织的合法权益就要受到重大损害,此时,相应事项才进入检察机关实际行使监督权的范围。在这个意义上,检察监督可以说是制止和纠正违法行政行为,维护国家利益、社会公共利益或公民、法人、其他组织的合法权益的"最后一道防线"。二是循序渐进

① 2019年10月23日,最高人民检察院检察长张军在第十三届全国人民代表大会常务委员会第十四次会议上所作关于开展公益诉讼检察工作情况的报告中指出,检察机关应积极回应人民群众新期待,探索拓展公益诉讼办案范围。对人民群众反映强烈的安全生产、互联网、妇女儿童权益保护、扶贫以及国防、军事等领域公益损害问题,积极以对党和人民高度负责的态度慎重履职、担当作为。例如,北京市海淀区检察院针对部分商户违法向未成年人售烟问题,向区市场监督管理局、烟草专卖局发出检察建议,督促履行监管职责。相关单位迅即开展为期一个月的专项整治,对违规经营者立案查处。浙江省宁波市海曙区检察院针对一段时期骚扰电话泛滥甚至影响"120"等特种电话服务的问题,向市民发放调查问卷,对骚扰电话背后利益链进行调查取证,并听取专家学者意见,负责地向通信管理部门发出检察建议,督促依法履行监管职责。通信管理部门集中整治,效果明显。上海市检察机关从守卫城市公共安全出发,开展电梯运行、消防安全、危险品运输、网约车运营等专项监督,深受群众欢迎。

的原则。根据这一原则,检察机关对违法行政行为监督范围应依自己现时的条件、能力和社会的特别需要逐步拓展,选择当前违法行政行为危害最为严重的若干重点领域开展监督。三是不代行行政权原则。根据国家职能分工的要求,检察机关不能代替行政机关行使行政权。检察机关发现行政机关违法作为或不作为,可以建议行为机关纠正,或建议行为机关的上级机关或监察机关予以处理,或支持公民、法人、其他组织申请行政复议、提起行政诉讼。在所有这些手段都不奏效,都不能纠正行政机关违法的作为或不作为时,检察机关才应启动行政检察监督。在任何情况下,检察机关都不应代替行政机关作出行政处罚、行政许可、行政强制、行政给付等任何行政行为。四是各地检察机关对此的监督范围应有所差别,不搞"一刀切"的原则。根据检察机关的"国家法律监督机关"性质,对违法行政行为监督的范围包括行政机关所有行政管理领域,如生态环境、安全生产、卫生健康、扶贫、资源能源、食品药品安全、知识产权、社会治安、国有财产保护、国防、交通、教育、科技、文化、文物保护、互联网等;可及于所有违法作为和不作为,如违法审批、许可、征收、征用、拆迁、处罚、强制、国有资产出让的"招拍挂"①等,以及对依法应审批、许可、征收、征用、拆迁、处罚、强制、国有资产出让的"招拍挂"的事项违法不予审批、许可、征收、征用、拆迁、处罚、强制、"招拍挂"等。但一个地方的行政检察监督不可能,也不应该及于所有领域的所有违法行政行为,而只能和只应该根据各地的实际情况确定对违法行政行为监督的范围,不应搞"一刀切"。

三、新时代行政检察监督的目标和途径

新时代行政检察监督的目标不是单一的而是多元的,但本书由于篇幅的限制,只讨论当下理论和实务界都比较关注的促进行政争议实质性化解的目标,而不论及其他。

行政检察有监督人民法院依法进行行政审判,监督行政机关依法行政和保护公民、法人和其他组织合法权益,保护国家、社会公共利益的目标,也有促进行政争议实质性化解,维护社会关系和谐稳定的目标。从检察机关在整个国家治理体系中所处的地位和提高国家治理能力的需要而言,行政检察的后

---

① 招标、拍卖、挂牌的简称。

一目标具有非常重要的意义。

首先,行政争议的实质性化解有利于保障和促进形式法治与实质法治的统一,解决争议的法律效果与社会效果的统一,以防止为片面追求形式法治而忽视和损害实质法治,或片面追求法律效果而忽视和损害社会效果。例如,某企业建成一项重大工程或盖起一座大楼,所有其他法律手续都办好了,但因为某种客观原因而少办了某一个证件,行政机关就将之认定为“违法建筑”,一定要“依法”给予强制拆除的行政处罚。该企业不服诉至法院,法院依据形式法治的要求,认定行政机关强拆是“严格执法”,驳回原告的诉讼请求。在这种情况下,如原告向检察机关申诉,检察机关可否调查一下相对人少办一证的原因是否可不归责于相对人,考察一下在现行法律规范范围内有无让相对人补办相应证件或以其他处罚取代“拆除”处罚的可能;如果有此可能,检察机关即可建议人民法院不硬性驳回原告诉讼请求而是改与行政机关协调,要求行政机关采用更加合理且合法的方式解决与原告的行政争议。这样无疑会更有利于保障形式法治与实质法治的统一,法律效果与社会效果的统一。

其次,行政争议的实质性化解有利于全面实现《行政诉讼法》规定的立法目的(解决行政争议、保护行政相对人合法权益、监督行政机关依法行政),防止行政审判为片面追求某一种价值而忽视或牺牲另一种价值。例如,因房屋拆迁、土地征收引发的行政争议,行政相对人起诉的原因大多是因为补偿标准过低或安置条件过差,诉讼的主要目的是争取获得较多的补偿或较优的安置条件。但其诉讼代理人、律师为了胜诉,往往要寻找行政机关相应行政行为的违法之处,有时难以找到行政的实质违法问题,即从行政的程序违法方面找问题,重点从行政行为的某一程序瑕疵上突破;人民法院从监督行政机关依法行政的立法目的出发,也会把重点放在行政行为的程序违法上,而忽略当事人的主要诉求,即判决撤销行政行为和责令行政机关重新作出行政行为。这样判决虽并不违法,但可能多耗费行政机关和当事人的时间和精力,而行政争议却未能获得实质性解决。对于这种情况,当事人如向检察机关申诉,检察机关如果能从行政诉讼法的整体立法目的出发,提示人民法院既注重监督行政机关依法行政,也注重解决行政相对人与行政机关的实质争议,建议法院认真审查行政机关给予相对人的补偿标准是否真正过低、安置条件是否真正不符合要求。法院如能全面兼顾行政诉讼的各种价值,注重解决相对人的实质请求,就会收到更好的诉讼效果。

最后，行政争议的实质性化解有利于发挥中国特色解纷机制的优势（兼顾公共利益与私人利益，平衡争议各方的不同利益），防止片面追求公益而忽视、牺牲私益，或者片面追求私益而忽视、牺牲公益。例如，近年来，国家特别重视生态环境。有的地方政府为了改善和提高当地水环境质量，强制关闭了许多农村养猪场；有的地方政府为了降低 PM2.5 量值和改善大气质量，强制关闭了许多以煤为能源的城市郊区供暖供热设施；有的地方政府为了市镇管理秩序，全面禁止市民摆摊设点占道经营。对此，农村养猪者、城市郊区供暖供热企业和许多生活困难的市民摊贩不服，诉至法院。法院审理此类案件有很大的自由裁量空间，但其自由裁量权运用必须兼顾保护生态环境、市镇管理秩序的公益与养猪者、供暖供热企业的投资营利私利，以及生活困难的市民摊贩谋求生活出路的私利。如果法院的裁判只注重一种利益而忽略另一种利益，相应行政争议肯定就难以得到实质性化解。在这种情况下，如果相对人对法院裁判不服，向检察机关申诉，检察机关为实质性化解行政争议，即有必要与法院和行政机关适当协调商榷：养猪场是否可以不关闭或少关闭，而让养猪者加强猪场卫生管理；以煤为能源的供暖供热设施是否可暂缓关闭，待有了充足的天然气来源后完成“煤改气”再关闭，如确需及时关闭，是否应给予相对人以相应补偿；以及对市民摊贩摆摊设点占道经营是否可不全面禁止，而只在特定时段予以禁止。政府的行政措施如能适当兼顾公益与私益，相对人自然就会配合政府的工作，从而从根本上化解与政府的争议和矛盾。

自 2019 年以来，各地法院和检察院都开始重视行政争议的实质性化解，一些省（如安徽省）、直辖市（如上海市）的高级人民法院相继出台了加强和完善行政争议实质性化解机制的实施意见。最高人民检察院还召开了全国检察机关“加强行政检察监督促进行政争议实质性化解”专项活动电视电话会议。根据全国各地行政检察推进实质性化解行政争议的经验，目前检察机关在行政检察监督中，实质性化解行政争议的途径，除依法对确有错误的裁判提出抗诉、再审检察建议外，主要有下述六项：

（一）听证、调解、调处

听证是实质性化解行政争议的有效手段。调解、调处既可在听证过程中进行，亦可单独进行。调处相对于调解，争议化解主体参与度更深一些，其不仅给相应争议双方做说服工作，使之互谅互让，而且可为双方设计具体的处理方案，并指导和促成其相应处理方案的实现。因此，要充分发挥调解程序在实质性化解行政争议方面的积极作用。调解程序不仅适用于《行政诉讼法》规定的行政赔偿、补偿以及行政机关行使法律、法规规定的自由裁量权的案件，[①]还适用于各种行政协议案件。[②] 听证、调解、调处是实质性化解行政争议的重要途径（甚至是最重要的途径）。因为，许多行政争议久拖不决，难以化解，是因为根据现行法律、法规的明文规则和条文，当事人受到行政行为（特别是合法行政行为）侵犯、损害的权益在很多情况下无明确的法定救济途径。对此，有关国家权力机关只能根据法律的目的、原则、精神，根据情、理、法的统一和平衡，为当事人找出适当可行的救济途径、方法。这些行政争议案件到达检察机关前，大多已经经过复议，法院一审、二审乃至再审诸多环节，故行政检察不能完全再采用原解纷方式，而只能和必须更多地运用较为灵活的调处方式，让争议双方互谅互让，以达成一个双方均能接受的解决问题的方案。为此，有必要推进检、法与政府，检、法本身横向和纵向间的联动与协作，促使相应行政争议（特别是那些积案多年化解不了的争议和涉及面广的争议）获得全面、整体和根本性解决，消除相应争议解决之后会再度发生的隐患，真正实现案结事了。

（二）协调与督促

为解决争议，检察机关可主动协调有关政府部门（规划与自然资源、生态环境、发改、住建等），以排除解纷方案实施的阻力和障碍，保证解纷方案的实现。协调督促不同于调解、调处。调解、调处的对象是争议双方，而协调督促的对象是有关政府部门、有关国家机关。因为，进入检察监督的行政争议，往往非常复杂，无论采取哪种解决方式，都可能涉及多个政府部门、多个国家机关的权限，没有这些部门、机关（国土、规划、自然资源、生态环境等）的合作、协作，很多解决方案根本没有可能实施。因此，检察机关欲实质性化解相应行政争议，必须耐心地做好与各部门、机关的协调督促工作。

（三）推进社会参与，充分发挥多元化解决纠纷机制的作用

检察机关在行使行政检察监督职能时，根据实质性化解行政争议的需

---

① 参见《行政诉讼法》第60条。

② 参见《最高人民法院关于审理行政协议案件若干问题的规定》第23条。

要，均可借助有关社会团体（工会、妇联、残联等）、行业协会（律协、医协、注协等）、基层群众性自治组织（村民委员会、居民委员会）、企事业组织等广泛联系各方面群众的功能和作用，协助解决各种不同的行政争议。社会参与不同于协调督促，协调督促解纷的主体是有关政府部门、有关国家机关，检察机关协调督促其行使解纷职能，而社会参与、多元化解纷是检察机关联系协助社会团体、行业协会、基层群众性自治组织、企事业组织等参与解纷。因为行政争议的当事人通常是这些团体、组织的成员，许多行政争议的化解需借助它们的配合、协助，才能顺利进行。行政检察监督要实质性化解行政争议，即应多开辟社会参与的渠道，尽可能联系有关团体、组织配合，多方协力，方能有效实现化解争议的目的。

（四）充分发挥检察建议的作用

检察建议是实质性化解行政争议最经常运用的有效和必要手段。检察建议的对象不仅可以是作为行政争议一方的行政机关，还可以是其他行政部门或社会组织、企事业单位等；检察建议的内容可不仅限于提出化解相应争议的方案，还可提出完善体制、机制、制度的建议，以防止和避免相应争议的再次发生。绝大多数行政争议的解决方案、措施，都有赖于检察机关通过向有关机关、组织、团体制发检察建议使之协助以得到落实。检察建议不仅具有解决具体争议案件的功能和作用，而且具有解决类案的功能和作用；不仅具有化解现有争议的功能和作用，而且具有防止和避免相应或类似争议再次发生的功能和作用（如建议相应机关、组织、团体建立、健全、完善相关制度之类的检察建议）。

（五）向当事人提供法律援助和法律救助

法律援助和法律救助适用于行政争议案件中某些需要获得律师或其他方面法律帮助的当事人。在行政检察化解行政争议过程中，当事人有时需要获得律师帮助，如需律师代理行政赔偿、行政补偿案件或与行政争议有关的民事案件而当事人走这些法律途径又请不起律师。在这种情况下，检察机关可以帮助其联系司法行政部门或律师协会以获得免费法律援助。在行政检察监督过程中，对于经济特别困难的当事人，检察机关可以协调民政部门或其他部门给予其经济救助，符合司法救助条件的，也可由检察机关直接给予当事人以司法救助。

（六）加强对行政规范性文件的合法性监督

有些行政争议虽然表面是源于行政行为的违法或不当，但实质是源于相应行政行为所依据的行政规范性文件的不合法或者不合理。然而检察机关均没有撤销行政规范性文件或确认行政规范性文件无效的法定权力。在这种情况下，检察机关应向相应文件的制定机关制发检察建议，促成其撤销或改变相应文件，使之不仅从源头上化解相应行政争议，而且通过化解相应争议而解决此一类行政争议。

实质性化解行政争议是当前检察机关行使行政检察监督职能时应当高度重视和下大力追求的一项重要目标。但是，也要防止一种倾向掩盖另一种倾向：将这项目标作为行政检察监督的唯一目标。人民检察院行使行政检察监督职能除了追求实质化解行政争议的目标外，还应同时追求法治的价值。检察机关不能为了化解行政争议而牺牲法治价值。例如，不能为了息讼而建议或劝说行政机关给予相对人法外利益，让相对人对行政机关的违法行为不起诉，或起诉后撤诉；也不能为了平息相对人对行政的异议，建议或劝说行政机关对相对人的违法行为不处罚，不追究，或"怂恿"行政机关"花钱买平安""花钱买稳定"。另外，人民检察院行使行政检察监督职能，为实质化解行政争议，与人民法院之间以及与行政机关之间进行适度合作、联动、协调是必要的，但合作、联动、协调不能放弃监督、制约。检察机关在行使行政检察监督职能时，既要注重推进行政争议的实质性化解，也要注重监督人民法院公正司法和监督行政机关严格执法，不能因为需要重视和强调行政争议的实质性化解就忽略甚至否定检察机关作为国家法律监督机关的基本性质定位。

第四节　人民法院行政审判对行政行为的监督

一、行政审判是人民法院行使法律监督功能的主要方式

人民法院作为法律监督主体之一，其主要监督方式是通过行政诉讼对行政主体行政行为的合法性进行审查，撤销违法或明显不当的行政行为（在不宜撤销时，确认其违法），变更明显不当的行政处罚或确有错误的涉及款额确定的其他行政行为，确认具有重大明显违法的行政行为无效，判决不履行法定

职责的行政主体限期履行法定职责，以实现其法律监督职能。除此之外，人民法院还可以通过司法建议的方式，建议行政机关纠正不属于人民法院撤销范围的违法行政行为和建议处分在违法行政行为中有过错的国家公务员。①

除了行政审判监督外，人民法院在刑事审判、民事审判和其他专门审判中也能实现对行政机关及其公务员的一定的法制监督。

人民法院通过审理刑事案件，追究违法、失职、侵犯公民权利的犯罪的公务员的责任，保障法律为任何机关、组织和个人所遵守，使任何机关、组织和个人都不能有超越宪法和法律的特权。同时，也鞭策和督促所有的机关、组织和个人自觉地把自己置于宪法和法律之下，自觉地遵守宪法和法律。

人民法院通过审理民事案件，追究在民事活动中违法、侵权的国家行政机关和公务员的民事责任，督促这些机关及其公务员正确地行使民事权利，履行民事义务，自觉地把自己置于普通公民完全平等的地位，杜绝在民事交往中的任何特权。

人民法院的审判监督可以涉及行政机关具体行政行为的合法性，但是我国审判机关不具有全面的司法审查职能，它不受理对行政法规、规章和行政规范性文件确认效力的案件，不能宣布行政法规、规章和行政规范文件违宪、违法、无效，从而撤销和废除它们。审查和确定政府法律性文件违宪、违法，撤销这些文件，通常属于各级人大常委会的权限（上级行政机关亦可撤销或改变下级行政机关的法律性文件）。人民法院对于行政规范性文件的合法性可以进行审查和评价。这种审查和评价必须结合具体案件进行，必须是在解决具体案件时进行的附带审查。人民法院不能直接撤销或改变行政机关不合法或不适当的行政规范性文件，但人民法院在审理相对人不服行政机关具体行政行为的行政案件中，可以应行政相对人的申请，在审查行政行为时一并审查行政行为所依据的规范性文件的合法性，经审查认为规范性文件不合法的，可不作为认定行政行为合法的依据，并向相应规范性文件的制定机关提出处理建议。②

行政审判的主要任务是解决行政争议，而解决行政争议是通过对行政行

---

① 参见《行政诉讼法》第66条、第70—78条。

② 参见《行政诉讼法》第53条、第64条。

为的司法审查进行的。司法审查是人民法院对行政机关依法行政实施的监督，属于行政法制监督的一种制度。整个行政法制监督机制包括权力机关的监督、监察机关的监督、检察机关的监督、人民法院的监督、审计监督等。

权力机关监督与行政审判监督的区别是：(1)前者主要针对行政法规、规章等行政立法行为、政策行为和其他抽象行政行为；而后者主要限于行政行为(具体行政行为)。(2)前者主要采取主动形式，如审议政府工作报告，审议和批准预算、决算及国民经济和社会发展计划，执法检查，提出质询和询问，审查行政法规、规章和其他规范性文件，代表视察，组织专门问题的调查等；①而后者是应相对人的起诉而进行的，不告不理。(3)前者的监督结果可以直接导致对公职人员的撤职、罢免；而后者只能对具体行政行为是否合法和是否撤销作出判决，而不能直接追究违法公职人员的法律责任。②

监察机关监督与行政审判监督的区别是：(1)前者主要针对公职人员的违法违纪行为的监督，重点是反腐败；而后者的监督重点是行政机关依法行政。(2)前者主要采取主动监督方式；而后者是“不告不理”。不过监察监督也会通过受理举报、控告、检举的方式开展。(3)前者的职责包括监督、调查和处置；③而后者主要通过法院在法庭上听取当事人的陈述、辩论和作出裁判对行政行为的合法性进行监督，一般不去法庭外开展调查。

检察机关行政检察监督与行政审判监督的区别是：(1)前者主要是针对人民法院的行政诉讼活动和行政机关的行政行为，且对行政行为的监督一般

---

① 在权力机关的监督中，各级人大常委会的监督具有重要地位和作用。2006年8月27日第十届全国人大常委会第二十三次会议通过的《监督法》对人大常委会的监督方式和监督程序作了比较详细的规定。

② 人民法院在行政诉讼中不能直接追究行政机关的主管人员、直接责任人员的法律责任，但可将有关材料移送监察机关、该行政机关或者其上一级行政机关；认为有犯罪行为的，应当将有关材料移送公安机关、检察机关(参见《行政诉讼法》第66条)。

③ 《监察法》第11条规定：“监察委员会依照本法和有关法律规定履行监督、调查、处置职责：(一)对公职人员开展廉政教育，对其依法履职、秉公用权、廉洁从政从业以及道德操守情况进行监督检查；(二)对涉嫌贪污贿赂、滥用职权、玩忽职守、权力寻租、利益输送、徇私舞弊以及浪费国家资财等职务违法和职务犯罪进行调查；(三)对违法的公职人员依法作出政务处分决定；对履行职责不力、失职失责的领导人员进行问责；对涉嫌职务犯罪的，将调查结果移送人民检察院依法审查、提起公诉；向监察对象所在单位提出监察建议。”

是间接的(除法律特别规定和行政公益诉讼外[①]),即通过监督行政诉讼再监督行政行为;而后者是直接针对行政机关行政行为的监督。(2)前者可通过受理当事人申诉和其他人举报、控告、检举的方式进行,也可主动进行(特别是行政公益诉讼);后者则采取"不告不理"的被动形式。(3)前者的监督结果主要是通过检察建议实现对违法行政行为和违法公职人员的处理;而后者的监督结果是直接撤销违法的行政行为,对合法权益被侵犯的行政相对人予以救济(检察机关提起行政公益诉讼的结果可通过法院判决撤销违法的行政行为,或责令不作为的行政机关依法履行法定职责)。

审计机关监督与行政审判监督的区别是:(1)前者是在行政系统内部进行,审计机关和被监督的对象都是行政机关;而后者属于外部监督,内部监督不及外部监督超脱和独立性强。(2)前者主要针对行政机关的财政行为;而后者针对行政机关任何法定受案范围的行政行为。(3)前者主要采取主动监督方式;而后者采取的是被动方式。

可见,行政审判监督是整个行政法制监督和整个法律监督机制的重要一环,但它不能取代其他法律监督环节;其他法律监督环节当然也不能取代行政审判监督,行政审判监督在整个法律监督机制中具有重要的地位,发挥着极为重要的作用。

二、人民法院行政审判的合法性审查原则

《行政诉讼法》第6条规定:"人民法院审理行政案件,对行政行为是否合法进行审查。"行政诉讼这一基本原则包括两项内容:其一,人民法院在行政审判中只审查和监督行政行为,而不审查和监督行政法规、规章这些作为行政行为依据的法源;其二,人民法院在行政审判中只审查和监督行政行为的合法性,而不审查和监督行政行为的合理性。这意味着行政审判监督是法律监督而非政策和工作监督。

2014年修改前的《行政诉讼法》对这一原则的规定是:"人民法院审理行

---

① 中共十八届四中全会《关于全面推进依法治国若干重大问题的决定》要求,检察机关在履行职责中发现行政机关违法行使职权或者不行使职权的行为应进行监督,应该督促行政机关纠正,并应探索建立检察机关提起公益诉讼的制度。

政案件,对具体行政行为是否合法进行审查。"[1]行政行为包括具体行政行为和抽象行政行为。现行《行政诉讼法》将"具体行政行为"改为"行政行为",是不是意味着,现在人民法院审理行政案件,对所有行政行为的合法性进行审查和监督呢?当然不是,因为现行《行政诉讼法》虽然在第6条规定人民法院审理行政案件,对行政行为是否合法进行审查,但紧接着在第13条排除了人民法院对行政相对人不服行政法规、规章和行政机关发布的具有普遍约束力的决定、命令,即抽象行政行为类案件的受理。抽象行政行为不在行政诉讼受案范围,自然就谈不上人民法院对其合法性进行审查和监督。根据《立法法》的规定,行政法规、规章属于"法"的范畴,至于作为抽象行政行为的规范性文件,现行《行政诉讼法》对其审查以另外一种方式开了一个"小口子",即行政相对人在提起具体行政行为的诉讼时可对作为抽象行政行为的规范性文件提起附带诉讼,人民法院对作为抽象行政行为的规范性文件进行附带审查。现行《行政诉讼法》规定,公民、法人或者其他组织认为行政行为所依据的国务院部门和地方人民政府及其部门的规范性文件不合法,在对行政行为提起诉讼时,可以一并请求对该规范性文件进行审查。人民法院在审理行政案件中,经审查认为相应规范性文件不合法,不作为认定行政行为合法的根据,并向制定机关提出处理建议。[2]

尽管现行《行政诉讼法》对抽象行政行为的审查开了"口子",但这个"口子"很小。现在人民法院审理行政案件,主要或基本上仍是对具体行政行为合法性的审查。人民法院在行政诉讼中为什么主要或基本上只审查和监督具体行政行为而不审查和监督抽象行政行为,其理由主要有三点:(1)根据我国现行宪法和组织法确定的体制,对抽象行政行为的审查监督权主要属于国家权力机关和行政机关系统本身,人民法院对绝大多数抽象行政行为不具有审查监督权;(2)抽象行政行为大多涉及政策问题,而政策问题不宜由法院监督、审查、判断和裁决;(3)抽象行政行为涉及不特定的多数人,有时甚至涉及一个或几个地区的所有人乃至全体国民,其争议通过诉讼途径解决有其困难和不方便之处。

---

① 参见1989年《行政诉讼法》第5条。

② 参见《行政诉讼法》第53条和第64条。

人民法院在行政诉讼中对行政行为进行审查，是指对行政行为的合法性作出有法律效力的评价、确认，从而决定是否确认相应行政行为违法或撤销相应行政行为，使该行政行为继续或停止存在，继续或停止对社会、对相对人发生拘束力。此种“审查”不是指对被诉行政行为作一般的评价、判断。如果“审查”是指一般的评价、判断，那么它就不仅及于具体行政行为，而且必然及于抽象行政行为。因为具体行政行为通常是依据抽象行政行为进行的，法院要审查具体行政行为的合法性就不可避免地要审查抽象行政行为的合法性。但是，这种对抽象行政行为的“审查”不是作出有法律效力的评价、确认，不能决定行政法规、规章一类抽象行政行为的命运：法院即使认定相应抽象行政行为违法，也不能撤销相应抽象行政行为或宣布其无效，使该行为停止存在，停止对社会、对相对人发生拘束力。法院经过此种“审查”，如认为相应抽象行政行为违法，只能在具体案件审理中不适用它们，或者提请有权机关对之进行有法律效力的审查和作出有法律效力的评价、确认与相应处理。

《行政诉讼法》的这一原则还规定人民法院在行政诉讼中只审查行政行为的合法性。这意味着人民法院一般不审查和监督被诉行政行为的合理性、适当性。这是为什么呢？确立这一原则的主要理由有两点：(1)根据我国宪法规定，人民法院依法行使审判权，行政机关依法行使行政权。裁定行政行为是否合法的争议属于审判权和法律监督的范围；确定行政行为在法律范围内如何进行更为适当、更为合理，是行政权和行政监督的范围。行政机关不能代替人民法院对行政行为的合法性作出终局评价，侵越司法权；人民法院也不能代替行政机关对应如何实施行政行为方为适当作出评价，侵越行政权。(2)人民法院长期进行审判活动，与法律打交道，对适用法律最有经验，对法律问题最能作出正确评价。而行政机关长期进行行政活动，对行政管理最为熟悉和最具有行政管理专门知识，对在法律范围内如何实施行政行为更为适当、更为合理、更为有效、更有经验。因此，合法性问题应交由人民法院监督和解决，适当性问题应留给行政机关监督和解决。如果不是这样，由行政机关解决合法性问题，就会导致行政专横、法治被践踏；而由人民法院解决适当性问题，就会导致管理瘫痪，行政无效率。

人民法院在行政诉讼中审查行政行为的合法性包括：审查行政行为的主体是否合法，即行为主体有无行政主体资格，有无法定权限；行为对象是否合法,即行为是否针对的是法定相对人;内容是否合法,即行为是否适用法律、法规正确,是否有确凿证据支持;程序是否合法,即行为是否符合法定形式、步骤和方式,以及行为目的、手段是否合法,而不仅仅是审查行政行为的内容是否符合法律、法规的某一条款的规定。行政行为目的违法可能构成“滥用职权”或“明显不当”,“滥用职权”或“明显不当”往往不是因为行政行为违反法律、法规的某一明确的条款的具体规定,而是违反法律的目的、精神、原则。[①] 在这里,合法性、合理性问题交织在一起。不合法的行为通常都是不合理的,不合理达到一定程度亦可构成不合法。但是一般的不合理、不适当不构成不合法。对于一般的不合理、不适当的问题,人民法院不予干预(但法院可通过“司法建议”的形式建议行政机关自行纠正);而只有当这种不合理、不适当达到“滥用权力”“明显不当”,即构成违法的情况下,人民法院才应加以干预。

三、受人民法院行政审判监督的行政行为的范围

根据《行政诉讼法》,人民法院有权通过行政审判监督行政机关作出的行政行为。但是,人民法院只能通过行政审判监督行政机关作出的部分行政行为而非所有行政行为。依据《行政诉讼法》关于行政诉讼受案范围的规定,人民法院有权通过行政审判监督的行政行为有十二种,[②]排除人民法院行政审判监督的行政行为有四种。[③]

(一)人民法院有权通过行政审判监督的行政行为

1. 行政处罚行为

行政处罚是指行政机关依法对违反行政管理秩序的公民、法人或者其他组织,以减损权益或者增加义务的方式予以惩戒的行为。[④] 根据《行政处罚法》第 9 条的规定,行政处罚包括下述六种类别:(1)警告、通报批评;(2)罚款、没收违法所得、没收非法财物;(3)暂扣许可证件、降低资质等级、吊销许可证件;(4)限制开展生产经营活动、责令停产停业、责令关闭、限制从业;

---

① 关于“滥用职权”和“明显不当”的含义和二者的区别,参见姜明安:《行政诉讼法》,法律出版社 2021 年版,第十一章“行政诉讼的判决、裁定和决定”。

② 参见《行政诉讼法》第 12 条。

③ 参见《行政诉讼法》第 13 条。

④ 参见《行政处罚法》第 2 条。

(5)行政拘留;(6)法律、行政法规规定的其他行政处罚。

《行政诉讼法》第12条第1项规定的行政处罚行为包括行政拘留、暂扣或者吊销许可证和执照、责令停产停业、没收违法所得、没收非法财物、罚款、警告等。这里使用了一个"等"字,意味着作为行政诉讼受案范围的行政处罚包括所有行政处罚种类而非仅列举规定的类别。

2. 行政强制行为

行政强制包括行政机关实施的行政强制措施行为和行政强制执行行为。根据《行政强制法》的规定,"行政强制措施,是指行政机关在行政管理过程中,为制止违法行为、防止证据损毁、避免危害发生、控制危险扩大等情形,依法对公民的人身自由实施暂时性限制,或者对公民、法人或者其他组织的财物实施暂时性控制的行为。行政强制执行,是指行政机关或者行政机关申请人民法院,对不履行行政决定的公民、法人或者其他组织,依法强制履行义务的行为"。①

根据《行政强制法》第9条的规定,行政强制措施有下述五种类别:(1)限制公民人身自由;(2)查封场所、设施或者财物;(3)扣押财物;(4)冻结存款、汇款;(5)其他行政强制措施。

根据《行政强制法》第12条的规定,行政强制执行有下述六种形式:(1)加处罚款或者滞纳金;(2)划拨存款、汇款;(3)拍卖或者依法处理查封、扣押的场所、设施或者财物;(4)排除妨碍、恢复原状;(5)代履行;(6)其他强制执行方式。

3. 行政许可行为

行政许可是指"行政机关根据公民、法人或者其他组织的申请,经依法审查,准予其从事特定活动的行为"。②

根据《行政诉讼法》第12条第3项的规定,公民、法人或者其他组织申请行政许可,行政机关拒绝或者在法定期限内不予答复,或者行政相对人对行政机关作出的有关行政许可的其他决定不服,均可提起行政诉讼。据此,行政许可行为作为人民法院行政诉讼受案范围应具备下述三个条件:第一,行政相对

① 参见《行政强制法》第2条第2款、第3款。
② 参见《行政许可法》第2条。

人已向行政机关提出取得相应证照的申请，履行了法定的申请手续；第二，行政相对人认为自己符合取得相应证照的条件；第三，行政机关拒绝颁发或不予答复。"拒绝颁发"指行政机关书面或口头明确表示不给相对人颁发；"不予答复"指行政机关在法定期限内或在无法定期限情况下超出合理期限不对是否颁发证照向相对人作出任何表示。对拒绝颁发的行为，相对人自收到拒绝颁发通知之日起即可起诉；对不予答复的行为，相对人则应自法定颁发期限届满之日起或超出合理颁发期限（此期限可由法院根据一般行政惯例确定，一般为自申请之日起两个月）之日起提起诉讼。

该条款关于"行政机关作出的有关行政许可的其他决定"，一般指行政机关就行政许可作出的变更、撤回、注销、延续等决定，但不包括吊销和撤销行政许可的决定。因为吊销和撤销行政许可的决定虽然同样可诉，但诉由是"行政处罚"而非"行政许可"。

4. 行政确认行为

行政确认是指行政机关对行政相对人的法律地位、法律关系或者有关法律事实进行甄别，给予确定、认可、证明并予以宣告的行政行为。[①]

《行政诉讼法》第 12 条第 4 项规定的作为行政诉讼受案范围的确认行为主要是涉及行政机关确认行政相对人自然资源所有权或使用权的行为，即确认土地、矿藏、水流、森林、山岭、草原、荒地、滩涂、海域等自然资源所有权或使用权的行为。

5. 行政征收征用行为

行政征收征用行为是指行政机关依法定条件、法定程序和法定补偿标准对公民、法人或者其他组织的财产予以征收征用，以实现某种公共利益的行为。我国《宪法》第 13 条第 3 款规定，"国家为了公共利益的需要，可以依照法律规定对公民的私有财产实行征收或者征用并给予补偿"。可见，一项合宪合法的行政征收征用必须满足三项基本条件：一是出于公共利益的需要，政府纯粹出于商业利益或其他非公共利益的需要，不得启动行政征收征用；二是必须遵循法定程序，如《国有土地上房屋征收与补偿条例》规定的法定程序包

---

① 参见姜明安主编：《行政法与行政诉讼法》，北京大学出版社、高等教育出版社 2015 年版，第 243 页。

括征求社会公众意见、科学论证、必要时举行听证会、经政府常务会议讨论决定、及时公告等程序;[①]三是依法定标准补偿,如《国有土地上房屋征收与补偿条例》规定的补偿包括:(1)被征收房屋价值的补偿;(2)因征收房屋造成的搬迁、临时安置的补偿;(3)因征收房屋造成的停产停业损失的补偿。[②] 行政机关对其他动产或不动产的征收征用,同样要遵守相应法律、法规或者规章规定的补偿标准。行政机关进行征收征用如果没有满足上述三项基本条件,即构成违法征收征用,行政相对人可对之提起行政诉讼。

《行政诉讼法》第 12 条第 5 项规定的作为行政诉讼受案范围的行政行为即是"征收、征用决定及其补偿决定"。也就是说,行政相对人对征收、征用决定不服,可以提起行政诉讼;对补偿决定不服,也可以提起行政诉讼;对两者均不服,还可以同时提起行政诉讼。

6. 行政机关拒绝履行保护人身权、财产权等合法权益的法定职责或者不予答复的行为

根据《行政诉讼法》第 12 条第 6 项的规定,行政相对人申请行政机关履行保护人身权、财产权等合法权益的法定职责,行政机关拒绝履行或者不予答复的,行政相对人可对之提起行政诉讼。相对人起诉这类行为应具备以下四个条件:其一,相对人人身权、财产权正受到或已受到或即将受到实际的(非想象的)侵害;其二,行政相对人已向行政机关提出排除侵害,保护其人身权、财产权的请求;[③]其三,被申请机关具有相应的法定职责;其四,行政机关拒绝履行或不予答复。在这类案件中,具有原告资格的人是受害人,受害人在权利受侵害过程中有时无法亲自起诉,甚至无法向外界作出要求起诉的意思表示。对此,2018 年《最高人民法院关于适用〈中华人民共和国行政诉讼法〉的解释》(以下简称《行政诉讼法司法解释》)第 14 条第 2 款规定,公民因被限制人身自由而不能提起诉讼的,其近亲属可以依其口头或者书面委托以该公民的名义提起诉讼。近亲属起诉时无法与被限制人身自由的公民取得联系,近亲

---

① 参见《国有土地上房屋征收与补偿条例》第 9—16 条。

② 参见《国有土地上房屋征收与补偿条例》第 17 条第 1 款。

③ 《行政诉讼法》第 38 条第 1 款规定:"在起诉被告不履行法定职责的案件中,原告应当提供其向被告提出申请的证据。但有下列情形之一的除外:(一)被告应当依职权主动履行法定职责的;(二)原告因正当理由不能提供证据的。"

属可以先行起诉,并在诉讼中补充提交委托证明。

7. 行政相对人认为行政机关侵犯其法定经营自主权或者农村土地承包经营权、农村土地经营权的行为

所谓“侵犯法经营自主权”,一般是指行政机关非法干预、截留、限制或取消法律、法规、规章赋予行政相对人在生产经营活动中处理其所属人、财、物以及决定产、供、销等方面的权利,特别是其对财产享有的占有、使用和依法处分的权利。对于《行政诉讼法》第 12 条第 7 项中使用的“经营自主权”,应认为包括法律、法规,乃至规章赋予行政相对人的权利。经营自主权的主体指从事生产、经营的企业、组织、个人,包括国有企事业组织、集体企事业组织、外资或合资企业、私人企业、个体劳动者、农村集体经济组织、农民以及其他从事生产经营的组织、个人。① 行政机关对经营自主权的主体作出任何行政行为,都必须有法律根据,凡是法律没有授权行政机关干预的事项,都是企业自主权的范围。不管企业自主权有没有法律根据,只要行政机关干预没有法律根据,其行为就构成“侵犯经营自主权”。

《行政诉讼法》第 12 条第 7 项规定的侵犯农村土地承包经营权和农村土地经营权的行为作为行政诉讼受案范围,其原理也基本与上述侵犯企业经营自主权作为行政诉讼受案范围一致。只是农村土地承包经营权的权利范围和农村土地经营权的权利范围有所不同:前者只有集体经济组织成员享有,既包括土地使用权(甚至具有一定的所有权性质),也包括经营权;后者可为非集体经济组织成员(甚至城市市民)享有,其对土地的权利仅限经营权。但无论是前者的农村土地承包经营权,还是后者的农村土地经营权,只要行政相对人认为其被行政机关违法侵犯,均可向人民法院提起行政诉讼。

8. 行政相对人认为行政机关滥用行政权力排除或者限制竞争的行为

《行政诉讼法》将行政机关滥用行政权力排除或者限制竞争的行为纳入

① 行政机关与国有企业和其他经济组织的关系一般包括两种情况:一种是行政主体与行政相对人的关系,另一种是国家财产所有者代表(出资人)与经营者的关系。后一种关系具有民事性质,既非完全的行政关系,亦非完全的民事关系。对因后一种关系引发的争议是否能提起行政诉讼,目前学界和实务界尚未达成共识。《行政诉讼法司法解释》倾向于排除将此类争议纳入行政诉讼的范围,该解释第 16 条第 3 款规定:“非国有企业被行政机关注销、撤销、合并、强令兼并、出售、分立或者改变企业隶属关系的,该企业或者其法定代表人可以提起诉讼。”这里明确限定“非国有企业”,显然排除了“国有企业”。

行政诉讼受案范围,是为了保障和推进社会主义市场经济的良性发展。市场经济是与公平竞争紧密联系在一起的,没有公平竞争,就没有市场经济。而行政机关滥用行政权力排除或者限制竞争会从根本上破坏市场经济的秩序,同时损害社会公平正义,故法律将之确定为人民法院行政审判的监督范围。

9. 行政相对人认为行政机关违法要求履行义务的行为

根据《行政诉讼法》第 12 条第 9 项规定,行政相对人认为行政机关违法集资、摊派费用或者违法要求履行其他义务的行为属于行政诉讼受案范围。

关于行政机关违法要求履行义务的行为,《行政诉讼法》除列举了“违法集资和摊派费用”两项外,还使用了一个“其他”的概括性用语。“其他”包括三种情形:其一,违法要求相对人履行作出某种行为的非法定义务,如违法要求从事某种劳务、违法要求参加某种活动等;其二,违法要求相对人履行不作出某种行为的非法定义务,如违法要求企业不进行某项投资,不销售某种产品,违法要求个人不进行某种活动、不购买某种商品等;其三,违反法律、法规规定的条件、程序、标准、数额、时限等要求相对人履行某种法定义务,如不按照法定条件、超越法定标准收费等。

10. 行政给付行为

行政给付包括供给行政、社会保障行政和资助行政。其中社会保障行政是指行政主体为保障人民生活达到一定水准而进行的给付活动,包括公共扶助、社会保险、公共卫生和社会福利。①

对于行政给付行为,《行政诉讼法》第 12 条第 10 项虽然仅列举了支付抚恤金、最低生活保障待遇和社会保险待遇三项,但行政相对人对行政机关其他不依法实施的行政给付行为(农村社会救济、城镇社会救济、社会福利金、自然灾害救济金等),可以根据《行政诉讼法》第 12 条第 12 项确定的总的兜底条款——“侵犯其他人身权、财产权等合法权益”提起行政诉讼。

11. 行政协议行为

行政协议即行政合同,是指行政机关为了实现行政管理或者公共服务目

---

① 参见姜明安主编:《行政法与行政诉讼法》,北京大学出版社、高等教育出版社 2015 年版,第 233 页。

标,与公民、法人或者其他组织协商订立的具有行政法上权利义务内容的协议。[1] 行政协议不是严格意义的行政行为。因为行政行为一般具有单方性,而行政协议是双方行为。但《行政诉讼法》以“行政行为”作为行政诉讼受案范围,故实际已将之归入广义的行政行为范畴。

《行政诉讼法》第12条第11项虽然仅将“政府特许经营协议”和“土地房屋征收补偿协议”纳入行政诉讼可诉性行政行为之列,但使用了“等”字,即意味着其他行政协议亦具有可诉性。2019年,《最高人民法院关于审理行政协议案件若干问题的规定》将下述行政协议确定为行政诉讼受案范围:(1)政府特许经营协议;(2)土地、房屋等征收征用补偿协议;(3)矿业权等国有自然资源使用权出让协议;(4)政府投资的保障性住房的租赁、买卖等协议;(5)符合规定条件的政府与社会资本合作协议;(6)其他行政协议。

12. 行政相对人认为行政机关侵犯其他人身权、财产权等合法权益的行为

这是一个兜底条款,即确定只要行政相对人认为其人身权、财产权等合法权益受到行政行为侵犯的,均可提起行政诉讼。这也意味着,凡是行政机关实施的侵犯公民、法人或者其他组织人身权、财产权等合法权益的行政行为,均属于人民法院行政审判监督的范围。

(二)排除人民法院行政审判监督的行政行为

根据《行政诉讼法》第13条的规定,人民法院不受理行政相对人对下列四类事项的起诉。也就是说,法律排除人民法院行政审判对下列四种行为[2]的法律监督。

1. 国家行为

国家行为又称“政治行为”“统治行为”“政府行为”,是指涉及重大国家利益,具有很强政治性的行为。《行政诉讼法司法解释》第2条第1款对“国家行为”的解释是,指国务院、中央军事委员会、国防部、外交部等根据宪法和法律的授权,以国家的名义实施的有关国防和外交事务的行为,以及经宪法和法律授权的国家机关宣布紧急状态等行为。国家行为可能为国家元首所

---

① 参见《最高人民法院关于审理行政协议案件若干问题的规定》第1条。

② 这四种行为绝大多数是行政机关的行政行为,但也包括国家元首或国家最高权力机关的某些行为。某些国家行为既可以是作为行政机关的国务院、外交部、国防部的行为,也可以是国家元首或国家最高权力机关的行为。

为,可能为国家权力机关所为,也可能为国家行政机关所为。国家元首和国家权力机关的行为本来就不是行政诉讼的范围,故没有以立法专门排除的必要。因此,这里排除的国家行为,自然是指行政机关所为的国家行为。行政机关所为的各种行为中,哪些是国家行为,哪些是非国家行为,无论是从法律上,还是从学理上,都不存在一种绝对的标准。通常的标准包括直接以国家名义实施,涉及国家主权或重大国家利益,政治性很强等。但各国对这些标准的解释有宽有窄,从而包括的范围亦有大有小。我国《行政诉讼法》在第 13 条第 1 项中仅列举了两项:国防行为和外交行为。国防行为主要指宣战、宣布战争状态、调动军队、设立军事禁区等;外交行为主要指与外国建交、断交、签订条约、公约、协定等。应当指出,国家行为主要包括国防行为和外交行为,但又不限于国防行为和外交行为。《行政诉讼法》第 13 条第 1 项在列举了国防、外交行为后使用了一个"等"字,意即国家行为除国防、外交行为以外,还包括其他行为,如宣布紧急状态等。需要注意的是,国防行为和外交行为是指有关国家机关以国家名义在国防、外交领域作出的涉及国家主权和重大国家利益的行为,而不是指行政机关在国防、外交领域实施的所有行为。如行政机关征集兵役、组织民兵军事训练、发放外交护照以及批准出国考察、访问、确定旅游目的地等,就通常不作为"国家行为"对待,行政相对人对之不服,可允许其依法提起行政诉讼,接受司法审查的监督。

2. 抽象行政行为

抽象行政行为包括两类:第一类是行政立法行为,包括行政机关制定行政法规和规章的行为。第二类是一般抽象行政行为,指行政机关制定、发布具有普遍约束力的决定、命令的行为。第一类抽象行政行为比较明确,比较好把握。行政法规即指国务院以条例、规定、办法等形式发布的规范性文件,规章指国务院各部、委、行、署和具有行政管理职能的直属机构,以及省、自治区、直辖市和设区的市自治州的人民政府,根据法律和国务院的行政法规、决定、命令,以及地方性法规发布的规范性文件。[①] 第二类抽象行政行为的范围和界

---

① 国务院的部、委、行、署的"行",指中国人民银行;"署"指审计署。这里"较大的市"指省、自治区人民政府所在地的市、经济特区所在地的市和经国务院批准的较大的市。参见《立法法》第 91—93 条。

限不是很明确,实践中有时难以把握。“决定”“命令”可以是抽象行政行为,也可以是具体行政行为,二者区别的关键看其是否具有“普遍约束力”;而“普遍”则是一个不完全确定的用语,多大范围为“普遍”,多少相对人为“普遍”,法官有时需要根据个案的具体情况来确定某一决定、命令是否具有普遍约束力,从而确定该案是否为法院受理。《行政诉讼法司法解释》第2条第2款对“普遍性”有一个明确的标准,即不特定性和可反复适用性。不特定性一般指行为对象非特定;可反复适用性一般指相应决定、命令不是一次性有效,而是可作为之后解决某一类问题反复适用的根据。

当然,《行政诉讼法》排除抽象行政行为作为行政诉讼受案范围,只是确定行政相对人不能单独以抽象行政行为作为诉讼客体,不能直接对抽象行政行为提起行政诉讼,而并非不允许行政相对人在对具体行政行为提起诉讼的过程中,同时提起对据以作出具体行政行为的抽象行政行为合法性的异议。在行政诉讼中,法院虽然不能将抽象行政行为作为司法审查的直接对象;但是,如果行政相对人在起诉具体行政行为时提起对抽象行政行为的异议,法院就应该审查,而且应首先审查抽象行政行为的合法性,因为抽象行政行为的合法是具体行政行为合法的前提。法院虽然不能自行和直接宣布违法的抽象行政行为无效和撤销它们,但可在审查具体行政行为时不适用它们而直接适用法律或高位阶的合法抽象行政行为,以此为行政相对人提供救济。而且,法院还可建议有权机关对违法抽象行政行为加以撤销。绝大多数抽象行政行为,如果要对相对人权益直接产生影响,通常要在具体行政行为中加以适用,即通过具体行政行为影响相对人的权益。因此,虽然抽象行政行为不作为司法审查的直接对象和行政诉讼的受案范围,但它在法院审查具体行政行为过程中仍可受到一定的司法监督。《行政诉讼法》第53条第1款规定,“公民、法人或者其他组织认为行政行为所依据的国务院部门和地方人民政府及其部门制定的规范性文件不合法,在对行政行为提起诉讼时,可以一并请求对该规范性文件进行审查”。第64条规定,“人民法院在审理行政案件中,经审查认为本法第五十三条规定的规范性文件不合法的,不作为认定行政行为合法的依据,并向制定机关提出处理建议”。

3. 内部行政行为

内部行政行为是指行政机关对其所属机构及其工作人员实施的不直接涉

及行政相对人权益的组织、指挥、协调、监督等行为。内部行政行为分为两类:第一类是工作性质的,如上级机关对下级机关或行政首长对所属机构人员工作上的指示、命令、批准、批复等,以及行政机关的内部工作安排、计划、制度等;第二类是人事性质的,如行政机关对工作人员的奖惩、任免、考核、调动、工资、福利待遇等。第一类内部行政行为由于不涉及具体相对人的权益,行政机关之外的公民、法人或其他组织与之无直接利害关系,故没有必要将之列入行政诉讼受案范围。《行政诉讼法》第 12 条虽然没有对这类行为作出明确的排除,但其显然属排除之列。因为对这类行为起诉不利于行政机关的内部管理和运作,各国行政诉讼法通常不将之列入行政诉讼的受案范围。第二类内部行政行为则不同,它直接涉及国家公务员的权益。① 公务员在其实施行政行为时,完全是代表行政机关而行为,是行政机关的化身;而在行政机关对其实施监督、任免、考核、调动,决定工资、福利待遇等行为时,其是作为行政机关的相对一方,与行政机关发生法律关系。这类法律关系介于第一类内部行政法律关系与外部行政法律关系之间,甚至更多地接近于外部行政法律关系。例如,行政机关辞退、开除公务员,给其人身权、财产权带来的影响几乎与行政机关吊销外部行政相对人从事某种职业、工作的许可证和执照相同。因此,有些国家允许公务员对行政机关实施的奖惩、任免、考核、工资、福利待遇等这类内部行政行为提起行政诉讼。我国《行政诉讼法》第 13 条第 3 项之所以排除这类内部行政行为作为行政诉讼的受案范围,理由主要在于我国行政系统内部已设有对这类行为的救济机制,如各级政府均设有受理申诉、控告、检举的机构,包括监察机构和各种信访机构。《监察法》和《政务处分法》还专门规定了公务员不服政务处分的复审、复核制度等。不过,随着我国法治的日益发展和进步,这类内部行政行为今后仍可能纳入司法审查的范围,接受人民法院行政审判的法律监督。

4. 终局行政行为

终局行政行为是指法律规定由行政机关最终裁决的行政行为。终局行政行为不同于国家行为、抽象行政行为、内部行政行为,其范围是不确定的,它随

---

① 根据《行政诉讼法司法解释》第 2 条第 3 款的规定,"对行政机关工作人员的奖惩、任免等决定",是指行政机关作出的涉及该行政机关公务员权利义务的决定。

着法律规定的变化而变化。它不存在明确的实质标准,而只有明确的形式标准,那就是"法律"规定[①]。这里的"法律",是指全国人民代表大会和全国人大常委会制定的严格意义上的法律,不包括法规、规章、司法解释等广义上的法。凡是法律规定由行政机关最终裁决的行政行为,不管该行为处于何种阶段(行为阶段、复议阶段、复核阶段),不管该行为在何时发生法律效力(行为终结即发生法律效力或经过复议、复核方发生法律效力),相对人都不能对之提起行政诉讼,法院都不能受理此种行政争议案件。

《行政诉讼法》之所以作出这一排除规定,主要是基于行政管理的复杂性:有些行政行为具有很强的技术因素,需要运用非常专门的知识、技术、经验,不适于法院审查;有些行政行为在一定的时期、一定形势下可受司法审查,在一定时期、一定条件下又具有特殊紧急性或政治性,不宜由法院审查;有些行政行为,《行政诉讼法》第12条虽明确规定为行政诉讼的受案范围,但在某些领域,由于其涉及某些特殊政策,不宜接受司法审查。为保证行政权与司法权的正确关系,保证国家利益与公民权益的协调,《行政诉讼法》将行政诉讼受案范围的限制权留给最高国家权力机关,国家最高权力机关可以根据各个时期各个行政管理领域的不同情况和特殊需要,运用具体法律灵活地、慎重地调整行政诉讼的受案范围,亦即人民法院行政审判监督行政机关行政行为的范围。

---

① 从总的趋势看,法律排除司法审查的行政行为。即终局行政行为的范围会越来越小。在20世纪90年代,行政相对人对商标评审委员会裁决商标争议(相对人不服商标局驳回商标申请和不予公告的行为不服而申请的行为,商标评审委员会裁决)的行为、专利复审委员会裁决专利争议(相对人不服专利复审委员会作出的关于实用新型和外观设计的复审请求的决定)的行为等均不能提起行政诉讼。中国加入WTO后,《商标法》和《专利法》修改,这些排除都已废止。目前,终局行政行为主要指《行政复议法》第14条和第30条规定的行为。《行政复议法》第14条规定:"对国务院部门或者省、自治区、直辖市人民政府的具体行政行为不服的,向作出该具体行政行为的国务院部门或者省、自治区、直辖市人民政府申请行政复议。对行政复议决定不服的,可以向人民法院提起行政诉讼;也可以向国务院申请裁决,国务院依照本法的规定作出最终裁决。"《行政复议法》第30条规定:"公民、法人或者其他组织认为行政机关的具体行政行为侵犯其已经依法取得的土地、矿藏、水流、森林、山岭、草原、荒地、滩涂、海域等自然资源的所有权或者使用权的,应当先申请行政复议;对行政复议决定不服的,可以依法向人民法院提起行政诉讼。根据国务院或者省、自治区、直辖市人民政府对行政区划的勘定、调整或者征用土地的决定,省、自治区、直辖市人民政府确认土地、矿藏、水流、森林、山岭、草原、荒地、滩涂、海域等自然资源的所有权或者使用权的行政复议决定为最终裁决。"

第二章 我国监察制度发展的历史沿革

第一节 我国古代的监察制度

我国监察制度起源很早，在远古时代，人们法天设官，即有监察官吏之设。① 监察制度被置于国家主要典制地位，以御史执掌的纠举弹劾，以巡按考察为核心的监察制度，可以溯源至西周。自秦以后，随着国家政务的日益纷繁和中央集权制度统治力度的不断强化，监察体制不断加强、完善。为强化官僚机器的自身制衡关系，逐步形成了以监察政、军、法方面为主，旁及国家其他事务，有较明确分工、协调和制约，从中央到地方单线垂直的和层层监督的监察体系。②

一、秦代监察制度

从史籍记载看，我国秦代即已创立御史监察之制，在中央以御史府(台)为官署，以御史大夫为官长，对地方则派遣监御史。当时监察的主要职能是监督官吏服从皇权，维护皇帝的专制统治。

御史大夫属“三公”之一，“位上卿，银印青绶，掌副丞相”(《汉书·百官表》)，其地位在廷尉之上，十分显赫。御史大夫全面掌管群臣章奏和下达皇帝诏令，并监察文武百官。御史大夫之下设御史中丞二人，协助御史大夫问事，掌管朝廷的图籍秘书，并处理直达皇帝的一切奏章，在殿中察举违法官吏。

---

① 《天官书》说，“太微南四星为执法星。执法星者，谓执法以监众星也”。参见杨鸿年、欧阳鑫：《中国政制史》，安徽教育出版社 1989 年版，第 119 页。

② 参见柏桦：《中国政治制度史》，中国人民大学出版社 2011 年版，第 371 页。

中丞之下设若干御史(亦称侍御史),主管地方送达中央的文件,并具体从事纠举办案。

监御史是秦朝廷派往地方各郡执行监察任务的官吏,他们的主要职责是对所在郡的官吏实行纠察,并参与治理刑狱。监御史不是地方官职,也不专驻地方,而是隶属于御史府(台),受御史大夫和御史中丞直接指挥和节制。① 这体现了秦代高度集权统治的特点。

二、汉代监察制度

汉代的监察制度在秦代监察制度的基础上有所发展。汉代的监察机关叫作御史府(台),亦称御史大夫寺、宪台。汉御史府有御史大夫、御史中丞。公元前1年御史大夫改大司空,不再执掌监察职能,“中丞出外为首御史台主”,每朝会“举不如仪者”,并与侍御史、监察御史分别监察中央和地方官吏,“监察非法”。

在地方,汉初废地方监御史,由丞相府派遣丞相史监察郡县,将监察置于行政之下。到汉武帝时期,为了有效控制地方,废除监察郡县的丞相史,分全国为13州部,每州部设部刺史一员,直属御史台,规定“以六条问事”。监察职能不仅及于地方官吏,而且及于地方恶势力。“六条”中一条规定监察强宗豪右,五条规定监察郡守尉和王国相。监察目的主要是防止地方割据和加强中央集权统治。开始时,部刺史专司监察,不问他事。到西汉末,权力加大,“选第大吏,所荐位高至九卿,所恶立退,任重职大”。到东汉后期,部刺史从监督地方军队逐步发展到直接统率地方军队。后来又提高品秩,在所在地区,无所不统,并改称“州牧”,变成地方最高一级行政长官。

汉代在地方监察官中,负责京师及其周围各郡的监察官称“司隶校尉”,其职权大致同于御史中丞,“无所不纠”——可以纠察京师百官及其附近地方官,甚至包括丞相和直接弹劾“三公”。其与尚书令、御史中丞一样,在皇

---

① 曾宪义教授主编的《中国法制史》指出,“秦代的御史监察之制尚处于初创阶段,其御史大夫、御史中丞及其他御史虽领有纠察之责,辅佐皇帝监察百官,但仍负有其他各种行政事务还不是专职的监察官员。不过,秦代开创的监察制度不仅为后世历代王朝所继承,而且,以御史监察百官还构成了中国古代政治制度和司法制度的一大特色,其历史影响是极为深远的”。参见曾宪义主编:《中国法制史》,北京大学出版社、高等教育出版社2009年版,第90页。

帝面前有专席座位,被称为“三独坐”,地位极为显赫。①

三、唐代监察制度

在历代监察制度中,唐代监察制度最为完备。公元 662 年(唐高宗尤朔二年),御史台改称“宪台”。公元 670 年(咸亨元年)又复改御史台。684 年(武则天光宅元年),又改御史台为“肃政台”,设左右二台,左台专管在京百司及监军粮饷,右台则监京外文武百官。公元 705 年(中宗神龙元年),取消肃政台,恢复左右御史台。公元 712 年,左右御史台合一(右台并入左台)改为御史台,置御史大夫一人,中丞二人,侍御史四人、殿中侍御史六人、监察御史十人。公元 782 年(德宗建中三年),御史台设三院:台院、殿院、察院。台院设侍御史六人,负责对中央百官进行纠举、弹劾、推鞠;殿院设殿中侍御史六人,主要监察殿廷之内百官的活动,维护朝廷礼仪秩序;察院设御史十五人,执掌分察百僚,巡按州县。三院除设御史行使监察职能外,还设有众多属隶处理院务和其他事务。

唐代御史的主要职责有五个方面(其中不少职责实际已超过严格的监察职能):其一,推案狱讼。包括推问皇帝下达的案件即诏狱,审理普通刑事案件。其二,劾奏犯罪。对违法犯罪的官员进行纠举,弹劾其罪行,请求司法机关审判。其三,巡察内外。内察吏、户、礼、兵、刑、工六部,监督其职权行使,保证其合法、有效。外察州县,“六条问事”,即六察(此“六条”“六察”在汉代“六条”“六察”的基础上有所发展):一察官员善恶;二察户口流散、籍账隐没、赋役不均;三察不劝农桑、仓库耗减;四察奸猾盗贼、扰民生业、蠹害百姓;五察德行孝悌、茂才异能、贤士隐居者;六察奸吏豪强兼并土地、暴虐百姓,贫弱冤苦之人不能申冤者。其四,监督决囚。大理寺处决囚犯时,御史要与相关官员一起到场监督,如发现司法机关违法及犯人有冤者,即予以纠举平冤。其五,监察录囚。此五项职责,是其作为代表皇帝,临制百司,统治百官,维护皇权的主要方式和手段。②

---

① 参见肖永清主编:《中国法制史简编》,山西人民出版社 1981 年版,第 163—165 页。

② 参见杨鸿年、欧阳鑫:《中国政制史》,安徽教育出版社 1989 年版,第 121—122 页;曾宪义主编:《中国法制史》,北京大学出版社、高等教育出版社 2000 年版,第 176—177 页。

四、宋代监察制度

宋沿唐制，中央设御史台，主管有御史大夫、中丞及各种御史。但大夫、中丞多非专职，而为兼任。宋初御史分言事御史和察事御史。察事御史专司监察职能，主察中央六部，亦察六部外的在京百官。宋代为加强中央集权，较重视地方监察，在路设“监司”（转运司、提點刑狱司、提举常平司等），监察所属州县又互相监督。州设“通判”，号称“监州”，通判既非地方长官的属员，又非地方的副长官，实际上是专门监察地方长官的监察官。除监司、通判外，地方还有许多由皇帝或中央机关委派作为他们耳目的“走马承受”，亦负有监察地方行政的责任。由此，便达成收乡里之权归县，收县之权归州，收州之权归监司，再收监司之权归朝廷的目的。从而，形成以监司为主，通判、走马承受为辅的宋代地方监察体系。[①]

五、元代监察制度

元于世祖至元五年（公元 1276 年）在中央设御史台（含内台、中台），负责“弹劾中书省、枢密院、制国用使司等内外百官奸邪、非违，肃清风俗，刷磨诸司案牍，并监察祭祀及出使之事”。[②] 在地方，元设两个行御史台，作为中台的派出机构。两台分别是监察东南诸省的江南诸道行御史台（南台）和设于陕、甘、滇、蜀地区的监察陕西诸道行御史台（西台）。中台和行御史台之下，再分二十二道监察区，每道设肃政廉访司［初沿宋制，称“提刑按察司”，至元二十八年（公元 1291 年）改“肃政廉访司”］。中台直接管辖“腹里”地区的“内八道”；南台管辖十道；西台管辖四道。中台、行御史台与肃政廉访司相衔接，构成全国范围的垂直监察系统。[③]

六、明代监察制度

明代监察制度有一个重要特点：非常重视以监察立法规范监察机关的权

---

① 参见柏桦：《中国政治制度史》，中国人民大学出版社 2011 年版，第 381 页；杨鸿年、欧阳鑫：《中国政制史》，安徽教育出版社 1989 年版，第 122 页。

② 参见《元典章》卷五台纲一《内台 · 设立宪台格例》。

③ 参见曾宪义主编：《中国法制史》，北京大学出版社、高等教育出版社 2009 年版，第 191 页。

责与活动程序。明代除《宪纲总例》继承和发展了汉、唐、宋、元以来的监察立法外，还制定了《六科通掌与各科分掌》，“六科通掌”主要规定给事中的职掌权限，属总则部分；“各科分掌”规定各机构具体职责，属分则部分。由于巡按御史权力极大，代天子巡察地方，上至藩服大臣，下至府州县官，均在纠察之例，为了规范巡按御史的监察行为，防止其滥用“大事奏裁，小事立断”的权力，洪武年间（公元 1393 年）还专门制定了《出巡事宜》，内容涉及科差赋役、户口、词讼、农田、道路、军需、学校，以及驿站、度量衡等诸多方面。其中专列考察官员讲读律令，反映了明初对官吏明法、依法断案的重视。

明代主要行使监察职能的机构是都察院和六科给事中，由它们分别对朝内外、京内外的职官进行全面监察。除此之外，皇帝还经常派出巡按御史“代天子巡狩”。“其文科武举、处决重辟、审录冤刑、参拨吏农、纪验功赏，系御史独专者，巡抚亦不得干预。”[①]巡按御史与地方原有的按察司官互相配合，形成了双重监察体制。《明史 · 循吏传》认为此种监察效果极佳：“一时守令畏法，洁己爱民，以当上指，吏治涣然丕变矣。下逮仁、宣、抚循休息，民人安乐，吏治澄清者百余年。”

明代监察官受到重视，多选德行显著、学识优长、老成练达之士任职。朱元璋早在洪武元年（公元 1368 年）下诏，“监察御史、提刑按察司，耳目之寄，肃清百司，今后慎选贤良方正之人，以副朕意”。[②] 后永乐七年（公元 1409 年），明成祖朱棣又谕臣下，“御史为朝廷耳目之寄，宜用有学识通达治体者”。[③] 监察官如违法失职，则加重处罚。明代监察依法察吏虽有其长处，但是明代“专制主义高度发展所造成的宦官专政，严重败坏了吏治，限制了监察机关的作用，阻挠了监察法的实施，最终导致明朝的覆亡”。[④]

---

① 参见《明会典》卷二一一，《都察院 · 抚按通例》。转引自张晋藩：《中国法制史》，商务印书馆 2017 年版，第 341—342 页。

② 《明会典》卷二〇九，《都察院 · 急缺选用》。转引自张晋藩：《中国法制史》，商务印书馆 2017 年版，第 342 页。

③ 《明会典》卷三三，《职官五》。转引自张晋藩：《中国法制史》，商务印书馆 2017 年版，第 342 页。

④ 参见张晋藩：《中国法制史》，商务印书馆 2017 年版，第 343 页。

七、清代监察制度

清初的监察制度沿袭明制，仍设都察院，在世祖顺治元年（公元 1644 年），改都察院原主管丞政为左都御史、参政为左副都御史。左都御史、左副都御史均为都察院长官，掌查核官常、整饬官纪。凡政事得失，官方邪正，有关国计民生之大事者，皆得言之。大狱重囚，皆吏部、大理寺谳平之。

清监察体系中，六科给事中及十五道监察御史具有重要地位。六科给事中隶属于都察院（明代六科给事中由皇帝直接指挥，代表皇帝监察六部各司官吏），官品不高，但权力很大。各科职守如下：吏科分稽铨衡，注销吏部署天府文卷；户科分稽财赋，注销户部文卷；礼科分稽典礼，注销礼部宗人府、理藩院、太常寺、光禄寺、鸿胪寺、国子监、钦天监文卷；兵科分稽戎政，注销兵部、太仆寺、銮仪卫文卷；刑科分稽刑名，注销刑部、通政使司、大理寺文卷；工科分稽工程，注销工部文卷。

十五道监察御史亦隶属于都察院。御史原分设十四道，而以河南、江南、浙江、山西、山东、陕西为六掌道，分稽在京诸司及各辖地的刑名，河南道仍参治都察院事，京畿道仅司照刷卷宗。六掌道或设二员或设一员为协理，依次递迁。其他各道称坐道，实则皆不理本道之事。高宗乾隆十四年（公元 1749 年）监察御史除分管在京各司外，还同时临各道司监察之职。后京畿道改列在河南道之前，可以互相交换所掌。官署亦可以对换。于是便有十五道。[①]

清对地方的监察，中央直控的监察体系与地方各级逐层控制的监察体系紧密结合在一起。其所设布政使、按察使、分守道、分巡道，均职在监督府县各官，通称“监司”，并总成于督抚。总督和巡抚主持本省各官的“大计”考课。府县的长官也有责任督察所属，同时直接对督抚负责。总督与巡抚之间也有责任互相监察。清雍正、乾隆等帝也经常督责有关督抚“密奏”对方情况。在现存的《朱批奏折》中有许多这样的事例。由此，自督抚到府、州、县长官，均置身于被“密查”和受“密奏”的网络之中，不敢不检点警惕；而对其下属发生的违法违纪问题，也必应负一定责任，会依情节轻重和关联疏密受到一定处分，重至革职议罪，从而不敢放松对各级属官的监督查核。这种责任追究机

---

① 参见杨鸿年、欧阳鑫：《中国政制史》，安徽教育出版社 1989 年版，第 133—135 页。

制，目的在于加强各级职官之间的相互稽查监督，防止上下勾结庇护，结党营私，以保证国家机器的正常运转。[1]

第二节 北洋政府和国民政府时期的监察制度

一、北洋政府时期监察制度

1911 年，孙中山领导辛亥革命推翻清王朝，建立中华民国后，仿照西方“三权分立”创设国家机构和政治制度，不设统一和独立的监察体制，由议会兼掌监察。但“议会本职，在于立法。以之监察，不独旷耗时日于行政之琐屑，抑且陷立法机关于政争之旋涡，失公正立法之真正义矣”。[2] 故之后孙中山倡“五权宪法”，监察为五院中独立一院。

北洋政府设平政院，既管监察，“察理行政官吏之违法不正行为”；[3]又负责行政审判，行使行政法院职能。平政院于 1914 年 3 月设立，直隶于大总统。平政院下辖的肃政厅掌管监察，其长官由大总统任命，下辖肃政史 16 名，负责纠弹上自内阁、下至司员的所有行政官吏违宪、违法、行贿受贿、营私舞弊、溺职殃民事件。肃政厅还监督执行平政院对行政诉讼案件的裁决。肃政厅提出的弹劾与督察文，均呈大总统核定后，交平政院审理；属于惩戒事项者，再呈大总统批准，交各主管官署行之。北洋政府时期，虽然在形式上有这些监察制度之设，但“在军阀时代，法治未立，虽有此机关，实际仍等虚设也”。[4] 肃政厅存在至 1917 年 6 月。当年，张勋复辟帝制后即撤销肃政厅，以后再也没有恢复。

在地方监察方面，北洋政府于 1913 年 1 月在省与县之间设观察使署，主要职责是监督所辖官吏，并节制驻扎于本道内的巡防、警务队。1914 年 5 月，北洋政府公布《省官制》，将省民政长官改为巡按使，设立了巡按使署。巡按使署除管辖民政官吏和巡防军、警备队之外，主要行使监察权，直接对大总统和中央政府负责。1916 年 7 月，巡按使署改为省长公署，性质变为省级政

---

① 参见柏桦：《中国政治制度史》，中国人民大学出版社 2011 年版，第 382 页。
② 参见于右任：《监察制度史要》，中华民国监察院监察制度编纂处 1935 年版，第 110 页。
③ 参见《平政院编制令》（1914 年 3 月 31 日公布）。
④ 参见于右任：《监察制度史要》，中华民国监察院监察制度编纂处 1935 年版，第 132 页。

府而非监察机关。[①]

二、国民政府时期监察制度

1924年1月，国民党设立监察委员会，监察在党内任职和在政府任职的国民党员的违法失职行为。监察委员会对监察对象的违法失职行为调查核实后，报告其隶属党部，由党部进行惩戒。1925年8月，广州国民政府设立监察院，负责弹劾官吏的违法行为；另设惩吏院，负责对监察院弹劾案件的审判与惩戒。1926年5月，又裁撤惩吏院，并其职权于监察院。另外，监察院下设审计机构，负责审计中央和地方的财政收支。这样，监察院同时统一行使监察、惩戒和审计职能。至1928年2月，国民政府设立直属审计院，单独行使审计权。

1928年，国民政府制定《国民政府组织法》，规定监察院设院长、副院长各1人，院长因故不能执行职务时，由副院长代理；监察院设监察委员19人至29人，由监察院院长提请国民政府主席依法任免；监察院会议由监察委员组成，监察院院长为会议主席；监察委员不得兼任其他公职，监察院关于主管事项须提出议案于立法院。

1931年2月，依照孙中山"五权宪法"构想组建的监察院成立。监察院为中华民国的最高监察机关，行使弹劾、纠举、建议、监试、审计、调查等项权力。监察院由委员29人组织而成，监察委员之中一人任院长，一人任副院长，任期为六年（之后修正的"中华民国宪法"改为由总统提名，经立法院同意后任命）。监察院的功能类似于古代之御史台，防范政府机构及官员违法违纪和贪赃枉法。审计部是监察院下级机关，负责审核全国各机关之财务与总决算，审计长任期为六年，由总统提名，经立法院同意任命。

根据1932年6月国民政府修订公布的《弹劾法》，监察委员对于公务员的违法、失职行为，向监察院提出弹劾案，由监察院院长交付监察委员3人审查确定立案，然后以监察院的名义交付有关承接机关处理。据统计，1930年2月至1946年8月，监察院共提出弹劾案并经审查立案，移交有关部门惩戒的有1509件，被弹劾者2678人，其中包括行政院长、部会首长、省政府主席、厅

---

① 参见柏桦：《中国政治制度史》，中国人民大学出版社2011年版，第383—384页。

长、县长等。不过,被弹劾者不一定接受惩处(接受惩处的不足弹劾人数的一半)。由于弹劾公开,被弹劾者的申辩也公开,舆论对政府的压力很大。故后来在抗战期间,“中政会”下令,未经惩戒机关作出处分的弹劾案不得公开,从而使“弹劾权实际运用上失去了许多光彩”。①

1934 年后,国民政府将全国划分为若干个监察区(最少时有 14 区,最多时有 19 区),作为监察院的派出机构,每区设 1 个监察使署,置监察使 1 人,由监察院监察委员兼任,巡回监察本区行政,负责纠弹区内地方机关和官吏。1940 年,监察院还设立战区巡察团,分赴各战区进行监察(后于 1946 年撤销)。

1945 年抗日战争胜利后,国民政府开始“行宪”。1948 年 3 月在南京举行行宪国民大会。之后在监察院设立 10 个委员会。监察院沿袭古代御史分巡的做法,将各地监察使署改为监察委员行署,监察使改为监察委员,代表“中央政府”行使监察权,可以进行视察、调查、弹劾、纠举、建议等。国民政府对在监察人员任命、监察委员的人身和言论保障、监察权行使方面给予保障,并规定了察事轮换、回避等制度。监察人员数量更是扩大到 200 多人。虽然监察体系日趋完备,法律规范完备,人员也看似精良,但没有多少实权,未能发挥应有的作用。

第三节　中华人民共和国的监察制度

研究和探讨中华人民共和国国家监察制度的发展历史,必须和中国共产党的纪律检查制度结合起来研究、探讨。② 而要研究和探讨中国共产党执政后的纪检制度的发展历史,必须和党执政前的纪检监察制度结合起来研究、探讨。只有这样,才能揭示新中国纪检监察制度的社会和历史背景,把握其发展

---

① 参见陈之迈:《中国政府》(第 2 册),商务印书馆 1947 年版,第 246 页。

② 关于中国共产党成立以来党的纪检监察制度的发展沿革,四川理工学院范光杰等三位学者曾写过一篇文章,将这个历程分为五个阶段:1921 年至 1949 年为第一阶段,是党的纪检监察制度初步创立时期;1949 年至 1966 年为第二阶段,是党的纪检监察制度正式建立时期;1966 年至 1978 年为第三阶段,是党的纪检监察制度的曲折发展时期;1978 年至 1992 年为第四阶段,是党的纪检监察制度的恢复重建时期;1992 年至现在为第五阶段,是党的纪检监察制度走向成熟的时期。参见范光杰、李成学、赵平:《九十年来党的纪检监察制度的沿革和特点》,载《毛泽东思想研究》2011 年第 4 期。

演进的规律。因为中华人民共和国的国家监察制度是在新民主主义革命时期中国共产党创立的纪检监察制度的基础上建立、发展和逐步完善起来的。

本节分为两大部分:第一部分研究中华人民共和国成立前(1921 年至 1949 年)中国共产党纪检监察制度的历史沿革;第二部分研究中华人民共和国成立后(1949 年至今)国家监察制度(包括党的纪检制度)的发展历程。

一、中华人民共和国成立前(1921—1949 年)中国共产党的纪检监察制度①

中华人民共和国成立前中国共产党的纪检监察制度可以分为三个阶段:

第一阶段(1921—1927 年)

1921 年,中国共产党成立。党的一大通过了我党第一个纲领,共 15 条,确定了党的名称、纲领和组织制度,纲领中提到"地方执行委员会的财政、活动和政策,必须受中央执行委员会的监督"。1922 年,党的二大制定了我党第一个党章,党章专门设置"纪律"一章。尽管当时没有设立专门机构执行纪检监察职能,但党章专章规定"纪律",说明党在成立初期已经认识到监督和纪律的重要性。1927 年,中共五大第一次选举产生了党内维护和执行纪律的专门机关——中央监察委员会,这是我党历史上首次设立的纪律检查机构。②同年 6 月,党中央政治局通过《中国共产党第三次修正章程决案》,该决案设"监察委员会"专章,规定"为巩固党的一致及权威起见,在全国代表大会及省代表大会选举中央及省监察委员会"。"中央及省监察委员,不得以中央委员及省委员兼任";"中央及省监察委员,得参加中央及省委员会议,但只有发言权无表决权。遇必要时,得参加相当的党部之各种会议";"中央及省委员会,不得取消中央及省监察委员会之决议;但中央及省监察委员会之决议,必须得中央及省委员会之同意,方能生效与执行……"③从上述规定看,当时党对于成立纪检机构的目的及机构的设置、职权和地位等,均有比较明确的认

---

① 本节关于中华人民共和国成立前中国共产党纪检监察制度的历史沿革的资料大部分转引自范光杰等《九十年来党的纪检监察制度的沿革和特点》一文。

② 中共"五大"选举产生的中央监察委员会由正式委员 7 人(王荷波、张佐臣、许伯昊、杨匏安、刘峻山、周振声、蔡以忱)和候补委员 3 人(杨培森、萧石月、阮啸仙)组成,主席是王荷波,副主席杨匏安。参见王谦:《中共第一个中央级纪检机构诞生始末》,载《文史精华》2008 年第 6 期。

③ 参见中央档案馆:《中共中央文件选集》(第 3 册),中共中央党校出版社 1989 年版,第 151—152 页。

识。但是，由于党的纪检机关是首次设立，缺乏经验，决案没有规定监察委员会的具体任务和具体工作权限；再加上当时处于革命低潮时期，大批共产党员包括中央监察委员会主席王荷波都惨遭国民党反动派杀害，因而，中央监察委员会未能全面开展活动和履行职责。尽管如此，中共五大选举产生的中央监察委员会和《中国共产党第三次修正章程决案》为我党以后的纪检机构的发展和完善奠定了基础。

第二阶段（1928—1944 年）

1928 年，中共六大通过的党章专设了“党的纪律”一章，取消了原“监察委员会”一章而改设“审查委员会”一章，规定：“为监督各级党部之财政会计及各机关之工作起见，党的全国大会，省县市代表大会，选举中央或省县市审查委员会。”[①]1933 年 9 月 17 日，中共中央发布《关于成立中央党务委员会及中央苏区省县监察委员会的决议》，确定“在党的中央监察委员会未正式成立以前，特设立中央党务委员会，各省县于最近召集的省县级党代表大会时选举产生省县级的监察委员，成立各省县监察委员会”，以“维持无产阶级政党的铁的纪律，正确的执行铁的纪律，保证党内思想和行动的一致，监视党章和党决议的实行，检查违反党的总路线的各种不正确的倾向与官僚主义及腐化现象等，并与之作无情的斗争”。[②] 1934 年 1 月，中共六届五中全会选举了中央党务委员会（李维汉任书记），负责处理党籍和对党员的处分问题，实际上成为党内纪律检查的职能机关。1938 年 11 月 6 日，中共六届六中全会《扩大的中央第六次全会关于各级党委暂行组织机构的决定》规定：“由各中央局决定，在区党委之下，得设监察委员会。”[③]并对监察委员会的产生、职权等作出具体规定。

第三阶段（1945—1949 年）

1945 年 6 月，中共七大党章专设“党的监督机关”一章，规定：“党的中央委员会认为必要时，得成立党的中央监察委员会及各地方党的监察委员会”；“中央监督委员会，由中央全体会议选举之。各地方党的监察委员会，由各该

① 参见中央档案馆：《中共中央文件选集》（第 4 册），中共中央党校出版社 1989 年版，第 480 页。
② 参见中央档案馆：《中共中央文件选集》（第 9 册），中共中央党校出版社 1991 年版，第 340 页。
③ 参见中央档案馆：《中共中央文件选集》（第 11 册），中共中央党校出版社 1991 年版，第 771 页。

地方党委全体会议选举，并由上级组织批准之”；“中央及地方监察委员会的任务与职权，是决定或取消对党员的处分，受理党员的控诉”；“党的各级监察委员会，在各该级党的委员会指导下进行工作。”[①]这些规定明确了党的监察机关的产生方式、任务、职权与领导体制。

二、中华人民共和国成立后（1949年至今）国家监察制度（包括党的纪检制度）的发展[②]

中华人民共和国成立后国家监察制度（包括党的纪检制度）的发展可以分为五个阶段：

第一阶段（1949—1965年）

1949年9月29日，中国人民政治协商会议第一届全体会议通过的《共同纲领》[③]规定，“在县市以上的各级人民政府内，设人民监察机关，以监督各级国家机关和各种公务人员是否履行其职责，并纠举其中之违法失职的机关和人员。人民和人民团体有权向人民监察机关或人民司法机关控告任何国家机关和任何公务人员的违法失职行为。”[④]与此相适应，中国人民政治协商会议第一届全体会议通过的《中央人民政府组织法》亦规定，政务院设人民监察委员会。人民监察委员会负责监察政府机关和公务人员是否履行其职责。[⑤] 政务院设立的人民监察委员会的职责包括：“监察全国各级国家机关和各类公务人员是否违反国家政策、法律、法令或损害人民及国家的利益，并检举纠正其中违法失职的机关和人员；指导全国各级监察机关的监察工作，颁发决议和命令，并检查其执行；接受及处理人民和人民团体对各级国家机关和各种公务人员违法失职行为的控告。”[⑥]之后，地方各级人民政府亦逐步建立人民监察委员会；到1952年年底，从中央到地方的国家行政监察制度初步形成。

---

① 参见中央档案馆：《中共中央文件选集》（第15册），中共中央党校出版社1991年版，第133页。

② 本节关于中华人民共和国成立后国家监察制度的历史发展的资料大部分引自洪宇、任建明《国家监察体制的历史演进与改革方向》一文。该文载《理论视野》2017年第7期。

③ 《共同纲领》全称为《中国人民政治协商会议共同纲领》。

④ 参见《共同纲领》第19条。

⑤ 参见《中央人民政府组织法》第18条。

⑥ 参见中共中央组织部、中共中央党史研究室、中央档案馆：《中国共产党组织史资料》（附卷一），中共党史出版社2000年版，第78页。

由于国家监察和党的纪检工作存在交叉和重复，1952 年，中共中央发出《关于加强纪律检查工作的指示》，规定各级党委的纪律检查委员会与各级人民监察委员会可酌情实行合署办公。安徽省最早试行省纪检与省人民监察委员会合署办公，之后下级部分单位也开始合署办公。1954 年 9 月，国务院进行机构调整，人民监察委员会改为监察部，负责维护国家纪律，贯彻政策法令，保护国家财产。1955 年年底，安徽省党政监察机构分开办公，但在党的八届二中全会关于增产节约紧缩编制的号召下，1957 年又恢复合署办公。1958 年年底到 1959 年年初，全国大部分省（市）开始试行党政监察机构合署或合并。① 1959 年，监察部被撤销，地方各级政府的监察机构与各级党的监察委员会合并②，党的监察机关既管党的纪律监督又管政纪监察。③

国家监察制度与国家检察机关的反贪反渎职能紧密联系。1949 年 10 月，最高人民检察署成立，隶属于中央人民政府委员会，其职能之一即是对国家机关工作人员的贪污受贿和渎职侵权行为进行法律监督。最高人民检察署设立第一处负责一般监督工作。④ 但由于缺少专业人才，在最初阶段，检察署的工作进展缓慢，在反腐败工作中只起到较小的作用。1954 年，最高人民检察院成立，最高检根据《人民检察院组织法》调整内设机构，按照各项法律监

---

① 参见彭勃：《关于建国以来监察体制的探索与实践》，载《当代中国史研究》1995 年第 1 期。

② 中国共产党中央纪律检查委员会于 1949 年成立，1955 年改名为中央监察委员会。

③ 关于新中国成立后党的纪检工作，中共中央文献研究室编写的《建国以来重要文献选编》有较详细介绍。1949 年 11 月 9 日，中共中央曾发出《关于成立中央及各级党的纪律检查委员会的决定》，决定成立中央及各级党的纪律检查委员会，并决定由朱德任中央纪律检查委员会书记。1955 年 3 月 31 日，中央通过《中国共产党全国代表会议关于成立党的中央和地方监察委员会的决议》，该决议指出，"目前党的各级纪律检查委员会的组织和职权已不能适应在阶级斗争的新时期加强党的纪律的任务，因此中国共产党全国代表会议决定成立党的中央的和地方各级的监察委员会，代替中央的和地方各级党的纪律检查委员会，借以加强党的纪律，加强反对党员中各种违法乱纪现象的斗争，特别是防止像高岗、饶漱石反党联盟这一类严重危害党的利益的事件重复发生"。决议明确规定了各级监察委员会的产生方式、领导体制、主要任务和职责权限。1956 年，中共八大党章从产生方式、领导体制和任务职权三方面对党的监察机关作出规定。八届一中全会重新选举产生了由董必武等 21 人组成的中共中央监察委员会。1962 年八届十中全会《关于加强党的监察机关的决定》规定，"加强中央和地方各级的监察委员会，扩大各级监察委员会委员的名额"。"中央监察委员会可以派出监察组常驻国务院所属各部门"，"各省、市自治区党的监察委员会，在必要的时候，可以派监察组和监察员驻省、市、自治区人民委员会所属的各部门进行工作"。参见中共中央文献研究室编：《建国以来重要文献选编》，中共文献出版社 1992 年版。

④ 参见王松苗、王丽丽：《检察机关内设机构的风雨变迁：对高检院 24 个职能部门历史沿革的初步梳理》，载《检察日报》2009 年 10 月 12 日，第 3 版。

督职权进行分工，设置了一般监督厅，继续负责反贪污贿赂和反渎职侵权两项工作。1962 年，最高检再次调整内设机构，内设三个业务厅，其中三厅负责查处严重违法乱纪行为等工作。

第二阶段（1966—1976 年）

1966 年 5 月至 1976 年 10 月的“文革”期间，国家整个法制被摧毁，党的纪检和国家监察制度被全部废止。党和政府的监察监督机关被撤销，整个监察监督机制停止运行。1969 年 1 月，中共中央组织部“业务组”向中央提交了《关于撤销中央监察委员会机关的建议》和《关于中组部中监委机关人员下放劳动的报告》。从而取消了中共中央监察机关，善后工作由中共中央组织部“业务组”负责处理。[①] 之后，党的九大和十大党章都取消了关于党的监察机关和党的纪律的条款，党的纪检工作遭到全面破坏。

“文革”期间，不仅纪检监察制度被废止，国家检察机关也遭受重创。在“砸烂公检法”的口号下，检察监督制度遭到彻底破坏。1968 年上半年，检察工作被迫停止。同年 12 月，全国各级检察院先后被撤销。1975 年修订的“七五宪法”[②]规定“检察机关的职权由各级公安机关行使”，从宪法上取消了检察机关的设置。

第三阶段（1977—1989 年）

1977 年 8 月，中共十一大通过的新党章重新规定设置党的纪律检查机关——纪律检查委员会。但“文革”后党和国家纪检监察制度真正重大的转折始于 1978 年 12 月党的十一届三中全会。这次中央全会选举产生了以陈云同志为第一书记，邓颖超同志为第二书记，胡耀邦同志为第三书记，黄克诚同志为常务书记的中央纪律检查委员会。1979 年 1 月，中央纪律检查委员会召开第一次全体会议，讨论通过了《中共中央纪律检查委员会关于工作任务、职权范围、机构设置的规定》，对中央纪律检查委员会的工作作出了全面部署。自此，党的纪检工作重新焕发了生机活力。1982 年中共十二大选举了由 132

① 参见杨溪阁、蒋国海：《中共中央纪律检查机构的历史考察》，载《湖南人文科技学院学报》2005 年第 4 期。

② 即 1975 年第四届全国人民代表大会第一次会议通过的《中华人民共和国宪法》。

人组成的中央纪律检查委员会。① 十二大通过的党章对于党的纪律检查机构的设置及职权、任务都作出了新的规定,使纪律检查委员会有了更完整的制度。1987 年中共十三大选举产生了由 69 人组成的纪律检查委员会,十三大通过的"党章修正案"取消了党的中央纪律检查委员会第一书记必须从中央政治局常委中产生的规定。随后的中央纪律检查委员会第一次全体会议选举出以乔石为书记的中纪委常委会。②

改革开放之后,在党的纪检制度恢复的同时,行政监察部门也开始重建。1986 年年底,国家决定恢复行政监察体制。1987 年,监察部成立。监察部的主要职责是监督检查国务院各部门及其工作人员、省级政府的主要负责人和中央直属企事业单位中国家行政机关任命的领导干部贯彻执行国家法律、法规和政策以及决定、命令的情况;受理对其违反国家法律、法规以及违反政纪行为的检举、控告;调查处理其违反国家法律、法规以及违反政纪的行为,受理其不服行政处分的申诉,以及法律、法规规定的其他由监察部受理的申诉。根据《国务院关于在县以上地方各级人民政府设立行政监察机关的通知》规定,到 1988 年底,省、地、县三级地方政府的监察机关均先后完成组建。当时的监察机关与纪委遵循党政分开原则,监察机关负责执行行政纪律的监督,其工作对象主要是国家机关的公务人员;纪委负责党纪监督,主要处理各类机关团体、企事业单位中党员的违纪案件。但由于我国的公务员大部分是党员,这样的职能划分其实很难完全分开。

"文革"结束后,国家检察监督开始恢复。根据"七八宪法"③的规定,在国家机构中恢复设置人民检察院。随后,最高人民检察院成立,同时组建地方各级人民检察院。④ 1979 年颁布的《刑事诉讼法》规定,人民检察院负责对贪污罪、侵犯公民民主权利罪、渎职罪的立案侦查和提起公诉,为检察机关开展反贪污贿赂和渎职侵权工作提供了法律依据。1982 年,最高人民检察院调整

---

① 中共十二大选举产生的中纪委由 11 名常务委员组成,陈云为第一书记、黄克诚为第二书记、王鹤寿为常务书记。

② 第十三届中纪委常委会由 8 人组成,乔石任书记,陈作霖、李正亭、肖洪达任副书记。

③ 即 1978 年第五届全国人民代表大会第一次会议通过的《中华人民共和国宪法》。

④ 参见中共中央组织部、中共中央党史研究室、中央档案馆:《中国共产党组织史资料》(附卷一),中共党史出版社 2000 年版,第 742 页。

内设机构，设立二厅负责原法纪检察厅和经济检察厅业务。1988 年，全国人大常委会通过《关于惩治贪污罪贿赂罪的补充规定》，首次在单行刑法中将贪污贿赂犯罪规定为一类犯罪。同年，最高人民检察院将 1982 年以来的二厅分设为经济检察厅和法纪检察厅，分别负责反贪污贿赂和渎职侵权的立案侦查和公诉。为了更好地领导各级检察机关查处贪污贿赂案件，1989 年 8 月，最高人民检察院将经济检察厅更名为贪污贿赂检察厅，职能不变。同年，在最高人民检察院的支持下，广东省试点成立了全国首个人民检察院反贪污贿赂工作局。[①] 随后，全国其他省区市也相继成立了反贪局。

第四阶段（1990—2012 年）

1990 年，国务院发布了规范行政监察制度的第一个行政法规《行政监察条例》，行政监察走上有法可依的轨道。《行政监察条例》规定了行政监察机构的设置、管辖、职权和监察程序等，为我国行政监察工作提供了全方位的法律规范。1997 年，第八届全国人大常委会第二十五次会议将《行政监察条例》上升为《行政监察法》，推动了行政监察的进一步法制化。《行政监察法》共设 7 章 51 条。第一章　总则，规定行政监察法的立法目的、依据；监察机关的性质、任务；监察原则，如依法独立行使职权原则，重证据、重调查研究原则，适用法律和行政纪律人人平等原则，教育与惩处相结合原则，监督检查与制度建设相结合原则，监察工作依靠群众原则等。第二章　监察机关和监察人员，规定监察机关的体系、上下级关系、监察人员的任职要求、职位保障和有关履职要求，如遵纪守法、忠于职守、秉公执法、清正廉洁、保守秘密以及公务回避等。第三章　监察机关的职责，规定国务院监察机关和县级以上地方各级人民政府监察机关的管辖及监察机关应履行的职责。第四章　监察机关的权限，规定监察机关履行职责时有权采取的措施（要求监察对象提供材料和进行查阅复制、要求监察对象作出解释说明、责令监察对象停止违法违纪行为等）、监察机关的主要调查手段，以及监察建议权、监察决定权（作出行政处分、没收、追缴、责令退赔的决定）。第五章　监察程序，规定监察机关进行检查、调查、提出监察建议、作出监察决定的过程、步骤、时限和应遵守的规则；以及被处分人员不服处分提出申诉和监察机关对之复查、复核、复审的过程、步骤、时限

---

① 参见郑博超：《反贪局挂牌，反腐步入正规化》，载《检察日报》2012 年 1 月 9 日，第 2 版。

等。第六章　法律责任,分别规定监察对象、监察机关、监察人员以及其他违法人员违反该法的各种情形及其法律责任。第七章　附则,规定该法对法律法规授权的组织及其从事公务的人员和行政机关委托的组织及其从事公务的人员的适用,以及该法的施行日期。2004 年,国务院颁布《行政监察法实施条例》,对《行政监察法》实施的有关问题作出了解释性或补充性的规定,并确定监察机关对派驻机构和人员实行统一管理。2010 年,第十一届全国人大常委会第十五次会议对《行政监察法》进行部分内容的修改,进一步明确了监察对象、监察方式和对派驻机构的统一管理等内容。

为了减少行政监察与党的纪律检查机关的职能交叉重叠,提高工作效率,1993 年,中央决定中纪委与监察部合署办公,实行一套工作机构、两个机关名称的体制,同时履行党的纪律检查和政府行政监察两种职能,对党中央全面负责。监察部仍属于国务院,受国务院领导。地方各级纪检、监察机构随后也按中央要求实行合署办公、调整内设机构。党的十六大之后,中央调整了反腐败战略,强调从源头上防治腐败。2005 年,中央印发《建立健全教育、制度、监督并重的惩治和预防腐败体系实施纲要》,确立了"标本兼治、综合治理、惩防并举、注重预防"的反腐倡廉工作方针。为了推进预防腐败工作的开展,也为了履行《联合国反腐败公约》的义务,促进预防腐败及相关国际合作,2007 年 9 月国家预防腐败局成立。该局隶属于国务院,负责全国的预防腐败工作。国家预防腐败局下设办公室作为办事机构,该办公室同时又是中纪委、监察部的内设预防腐败室。国家预防腐败局成立之后,省级以下地方政府的预防腐败机构也相继组建。到 2012 年,全国已建立 18 个省级预防腐败机构。

此外,从 20 世纪 90 年代开始,最高人民检察院也不断调整内设机构,构建由反贪、反渎和预防职务犯罪机构组成的反腐败组织架构,加强检察机关在反腐败中的作用。1992 年,最高人民检察院在贪污贿赂检察厅内设预防处;1995 年,贪污贿赂检察厅更名为反贪污贿赂总局,反贪污贿赂总局内设贪污贿赂犯罪预防中心;2000 年 2 月,最高人民检察院法纪检察厅更名为渎职侵权检察厅;2000 年 8 月,最高人民检察院成立了职务犯罪预防厅;2005 年 5 月,最高人民检察院决定地方各级检察院渎职侵权检察机构统一更名为反渎职侵权局。从而构建起检察系统内的比较完善的反腐败组织体制。

第五阶段(2012—2018年)[①]

2012年11月,党的十八大召开,中国特色社会主义进入新时代,中国纪检监察制度的改革和发展同样也进入新时代。党的十八大以来,在以习近平同志为核心的党中央的坚强领导下,纪检监察工作砥砺奋进,推动历史性变革、取得历史性成就,铸成反腐败压倒性态势、迎来党内政治生活气象更新的辉煌成就而彪炳史册。

2013年11月,党的十八届三中全会召开,全会通过《关于全面深化改革若干重大问题的决定》(以下简称《决定》)。《决定》专门就加强反腐败体制机制创新和制度保障作出全面详细的规定[②]。

2014年,党中央在成立全面深化改革领导小组的同时,设置纪律检查体制改革专项小组。中纪委进行机构改革,纪检监察室总数由原先的8个增加到12个,占内设机构总量的近一半;新设纪检监察干部监督室,以便进行自我监督。之后,中央政治局审议通过《党的纪律检查体制改革实施方案》,明确了改革的时间表和路线图,要求推动纪检工作双重领导体制具体化、程序化、制度化,落实查办腐败案件以上级纪委领导为主,各级纪委书记、副书记提名和考察以上级纪委会同组织部门为主,强化上级纪委对下级纪委的领导等。

2015年,十八届中纪委第五次全会提出对各级纪委的七项要求:其一,从严治党、依规治党,加强党的纪律建设。党员领导干部特别是高级领导干部,必须遵守政治规矩,党决不容忍结党营私、拉帮结派;绝不允许自行其是、阳奉阴违。其二,深化纪律检查体制改革,推动组织和制度创新。实行下级纪委向上级纪委报告线索处置和案件查办情况制度;加大对国有企业的巡视力度,实现对中管国有重点骨干企业巡视全覆盖;实现派驻全覆盖。其三,深入落实主体责任,强化责任追究;要突出问责,坚持"一案双查",对违反政治纪律和政治规矩、组织纪律,"四风"问题突出,发生顶风违纪问题,出现区域性、系统性腐败案件的地方、部门和单位,既追究主体责任、监督责任,又严肃追究领导责任。其四,深入落实中央"八项规定"精神,驰而不息纠正"四风";坚决

① 本节关于中国特色社会主义新时代(第五阶段)纪检监察制度改革发展的资料主要转引自张国栋《推动全面从严管党治党的重要一招:党的十八大以来纪律检查和国家监察体制改革综述》一文,载《中国纪检监察》2017年第20期。

② 具体内容在第三章中介绍。

查处公款吃喝、旅游和送礼等问题;加强对中央关于厉行节约、公务接待、公车配备等规定执行情况的监督检查,把违反中央"八项规定"精神列入纪律审查重点,对顶风违纪者所在地区、部门和单位党委、纪委进行问责。其五,持续保持高压态势,坚决遏制腐败蔓延势头;突出纪律审查重点,严肃查办发生在领导机关和重要岗位领导干部中插手工程建设、土地出让,侵吞国有资产,买官卖官、以权谋私、腐化堕落、失职渎职案件。把违反政治纪律、组织纪律等行为作为审查重点,对转移赃款赃物、销毁证据,搞攻守同盟、对抗组织审查的行为,必须纳入依规惩处的重点内容。加大对群众身边不正之风和腐败问题查处力度。其六,加强国际合作,狠抓追逃追赃,把腐败分子追回来绳之以法。其七,落实监督责任,建设忠诚、干净、担当的纪检监察干部队伍。要充分发挥纪检监察干部监督机构的作用,完善自我监督机制,健全内控措施,严肃查处跑风漏气、以案谋私行为,坚决防止"灯下黑"。

2016 年 11 月,中共中央办公厅印发《关于在北京市、山西省、浙江省开展国家监察体制改革试点方案》(以下简称《试点方案》),国家监察体制改革试点渐次铺开。《试点方案》强调,国家监察体制改革是事关全局的重大政治改革,是国家监察制度的顶层设计。深化国家监察体制改革的目标,是建立党统一领导下的国家反腐败工作机构。实施组织和制度创新,整合反腐败资源力量,扩大监察范围,丰富监察手段,实现对行使公权力的公职人员监察全面覆盖,建立集中统一、权威高效的监察体系,履行反腐败职责,深入推进党风廉政建设和反腐败斗争,构建不敢腐、不能腐、不想腐的有效机制。《试点方案》指出,党中央决定开展国家监察体制改革试点工作。由省(市)人民代表大会产生监察委员会,作为行使国家监察职能的专责机关。党的纪律检查委员会、监察委员会合署办公。紧接着,第十二届全国人大常委会第二十五次会议通过《关于在北京市、山西省、浙江省开展国家监察体制改革试点工作的决定》(以下简称《试点决定》:在北京市、山西省、浙江省及所辖县、市、市辖区设立监察委员会,行使监察职权。将试点地区人民政府的监察厅(局)、预防腐败局、人民检察院查处贪污贿赂、失职渎职以及预防职务犯罪等部门的相关职能整合至监察委员会。试点地区监察委员会由本级人民代表大会产生。监察委员会主任由本级人民代表大会选举产生;监察委员会副主任、委员,由监察委员会主任提请本级人民代表大会常务委员会任免。监察委员会对本级人民代表大会及其常务委员会和上一级监察委员会负责,并接受监督。试点地区监察委员会按照管理权限,对本地区所有行使公权力的公职人员依法实施监察;履行监督、调查、处置职责,监督检查公职人员依法履职、秉公用权、廉洁从政以及道德操守情况,调查涉嫌贪污贿赂、滥用职权、玩忽职守、权力寻租、利益输送、徇私舞弊以及浪费国家资财等职务违法和职务犯罪行为并作出处置决定,对涉嫌职务犯罪的,移送检察机关依法提起公诉。为履行上述职权,监察委员会可以采取谈话、讯问、询问、查询、冻结、调取、查封、扣押、搜查、勘验检查、鉴定、留置等措施。

2017 年 10 月,中共中央在总结北京市、山西省、浙江省改革试点工作经验基础上,决定在全国各地推开改革试点,在 2017 年年底至 2018 年年初召开的全国各省、市、县人民代表大会上产生三级监察委员会,整合反腐败资源力量,完成相关机构、职能、人员转隶,明确监察委员会职能职责,赋予惩治腐败、调查职务违法犯罪行为的权限手段,建立与执法机关、司法机关的协调衔接机制。

与此同时,全国人大常委会自 2017 年年初开始国家监察法的立法工作,并分别于 2017 年 6 月和 12 月对《监察法(草案)》进行了两次审议。2018 年 3 月,第十三届全国人民代表大会第一次会议正式通过了《中华人民共和国监察法》。自此,新时代中国特色的监察制度正式形成和开始全面运作。

第三章 监察法立法背景与立法过程

第一节 监察法的立法背景

一、国家监察体制改革的启动

深化国家监察体制改革和制定监察法是中共十八届党中央作出的重大决策部署。2013 年,党的十八届三中全会《决定》对此进行了具体设计,确定了时间表和路线图。《决定》指出,"必须构建决策科学、执行坚决、监督有力的权力运行体系,健全惩治和预防腐败体系"。该决定专设一节"加强反腐败体制机制创新和制度保障"①,内容包括五个方面:其一,加强党对党风廉政建设和反腐败工作统一领导。改革党的纪律检查体制,健全反腐败领导体制和工作机制,改革和完善各级反腐败协调小组职能。其二,落实党风廉政建设责任制,党委负主体责任,纪委负监督责任,制定实施切实可行的责任追究制度。各级纪委要履行协助党委加强党风建设和组织协调反腐败工作的职责,加强对同级党委特别是常委会成员的监督,更好发挥党内监督专门机关作用。其三,推动党的纪律检查工作双重领导体制具体化、程序化、制度化,强化上级纪委对下级纪委的领导。查办腐败案件以上级纪委领导为主,线索处置和案件查办在向同级党委报告的同时必须向上级纪委报告。各级纪委书记、副书记的提名和考察以上级纪委会同组织部门为主。其四,全面落实中央纪委向中央一级党和国家机关派驻纪检机构,实行统一名称、统一管理。派驻机构对派

---

① 参见党的十八届三中全会《决定》第 36 节。

出机关负责,履行监督职责。改进中央和省区市巡视制度,做到对地方、部门、企事业单位全覆盖。其五,健全反腐倡廉法规制度体系,完善惩治和预防腐败、防控廉政风险、防止利益冲突、领导干部报告个人有关事项、任职回避等方面法律法规,推行新提任领导干部有关事项公开制度试点。健全民主监督、法律监督、舆论监督机制,运用和规范互联网监督。

关于健全反腐败领导体制和工作机制,习近平总书记在党的十八届三中全会上对此专门作了说明。他说,“反腐败问题一直是党内外议论较多的问题。目前的问题主要是,反腐败机构职能分散、形不成合力,有些案件难以坚决查办,腐败案件频发却责任追究不够”。① 故全会决定对加强反腐败体制机制创新和制度保障进行重点部署,加强党对党风廉政建设和反腐败工作统一领导。

2014 年年初,中共中央成立全面深化改革领导小组,同时成立纪律检查体制改革专项小组。之后,中央政治局审议通过纪检体制改革实施方案,明确了改革时间表和路线图。党的十八届四中全会、五中全会召开后,纪律检查体制改革专项小组分别将两次全会相关重要举措纳入改革任务总台账,一体部署,一体落实,一体督办。

2016 年 1 月 12 日,习近平总书记在中共第十八届中央纪律检查委员会第六次全体会议上的讲话中明确提出了“形成全面覆盖国家机关及其公务员的国家监察体系”的纪检监察改革的顶层设计:“行政监察法要体现党中央关于中央纪委、监察部合署办公,中央纪委履行党的纪律检查和政府行政监察两项职能,对党中央全面负责的精神。监察对象要涵盖所有公务员。要坚持党对党风廉政建设和反腐败工作的统一领导,扩大监察范围,整合监察力量,健全国家监察组织架构,形成全面覆盖国家机关及其公务员的国家监察体系。强化党内监督是为了保证党立党为公、执政为民,强化国家监察是为了保证国家机器依法履职、秉公用权,强化群众监督是为了保证权力来自人民、服务人民。要把党内监督同国家监察、群众监督结合起来,同法律监督、民主监督、审计监督、司法监督、舆论监督等协调起来,形成监督合力,推进国家治理体系和

---

① 习近平:《对加强反腐败体制机制创新和制度保障进行重点部署》,载人民网 2013 年 11 月 15 日,http://politics.people.com.cn/n/2013/1115/c1001-23559644.html。

治理能力现代化”。[①]

2017年,根据习近平总书记关于“形成全面覆盖国家机关及其公务员的国家监察体系”的指示,以及党中央关于开展国家监察体制改革试点的方案和全国人大常委会关于开展国家监察体制改革试点工作的决定,国家立法机关和中央纪律检查委员会开始启动《监察法》的立法工作。

二、监察法立法的重要意义

对于国家监察法立法的意义,时任全国人大常委会副委员长李建国曾在《关于中华人民共和国监察法草案的说明》中和全国人大常委会的有关讲话中将之归纳为下述六个方面(“六个需要”):[②]

(一)监察法立法是构建集中统一权威高效监察体系的需要

与党风廉政建设和反腐败斗争的要求相比,原监察体系存在体制机制不畅的问题:一是监察范围过窄。改革开放以来,党内监督已经实现全覆盖,而行政监察对象主要是行政机关及其工作人员,没有能做到对行使公权力的公职人员的全覆盖;二是反腐败力量分散,检察机关查处职务犯罪与党的纪律检查机关、行政监察机关职能既分别行使,又交叉重叠,不能形成合力;三是检察机关作为法律监督机关,对职务犯罪案件既行使侦查权,又行使批捕、起诉等权力,缺乏有效监督制约。因此,需要整合反腐败工作力量,推进国家监察理念思路、体制机制、方式方法的与时俱进。

制定监察法是贯彻落实党中央关于深化国家监察体制改革决策部署的重大举措,是强化党和国家自我监督的重大决策部署。改革的目标是,整合反腐败资源力量,构建集中统一、权威高效的中国特色国家监察体制,实现对所有行使公权力的公职人员监察全覆盖。深化国家监察体制改革是组织创新、制度创新,必须打破体制机制障碍,建立崭新的国家监察机构。制定监察法是深化国家监察体制改革的内在要求和重要环节。党的十九大明确提出:“制定国家监察法,依法赋予监察委员会职责权限和调查手段,用留置取代‘两规’

---

① 参见《习近平谈治国理政》(第2卷),外文出版社2017年版,第169页。

② 此“六个需要”是笔者是对第十二届全国人大常委会副委员长李建国《关于〈中华人民共和国监察法(草案)〉的说明》和他在全国人大常委会上及其他场合的有关讲话、有关文章的整理和归纳。

措施。”监察法是反腐败国家立法,是一部对国家监察工作起统领性和基础性作用的法律。制定监察法,贯彻落实党中央关于深化国家监察体制改革决策部署,使党的主张通过法定程序成为国家意志,对于创新和完善国家监察制度,实现立法与改革相衔接,以法治思维和法治方式开展反腐败工作,意义重大、影响深远。

(二)监察法立法是总结党的十八大以来反腐败斗争经验,巩固反腐败斗争成果的需要

党的十八大以来,党中央坚定不移推进全面从严治党,坚持不懈推进党风廉政建设和反腐败斗争,坚持反腐败无禁区、全覆盖、零容忍,以雷霆万钧之势,坚定不移“打虎”“拍蝇”“猎狐”,不敢腐的目标初步实现,不能腐的笼子越扎越牢,不想腐的堤坝正在构筑。在深入开展反腐败斗争的同时,深化国家监察体制改革试点工作积极推进。反腐败压倒性态势已经形成。根据党中央决策部署,党的纪律检查机关坚守职责定位,转职能、转方式、转作风;同时,加强对纪检监察干部的管理监督,规范审查程序和工作流程,健全内控机制,对违法违纪、失职失责者严肃处理,取得了一系列创新成果,积累了成功和有益的经验。所有这些,都为改革全面铺开和制定监察法提供了实践基础。改革的本质是组织和制度创新,把党的十八大以来在推进党风廉政建设和反腐败斗争中形成的新理念新举措新经验通过国家法律固定下来,有利于巩固不敢腐,促进不能腐,强化不想腐。通过国家立法赋予监察委员会必要的权限和措施,将《行政监察法》已有规定和实践中正在使用、行之有效的措施确定下来,有利于解决长期困扰我们的法治难题,彰显全面依法治国的决心和自信。改革的深化要求法治保障,法治的实现离不开改革推动。通过制定监察法,对于保障反腐败工作在法治轨道上行稳致远有重要意义。

(三)监察法立法是坚持走中国特色监察道路的需要

权力必须受到制约和监督。在我国,党的机关、人大机关、行政机关、政协机关、监察机关、审判机关、检察机关等,都在党中央统一领导下行使公权力,为人民用权,对人民负责,受人民监督。在我国监督体系中,党内监督和国家监察发挥着十分重要的作用。党内监督是对全体党员尤其是对党员干部实行的监督,国家监察是对所有行使公权力的公职人员实行的监督。我国80%的公务员和超过95%的领导干部是共产党员,这就决定了党内监督和国家监

察具有高度的内在一致性,也决定了实行党内监督和国家监察相统一的必然性。这种把二者有机统一起来的监督制度具有鲜明的中国特色。党的十八大以来,党中央坚持全面从严治党,在加大反腐败力度的同时,完善党章党规,实现依规治党,取得历史性成就。完善我国监督体系,既要加强党内监督,又要加强国家监察。深化国家监察体制改革,成立监察委员会,并与党的纪律检查机关合署办公,代表党和国家行使监督权和监察权,履行纪检、监察两项职责,加强对所有行使公权力的公职人员的监督,从而在党和国家形成巡视、派驻、监察三个全覆盖的统一的权力监督格局,形成发现问题、纠正偏差、惩治腐败的有效机制,为实现党和国家长治久安走出一条中国特色监察道路。制定监察法,就是通过立法方式保证依规治党与依法治国、党内监督与国家监察有机统一,将党内监督同国家机关监督、民主监督、司法监督、群众监督、舆论监督贯通起来,不断提高党和国家的监督效能。另外,我国国家监察本质上属于党和国家的自我监督,不同于其他形式的外部监督。国家监察机关既不是行政机关也不是司法机关,而是代表党和国家行使监察权的专责机关。监察法区别于刑事诉讼法,监察机关行使的调查权不同于刑事侦查权,监察机关调查职务违法和职务犯罪适用监察法,案件移送检察机关后适用刑事诉讼法。监察体制改革确立的监察制度,体现了中华民族传统制度文化,是对中国历史上监察制度的一定借鉴,是从中国国情和实际出发,对当今时代权力制约形式的新探索。

（四）监察法立法是新形势下深化改革、加强法治与全面从严治党实现有机统一的需要

通过监察法规定的监察权限和措施,体现了加强党和国家自我监督的新要求。坚持宽打窄用,调查手段要宽,调查决策要严,赋予监察委员会必要的权限和措施,细化监察权内涵。把多年来实践证明是行之有效的措施写入法律,明确监察机关运用谈话、讯问、询问、查询、冻结、调取、查封、扣押、搜查、勘验、检查、鉴定、留置等措施开展调查。留置作为一种调查措施在监察法中确定下来,并规定严格的程序,有利于解决长期困扰纪检监察工作的法治难题,彰显全面依法治国的决心和自信。随着我国法律体系的完善,以往的“政纪”均已成为国家立法。因而,新的制度设计用“政务处分”代替“政纪处分”,国家监察机关将依法对职务违法和职务犯罪的公职人员作出处置。

(五)监察法立法是坚持和加强党对反腐败工作集中统一领导的需要

党的领导是中国特色社会主义最本质的特征。我们推进各领域改革,都是为了完善和发展中国特色社会主义,巩固党的执政基础,提高党的执政能力。以零容忍的态度惩治腐败是中国共产党鲜明的政治立场,是党心民心所向,必须在党中央统一领导下推进。根据党中央的部署组建的监察委员会就是反腐败的工作机构,与党的纪律检查委员会合署办公,目的即是加强党对反腐败工作的集中统一领导,完善党和国家自我监督。而监察法就是反腐败国家立法。制定监察法,为监察委员会履行职责、开展工作提供法治保障,在反腐败工作领域体现了坚持党的领导、人民当家作主、依法治国的有机统一。

在我国,党管干部是坚持党的领导的重要原则。作为执政党,我们党不仅管干部的培养、提拔、使用,还必须对干部进行教育、管理、监督,必须对违纪违法的干部作出处理,对党员干部和其他公职人员的腐败行为进行查处。国家监察体制改革之前,党的纪律检查机关依照党章党规对党员的违纪行为进行审查,行政监察机关依照行政监察法对行政机关工作人员的违法违纪行为进行监察,检察机关依照刑事诉讼法对国家工作人员职务犯罪行为进行查处,反腐败职能既分别行使,又交叉重叠,没有形成合力。同时,检察机关对职务犯罪案件既行使侦查权,又行使批捕、起诉等权力,缺乏有效监督机制。深化国家监察体制改革,组建党统一领导的反腐败工作机构即监察委员会,就是将行政监察部门、预防腐败机构和检察机关查处贪污贿赂、失职渎职以及预防职务犯罪等部门的工作力量整合起来,把反腐败资源集中起来,把执纪和执法贯通起来,攥指成拳,形成合力。制定监察法,明确监察委员会的性质、地位,明确"各级监察委员会是行使国家监察职能的专责机关",从而与党章关于"党的各级纪律检查委员会是党内监督专责机关"相呼应,通过国家立法把党对反腐败工作集中统一领导的体制机制固定下来。

(六)监察法立法是加强宪法实施,丰富和发展人民代表大会制度,推进国家治理体系和治理能力现代化的需要

宪法是国家的根本法,是治国安邦的总章程,是党和人民意志的集中体现。在总体保持我国宪法连续性、稳定性、权威性的基础上,第十三届全国人大第一次会议对宪法作出部分修改,把党和人民在实践中取得的重大理论创新、实践创新、制度创新成果上升为宪法规定,实现了宪法的与时俱进。这次

宪法修改的重要内容之一是增加有关监察委员会的各项规定，对国家机构作出重要调整和完善。通过完备的法律保证宪法确立的制度得到落实，是宪法实施的重要途径。在人民代表大会上，先通过宪法修正案，然后再审议监察法草案，及时将宪法修改所确立的监察制度进一步具体化，是党依宪执政、依宪治国的生动实践和鲜明写照。人民代表大会制度是我国的根本政治制度，是坚持党的领导、人民当家作主、依法治国有机统一的根本政治制度安排。人民行使国家权力的机关是全国人民代表大会和地方各级人民代表大会。《监察法》根据《宪法修正案》将行使国家监察职能的专责机关纳入国家机构体系，明确监察委员会由同级人大产生，对它负责，受它监督，拓宽了人民监督权力的途径，提高了社会主义民主政治制度化、规范化、法治化水平，丰富和发展了人民代表大会制度的内涵，推动了人民代表大会制度与时俱进，对推进国家治理体系和治理能力现代化具有深远意义。

做好监察体系的顶层设计，既要加强党的自我监督，又要加强对国家机器的监督。党内监督和国家监察是中国特色国家治理体系的重要组成部分。其包括两个方面：一是依规治党，实行纪法分开，以党章党规为尺子，靠严明的纪律管党治党；二是依法治国，依据宪法和法律治国理政。制定监察法，就是要通过制度设计实现对所有行使公权力的公职人员监察全覆盖，体现依规治党与依法治国、党内监督与国家监察有机统一，不断提高党和国家的监督效能，促进国家治理体系和治理能力的现代化。

第二节　监察法的立法过程

一、《监察法(草案)》一审稿的形成与征求意见

《监察法》立法工作在中央发布《试点方案》和全国人大常委会作出《试点决定》后即开始启动。党中央对监察法立法高度重视，中央政治局、政治局常委和中央全面深化改革领导小组[①]六次专题研究深化国家监察体制改革、国

① 2018 年 3 月中共中央根据《深化党和国家机构改革方案》将中央全面深化改革领导小组改为中央全面深化改革委员会。

家监察相关立法问题,最终作出了整合反腐败力量,设立国家监察委员会,实现对所有行使公权力的公职人员监察全覆盖,以及党的纪律检查机关和监察机关合署办公,构建集中统一权威高效的监察体系的决定,并确定了制定监察法的指导思想、基本原则和主要内容,明确了国家监察立法工作的方向和具体工作计划。

按照党中央部署要求,在监察立法中,中纪委发挥牵头抓总作用,在研究深化国家监察体制改革方案过程中即着手研究将《行政监察法》修改为《监察法》的问题,并提出了《监察法(草案)》初稿。中纪委有关负责同志与全国人大常委会、中央统战部、中央政法委、中央深改办、中央编办等有关方面进行了多次沟通。2016 年 10 月,中纪委机关会同全国人大常委会法工委组成国家监察立法工作专班。全国人大常委会非常重视《监察法》的立法工作,坚决贯彻落实党中央深化国家监察体制改革决策部署,将《监察法》起草和审议工作确定为 2017 年至 2018 年度最重要的立法工作。工作专班在前期工作的基础上,进一步开展调研和起草工作,吸收改革试点地区的实践经验,听取部分专家学者的意见建议,经反复修改完善,形成了提交全国人大常委会审议的草案一审稿。该草案在经人大常委会委员长会议讨论后,于 2017 年 6 月 23 日正式提交第十二届全国人大常委会第二十八次会议审议。

《监察法(草案)》经全国人大常委会一审后,立法机关于 2017 年 8 月 19 日召集部分法学专家对一审稿进行座谈,听取意见。2017 年 11 月 7 日,立法机关又将一审稿在中国人大网全文公布,向社会公开征求意见。截至 2017 年 12 月 6 日,立法机关共收到 3700 多人提出的 13000 多条意见和建议。[①] 法学专家与社会公众对《监察法(草案)》一审稿的意见、建议主要集中在下述八个方面:

(一)草案有的规定与宪法的规定不一致,如果正式立法,必须修宪;草案的某些内容也应进行适当修改,以保证其合宪性

例如,草案一审稿第 6 条和第 7 条关于中央和地方各级监察委员会的性质、地位及产生方式、负责人任免等规定,当时没有宪法依据;又如,草案第二

① 参见《规范监察权力　依法保障人权——聚焦监察法草案二审稿看点》,载新华网 2017 年 12 月 22 日,http://www.xinhuanet.com/politics/2017-12/22/c_1122154859.htm。

章至第五章关于监察机关对所有国家机关和社会组织(包括人大机关、行政机关、政协机关、审判机关、检察机关和民主党派、工商联机关等)的公职人员行使监督、调查、处置权的规定,宪法亦未为之提供依据。因此,必须通过修宪为之提供相应依据。至于草案规定的监察机关对监察对象实施的查封、扣押、搜查、留置等,必须完善正当法律程序;否则,即会与《宪法》规定的“国家尊重和保障人权”条款相冲突。

法学专家和社会公众的这一意见、建议后来被采纳,①中共中央启动了修宪程序,并为之专门召开一次中央全会(十九届二中全会),专题讨论修宪问题。在全会结束后向全国人大常委会提出了正式修宪建议案。

(二)草案规定的监察机关对监察对象违法犯罪行为采取的调查措施(查封、扣押、冻结、搜查、留置等)相当于原检察机关侦查犯罪所采取的侦查措施,应适用《刑事诉讼法》的相应规范

例如,依据《刑事诉讼法》,搜查应出示搜查证,应有被搜查人或其家属等见证人在场;技术调查应经严格批准手续,交有关机关执行;查封扣押冻结之财产如与案件无关,应当在三日内解除退还等。法学专家,特别是刑事诉讼法研究专家提出的这些意见、建议得到了立法机关的相当重视,后来的草案二审稿虽然没有直接规定监察机关对监察对象违法犯罪行为采取调查措施应适用《刑事诉讼法》,但将《刑事诉讼法》的许多相应规范“移植”到了《监察法(草案)》之中。例如,草案二审稿第 24 条第 2 款关于“搜查女性的身体,应当由女工作人员进行”就是从《刑事诉讼法》第 137 条第 2 款②“移植”过去的。又如,草案二审稿第 25 条第 3 款关于“查封、扣押的财物、文件经查明与案件无关的,应当在三日内解除查封、扣押,予以退还”就是从《刑事诉讼法》第 143 条稍有压缩“移植”过去的。③ 尽管如此,《刑事诉讼法》于 1979 年制定,之后经过多次修改补充,内容肯定比现在的监察法相应条款完善。因此,对现行

---

① 事实上,中共中央原就有修宪的初步设想和相应的顶层设计。法学专家和社会公众因当时还不了解中央的设想及其顶层设计,故提出上述意见和建议。当然,法学专家和社会公众的意见和建议更坚定了中央修宪的决心和进一步完善了中央的修宪顶层设计的具体方案。

② 现为 2018 年《刑事诉讼法》第 139 条第 2 款。

③ 2012 年《刑事诉讼法》第 143 条的原文是:“对查封、扣押的财物、文件、邮件、电报或者冻结的存款、汇款、债券、股票、基金份额等财产,经查明确实与案件无关的,应当在三日以内解除查封、扣押、冻结,予以退还。”现为 2018 年《刑事诉讼法》第 145 条。

《监察法》规定得尚不完善的事项，今后补充适用《刑事诉讼法》的有关条款也有一定必要性。

（三）草案规定对监察机关和监察人员的监督，特别是人民代表机关对监察机关的监督，不够完善，有待加强

例如，草案一审稿第51条对人大监督的规定仅限于“各级人民代表大会常务委员会可以听取和审议本级监察机关的专项工作报告，并组织执法检查”，“县级以上各级人民代表大会及其常务委员会举行会议时，人民代表大会代表或者常务委员会组成人员，可以依照法律规定的程序就监察工作中的有关问题提出询问或者质询”。许多法学专家，特别是宪法学与行政法学专家认为，这种监督力度不够。监察机关不仅应向人大常委会作专项工作报告，而且应该像“一府两院”一样，每年向人大作全面的工作报告。这种报告应该是常态的，而不应该是任意的（作亦可，不作亦可）。

草案二审稿部分采纳了法学专家的意见，将“各级人民代表大会常务委员会可以听取和审议本级监察机关的专项工作报告”中“可以”去掉，改为“各级人民代表大会常务委员会听取和审议本级监察机关的专项工作报告，根据需要可以组织执法检查”。[①]

（四）草案关于“留置”制度的设计，对监察对象人权保障的规定有所欠缺

法学专家和社会公众的意见有许多集中于此，认为对留置条件、留置场所、留置决定程序、通知家属和保障被留置人员的基本生活和安全条件，以及律师会见被留置人员方面的规定应有所改进。

草案二审稿接受和采纳了法学专家和社会公众有关“留置”的大部分意见、建议，作了以下五个方面的修改：其一，增加了对留置场所的规定。“留置场所的设置和管理依照国家有关规定执行”，应避免任意设立留置场所导致对被留置人员人权的侵犯。[②] 其二，明确了留置后通知单位和家属的条件。“采取留置措施后，除有可能毁灭、伪造证据，干扰证人作证或者串供等有碍调查情形的，应当在24小时以内，通知被留置人员所在单位和家属。”[③]一方

① 参见《监察法（草案）》二审稿第53条。
② 参见《监察法（草案）》二审稿第23条。
③ 参见《监察法（草案）》二审稿第44条第1款。

面,可避免草案一审稿仅笼统规定“有碍调查”可能导致监察机关任意不通知单位和家属的裁量权;另一方面,将草案一审稿第 41 条规定的“通知单位或家属”改为“通知单位和家属”,更好地保障了单位和家属的知情权。其三,增加保障被留置人员安全的规定。草案一审稿第 41 条第 3 款仅规定“监察机关应当保障被留置人员的饮食、休息,提供医疗服务”,二审稿增加了“安全”二字,改为“监察机关应当保障被留置人员的饮食、休息和安全,提供医疗服务”。[①] 其四,增加了对“发生安全事故隐瞒不报的”负有责任的领导人员的追责。草案一审稿第 64 条第 6 项对于“违反规定发生办案安全事故,或者发生安全事故后隐瞒不报、处置不当的”,仅规定追究“监察机关及其工作人员”的责任,二审稿修改为对“违反规定发生安全事故,或者发生安全事故后隐瞒不报、报告失实、处置不当的”,对负有责任的领导人员和直接责任人员依法追究责任。这里不仅增加了责任主体“负有责任的领导人员”,还增加了违法责任情形“报告失实”,明显加大了保护力度。[②]

(五)监察机关办理职务违法犯罪案件,应当与司法机关,特别是检察机关互相配合、互相制约

草案一审稿第 10 条规定:“监察机关依法独立行使监察权,任何组织和个人不得拒绝、阻碍或者干涉监察人员依法执行职务。”但没有规定监察机关与检察机关的配合与制约问题。对此,有学者提出,检察监督和监察监督应具有相互配合和相互制约的关系,仅规定监察权的独立行使是不够的。关于检察监督和监察监督的相互制约,学者认为应包括四个方面:其一,行使检察监督职责的检察人员必须接受监察机关的监督。因为行使检察监督职责的检察人员也是公职人员,而所有公职人员都必须接受监察监督。监察机关不同于原行政监察机关,行政监察只能对行政公职人员进行监督,而监察机关被赋予对所有公职人员(包括国家检察机关的检察人员和国家审判机关的审判人员)进行监督的职权与职责。其二,监察机关在监察过程中实施涉及公民人身权和公民、法人、其他组织财产权的监察调查措施行为(查封、扣押、冻结、搜查、留置等),必须接受检察机关的监督。监察机关在监察过程中实施的这

---

① 参见《监察法(草案)》二审稿第 44 条第 2 款。

② 参见《监察法(草案)》二审稿第 65 条第 6 项。

些行为，过去由公安机关实施时，必须根据《刑事诉讼法》和《人民检察院组织法》接受检察机关的监督。而监察机关实施这些行为，同样应当根据《监察法》接受检察监督。其三，监察机关在对检察人员依法履职行为进行监督检查过程中，可对其贪污贿赂、滥用职权、玩忽职守、权力寻租、利益输送、徇私舞弊以及浪费国家资财等职务违法行为和职务犯罪行为进行调查和直接作出处置决定。这里监察监督针对的检察人员“依法履职行为”当然包括检察人员依法履行检察监督职责的行为。此种监察监督显然是对检察监督的一种重要制约。其四，检察机关对监察机关移送提起公诉的涉嫌职务犯罪的案件，依法应当进行审查，决定是否提起公诉。检察机关经审查，如认为监察机关移送提起公诉的涉嫌职务犯罪嫌疑人不构成犯罪或具有《刑事诉讼法》第 15 条、第 173 条、第 279 条[①]规定的情形，可以作出不起诉的决定；对于主要犯罪事实不清，证据不足的，可以退回监察机关补充侦查。检察机关对监察机关移送提起公诉的涉嫌职务犯罪案件材料的此种审查监督，无疑是检察监督对监察监督的一种重要制约。[②]

草案二审稿部分接受和采纳了学者的建议、意见，一方面将监察机关依法独立行使监察权独立于“任何组织和个人”改为“不受行政机关、社会团体和个人的干涉”[③]；另一方面增加了“监察机关办理职务违法犯罪案件，应当与司法机关互相配合、互相制约”的规定。[④] 同时，草案二审稿还删除了检察机关依法作出不起诉的决定“应当征求监察机关意见”的规定，将草案一审稿第 45 条的内容修改为“对监察机关移送的案件，人民检察院认为犯罪事实已经查清，证据确实、充分，依法应当追究刑事责任的，应当作出起诉决定。人民检察院经审查后，认为需要补充核实的，应当退回监察机关补充调查，必要时可以自行补充侦查。人民检察院对于有《刑事诉讼法》规定的不起诉的情形的，经上一级人民检察院批准，依法作出不起诉的决定。监察机关认为不起诉的决

---

① 现为 2018 年《刑事诉讼法》第 16 条、第 177 条、第 290 条。

② 参见姜明安：《检察监督和监察监督的相互关系辨析》，载《法制日报》2017 年 3 月 29 日，第 10 版。

③ 参见《监察法（草案）》二审稿第 4 条第 1 款。

④ 参见《监察法（草案）》二审稿第 4 条第 2 款。

定有错误的，可以要求复议”。[①]

（六）对可采取技术调查措施的案件范围和程序应严加限制

草案一审稿第29条规定，“监察机关在调查涉嫌重大贪污贿赂、失职渎职等职务犯罪时，根据需要，履行严格的批准手续，可以采取技术调查措施，按照规定交有关机关执行。批准决定应当明确采取技术调查措施的种类和适用对象，自签发之日起3个月以内有效；对于复杂、疑难案件，期限届满仍有必要继续采取技术调查措施的，经过批准，有效期可以延长，每次不得超过3个月”。对这一规定，有的法学专家认为，采取技术调查措施严重涉及监察对象的权益，应在法律上对可采取技术调查措施的案件范围和程序加以更严格的限制，如进一步明确批准主体和批准手续等。

草案二审稿根据专家学者的意见，对原规定作了两个方面的修改：一是在可采取技术调查措施的案件适用范围上删去了“失职渎职”的情形；二是在程序上增加了“对于不需要继续采取技术调查措施的，应当及时解除”的要求。[②]

（七）适当增加对监察对象的权益救济途径

在对草案一审稿的征求意见中，较多专家学者和社会公众认为，对监察对象的权益救济途径有所欠缺，这不符合现代法治对公民权益保障和救济的要求。草案二审稿根据各方面的意见、建议，对此作了较大改进。草案二审稿第49条规定，监察对象对监察机关作出的涉及本人的处理决定不服的，可以向作出决定的监察机关申请复审；对复审决定仍不服的，还可以向上一级监察机关申请复核。复审、复核期间，不停止原处理决定的执行。复核受理机关审查认定处理决定有错误的，原处理机关应当及时予以纠正。而草案一审稿第47条仅规定了申诉这一个救济途径，监察对象如对申诉受理机关作出的处理决

---

① 参见《监察法（草案）》二审稿第47条。草案一审稿第45条的规定是，“对监察机关移送的案件，检察机关认为犯罪事实已经查清，证据确实、充分，依法应当追究刑事责任的，应当作出起诉决定。检察机关经审查后，认为需要补充核实的，应当退回监察机关补充调查，必要时可以自行补充侦查。对于证据不足、犯罪行为较轻，或者没有犯罪事实的，应当征求监察机关意见并报经上一级检察机关批准，依法作出不起诉的决定。监察机关认为不起诉的决定有错误的，可以要求复议”。

② 《监察法（草案）》二审稿第28条对技术调查措施的表述是：监察机关调查涉嫌重大贪污贿赂等职务犯罪，根据需要，经过严格的批准手续，可以采取技术调查措施，按照规定交有关机关执行。批准决定应当明确采取技术调查措施的种类和适用对象，自签发之日起3个月以内有效；对于复杂、疑难案件，期限届满仍有必要继续采取技术调查措施的，经过批准，有效期可以延长，每次不得超过3个月。对于不需要继续采取技术调查措施的，应当及时解除。

定仍不服,不能再申请复核。当然,草案一审稿、二审稿都还规定了被调查人及其近亲属的申诉救济途径:“监察机关及其工作人员有下列行为之一的,被调查人及其近亲属有权向该机关申诉:(1)留置法定期限届满,不予以解除的;(2)查封、扣押、冻结与案件无关的财物的;(3)应当解除查封、扣押、冻结措施而不解除的;(4)贪污、挪用、私分、调换以及违反规定使用查封、扣押、冻结的财物的;(5)其他违反法律法规、侵害被调查人合法权益的行为。受理申诉的监察机关应当及时处理。申诉人对处理不服的,可以向上一级监察机关申请复查,上一级监察机关应当及时处理,情况属实的,予以纠正。”①

(八)应适当加强监察机关的内部监督制约机制

草案一审稿对监察机关的内部监督制约机制有所规定,“监察机关严格按照程序开展工作,问题线索处置、调查、审理各部门应当建立相互协调、相互制约的工作机制。监察机关应当加强对调查、处置工作全过程监督管理,设立相应的工作部门履行线索管理、监督检查、督促办理、统计分析等管理协调职能”。② 但是,法学专家和社会公众认为这样的规定还不够,还应适当加强。草案二审稿采纳专家的意见,增加规定“监察机关通过设立内部专门的监督机构等方式,加强对监察人员执行职务和遵守法律情况的监督”。③

二、全国人大常委会对《监察法(草案)》二审稿的审议

2017 年 12 月 23 日,第十二届全国人大常委会第三十一次会议对草案二审稿进行分组审议。常委会委员们认为,草案的修改完善,既充分体现了党中央的改革精神和有关要求,又充分发扬民主,广泛听取了各方面意见,体现了科学立法、民主立法、依法立法的精神。同时,参与审议的委员在对草案二审稿予以肯定的基础上也提出了一些进一步的修改意见。这些肯定意见和修改意见主要包括五个方面:④

(一)强调用法治思维和法治方式反腐败的立法思路

人大常委会大多数委员们在审议中认为,草案二审稿坚持了全面依法治

---

① 参见《监察法(草案)》二审稿第 60 条和《监察法(草案)》一审稿第 59 条。

② 参见《监察法(草案)》一审稿第 36 条。

③ 参见《监察法(草案)》二审稿第 59 条。

④ 参见蒲晓磊:《监察法草案二审稿提请审议》,载南海网 2017 年 12 月 22 日,http://www.hinews.cn/news/system/2017/12/22/031368324.shtml。

国的方针，将实践中有效管用的调查手段纳入法治化的轨道，推动反腐败工作有法可依、有法必依。赵白鸽委员认为，目前社会上对《监察法》的关注集中在人大的职责、监察中的人权问题、规范监察权力、监察机构的自我监督和追责机制四个方面，这些都在草案二审稿中得到了回应。赵白鸽提出，“关于监察中的人权问题，在这里明确地提出了，依法保障人权，这里比较突出的是草案二审稿用‘留置’取代了‘两规’的措施，体现了用法治思维和法治方式反腐败。根据征求意见稿被调查人涉嫌的贪污贿赂、失职渎职等严重的职务违法或职务犯罪，并具有相关的情形，监察机关经审批可以将其留置在特定场所，这样的表述是较为准确的”。赵白鸽认为，二审稿规范了监察权力、保障了人权，是此次修改意义最为重大的两处，对于完善《监察法》而言，是一个非常大的进步。马駇委员指出，构建国家监察体系是政治体制改革的重要内容，是国家治理体系和治理能力现代化的制度安排，是加强反腐败工作的根本举措，《监察法》的制定也使我国监察机构的设立和运行于法有据，对于实现国家监察的正规化、专业化、法治化具有重大的意义，草案二审稿作出的一些修改，非常重要。马駇认为，二审稿“最重要的就是它很好地处理了一个关系，即保证监察机关能够依法独立负责地行使监察权和监察机关要接受监督制约的关系，我认为这是修改的亮点，明确了监察机关要接受人大的监督，办理职务违法犯罪案件时应当同司法机关相互制约，还要接受民主监督、社会监督、舆论监督，这样规定就回应了各方面的关切”。罗亮权委员认为，监察法坚持正确的政治方向，坚持问题导向，明确党对国家监察体制的领导，实现对公职人员全覆盖，明确了监察机关的主要职能，赋予必要的权限，严格规范程序，加强对监察机关和监察人员的监督，体现了“有法必依、执法必严、违法必究、严格依法办事”的理念。

（二）应进一步细化监察机关与司法机关的关系

例如，草案二审稿第 4 条第 2 款关于监察机关办理职务违法犯罪案件，应当与司法机关互相配合、互相制约的规定，令狐安委员认为，现在对司法机关含义解释不尽一致，有的说司法机关是人民法院，有的说司法机关是人民法院、人民检察院和公安机关。“宪法在提到人民法院和人民检察院有关章节的时候表述为人民法院应当与人民检察院、公安机关互相配合、互相制约；人民检察院应当与人民法院、公安机关互相配合、互相制约。借鉴这一表述，建议将上述规定修改为‘监察机关办理职务违法犯罪案件,应当与人民法院、人民检察院和公安机关互相配合、互相制约’。”梁胜利委员同样注意到,草案二审稿的条文既体现了《监察法》本身对工作的个性要求,又与司法机关所要办的司法案件的工作共性相衔接。反映侦办各种职务犯罪的特点要求。关于监察机关和司法机关相互配合、相互制约的问题,非常必要,“但是我认为还是要更加细化,细化到什么程度呢?司法机关,特别是公安机关,享有侦查办案的很多资源,包括技术手段。《监察法》明确公安机关、国家安全机关等司法机关密切配合和支持监察机关对案件调查取证等工作,用法律固定下来比较合适”。罗亮权委员提出,草案二审稿第 24 条第 3 款规定,监察机关进行搜查时,可以根据工作需要提请公安机关配合。公安机关应当依法予以协助。他建议,将上述规定改为“监察机关进行搜查时,可以根据工作需要要求公安机关配合,公安机关应当予以协助”。另外,他还建议,将草案二审稿第 43 条第 3 款规定的“监察机关采取留置措施,可以根据工作需要提请公安机关配合。公安机关应当依法予以协助”修改为“监察机关采取留置措施,可以根据工作需要,交送公安机关,公安机关应当依法予以执行”。

(三)应完善“向公办事业单位派驻或者派出监察机构、监察专员”的规定

草案二审稿第 12 条规定,各级监察委员会可以向本级中国共产党的机关、国家机关、经法律法规授权或者委托管理公共事务的组织和单位以及所管辖的行政区域、国有企业等派驻或者派出监察机构、监察专员。对此,张云川委员说,“我对此非常赞成,但建议在‘国有企业’后面加上‘公办事业单位’,比如大专院校、大型医疗机构、科研机构,不仅涵盖国有企业,也包括大型公办的事业单位,也可以派驻监察机构或者派监察专员”。草案二审稿第 28 条规定,监察机关调查涉嫌重大贪污贿赂等职务犯罪,根据需要,经过严格的批准手续,可以采取技术调查措施,按照规定交有关机关执行。批准决定应当明确采取技术调查措施的种类和适用对象,自签发之日起 3 个月以内有效;对于复杂、疑难案件,期限届满仍有必要继续采取技术调查措施的,经过批准,有效期可以延长,每次不得超过 3 个月。对于不需要继续采取技术调查措施的,应当及时解除。白志健委员认为,该条规定的“经过严格的批准手续”,这句话用法定程序表述更规范一点,实践中也好操作,同时,“经过批准”的表述中应该明确批准的主体,建议将第 28 条第 1 款中“经过严格的批准手

续”修改为“经过法定的批准手续”,将第2款“经过批准”修改为“经过监察机关批准”。

（四）监察立法应突出“弘扬中国特色社会主义文化”

对草案二审稿第6条关于“国家监察工作坚持标本兼治,保持高压态势,强化不敢腐的震慑;深化改革、健全法治,有效制约和监督权力,扎牢不能腐的笼子;加强思想道德和法治教育,弘扬中华优秀传统文化,增强不想腐的自觉”的规定,欧阳淞委员认为,该条中“弘扬中华优秀传统文化,增强不想腐的自觉”所说的“弘扬中华优秀传统文化”是必要的,但又是不够的,因为这样表述面太窄了,仅是弘扬中华优秀传统文化,还不足以达到“增强不想腐的自觉”的目的。他建议,把“弘扬中华优秀传统文化”修改为“弘扬中国特色社会主义文化”。他认为,按照党的十九大精神,“中国特色社会主义文化,源自中华民族五千多年文明历史所孕育的中华优秀传统文化,熔铸于党领导人民在革命、建设、改革中创造的革命文化和社会主义先进文化,植根于中国特色社会主义伟大实践”。“也就是说,如果提中国特色社会主义文化,就不仅包括了中华优秀传统文化,而且还包括了革命文化和社会主义先进文化,显然更为全面。”孙志军委员同样建议,将草案二审稿第6条中的“弘扬中华优秀传统文化”修改为“弘扬中国特色社会主义文化”,这样可以把党的十九大报告中讲的三个文化,即优秀传统文化、革命文化、社会主义先进文化都涵盖,更准确一些,也能更好地体现党的十九大的精神。

（五）起草过程较好地体现了民主立法、科学立法的原则和要求

参加审议的委员们认为,制定《监察法》是深化监察体制改革的重要内容,非常必要和适时,对于落实党的十九大精神,健全党和国家监察体系,坚持和加强党的全面领导,推进国家治理体系和治理能力现代化具有十分重要的意义。谢旭人委员认为,草案二审稿贯彻了党的十九大精神,吸收了各方面意见,比较完善,明确规定了国家监察体制、监察机关的产生和职责权限、监察的程序以及对监察机关和监察人员的监督等,是一部规范国家监察工作的基本法律。陆浩委员指出,草案二审稿在一审稿的基础上进行了认真的修改,修改中广泛吸收了一审时提出的各种意见,起草的过程体现了民主立法、科学立法的精神,修改思路贯彻了以习近平同志为核心的党中央关于深化国家监察体制改革的战略部署。

2018年3月20日，第十三届全国人民代表大会第一次会议经过对草案二审稿修改后的草案三审稿再次审议，最终通过了《监察法》。同日，中华人民共和国国家主席习近平签署主席令，《中华人民共和国监察法》正式公布施行。

第三节　监察法立法的若干问题探讨

《监察法》立法涉及法治理论和实践层面的多方面问题，如监察法的性质、地位和监察机关的性质、地位；监察法应调整的主要关系；监察法的体系和主要内容；监察机关的职责、履行职责的权限和法律手段；对监察机关的监督和对监察对象合法权益的保障和救济等。本节的内容是笔者在立法前期对这些问题所进行的初步探讨，笔者当时对解决这些问题提出的有关设想和建议有的在之后的立法中有所体现，有的则并未为之后的立法所采纳。①

一、监察法的性质、地位

监察法的性质、地位和监察机关的性质、地位是密切相联系的。

首先，监察法不同于完全归属于行政法的《行政监察法》，而是与《监督法》《国家安全法》《戒严法》《国防法》《民族区域自治法》等基本法律一样，属于宪法相关法（或称"宪法性法律"）。因为《行政监察法》的调整对象是行政法制监督关系，行政监察法的执法主体是作为国家行政机关的行政监察机关。而监察法的调整对象是国家监督关系（行政法制监督关系只是国家监督关系的一种），监察法的执法主体是监察机关。监察机关不同于仅行使行政监察职能的行政监察机关，行政监察机关所进行的行政法制监督属于行政系统的内部监督。② 监察机关作为国家机构整体的组成部分，其所行使的监督职能则是针对整个国家机关和整个国家公权力（甚至包括社会公权力）的。尽管国家机关包括行政机关，国家公权力包括行政权，从而对行政机关和行政权的监督是对整个公权力监督的重要组成部分，但监察机关对行政的监督不再是

① 本节的内容源于笔者在监察法立法启动前期应《法学杂志》之约所撰写的一篇论文《国家监察法立法的若干问题探讨》，载《法学杂志》2017年第3期。

② 关于行政法制监督的性质、内容和行政监察机关的性质、地位和监督范围、监督方式，参见姜明安主编：《行政法与行政诉讼法》，北京大学出版社、高等教育出版社2015年版，第143—147页。

行政系统的内部监督，而是已转化成外部法律监督了。

其次，监察法不同于《国务院组织法》《人民法院组织法》《人民检察院组织法》等国家机关组织法。虽然监察法与国家机关组织法一样，同属于宪法相关法，但监察法不仅有组织法的内容，而且有行为法、程序法和救济法的内容，具有混合法的性质。因为监察法要同时规定监察机关的组织体系、体制、内外关系、职责、权限（组织法的内容）；规定整个监察权行使的流程，各监察阶段监察行为的方式、步骤、行为准则和要求（行为法和程序法的内容）；规定对监察权行使的监督机制和对监察对象的救济机制（救济法的内容）。根据一般法律体系的结构，组织法、行为与程序法、救济法是分立的，三者分别构成单独的法律。如行政法体系中的行政组织法（《国务院组织法》《地方组织法》等）、行政行为和行政程序法（《行政许可法》、《行政处罚法》、《行政强制法》及统一的行政程序法等）、行政救济法（《行政复议法》《行政诉讼法》《国家赔偿法》等）；司法法体系中的司法组织法（《人民法院组织法》《人民检察院组织法》等）；司法行为法和司法程序法（《民事诉讼法》《刑事诉讼法》《行政诉讼法》①等）、司法救济法（冤狱赔偿法、司法赔偿法等）。监察法之所以不同于行政法和司法法，采取组织法、行为与程序法、救济法三者合体的形式，主要是因为国家监督体制正处于改革转型阶段，法律既要对之引领、指导，又必须为之留下试验和运作的广泛空间；既要使改革于法有据，又不能过分束缚改革的裁量性和灵活性。在组织法方面，可能在较长一段时期内，我国还会采取目前许多国家机关一直沿袭采用的“三定办法”②，即通过国家编制机关发布相应文件规定其机构、职能和人员编制。在救济法方面，我国还没有建立完善的违宪审查和相应救济制度，国家监察又不能适用行政诉讼救济，故目前主要依靠国家监察系统的内部监督和内部救济。因此，《监察法》立法主要着力点在行为法和程序法方面，但组织法和救济法的内容又不可能完全空缺。虽然不能对此二者单独立法，但在《监察法》里必然要规定监察机关的大致组织结

---

① 行政诉讼法从对行政权的监督和对被行政侵权的相对人的救济角度讲，属于行政法的范畴；从监督主体为司法机关和救济程序为司法程序的角度讲，又属于司法法的范畴。

② “三定办法”，原称“三定方案”，是我国在组织法尚不完善，且短期内又难以完善的历史条件下，由国家编制机关发文规定国家机关组织的有关事项，主要包括三个方面：机构、职能、编制。所谓“三定”，即是指定机构、定职能、定编制。

构、基本职责和权限，以及对监察机关可能的违法侵权行为的救济。

再次，监察法属于国家监督领域的基本法律。所谓"基本法律"，就是说在相应调整领域，其具有统率其他一般法律、法规和规章的地位。法规和规章自不待说，监察法制定后，必然要通过行政法规、监察法规、监察规章的形式制定各种相应的实施规则、办法。这些规则、办法当然要以监察法为依据，不能与之相抵触。至于在监察法之外是否有必要制定某种单一性的一般法律，如国家监察委员会对各级人大、各级法院、各级检察院的监察有其特殊性，对于不同领域监察的特殊性问题是否有必要另行单独立法，这是今后需要研究和予以回应的问题。如果决定单独立法，那二者的关系应是基本法律和一般法律的关系，即单行法必须遵循监察法的一般原则，不能以"后法优于前法"或"特别法优于普通法"为根据与之冲突、抵触。

最后，国家监督领域的基本法除了监察法以外，还有《监督法》。监察法与《监督法》都是监督基本法，二者调整的对象有所差别。前者调整的重点是对公职人员的监督，包括对人大和人大常委会机关工作人员的监督；后者调整的重点是对国家机关工作的监督，包括对国家监察机关工作的监督。当然。对国家机关工作的监督也包括对国家机关负责人和国家机关工作部门负责人的监督。这种监督与国家监察机关的监督有一定重合，但二者亦有区别：监察机关监督的重点是监督对象的廉政情况，主要目标和任务是反腐败；人大和人大常委会监督的重点是监督对象的履职情况，主要目标和任务是保障法律和政策的实施。另外，监察机关对公职人员监督的范围包括领导干部和所有工作人员；而人大和人大常委会对公职人员监督的范围仅限于领导干部，如政府和政府部门正副行政首长，法院、检察院正副院长，监察委员会正副主任，而不及于一般工作人员。

二、监察法调整的主要法律关系

监察法调整的法律关系①主要有下述五种：

---

① 监察法律关系属于宪法性法律关系，它的内容不同于行政法律关系，但其形式和类型则有与行政法律关系相同或相似之处。行政法律关系包括行政主体与行政相对人的外部关系，行政主体与行政法制监督主体的外部关系，以及行政主体相互之间、行政主体与行政公职人员之间的内部关系。监察法律关系也包括监察机关与监察对象之间的外部关系，监察机关与人民代表机关之间、监察机关与党的纪律检查机关之间、监察机关与司法机关之间的外部关系，以及监察机关内部的纵向与横向关系。

（一）监察机关与监察对象的关系

监察法调整的最主要的社会关系无疑是监察机关与监察对象的关系。不理顺和规范这一关系，国家监察制度就无法运作，监察的目标和任务就无法实现。为理顺和规范这一关系，监察法首先要规定监察机关的职责、职权和监督措施、监督手段，确定它有权对监察对象采取和实施什么样的监督行为。其次，监察法要规定监察机关行使职权的方式、程序，确定它怎样对监察对象进行监督，保证其监督既有力有效，又不任性、恣意。再次，监察法要规定监察对象的权利义务，通过确立监察对象的权利（陈述权、申辩权等），保障监察对象在接受监督的过程中，其人身权、财产权等合法权益不致被任意侵犯；通过确定监察对象的义务（依监察机关的要求提供相关材料的义务、如实说明相关情况的义务等），保障监察机关顺利进行监督。最后，监察法还要规定监察对象在接受监督过程中寻求救济的方式和获取救济的途径，使其在合法权益受到监察机关违法侵害时能得到申雪冤屈的机会。很显然，要使国家监察制度顺利、有效运转，必须通过监察法明确监督方的权力、责任和被监督方的权利、义务，调整好监督方与被监督方的法律关系。

（二）监察机关与人民代表机关的关系

监察法需要调整的另一重要关系是监察机关与人民代表机关的关系。关于这一关系，第十二届全国人大常委会第二十五次会议通过的《试点决定》设定了一个大致框架：首先，“监察委员会由本级人民代表大会产生。监察委员会主任由本级人民代表大会选举产生；监察委员会副主任、委员，由监察委员会主任提请本级人民代表大会常务委员会任免。监察委员会对本级人民代表大会及其常务委员会和上一级监察委员会负责，并接受监督”。[①] 其次，“监察委员会按照管理权限，对本地区所有行使公权力的公职人员依法实施监察”。这里的“本地区所有行使公权力的公职人员”，当然包括本级人民代表大会及其常务委员会机关的公职人员。很显然，《试点决定》设定的关于监察机关与

① 这一规定的宪法根据是《宪法》第 3 条第 3 款规定：“国家行政机关、审判机关、检察机关都由人民代表大会产生，对它负责，受它监督。”该条款虽然没有提及监察机关，但根据《宪法》第 2 条和《宪法》第 3 条第 1 款、第 2 款规定，在人民代表大会制度之下的所有国家机关，均只能由人民代表大会产生，对它负责，受它监督。因为行政监察机关在宪法制定和之后历次修改时均从属于行政机关，故未另行提及。

人民代表机关关系的此种框架，需要作为国家基本法律的监察法予以确定和进一步明晰。例如，监察机关向人民代表机关负责，究竟如何负责？是否需要定期和不定期向人民代表机关报告工作，接受人民代表机关的审查、审议？人民代表机关对国家监察机关究竟如何监督？人民代表机关代表是否可以对监察机关提出质询，人大和人大常委会是否可以罢免监察机关的主要负责人？又如，人民代表机关有权监督监察机关，如有权罢免监察机关的主要负责人，监察机关也有权监察人民代表机关的公职人员，在监察过程中有权对人民代表机关的主要负责人予以调查、处分，二者的关系应如何协调，以确保不发生冲突？这些都需要监察法予以调整和规范。

（三）监察机关与党的纪律检查机关的关系

关于监察机关与党的纪律检查机关的关系，中共中央发布的关于国家监察体制改革的《试点方案》中仅有简单的一句话予以表述，“党的纪律检查委员会、监察委员会合署办公”。但二者的具体关系如何？这种关系是如同党的中央军事委员会和国家中央军事委员会的关系一样，二者融为一体，“一个机构，两块牌子”，[①]还是“两个机构，合署办公”？监察机关与党的纪律检查机关在职责上仍有所分工，前者主要实施法律监督，后者主要实施纪律监督。单纯从理论上讲，党的纪律检查机关是中国共产党的机关，它实施的纪律监督应该是对中国共产党自己党员的监督，对其他民主党派党员和其他非党员公职人员的监督应由国家监察机关实施。[②] 但从工作便利上讲，二者不加区分，不分彼此，其监督可能更有效率。但无论何种关系模式和体制，都必须通过相关国家法律或党内法规明定。

（四）监察机关与司法机关的关系

关于监察机关与司法机关的关系，《试点决定》给了一个大致轮廓性的规定：监察机关“履行监督、调查、处置职责”，“对涉嫌职务犯罪的，移送检察机关依法提起公诉”。这就是说，监察机关与司法机关在法律监督上既有区别，也有联系。首先，监察机关在性质上不是司法机关，不能行使国家检察机

① 当然，监察机关与中央军委有所区别，军委只有中央一级，监察机关则将设置于中央和地方各个级别；而且，军事事务不涉及其他参政党和社会组织，但监察事务涉及其他参政党和社会组织。

② 但从中国共产党作为领导国家的执政党地位而言，它的纪律检查机关对所有公职人员进行监督在理论上也是能够成立的。“党管监督”可以认为是“党管干部”的延伸。

关的公诉权，更不能行使国家审判机关的审判权。对涉嫌职务犯罪的案件，必须移送人民检察院依法提起公诉，由人民法院审理和依法作出判决。其次，监察机关可以行使公安机关和检察机关行使的某些刑事强制措施权和刑事侦查权，如讯问、查询、冻结、调取、查封、扣押、勘验检查、鉴定、留置等。对于监察机关与司法机关的关系，对于二者的联系与区别，《试点决定》确定的只是大致的轮廓，监察法立法必须对之明晰化。

（五）监察机关内部的纵向与横向关系

监察机关的内部关系也是监察法调整和规范的一项重要关系。内部关系包括纵向关系与横向关系。关于监察机关内部的纵向关系，《试点决定》规定，"监察委员会对本级人民代表大会及其常务委员会和上一级监察委员会负责，并接受监督"。这一规定既不同于《人民检察院组织法》和《人民法院组织法》对国家检察机关、国家审判机关内部纵向关系的规定，也不同于《地方组织法》对地方政府内部纵向关系的规定。《人民检察院组织法》对国家检察机关内部纵向关系的规定是"最高人民检察院领导地方各级人民检察院的工作，上级人民检察院领导下级人民检察院的工作"。①二者属于领导关系。《人民法院组织法》对国家审判机关内部纵向关系的规定是"上级人民法院监督下级人民法院的审判工作"，②二者属于监督关系。《地方组织法》对地方政府内部纵向关系的规定是"地方各级人民政府对本级人民代表大会和上一级国家行政机关负责并报告工作"，"地方各级人民政府都是国务院统一领导下的国家行政机关，都服从国务院"。③此种关系属于比检察机关内部领导关系领导性更强的关系。监察机关内部的纵向关系更接近检察机关内部的纵向关系，而与人民法院内部的纵向关系有较大差别。至于监察机关内部的横向关系，则取决于监察委员会的内部机构设置的模式，《监察法》将不会对之作出具体明确的规定，而会留待今后监察委员会制定机构设置方案时予以明确。

三、监察法的体系和主要内容

监察法立法体系有两种模式可供借鉴：一是《监督法》的模式；二是《行政

---

① 参见《人民检察院组织法》第 10 条第 2 款。

② 参见《人民法院组织法》第 10 条第 2 款。

③ 参见《地方组织法》第 55 条第 1 款和第 2 款。

监察法》的模式。前者是按监督内容和监督方式设计章节,除总则、附则外,分别设置听取和审议监督对象专项工作报告章、审查和批准决算、听取和审议国民经济和社会发展计划、预算执行情况报告、审计工作报告、法律法规实施情况检查、规范性文件备案审查、询问和质询、特定问题调查、撤职案的审议和决定。后者是按监督体制机制设计章节,除总则附则外,分别设置监察机关和监察人员、监察机关职责、监察机关权限、监察程序、法律责任。笔者认为,监察法立法将主要采用《行政监察法》的结构模式,适当参考《监督法》的体系设计。具体而言,可在现行《行政监察法》七章的基础上增加三章:一为"监察的范围和监察方式",以明确监察机关监督的对象、监督内容和监督手段;二为"对监察机关的监督",以加强对监督者的监督,防止其违法和滥用监督权;三为"对监察对象合法权益的保障和救济",以加强对被监督者合法权益的保护,尽量防止冤假错案的发生,以及在冤假错案发生后能为蒙冤者提供有效的法律救济途径。

据此,监察法主要应包括下述六个方面的内容:

(一)监察机关的组织

监察法虽然不能包括国家监察机关组织法的全部内容,但应包括其核心内容。首先,监察法应确立监察机关的性质和地位:各级监察委员会由同级人大产生,对同级人大及其常委会和上一级监察委员会负责,受同级人大及其常委会和上一级监察委员会监督,是行使国家法律监督和反腐败职能的专门国家机构。监察法在规定监察机关的性质和地位时,应特别突出其直接由人大产生和反腐败的基本职能(尽管并非唯一职能),这是非常重要的。其次,监察法应规定监察机关的组织体系,确定国家监察委员会和地方各级监察委员会及其派出机构,各级监察委员会及其派出机构的相互关系。最后,监察法还应规定监察人员的基本素质要求,包括政治素质、思想品质素质、文化专业知识素质和法律知识素质;规定监察委员会主任、副主任和委员的产生、任免方式等。

(二)监察机关的监察范围与职责

关于监察机关的监察范围,《试点决定》确定监察对象为"所有行使公权力的公职人员”[1]监察部(监察体制改革前的监察部)副部长肖培曾对“所有行使公权力的公职人员”加以界定,将之概括为下述六类人员:(1)《公务员法》所规定的国家公职人员,具体包括中国共产党机关、人大机关、行政机关、审判机关、检察机关、民主党派机关、工商联机关的公职人员,以及参照公务员管理的人员;(2)由法律法规授权,或者由行政机关委托行使公共事务职能的公职人员;(3)国有企业的管理人员;(4)公办教育、科研、文化、医疗、体育事业单位的管理人员;(5)社会自治组织中的管理人员;(6)其他依法行使公共事务职能的人员。[2] 当然,这个范围是否适当,还需要在监察法立法时审慎权衡确定。

关于监察机关的职责,《试点决定》确定为下述三大职责:(1)监督检查公职人员依法履职、秉公用权、廉洁从政以及道德操守情况;(2)调查涉嫌贪污贿赂、滥用职权、玩忽职守、权力寻租、利益输送、徇私舞弊以及浪费国家资财等职务违法和职务犯罪行为;(3)对职务违法和职务犯罪行为作出处置决定,对涉嫌犯罪的,移送检察机关依法提起公诉。对于这些职责,监察法立法一方面需要加以确立和具体化,另一方面也需要适当补充。《行政监察法》为行政监察机关规定了五项职责,这些职责中有些职责可经过一定修改转化为国家监察机关的职责,作为上述三大职责的补充。《行政监察法》规定的五项职责是:(1)检查国家行政机关在遵守和执行法律、法规及人民政府的决定、命令中的问题;(2)受理对国家行政机关及其公务员和国家行政机关任命的其他人员违反行政纪律行为的控告、检举;(3)调查处理国家行政机关及其公务员和国家行政机关任命的其他人员违反行政纪律行为;(4)受理国家行政机关公务员和国家行政机关任命的其他人员不服主管行政机关给予处分决定的申诉,以及法律、行政法规规定的其他由监察机关受理的申诉;(5)法律、行政法规规定由监察机关履行的其他职责。在这五项职责中,其中第三项(调查、处理职责)已为《试点决定》确定的三大职责所包含,第一项(检查职责)、第二项(受理控告、检举职责)、第四项(受理申诉职责)、第五项(法定其他职

---

① 《行政监察法》规定国家行政监察机关的监察范围仅包括国家行政机关及其公务员,以及国家行政机关任命的其他人员。

② 参见《监察部副部长肖培:国家监察委员会将监察六大对象》,载网易 2017 年 1 月 9 日,https://www.163.com/news/article/CABODGN500018AOR.html。

责)则应作相应修改后为监察法立法所保留。其中第一项的检查对象和客体可改为“国家机关在遵守和执行法律、法规中的问题”;第二项的受理事项可改为“受理对国家公职人员违反行政纪律行为的控告、检举”;第四项的受理事项可改为“受理国家公职人员不服主管机关给予处分决定的申诉,以及法律、法规规定的其他由监察机关受理的申诉”;第五项法定其他职责中的“法律、行政法规”可改为“法律”,去掉“行政法规”,限于法律规定的其他职责。

(三)监察机关履行职责的权限和手段

《试点决定》确定了监察机关履行职责的十二项权限和手段,分别是:(1)谈话。指警示诫勉谈话。在公职人员实施了轻微违法违纪行为时,监察机关通过谈话使其悬崖勒马,改过自新。(2)讯问。指讯问违法违纪嫌疑人。监察机关在掌握了公职人员实施违法违纪行为的线索或证据时,通过讯问核实相应线索或证据。(3)询问。指询问证人。这是监察机关调查取证的一种手段。(4)查询。指查询电信、银行、证券、邮政等掌握违法违纪嫌疑人某种电信联系、银行存款、证券交易、邮政联系等信息的部门,以获取相应信息。这也是监察机关调查取证的一种重要手段。(5)冻结。指冻结银行存款、邮政汇款、证券交易等,以防止违法违纪嫌疑人转移涉案资金、款项。这是监察机关在办案过程中采取的一种强制措施。(6)调取。指从有关部门、组织调取案卷、资料、文件、证据等,这同样是监察机关调查取证的一种重要手段。(7)查封。指查封场所、设施或者财物,也是监察机关在办案过程中采取的一种强制措施。(8)扣押。指扣押违法违纪嫌疑人的财物,同样是监察机关在办案过程中采取的一种强制措施。(9)搜查。指搜查违法违纪嫌疑人的工作场所、住宅、人身等,这是监察机关调查取证的一种较严厉的手段,其运用时需要特别慎重。(10)勘验检查。指对违法违纪行为现场的勘验检查,是监察机关较常用的调查取证手段。(11)鉴定。指对物品、文件等的鉴定,也是监察机关较常用的调查取证手段。(12)留置。指对违法违纪嫌疑人留置讯问,此既不完全同于作为行政或刑事强制措施的拘留,[1]也不完全同于作为调查取

① 行政拘留为《治安管理处罚法》等法律规定的行政处罚措施,刑事拘留为《刑事诉讼法》规定的刑事强制措施。

证手段的“双规”“双指”,[①]而是一种兼具强制措施性质和调查取证措施性质的国家监察手段。这一手段的具体运作方式和程序,有待监察法立法作出具体规定,以防止监察机关滥用。

监察法除应当对上述监察权限和监察手段予以规定和规范外,还应对《行政监察法》规定的有关权限和手段予以承袭或在作出某种修正后予以承袭。主要包括下述措施[②]:(1)要求被监察的部门和人员提供与监察事项有关的文件、资料、财务账目及其他有关的材料,进行查阅或者予以复制。(2)要求被监察的部门和人员就监察事项涉及的问题作出解释和说明。(3)责令被监察的部门和人员停止违反法律、法规和纪律的行为。(4)责令案件涉嫌单位和涉嫌人员在调查期间不得变卖、转移与案件有关的财物。(5)建议有关机关暂停有严重违纪嫌疑的人员执行职务。(6)在办案过程中,可提请有关部门、机构予以协助。(7)在遇有下述情形时,向被监察的部门或其上级部门提出监察建议:其一,监察对象拒不执行法律、法规或者违反法律、法规,应当予以纠正的;其二,监察对象作出的决定、命令、指示违反法律、法规或者国家政策,应予纠正或撤销的;其三,监察对象的行为给国家利益、集体利益和公民合法权益造成损害,需要采取补救措施的;其四,录用、任免、奖惩决定明显不适当,应当予以纠正的;其五,监察对象的行为依照有关法律、法规的规定,应当给予行政处罚的,或者需要给予责令公开道歉、停职检查、引咎辞职、责令辞职、免职等问责处理的,或者需要完善廉政、勤政制度的。(8)在遇有下述情形时,除向被监察的部门或其上级部门提出监察建议外,监察机关可直接作出监察决定:一是监察对象违法违纪,依法应当给予警告、记过、记大过、降级、撤职、开除处分的;二是监察对象违法违纪取得的财物,依法应当没收、追缴或者责令退赔的。(9)监察机关的领导人员可以列席被监察机关的有关会议,监察人员可以列席被监察机关的部门的与监察事项有关的会议。

(四)监察程序

监察程序同样是监察法立法的重要内容。我国传统法制往往是重实体轻

---

① “双规”为党内法规《中国共产党纪律检查机关案件检查工作条例》第 28 条第 1 款第 3 项“要求有关人员在规定的时间、地点就案件所涉及的问题作出解释和说明”的规定;“双指”为《行政监察法》第 20 条第 1 款第 3 项“责令有违反行政纪律嫌疑的人员在指定的时间、地点就调查事项涉及的问题作出解释和说明”的规定。

② 参见《行政监察法》第 19—28 条。

程序,在立法中要么不规定程序,要么仅规定要求相对人履行的各种手续,要求相对人提供各种材料、表格的程序,很少规定要求公权力主体应遵循的,保证其行为公开、公正、公平的程序。现代法治则非常重视正当法律程序,将正当法律程序视为制约公权力主体行使权力,防止其任性、滥权、腐败,保障相对人合法权益的基本屏障。因此,进行监察法立法,必须特别重视体现民主、权力制约、人权保障的现代法治精神的程序。在设计监察程序制度时,应特别规定和确立下列程序制度:(1)监察公开制度。监察机关应坚持在阳光下行使权力,在阳光下办案,防止和杜绝暗箱操作。(2)公众参与制度。监察工作虽然需要依靠很多专业技术,但不能神秘化,必须依靠广大人民群众,必须坚持公众参与的原则,从发现案件线索,到调查取证,到审理决定,都必须保证一定方式的公众参与。(3)证据审查核实制度。监察工作必须特别注重事实、注重证据,为避免冤假错案,应建立严格的证据审查核实制度。只有证据过硬,才能办出真正的铁案。(4)回避制度。监察工作应实行严格的回避制度:案件审查审理人员如果是被审查人或检举人的近亲属、主要证人、利害关系人,或者存在其他可能影响公正审查审理情形的,均应当回避,不得参与相关审查审理工作。(5)排除干预制度。案件审查、审理人员办理具体案件,不得接受任何外人的说情请托,对任何非本案主管领导、组织、单位的打招呼,不仅应予拒绝,而且要将打招呼者记录在案,报所在监察机关或上级监察机关处理处分。(6)听取陈述申辩制度。听取陈述申辩,是正当法律程序的基本要求,监察工作尤应如此。对于违法违纪嫌疑人,即使监察机关对其违法违纪事实已经充分掌握,也必须听取他们的陈述申辩。这不仅是保证办案质量的要求,也是保障当事人人权的法治要求。

监察程序当然不只上述这些制度,但上述制度是最重要的,监察法立法必须予以确立。

(五)对监察机关的监督

监察机关是对国家公职人员进行监督的机关。但监督者本身也应该接受监督。因为监督权同样是一种公权力。任何公权力,如果没有监督和制约,都必然滥用和腐败,这是一条万古不易的规律。[①] 如何设计对监察机关及其工

---

① 参见[法]孟德斯鸠:《论法的精神》(上册),张雁深译,商务印书馆 2005 年版,第 184 页。

作人员的监督机制,是监察法立法的重要任务。根据我国的法律监督体制,这种监督自然应包括人大及其常委会的监督、人民群众的监督、新闻媒体和社会舆论的监督,以及监察机关的自我监督。是否还应包括司法监督,被监督者对监察机关的监督行为不服,可否向人民法院提起诉讼,这是监察法立法时需要认真研究的问题。笔者主张有限的司法监督,即允许被监督者起诉,但对可诉性行为应加以限制,使之控制在较小的范围,如暂时仅限制为人身自由和财产强制措施。

无论监察法是否为司法监督"开口子",人大和人大常委会的监督都是在对监察的监督机制中不可或缺的环节,而且应是最主要最核心的环节。《监督法》规定①的对"一府两院"的监督措施大多可以适用于监察机关。其中可适用的主要监督方式有下述六项:(1)听取和审议监察机关的专项工作报告。报告专题包括人大常委会执法检查中发现的突出问题,人大代表对监察机关提出的建议、批评和意见集中反映的问题,人大常委会组成人员提出的比较集中的问题,人大专门委员会、常委会工作机构在调查研究中发现的突出问题,人民来信来访集中反映的问题,社会普遍关注的其他问题。(2)对监察工作进行视察或专题调研。人大常委会在听取和审议专项工作报告前,委员长会议或者主任会议可以组织常委会组成人员和人大代表,对监察机关有关工作进行视察或专题调研。常委会可以安排参加视察或专题调研的代表列席常委会会议,听取专项工作报告,提出意见。(3)就监察机关的专项工作报告作出决议和向社会公布。人大常委会在对监察机关的专项工作报告进行审议后,将审议意见交付其处理。监察机关应将处理情况送交人大专门委员会或常委会有关工作机构征求意见,并向常委会提出书面报告。常委会认为必要时可对专项工作报告作出决议,监察机关应对决议执行情况向常委会报告。此外,监察机关的专项工作报告和常委会对专项工作报告的审议意见、监察机关对审议意见的处理情况及对常委会决议执行情况的报告,均应向人大代表通报,并向社会公布。(4)询问和质询。人大常委会审议议案和有关报告时,可向监察机关有关负责人提出询问;一定人数的人大常委会组成人员联名,可向监察机关书面提出质询案。对于质询案,监察机关应当口头或者书面

---

① 参见《监督法》第9条、第10条、第14条、第34条、第39条、第43条、第44条。

答复。(5)人大常委会组织对监察工作特定问题调查。人大常委会对监察工作的有关事项,需要作出决议、决定,但有关重大事实不清的,可以组织有关特定问题的调查委员会,对相应问题进行调查,调查委员会负责向常委会提交调查报告。(6)作出撤职决定。对违法失职的监察委员会委员和副主任,人大常委会可以作出撤销其职务的决定,但监察委员会主任违法失职,只能由选举产生他(她)的人大罢免。

(六)对监察对象合法权益的保障和救济

《行政监察法》对监察对象合法权益设定的保障和救济是复审—复核机制,即监察对象对监察决定不服的,向作出监察决定的监察机关申请复审,申请人对复审决定仍不服的,向上一级监察机关申请复核。上一级监察机关的复核决定和国务院监察机关的复查决定或复审决定为最终决定。

这一保障和救济机制是不甚完善的,对于有效保障监察对象的合法权益尚不充分。监察法立法有必要适当引入司法救济机制,即监察对象对于监察机关采取的限制人身自由的强制措施(如留置)、对财产的部分强制措施(如查封、冻结、扣押、搜查等),以及个别最严厉的行政处分决定(如开除公职)不服,监察法应赋予相对人向法院提起诉讼的权利。监察机关虽然不是行政机关,但监察机关的上述行为具有广义行政行为的性质。因此,将监察对象向法院提起的这类诉讼归入行政诉讼的范畴,在理论上是能够成立的。

以上对监察法立法所涉问题的探讨性意见、建议,均是笔者在《监察法》制定前提出的。其中有些意见、建议在《监察法》中已得到体现和反映,有的意见、建议则是纯学术性的,是笔者的个人见解。

第四章

监察法的宪法根据

第一节　2018年修宪[1]为《监察法》出台提供根据

2018年修宪有很多理由和根据，[2]但其最直接的导因是国家监察体制改革。因为国家监察体制改革是事关全局的重大政治体制改革，根据依法治国的要求，重大改革必须于法有据，从而必须制定监察法。而根据依宪治国（依法治国必须首先依宪治国）的要求，制定监察法又必须有宪法依据，不能与宪

---

① 2018年11月第十三届全国人大第一次会议通过了"八二宪法"第五个修正案，本书简称为2018年修宪。

② 关于2018年修宪的原因和背景，笔者曾经在发表于《半月谈》的一篇文章中概括为五个方面：其一，近年来，互联网、信息化以及相应的人工智能、大数据等新的科学技术和新的业态的迅猛发展，要求国家发展理念更新。没有创新、开放、共享等新的发展理念，我们国家就可能会跟不上这个迅猛发展的时代，就可能被时代列车所落下。正因如此，2018宪法修正案明确将"新发展理念"入宪。其二，在新时代，我国社会主要矛盾已经转化为人民日益增长的美好生活需要和不平衡不充分发展之间的矛盾。社会主要矛盾这一重大转变要求国家发展目标与之适应。即国家不仅要注重物质文明、政治文明、精神文明的发展，而且要补上生态文明和社会文明的短板。正因如此，2018宪法修正案将原宪法确定的"三大文明"目标扩展为"五大文明"。其三，党的十八大以来，中国特色社会主义的推进和其优势日益显现。审视我们40年改革开放以来取得的伟大成绩，坚定不移地坚持党的领导是我们的基本经验。现在我们要实现新时代国家发展的目标、任务，必须毫不动摇地坚持这一基本经验。正因如此，2018宪法修正案明确宣示"中国共产党领导是中国特色社会主义最本质的特征"。其四，21世纪以来，国际关系风云变幻，人类面临越来越多的共同挑战，如气候变化、恐怖主义、网络安全等，这些挑战要求我们根据新的国际情势制定国家新的外交政策和战略。正是基于此，2018宪法修正案确定了"坚持和平发展道路，坚持互利共赢的开放战略"，并提出了"推动建立人类命运共同体"的指导纲领。其五，党的十八大以来，反腐败斗争取得了重大和决定性的胜利，但是反腐败斗争形势依然严峻复杂，要求国家加大反腐败力度，推进法治反腐、制度反腐，深化标本兼治。正是基于此，2018宪法修正案用最大的篇幅（占整个修正案条文的50%以上）创新和规范监察制度，为深化国家监察体制改革，制定监察法提供宪法依据。参见姜明安：《宪法修改如何体现新时代的需要？》，载《半月谈》2018年第8期。

法相抵触,从而必须修改宪法。很显然,2018 年修宪对于推进国家监察体制改革,为制定《监察法》提供宪法依据不仅具有极大的必要性,而且具有十分的迫切性。

2018 年《宪法修正案》①共有 21 个条款(第 32 条至第 52 条),其中涉及国家监察体制改革和新时代监察制度构建的条款为 11 条,占整个 2018 年《宪法修正案》条款的一半以上。而且,这 11 条中的最后一条包括单独一节,共有 5 个条款,故 2018 年《宪法修正案》涉监察的内容实际为 16 项,占整个 2018 年《宪法修正案》内容的 76%。本章将这 16 项内容分成两部分分别加以阐释:第一部分为 2018 年《宪法修正案》适应国家监察体制改革对《宪法》原相关制度规范的修改(共 10 项),即第二节;第二部分为 2018 年《宪法修正案》为直接给监察法立法提供依据而在宪法第三章中增设的"监察委员会"专节(共 5 个条款、6 项内容),即第三节。

第二节　2018 年《宪法修正案》对国家监察体制改革的回应

2018 年《宪法修正案》对国家监察体制改革的回应主要体现在修正案对《宪法》原相关制度规范的十项修改。

一、对《宪法》第 3 条第 3 款的修改

2018 年《宪法修正案》将《宪法》原第 3 条第 3 款规定"国家行政机关、审判机关、检察机关都由人民代表大会产生,对它负责,受它监督"修改为"国家行政机关、监察机关、审判机关、检察机关都由人民代表大会产生,对它负责,受它监督"。《宪法》第 3 条第 3 款的这一规定是我国人民代表大会制度的主要内容和基本要求。我国的政体与美国等实行"三权分立"的国家的政体不同。在实行"三权分立"的国家,各个国家机关互不从属,各种国家权力相互制约与平衡。在我国,根据《宪法》确立的人民代表大会制度,只有人民代表大会是直接代表人民行使国家权力的机关。其他国家机关(行政机关、

① 2018 年《宪法修正案》于 2018 年 3 月 11 日第十三届全国人民代表大会第一次会议通过,2018 年 3 月 11 日全国人民代表大会公告公布施行。

监察机关、审判机关、检察机关)都不能与它平起平坐,都只能由它产生,对它负责,受它监督。

在2018年修宪和国家监察体制改革以前,监察机关只主管行政监察,属于行政机关系统,并非与"一府两院"并列。而在国家监察体制改革以后,监察机关负责对所有公职人员进行监察,其地位已与"一府两院"并列。故必须与"一府两院"一样,直接由人民代表大会产生,对人民代表大会负责,受人民代表大会监督。

根据《监察法》,监察机关对所有国家机关——包括人民代表机关——的公职人员进行监察("全覆盖")。但是这种监察只能针对各级人民代表机关的公职人员,而不能针对各级人民代表大会。监察机关必须接受人民代表大会的监督,而不能反过来监督人民代表大会;否则,就会从根本上背离和破坏我国的人民代表大会制度。

二、对《宪法》第62条的修改

2018年《宪法修正案》在《宪法》第62条"全国人民代表大会行使下列职权"中增加一项"(七)选举国家监察委员会主任",作为第7项。这是对《宪法》第3条第3款的逻辑延伸:既然监察机关应由人民代表大会产生,对它负责,受它监督,国家监察委员会的主任自然就应由全国人民代表大会选举产生。这就同最高人民法院院长、最高人民检察院检察长是由全国人民代表大会选举产生的一样。[①] 全国人民代表大会不仅选举产生"一委两院"的主要负责人,还选举产生国家主席、副主席,并根据国家主席的提名,决定国务院总理的人选;根据国务院总理的提名,决定国务院副总理、国务委员、各部部长、各委员会主任、审计长、秘书长的人选。全国人民代表大会行使这些职权,是它作为最高国家权力机关的体现。

三、对《宪法》第63条的修改

2018年《宪法修正案》在《宪法》第63条"全国人民代表大会有权罢免下列人员"中增加一项"(四)国家监察委员会主任",作为第4项。《宪法》原第

---

① 参见《宪法》第62条第8项、第9项。

63 条规定，全国人民代表大会有权罢免国家主席、副主席、国务院总理、副总理、国务委员、各部部长、各委员会主任、审计长、秘书长、中央军委主席和其他组成人员、最高人民法院院长、最高人民检察院检察长。修正案既然确定监察委员会是与“一府两院”平行的国家机构，国家监察委员会主任由全国人民代表大会选举产生，全国人民代表大会自然就同样有权罢免他（她）。这是我国实行人民代表大会制度的必然要求。

四、对《宪法》第 65 条第 4 款的修改

2018 年《宪法修正案》将《宪法》第 65 条第 4 款“全国人民代表大会常务委员会的组成人员不得担任国家行政机关、审判机关和检察机关的职务”修改为“全国人民代表大会常务委员会的组成人员不得担任国家行政机关、监察机关、审判机关和检察机关的职务”。

我国不实行“三权分立”制度，但国家机关之间也进行适当的分工。特别是全国人民代表大会常务委员会，其行使对其他所有国家机关的监督权。①如果担任其他国家机关职务的人员进入全国人大常委会，成为全国人大常委会的组成人员，全国人大常委会就难以公正和有效行使监督权。我国国家机构相互关系的这种设计，既不同于西方议会制国家的制度设计，也不同于西方总统制国家的制度设计。我国人民代表大会制度是中国特色的独特的制度设计。②

五、对《宪法》第 67 条的修改

2018 年《宪法修正案》将《宪法》第 67 条“全国人民代表大会常务委员会行使下列职权”中“（六）监督国务院、中央军事委员会、最高人民法院和最高人民检察院的工作”修改为“（六）监督国务院、中央军事委员会、国家监察委员会、最高人民法院和最高人民检察院的工作”；并增加一项“（十一）根据国

① 参见《宪法》第 67 条。

② 在西方议会制国家，政府内阁成员一般都担任议员；在西方总统制国家，政府内阁成员不担任议员（美国宪法第 1 条第 6 项规定，无论参议员或众议员，于当选任期内，不得受任合众国政府下即将设立的或当时正在增加薪俸的任何文职官员；凡在合众国政府下供职的人，于其任期内。不得为国会任何一院的议员），但是国会与总统及其内阁不是一方监督另一方的关系，而是相互平衡制约的关系。

家监察委员会主任的提请,任免国家监察委员会副主任、委员",作为第 11 项。

国家监察委员会与"一府两院"一样,都由全国人民代表大会产生,向它负责,受它监督。但是,全国人大一年只开一次会,且会期较短(一般 10 天至 15 天),因而它对国务院、中央军事委员会、国家监察委员会、最高人民法院和最高人民检察院工作的经常性监督职责由《宪法》赋予全国人大常委会行使。全国人大常委会在全国人大闭会期间,可通过听取和审议国家监察委员会的专项工作报告、组织执法检查、就监察工作中的有关问题提出询问或者质询等方式对国家监察委员会的工作进行监督。

六、对《宪法》第 89 条第 8 项的修改

2018 年《宪法修正案》将《宪法》第 89 条"国务院行使下列职权"中"(八)领导和管理民政、公安、司法行政和监察等工作"修改为"(八)领导和管理民政、公安、司法行政等工作"。修正案之所以在《宪法》第 89 条规定的国务院职权第 8 项中删去"监察"工作,是因为国家监察体制改革后,监察部已经撤销,新设的国家监察委员会不再从属于国务院,而是直接由全国人大产生,向全国人大负责和接受全国人大监督,故主管监察不可能再是国务院而只能是国家监察委员会的职权。

七、对《宪法》第 101 条第 2 款的修改

2018 年《宪法修正案》将《宪法》第 101 条第 2 款中"县级以上的地方各级人民代表大会选举并且有权罢免本级人民法院院长和本级人民检察院检察长"修改为"县级以上的地方各级人民代表大会选举并且有权罢免本级监察委员会主任、本级人民法院院长和本级人民检察院检察长"。

《宪法》原第 101 条第 2 款规定,县级以上的地方各级人民代表大会选举并且有权罢免本级人民法院院长和本级人民检察院检察长。选出或者罢免人民检察院检察长,须报上级人民检察院检察长提请该级人民代表大会常务委员会批准。2018 年《宪法修正案》增加了县级以上地方各级人民代表大会选举和罢免的一个新对象——本级监察委员会主任。根据修改后的《宪法》第 3 条第 3 款规定,既然监察机关应由人民代表大会产生,对它负责,受它监督,地

方各级(县级以上)监察委员会的主任自然就应由相应的地方各级人民代表大会选举产生,相应的(县级以上)地方各级人民代表大会自然就有权罢免本级监察委员会主任。这与县级以上的地方各级人民代表大会选举并且有权罢免本级人民法院院长和本级人民检察院检察长的道理是一样的。

八、对《宪法》第103条第3款的修改

2018年《宪法修正案》将《宪法》第103条第3款“县级以上的地方各级人民代表大会常务委员会的组成人员不得担任国家行政机关、审判机关和检察机关的职务”修改为“县级以上的地方各级人民代表大会常务委员会的组成人员不得担任国家行政机关、监察机关、审判机关和检察机关的职务”。

《宪法》原第103条第3款规定,县级以上的地方各级人民代表大会常务委员会的组成人员不得担任国家行政机关、审判机关和检察机关的职务。2018年《宪法修正案》增加了地方各级(县级以上)人大常委会组成人员另一个不得任职的国家机关——监察机关。之所以增加,理由与《宪法》第65条第4款规定“全国人民代表大会常务委员会的组成人员不得担任国家行政机关、监察机关、审判机关和检察机关的职务”是一样的,人民代表大会常务委员会行使对其他所有国家机关的监督权。如果担任其他国家机关职务的人员进入人大常委会,成为人大常委会的组成人员,人大常委会就难以公正和有效行使监督权。

九、对《宪法》第104条的修改

2018年《宪法修正案》将《宪法》第104条中“县级以上的地方各级人民代表大会常务委员会……监督本级人民政府、人民法院和人民检察院的工作”修改为“县级以上的地方各级人民代表大会常务委员会……监督本级人民政府、监察委员会、人民法院和人民检察院的工作”。修正案增加了地方各级(县级以上)人大常委会的另一个监督对象——监察委员会,因为地方各级监察委员会与地方各级(县级以上)人民政府、人民法院和人民检察院一样,都由地方各级(县级以上)人民代表大会产生,向地方各级人大负责,受地方各级人大监督。但是,地方各级人大与全国人大一样,每年只开一次会,且会期较短,因此它对本级人民政府、监察委员会、人民法院和人民检察院工作

的经常性监督职责由《宪法》赋予地方各级人大常委会行使。地方各级人大常委会在人大闭会期间,可通过听取和审议国家监察委员会的专项工作报告、组织执法检查、就监察工作中的有关问题提出询问或者质询等方式对监察委员会的工作进行监督。

十、对《宪法》第107条第1款的修改

2018年《宪法修正案》将《宪法》第107条第1款"县级以上地方各级人民政府依照法律规定的权限,管理本行政区域内的经济、教育、科学、文化、卫生、体育事业、城乡建设事业和财政、民政、公安、民族事务、司法行政、监察、计划生育等行政工作……"修改为"县级以上地方各级人民政府依照法律规定的权限,管理本行政区域内的经济、教育、科学、文化、卫生、体育事业、城乡建设事业和财政、民政、公安、民族事务、司法行政、计划生育等行政工作……"修正案之所以在县级以上地方各级人民政府依照法律规定的权限管理本行政区域内的各项工作中删去"监察"工作,是因为国家监察体制改革后,县级以上地方各级行政监察机关已经撤销,新设的县级以上地方各级监察委员会不再从属于县级以上地方各级人民政府,而是直接由县级以上地方各级人大产生,向县级以上地方各级人大负责和接受县级以上地方各级人大监督,故主管县级以上地方监察工作不可能再是县级以上地方各级人民政府,而只能是县级以上地方各级监察委员会的职权。

第三节　2018年《宪法修正案》关于"监察委员会"的规定

2018年《宪法修正案》为直接给《监察法》立法提供依据而在《宪法》第三章中增设了"监察委员会"专节。该节共5个条款、6项内容。

一、对《宪法》第三章结构进行修改

《宪法》原第三章"国家机构"设七节:第一节　全国人民代表大会;第二节　中华人民共和国主席;第三节　国务院;第四节　中央军事委员会;第五节　地方各级人民代表大会和地方各级人民政府;第六节　民族自治地方的

自治机关;第七节 人民法院和人民检察院。2018年《宪法修正案》新设一节“监察委员会”,作为第七节,专门规定监察委员会的性质、地位、组成、组织和职权(但规定“组织和职权”另由法律规定)、内部从属关系、外部从属关系(与各级人民代表大会及其常务委员会的关系),以及监察委员会依法独立行使职权原则和与其他国家机关(审判机关、检察机关、执法部门)互相配合、互相制约(在办理职务违法和职务犯罪案件方面)的关系等。《宪法》第三章“国家机构”修改后的体例为八节,原第一节至第六节不变,增加第七节“监察委员会”;原第七节“人民法院和人民检察院”修改为第八节。

二、新增加《宪法》第123条:明确监察委员会的性质和地位

2018年《宪法修正案》新增加《宪法》第123条,规定“中华人民共和国各级监察委员会是国家的监察机关”。这一条款是《宪法》第三章新增第七节“监察委员会”的第1条。该条的旨意在于明确监察委员会的性质和地位:各级监察委员会是国家的监察机关。其性质不同于国家监察体制改革前的行政监察机关,不再从属于行政系统,不再是行政系统内的一个部门,而是与“一府两院”平行的国家机构的组成部分——国家的监察机关。

三、新增加《宪法》第124条:明确监察委员会的组成与任期

2018年《宪法修正案》新增加《宪法》第124条,规定:中华人民共和国设立国家监察委员会和地方各级监察委员会。监察委员会由下列人员组成:主任、副主任若干人、委员若干人。监察委员会主任每届任期同本级人民代表大会每届任期相同。国家监察委员会主任连续任职不得超过两届。监察委员会的组织和职权由法律规定。

新增加的这一条款包括四项内容:其一,监察委员会的设置和体系。国家在中央和地方各级(县级以上,包括省、自治区、直辖市、自治州、县、自治县、市和市辖区,但不包括乡、民族乡和镇)均设立监察委员会。中央监察委员会称“国家监察委员会”,地方各级监察委员会则分别称某省监察委员会、某自治区监察委员会、某市(直辖市)监察委员会、某自治州监察委员会、某县监察委员会、某自治县监察委员会、某市(设区的市或县级市)监察委员会和某市某区(市辖区)监察委员会等。其二,监察委员会的组成。监察委员会由下列

人员组成：主任、副主任若干人，委员若干人。“若干人”是多少人？各个级别的监察委员会的编制人数不可能相同，《宪法》不可能作出明确规定，只能留待今后由各级编委制定“三定规定”分别规定。待“三定规定”实行一段时间立法条件成熟后，则应通过国家相应组织法或组织条例规定国家监察委员会和地方各级别监察委员会副主任、委员的法定职数，以避免各地随意解释“若干人”，导致编制膨胀。其三，监察委员会主任的任期限制。《宪法》的这一条款明确规定，监察委员会主任每届任期同本级人民代表大会每届任期相同(5年)。国家监察委员会主任连续任职不得超过两届。《宪法》自1982年起，就明确规定有关国家机构主要负责人(国务院总理、副总理、国务委员、最高人民法院院长、最高人民检察院检察长等)连续任职不得超过两届，这是我国吸取“文革”教训，防止领导职务终身制所进行的一项具有重大意义的政治体制改革。2018年《宪法修正案》将国家监察委员会主任的任期同样加以限制，是对我国40年改革开放成果的进一步确认和固定。其四，监察委员会的组织和职权另由法律规定。规定监察委员会的组织和职权属于国家组织法的职能和任务。目前我国组织法尚不发达、不完善，多数国家机关(特别是中央政府部门，如审计署、海关总署、中国人民银行等)的组织法是与行为法、程序法不分而一体制定的，有的国家机关的组织和职权甚至无组织法规定而完全由文件性质的“三定规定”规定。就国家监察而言，《监察法》就是组织法、行为法和程序法的合体。有了《监察法》，《宪法》为什么还要在此作这种原则性规定呢？这是因为监察委员会的组织和职权属于国家机构的重大问题，必须有《宪法》的明确授权。有了《宪法》的明确授权，《监察法》进行规定才能于宪有据。

四、新增加《宪法》第125条：明确监察系统内部关系

2018年《宪法修正案》新增加《宪法》第125条，规定：“中华人民共和国国家监察委员会是最高监察机关。国家监察委员会领导地方各级监察委员会的工作，上级监察委员会领导下级监察委员会的工作。”

《宪法》新增加的这一条款规定的是监察系统的内部关系。《宪法》确定监察系统内部上下级的关系为领导关系。这种关系不同于人民法院系统的内

部关系——上下级人民法院的关系为监督关系；[①]而同于人民检察院系统的内部关系——上下级人民检察院的关系为领导关系。[②] 监察系统内部关系与检察系统内部关系相同而与法院系统内部关系不同，这是与它们各自工作的性质相连的。监察工作的性质完全是监督性的，如果没有上下级的领导关系，难以保障其有效行使职能；检察工作的性质亦基本是监督性的（尽管反贪、反渎等部门转隶监察系统），因此仍应维持其内部的领导关系。而法院审判工作的性质是裁决性的，为保障裁判的公正性，内部上下级不适用领导关系而只能适用监督关系：上级法院不能对下级法院发号施令，只能在有当事人上诉或申诉，或者检察院抗诉的情况下，纠正下级法院裁判的错误。监察系统基于上下级的领导关系，上级监察机关在办案时完全可以指挥下级监察机关，对下级监察机关发号施令；下级监察机关必须服从上级监察机关的指令和指挥。

五、新增加《宪法》第 126 条：规定中央与地方监察机关的负责制

2018 年《宪法修正案》新增加《宪法》第 126 条，规定："国家监察委员会对全国人民代表大会和全国人民代表大会常务委员会负责。地方各级监察委员会对产生它的国家权力机关和上一级监察委员会负责。"

《宪法》新增加的这一条款规定的是中央与地方监察机关的负责制。由于各级监察委员会均是由相应的各级人民代表大会产生，故必须对产生它们的各级人民代表大会及其常设机构人大常委会负责。又由于《宪法》确定的监察系统内部上下级关系为领导关系，故地方各级监察委员会同时还要对上一级监察委员会负责，即双重从属和双重负责制。

六、新增加《宪法》第 127 条：确定监察机关行使职权的两项基本原则

2018 年《宪法修正案》新增加《宪法》第 127 条，规定："监察委员会依照法律规定独立行使监察权，不受行政机关、社会团体和个人的干涉。监察机关办理职务违法和职务犯罪案件，应当与审判机关、检察机关、执法部门互相配合，互相制约。"

---

① 参见《宪法》第 132 条。

② 参见《宪法》第 137 条。

《宪法》新增加的这一条款确定了监察机关行使职权的两项基本原则：一是"依法独立行使监察权"原则；二是"办理职务违法和职务犯罪案件与审判机关、检察机关、执法部门互相配合，互相制约"原则。

"依法独立行使监察权"原则主要有三层含义：一是不受行政机关、社会团体和个人的干涉。这里的"个人"，包括监察系统内部的人员，凡是非相应案件的办案人员或负责人，即使是监察机关内部的领导干部或其他国家机关的领导干部，如果打听案情、过问案件、说情干预的，均应记录在案并追究责任。二是"依法"。监察机关独立行使监察权是依法行使，不能任性、恣意和滥用裁量权。"依法"包括依实体法和依程序法：既要按实体法规定的权限、条件、标准、责任范围、限度、从重从轻规则办案，又要依程序法规定的过程、步骤、方式、时限及管辖规则等办案。三是不错位（应独立行使"监察权"，而不代替其他国家机关行使其他国家权力）、不越位（不超越法定权限采取非法定手段、措施）和不缺位（要依法积极主动独立行使监察权，而不能不作为）。

"办理职务违法和职务犯罪案件与审判机关、检察机关、执法部门互相配合，互相制约"原则亦有三层含义：一是这一原则适用的范围限于"办理职务违法和职务犯罪案件"，而不及于一般违纪案件。二是互相配合，互相制约的主体包括审判机关、检察机关和执法部门，而不限于司法机关。这里的"执法部门"多指公安机关但又不限于公安机关，有时还会涉及国家安全机关、市场监管、海关、税务等执法部门。三是互相配合，互相制约必须二者兼顾，不能只讲配合不讲制约，也不能只讲制约不讲配合，配合和制约都是为了全面、正确和有效地实现国家设置监察制度的目的：深入推进反腐败和廉政建设，真正把权力（包括监督对象的权力和监督者本身的权力）关进制度的笼子里。

2018 年《宪法修正案》以上 16 项内容，其中 10 项是对原宪法条文的修改，5 项是新增条文，1 项是新增的节（第三章第七节）。正是宪法修正案的这些修正条款和新增条款，为《监察法》的正式出台提供了宪法基础和依据，进而为深化国家监察体制改革，实现国家监察全覆盖，加大国家反腐败力度提供了宪法基础和依据。第十三届全国人大第一次会议通过的《监察法》完全是根据 2018 年《宪法修正案》所确定的宪治理念和所设计的制度框架制定的，其中很多条款是对 2018 年《宪法修正案》涉监察条款的细化和具体化。

第五章 监察法的立法目的、指导思想与基本原则

第一节 监察法的立法目的

《监察法》和《监察法实施条例》均在第一章总则中规定和确立了监察法的立法目的、指导思想、执法机关及其职能,以及监察法的基本原则。本节特对监察法的立法目的予以解读。①

关于监察法的立法目的,《监察法》第1条中是这样规定的,“为了深化国家监察体制改革,加强对所有行使公权力的公职人员的监督,实现国家监察全面覆盖,深入开展反腐败工作,推进国家治理体系和治理能力现代化”。《监察法》对立法目的共用了上面五句话表述。这五句话含三层意思,层层递进,构成一个具有整体性,且逻辑关系严密的目标体系。

监察法立法目的表述的第一句话是“深化国家监察体制改革”。制定监察法,既是国家监察体制改革的结果,也是进一步深化国家监察体制改革的要求和保障。第十二届全国人大常委会副委员长李建国所作《关于〈中华人民

---

① 《监察法》总则共6条,第1条规定该法的立法目的和立法依据;第2条规定该法的立法指导思想;第3条规定该法的执法机关及其职能;第4—6条规定该法的基本原则。《监察法实施条例》总则共9条,第1条规定条例的立法目的和立法依据;第2条规定条例(也是《监察法》)的立法指导思想;第3—9条规定条例(也是《监察法》)的基本原则。

共和国监察法〉(草案)的说明》讲到制定监察法有五项重要意义,[①]其中第一项意义即是“贯彻落实党中央关于深化国家监察体制改革决策部署”。他指出,“深化国家监察体制改革是组织创新、制度创新,必须打破体制机制障碍,建立崭新的国家监察机构。制定监察法是深化国家监察体制改革的内在要求和重要环节”。党的十九大明确提出:制定国家监察法,依法赋予监察委员会职责权限和调查手段,用留置取代“两规”措施。[②] 监察法是反腐败国家立法,是一部对国家监察工作起统领性和基础性作用的法律。制定监察法,贯彻落实党中央关于深化国家监察体制改革决策部署,使党的主张通过法定程序成为国家意志,对于创新和完善国家监察制度,实现立法与改革相衔接,以法治思维和法治方式开展反腐败工作,意义重大、影响深远。

监察法立法目的表述的第二句和第三句话是“加强对所有行使公权力的公职人员的监督,实现国家监察全面覆盖”。在国家监察体制改革之前,我国监察只限于行政监察,监察范围存在过窄的问题;监察对象主要限于行政机关及其工作人员,没能做到对所有行使公权力的公职人员的全覆盖。党的十八大以后,国家监察体制改革的初衷之一即要解决这个问题,消除这个缺陷。所以,《监察法》第 1 条自然将“加强对所有行使公权力的公职人员的监督,实现国家监察全面覆盖”明定为该法立法目的范畴。

监察法立法目的表述的第四句和第五句话是“深入开展反腐败工作,推进国家治理体系和治理能力现代化”。监察法的实质就是反腐败立法;因此,监察法的立法目的必然是深入开展和全面推进反腐败工作。无论是“深化国家监察体制改革”,还是“加强对所有行使公权力的公职人员的监督,实现国家监察全面覆盖”,都是为了深入开展和全面推进反腐败。而反腐败与

---

① 李建国在《关于〈中华人民共和国监察法(草案)〉的说明》中所说的制定《监察法》的五项重要意义分别是:其一,是贯彻落实党中央关于深化国家监察体制改革决策部署的重大举措;其二,是坚持和加强党对反腐败工作的领导,构建集中统一、权威高效的国家监察体系的必然要求;其三,是总结党的十八大以来反腐败实践经验,为新形势下反腐败斗争提供坚强法治保障的现实需要;其四,是坚持党内监督与国家监察有机统一,坚持走中国特色监察道路的创制之举;其五,是加强宪法实施,丰富和发展人民代表大会制度,推进国家治理体系和治理能力现代化的战略举措。参见李建国:《关于〈中华人民共和国监察法(草案)〉的说明》,载《人民日报》2018 年 3 月 14 日,第 5 版。

② 参见习近平:《决胜全面建成小康社会　夺取新时代中国特色社会主义伟大胜利——在中国共产党第十九次全国代表大会上的报告》,人民出版社 2017 年版,第 68 页。

推进国家治理体系和治理能力现代化又有着密不可分的关系，反腐败既是推进国家治理体系和治理能力现代化的必需手段和途径：一个国家，如果反腐败不力，公职人员腐败势头不能遏制，其治理体系和治理能力现代化是不可能的；同时，反腐败本身也是国家治理的重要内容，要把这项国家治理工作做好，同样要对之“现代化”，制定监察法，通过法治反腐败，就是国家治理体系和治理能力现代化的表现。所以，《监察法》第 1 条在规定立法目的时，将二者紧密地联系在一起。

关于监察法的立法目的，笔者在全国人大常委会公布《中华人民共和国监察法(草案)》向全社会公开征求意见时曾经提出，国家监察法立法应力争实现两大目的：一是构建集中统一、权威高效的反腐败体制、机制，为加大反腐败力度，提高反腐败效率和质量提供法律支撑；二是规范反腐败机构及其工作人员履行监察职责和行使监察权力的行为，防止其滥用职权，为保障人权，保护被监察人员的合法权益提供法律保障。[①] 笔者认为，这可以是对《监察法》立法目的另一个角度的阐释。《监察法》第 1 条虽然没有作这样的表述，但审视《监察法》的整个内容，应该说，这两个目的在《监察法》的各个章节和具体规定中都有明显的体现。下文分别对《监察法》具体法律规范和具体制度中所反映的这两个方面的目的予以阐释。

一、构建集中统一、权威高效的反腐败体制、机制，加大反腐败力度，提高反腐败效率和质量

就此目的而言，《监察法》主要设计和规定了下述五个方面的规范和制度：

其一，中国共产党对国家监察工作进行全面和直接的领导，保障国家监察工作始终坚持正确的政治方向。[②] 比较我国监察体制改革以前的反腐体制，追究公职人员职务犯罪的反贪、反渎和预防职务犯罪机构均直接隶属于检察机关。依《监察法》，这些机构都已转隶监察机关，与党的纪检机关合署办公。这无疑将加强党对反腐败工作的领导，提高整个监察机关和监察制度的

---

① 参见姜明安：《制定监察法应力争实现两大目的》，载《法制日报》2017 年 11 月 29 日，第 10 版。

② 参见《监察法》第 2 条。

权威性。

其二,各级监察委员会均由本级人民代表大会产生,向人民代表大会及其常务委员会负责,接受人民代表大会及其常务委员会监督;县级以上地方各级监察委员会同时对上一级监察委员会负责和接受其监督。[①] 比较监察体制改革以前的行政监察体制,监察部直接隶属于国务院,县级以上地方行政监察机关隶属于各级政府。很显然,《监察法》所设计的监察委员会的法律地位高于原行政监察机关。

其三,监察机关依法独立行使监察权,不受行政机关、社会团体和个人的干涉。[②] 比较现行《行政诉讼法》、《民事诉讼法》和《刑事诉讼法》,规定的亦是人民法院依法独立行使审判权,不受行政机关、社会团体和个人的干涉。如此看来,《监察法》对监察机关独立行使职权的保障力度同于人民法院,同于整个司法机关。

其四,监察机关实行对公职人员监察全覆盖,监察对象包括党和国家机关、民主党派、国有企事业组织、基层群众性自治组织中从事公共管理的六类公职人员。[③] 比较监察体制改革以前的行政监察制度,《监察法》规定的监察对象范围较《行政监察法》的监察对象范围大为扩张,原监察对象范围仅限于国家行政机关及其公务员和行政机关任命的其他人员。

其五,监察机关可行使查封、扣押、冻结、搜查、留置等 13 项监察权限和手段。[④] 比较原行政监察制度,监察措施主要限于查询、复制、冻结、扣留、封存 5 项。《监察法》赋予监察机关的权限手段大为增加。与 2016 年全国人大常委会《试点决定》相比,这些权限和手段也有所增加(包括技术调查、通缉、限制出境 3 项)。

以上五个方面的规范和制度,对于实现监察法立法“构建集中统一、权威高效的反腐体制、机制”的目的,其力度无疑既大且实。

---

① 参见《监察法》第 8—9 条。

② 参见《监察法》第 4 条。

③ 参见《监察法》第 15 条。

④ 参见《监察法》第 18—30 条。

二、规范反腐败机构及其工作人员行使职权行为，防止其滥用职权，保护被监察人员人权和其他合法权益

就该立法目的而言，《监察法》同样为此设计和确立了一系列相应的规范、制度。这些规范和制度主要包括下述六个方面：

其一，对监察机关和监察人员行使职权行为实行全方位监督，包括人大监督、上级监察机关监督、民主监督、社会监督、舆论监督以及审判机关、检察机关、执法部门对监察的一定制约。[①] 特别是人大监督，《监察法》规定，各级监察机关不仅要依法向同级人大常委会作专项工作报告，接受人大常委会的执法检查，而且在人大及其常委会举行会议时，还要接受和回答人大代表和人大常委会组成人员就监察工作中的有关问题提出的询问或质询。[②]

其二，监察机关履行职责、行使职权必须严格遵循程序。《监察法》专设"监察程序"一章(共15个条文)，规范监察权的行使，确立程序制约机制。程序制约包括两个方面，一是外部制约，即监察机关与审判机关、检察机关、执法部门(特别是检察机关)在行使职权方面的制约；二是内部制约，即《监察法》要求监察机关在内部设立相互分工(既相互协调又相互制约)的工作部门，分别履行线索管理、监督检查、督促办理、统计分析等不同职能，同时要求问题线索处理、调查、审理各部门之间建立相互协调、相互制约的工作机制。[③]

其三，在监察机关内部设立专门的监督机构对监察人员执行职务和遵守法律情况进行监督。监察机关是国家设立对公职人员进行监察的专职机关，监察人员是专门行使监察职能的国家工作人员。但是，因为监察人员也是公职人员，他(她)们本身也需要接受监察、监督。因此，《监察法》规定监察机关在其内部设立专门的监督机构对监察人员进行监督。[④]

其四，监察人员采取讯问、询问、留置、搜查、调取、查封、扣押、勘验检查等调查措施时，均应出示证件，出具书面通知，由二人以上进行，形成笔录、报告、意见等书面材料，并由相关人员签字盖章。[⑤]

---

① 参见《监察法》第53—56条。
② 参见《监察法》第53条。
③ 参见《监察法》第36条。
④ 参见《监察法》第55条。
⑤ 参见《监察法》第41条。

其五,留置应由监察机关领导人员集体研究决定,报上一级监察机关批准或备案(设区的市级以下监察机关决定留置需经批准,省级监察机关决定留置需向国家监察委员会备案);除有碍调查的,应在 24 小时内通知被留置人所在单位和家属;留置时间不得超过 3 个月,特殊情况延长不得超过 3 个月;被留置人的饮食、休息、安全、医疗服务应予保障;对其讯问应合理安排时间和时长。①

其六,严禁以威胁、引诱、欺骗及其他违法方式收集证据;严禁侮辱、打骂、虐待、体罚或者变相体罚被调查人;进行讯问、查封、扣押等应全过程录音录像等。②

以上六项,在实现《监察法》立法规范监察行为,防止滥用职权,保护人权的立法目的方面,应该说是非常有力和有效的。但是,《监察法》在有些制度、有些事项的规定上也还有进一步完善和加以具体化的空间。例如,《监察法》第 44 条规定监察机关对被留置人进行讯问应合理安排时间和时长。但什么是“合理时间”? 是晚上 11 点以前,早晨 7 点以后;还是晚上 12 点以前,早晨 5 点以后? 什么是“合理时长”? 是一次讯问不得超过 4 小时,还是不得超过 8 小时? 又如,《监察法》第 28 条规定监察机关决定采取技术调查措施,应履行严格的批准手续。什么是“严格的批准手续”? 是应经本级监察机关负责人批准,还是应经上一级监察机关批准,或者是应经人民检察院或人民法院批准? 再如,《监察法》第 47 条规定检察机关依法作出不起诉的决定,监察机关认为不起诉的决定有错误的,可以向上一级人民检察院提请复议。那么,监察机关提请复议,受理复议的上级检察机关是否可作出最终决定? 另外,《监察法》授权监察机关采取的某些较严重涉及被监察人人身权、财产权的调查措施,如查封、扣押、冻结、搜查、通缉、限制出境等,但没有明确规定作出这些决定的主体和程序:这些决定是由监察机关调查人员作出,还是由监察机关某一主管负责人作出,或者是应由监察机关全体负责人集体决定作出? 如果是特别重大的查封、扣押、冻结、搜查决定,是否应经上一级监察机关批准? 对于这些尚不特别完善、具体和明确的规则,需待今后法律实施过程中通过监察法规

① 参见《监察法》第 43—44 条。
② 参见《监察法》第 40—41 条。

或规章进一步完善、具体和明确，特别是对《监察法》中弹性较大的条款作出更细化的规定，以保证上述立法目的的正确和有效实现。

关于监察法的立法目的，《监察法实施条例》还补充规定了一项要求，即“推动监察工作法治化、规范法”。这应该是《监察法》及其实施条例制定的直接目的。因为要实现前述《监察法》规定的监察立法的根本目的“深化国家监察体制改革，加强对所有行使公权力的公职人员的监督，实现国家监察全面覆盖，深入开展反腐败工作，推进国家治理体系和治理能力现代化”，就必须首先“推动监察工作法治化、规范法”，推动监察工作法治化、规范法是实现监察立法根本目的的前提。《监察法》及其实施条例的全部规范及所确立的所有制度，其无疑首先是为了推动监察工作法治化、规范法。

第二节　监察立法的指导思想

一、《监察法》对监察立法指导思想的规定

《监察法》第 2 条规定：“坚持中国共产党对国家监察工作的领导，以马克思列宁主义、毛泽东思想、邓小平理论、‘三个代表’重要思想、科学发展观、习近平新时代中国特色社会主义思想为指导，构建集中统一、权威高效的中国特色国家监察体制。”这一条款作为对监察立法指导思想的规定，有三层主要含义：其一，坚持党的领导；其二，坚持先进理论指导；其三，坚持中国特色。

关于监察立法指导思想的第一层含义——坚持党对国家监察工作的领导，赵乐际同志在第十九届中纪委第三次会议上所作的工作报告中对之作了较全面的阐释，“始终坚持强化党的全面领导的根本原则，坚决维护党中央权威和集中统一领导，保证党的路线方针政策和党中央重大决策部署贯彻落实。方向决定前途，道路决定命运。40 年来的实践反复证明，坚持党对一切工作的领导，坚持党中央集中统一领导，维护党中央权威，巩固党的团结一致，保证党的政治纲领和政治目标实现，是纪检监察机关最重要、最根本的使命和责任。纪检监察机关是党的政治机关，一定要旗帜鲜明讲政治，自觉在党中央坚强领导下开展工作，把坚持和加强党的领导作为深化改革、完善制度、推进工作的根本目标，坚决贯彻党的基本理论、基本路线、基本方略，坚决清除两面

派、两面人。在新时代,我们要在坚持党的领导这个决定党和国家前途命运的重大原则问题上保持高度的思想自觉、政治自觉、行动自觉,牢固树立‘四个意识’,坚定‘四个自信’,坚决维护习近平总书记党中央的核心、全党的核心地位,坚决维护党中央权威和集中统一领导,切实加强政治监督,始终把纪检监察工作放在‘五位一体’总体布局和‘四个全面’战略布局中谋划、部署、推进,以实际行动确保党的路线方针政策和党中央重大决策部署贯彻落实,确保党总揽全局、协调各方的领导核心地位坚如磐石,确保中国特色社会主义航船行稳致远”。①

关于监察立法指导思想的第二层含义——坚持先进理论指导,党的十九届六中全会通过的《中共中央关于党的百年奋斗重大成就和历史经验的决议》对之有深刻论述。尽管这个论述不是专门针对监察工作和监察立法的,但显然完全适用于监察工作和监察立法。该决议指出,“马克思主义是我们立党立国、兴党强国的根本指导思想。马克思主义理论不是教条而是行动指南,必须随着实践发展而发展,必须中国化才能落地生根、本土化才能深入人心。党之所以能够领导人民在一次次求索、一次次挫折、一次次开拓中完成中国其他各种政治力量不可能完成的艰巨任务,根本在于坚持解放思想、实事求是、与时俱进、求真务实,坚持把马克思主义基本原理同中国具体实际相结合、同中华优秀传统文化相结合,坚持实践是检验真理的唯一标准,坚持一切从实际出发,及时回答时代之问、人民之问,不断推进马克思主义中国化时代化”。“全党必须坚持马克思列宁主义、毛泽东思想、邓小平理论、‘三个代表’重要思想、科学发展观,全面贯彻习近平新时代中国特色社会主义思想,用马克思主义的立场、观点、方法观察时代、把握时代、引领时代,不断深化对共产党执政规律、社会主义建设规律、人类社会发展规律的认识。必须坚持党的基本理论、基本路线、基本方略……坚持全面依法治国,坚持社会主义核心价值体系……”②

关于监察立法指导思想的第三层含义——坚持中国特色,李建国在第十

---

① 赵乐际:《忠实履行党章和宪法赋予的职责,努力实现新时代纪检监察工作高质量发展》,载《人民日报》2019 年 2 月 21 日,第 4 版。

② 参见《中共中央关于党的百年奋斗重大成就和历史经验的决议》第六部分“中国共产党百年奋斗的历史经验”第三项“坚持理论创新”和第七部分“新时代的中国共产党”的第四段。

三届全国人大第一次会议上所作的《关于〈中华人民共和国监察法(草案)〉的说明》中有较深入的阐释。他指出,“制定监察法是坚持党内监督与国家监察有机统一,坚持走中国特色监察道路的创制之举”。这种把二者有机统一起来的监督制度具有鲜明的中国特色。党的十八大以来,党中央坚持全面从严治党,在加大反腐败力度的同时,完善党章党规,实现依规治党,取得历史性成就。完善我国监督体系,既要加强党内监督,又要加强国家监察。深化国家监察体制改革,成立监察委员会,并与党的纪律检查机关合署办公,代表党和国家行使监督权和监察权,履行纪检、监察两项职责,加强对所有行使公权力的公职人员的监督,从而在我们党和国家形成巡视、派驻、监察三个全覆盖的统一的权力监督格局,形成发现问题、纠正偏差、惩治腐败的有效机制,为实现党和国家长治久安走出了一条中国特色监察道路。①

二、《监察法实施条例》对监察法立法指导思想的规定

《监察法实施条例》第 2 条规定:“坚持中国共产党对监察工作的全面领导,增强政治意识、大局意识、核心意识、看齐意识,坚定中国特色社会主义道路自信、理论自信、制度自信、文化自信,坚决维护习近平总书记党中央的核心、全党的核心地位,坚决维护党中央权威和集中统一领导,把党的全面领导贯彻到监察工作各方面和全过程。”这一条款作为对监察立法指导思想的强调和补充,有四层主要含义:其一,坚持党的领导;其二,增强“四个意识”;其三,坚定“四个自信”;其四,做到“两个维护”。

《监察法实施条例》关于监察立法指导思想的第一层含义——坚持党的领导,是对《监察法》确立的这一指导思想含义的强调。《监察法》对此的表述是“坚持中国共产党对国家监察工作的领导”,《监察法实施条例》对此的表述是“坚持中国共产党对监察工作的全面领导”。前者对“监察”一词使用了“国家监察”,后者去掉了“国家”二字仅使用“监察”。此并无实质区别,只是避免人们将“国家监察”理解为区别于“地方监察”的“中央监察”而已。另外,对“党的领导”,前者仅使用“领导”,而后者使用“全面领导”,二者亦无实质区

① 参见李建国:《关于〈中华人民共和国监察法(草案)〉的说明》,载《人民日报》2018 年 3 月 14 日,第 5 版。

别，只是对“党的领导”的强调。

《监察法实施条例》关于监察立法指导思想补充规定的第二层含义——增强“四个意识”，则确实是对《监察法》规定的补充。早在 2016 年 1 月 29 日，习近平总书记在中央政治局会议上提出，全党，特别是党的领导干部，要增强政治意识、大局意识、核心意识、看齐意识，自觉在思想上政治上行动上与党中央坚持高度一致。所谓“政治意识”，主要是指政治思想、政治观点，以及对于政治现象的态度和评价。党员和党的干部要坚持清醒的政治头脑，坚持敏锐的政治观察力和鉴别力，坚定正确的政治立场，始终坚守对马克思主义的信仰、对中国特色社会主义和共产主义的信念、对党和人民的绝对忠诚。所谓“大局意识”，即要求党员和党的干部要始终做到正确认识大局、自觉服从大局、坚决维护大局，确保中央决策部署落地生根。习近平总书记强调，必须牢固树立高度自觉的大局意识，自觉从大局看问题，把工作放到大局中去思考、定位、摆布，做到正确认识大局、自觉服从大局、坚决维护大局。所谓“核心意识”，即要求党员和党的干部在思想上认同核心、在政治上围绕核心、在组织上服从核心、在行动上维护核心。增强核心意识，就是要更加坚定地维护党中央权威，更加自觉地在思想上政治上行动上同党中央坚持高度一致，更加扎实地把党中央部署的各项任务落到实处，确保党始终成为中国特色社会主义事业的坚强领导核心。所谓“看齐意识”，即要求向党中央看齐，做到党中央提倡的坚决响应、党中央决定的坚决执行、党中央禁止的坚决不做。这既是政治要求，也是政治纪律，各级党组织和广大党员、干部要经常将自己的言行与党中央的要求“对表”，主动进行调整、纠正、校准。

监察工作是党的工作的重要组成部分，自然要以“四个意识”作为其工作的指导思想之一。习近平总书记特别强调，增强“四个意识”，要“坚决以党的旗帜为旗帜，以党的方向为方向，以党的意志为意志，当政治上的明白人。对党忠诚，关键是要有坚定的理想信念。‘四个意识’不是空洞的口号，不能只停留在口头表态上，要切实落实到行动上”。①

《监察法实施条例》关于监察立法指导思想补充规定的第三层含义——坚定“四个自信”与增强“四个意识”和做到“两个维护”是紧密相连的。习近

---

① 参见《习近平谈治国理政》（第 2 卷），外文出版社 2017 年版，第 188 页。

平总书记在2019年2月27日为第五批全国干部学习培训教材所作的《序言》中指出，“不断增强‘四个意识’、坚定‘四个自信’、做到‘两个维护’，教育引导广大党员、干部按照忠诚干净担当的要求提高自己，努力培养斗争精神、增强斗争本领，使思想、能力、行动跟上党中央要求、跟上时代前进步伐、跟上事业发展需要”。① 所谓“四个自信”，是指对中国特色社会主义的道路自信、理论自信、制度自信和文化自信。“四个自信”是一个有机整体。中国特色社会主义道路是实现途径，中国特色社会主义理论体系是行动指南，中国特色社会主义制度是根本保障，中国特色社会主义文化是精神力量，它们统一于中国特色社会主义伟大实践。坚持道路自信，就是要坚信中国特色社会主义道路是实现社会主义现代化的必由之路，是创造人民美好生活的必由之路。坚持理论自信，就是要坚信中国特色社会主义理论体系是指导党和人民沿着中国特色社会主义道路实现中华民族伟大复兴的正确理论，是立于时代前沿、与时俱进的科学理论。坚持制度自信，就是要坚信中国特色社会主义制度是当代中国发展进步的根本制度保障，是具有鲜明中国特色、明显制度优势、强大自我完善能力的先进制度。坚持文化自信，就是要坚信中国特色社会主义文化是面向现代化、面向世界、面向未来的，民族的科学的大众的先进文化，是中国人民胜利前行的强大精神力量。②

《监察法实施条例》关于监察立法指导思想补充规定的第四层含义——做到“两个维护”，即坚决维护习近平总书记党中央的核心、全党的核心地位，坚决维护党中央权威和集中统一领导，把党的全面领导贯彻到监察工作各方面和全过程。“两个维护”虽然不是针对监察工作提出来的，但对监察工作无疑有重要的指导意义。因为监察工作首先是政治监察，其核心目的与“四个意识”“四个自信”的目的是一致的，即确保全党步调一致向前进，推进党的自我革命、提高全党斗争本领和应对风险挑战能力，永葆党的生机活力，以团结带领全国各族人民为实现中华民族伟大复兴的中国梦而奋斗。③

---

① 参见《习近平谈治国理政》(第3卷)，外文出版社2020年版，第87页。

② 参见韩振峰：《坚持“四个自信”的内在依据和重大意义》，载《河北日报》2016年10月27日，第3版。

③ 参见《中共中央关于党的百年奋斗重大成就和历史经验的决议》“序言”。

第三节 监察法的基本原则

《监察法》总则第 4 条至第 6 条和《监察法实施条例》第 3 条至第 9 条规定了监察机关行使职权、履行职责的基本原则，即监察法的基本原则。笔者将这些基本原则概括归纳为下述十项。

一、依宪依法监察原则

这项原则在《监察法》中的表述是，“国家监察工作严格遵照宪法和法律”。[①] 宪法是国家的根本法，具有最高的法律效力，国家一切工作，都必须以宪法为根本的活动准则，所有国家机关及其工作人员，都负有维护宪法尊严，保证宪法实施的职责。监察机关及其工作人员、监察工作自然也不能例外，无论是制定监察法规、规章，发布监察决定、命令，或者实施监察行为（监督、调查、处置），都必须依循和遵守宪法，不能违反宪法，与宪法相抵触。法律是国家机关活动经常和直接依据的规则。宪法规则一般较为原则，往往需要通过法律、法规具体化。法律在位阶上高于法规和规章。因为法律是全国人大及其常委会制定的，代表和体现全国人民的利益和意志，一切法规、规章和规范性文件，包括监察法规、规章和规范性文件，都必须依循和遵守法律，不能违反法律，与法律相抵触。监察机关及其工作人员的一切行为，必须遵守法律、执行法律。《监察法实施条例》第 4 条规定，“监察机关应当依法履行监督、调查、处置职责”。这里“依法”的“法”是广义的法，不仅包括法律，而且包括法规（行政法规、监察法规、地方性法规）和规章（监察规章、国务院各部门规章和地方政府规章）。监察机关及其工作人员必须切实做到依法定权限、法定规则和法定程序开展监察工作。

二、依法独立行使监察权原则

该原则包含以下四层含义：

一是严格依法。独立行使监察权必须严格依法，而不能任意、任性。依法

---

① 参见《监察法》第 5 条。

包括依监察组织法、监察行为法、监察程序法。“独立行使”的主体是监察机关，而非监察机关工作人员个人或者监察机关负责人个人。根据《监察法实施条例》第6条规定，监察机关履行职责，应当坚持民主集中制，对于线索处置、立案调查、案件审理、处置执行、复审复核中的重要事项应当集体研究，严格按照权限履行请示报告程序。

二是不受行政机关、社会团体和个人的干涉。这里的“个人”，包括监察系统内部的人员，凡是非相应案件的办案人员或负责人，即使是监察机关内部的领导干部或其他国家机关的领导干部，如果打听案情、过问案件、说情干预的，均应记录在案并追究责任。①

三是公正合理行使监察裁量权。即独立行使监察权不能恣意和滥用裁量权，监督、调查、处置既要遵循法定条件、法定标准、法定限度和从重从轻的规则等，还要遵循法理和法律基本原则，如公正公平原则、比例原则、过罚相当原则等。

四是不错位（应独立行使“监察权”而不代替其他国家机关行使其他国家权力）、不越位（不超越法定权限采取非法定手段、措施）和不缺位（要依法积极主动独立行使监察权而不能不作为）。

三、执纪执法贯通，依纪监督与依法监察融合原则

《监察法实施条例》第3条规定，“监察机关与党的纪律检查机关合署办公，坚持法治思维和法治方式，促进执纪执法贯通、有效衔接司法，实现依纪监督和依法监察、适用纪律和适用法律有机融合”。这一原则亦有四层含义：

一是监委与纪委合署办公。监委、纪委合署办公有诸多好处。首先是有利于加强党的领导，最有效地贯彻党的反腐败方针政策；其次是有利于提高办案效率，二者随时分工协作，遇到问题随时沟通协调，会使问题以最快的速度得到解决；最后是减少成本，节约人力物力等各种资源。

二是坚持法治思维和法治方式。监察机关虽然不是行政机关，也不是司

---

① 《监察法》第57条规定：“对于监察人员打听案情、过问案件、说情干预的，办理监察事项的监察人员应当及时报告。有关情况应当登记备案。发现办理监察事项的监察人员未经批准接触被调查人、涉案人员及其特定关系人，或者存在交往情形的，知情人应当及时报告。有关情况应当登记备案。”

法机关,但其行使的职能与国家治理密切相关,与监督对象的合法权益密切相关。因此,整个监察工作必须坚持法治思维和法治方式,坚持依法监督、依法调查、依法处置,而不能任意办案、任性办案,或者单纯凭领导指示办案。

三是执纪执法贯通、有效衔接司法。监察体制改革后的监察不同于改革前的行政监察,其既执纪,也执法,执纪执法贯通。其调查权接近或相当于改革前人民检察院行使的反腐侦查权。监察机关调查终结的案件,对涉及职务犯罪的,如认为犯罪事实清楚,证据确实、充分的,制作起诉意见书,连同案卷材料、证据一并移送人民检察院依法审查、提起公诉。所以,改革后的监察与司法是紧密相连的。但监察并非司法。《监察法》的这一基本原则要求二者有效衔接,既不要相互隔绝,也不要相互取代对方行使法律授予的职能。

四是依纪监督和依法监察、适用纪律和适用法律有机融合。这一层含义与第三层含义密切相关:执纪执法贯通即要求依纪监督和依法监察结合,适用纪律和适用法律有机融合。监察机关查处的案件,有的可能属于纯粹违纪性质,有的可能属于纯粹违法性质。但多数案件,往往同时具有违纪违法双重性质。有的案件开始时可能是作为违纪案件立案调查的,但调查一段时间后却发现属于违法性质或违纪违法双重性质。因此,监察工作必须实行依纪监督和依法监察结合,适用纪律和适用法律有机融合的原则。

四、与审判机关、检察机关、执法部门互相配合,互相制约原则

《监察法》第 4 条第 2 款规定:"监察机关办理职务违法和职务犯罪案件,应当与审判机关、检察机关、执法部门互相配合,互相制约。"这一原则的含义在第四章第三节中已阐述。而《监察法实施条例》对这一原则的内容又进行了若干补充,规定"监察机关办理职务犯罪案件,应当与人民法院、人民检察院互相配合、互相制约,在案件管辖、证据审查、案件移送、涉案财物处置等方面加强沟通协调,对于人民法院、人民检察院提出的退回补充调查、排除非法证据、调取同步录音录像、要求调查人员出庭等意见依法办理"。[①] 这里规定的互相配合,互相制约的适用范围仅限于"办理职务犯罪案件",而不及于职务违法案件;适用主体只包括监察机关与人民法院、人民检察院,而不包

---

① 参见《监察法实施条例》第 8 条。

括执法部门。

五、有关机关和单位依法协助原则

这一原则规范的“有关机关和单位”①应该不包括审判机关和检察机关。审判机关和检察机关属于“互相配合、互相制约原则”的规范主体。公安机关等执法部门应同时属于“互相配合、互相制约原则”和“依法协助原则”的规范主体。除了公安机关等执法部门外，“有关机关和单位”还包括其他行政监管机关和企事业组织、社会团体、基层群众自治组织等。《监察法实施条例》第9条规定：“监察机关开展监察工作，可以依法提请组织人事、公安、国家安全、审计、统计、市场监管、金融监管、财政、税务、自然资源、银行、证券、保险等有关部门、单位予以协助配合。有关部门、单位应当根据监察机关的要求，依法协助采取有关措施、共享相关信息、提供相关资料和专业技术支持，配合开展监察工作。”这表明，监察机关在行使职权、履行职责的过程中，凡是要取得其协助的机关、部门和单位都属于这项原则规范的主体，都具有依法提供协助的法定义务。它们如果违反这项义务，《监察法》第62条规定了相应的法律责任，“有关单位拒不执行监察机关作出的处理决定，或者无正当理由拒不采纳监察建议的，由其主管部门、上级机关责令改正，对单位给予通报批评；对负有责任的领导人员和直接责任人员依法给予处理”。

六、以事实为根据，以法律为准绳原则

这项原则也是人民法院行使审判权、人民检察院行使检察权的基本原则。《刑事诉讼法》《民事诉讼法》《行政诉讼法》三大诉讼法都规定了这项基本原则。各级监察委员会行使监察权，进行监察活动，涉及对监察对象违法、违纪事实的认定，涉及对他（她）们的违法、违纪行为适用法律和作出处理决定，当然同样应该遵循这一基本原则。“以事实为根据，以法律为准绳”作为监察工作的基本原则，②有着特殊的意义和特殊的重要性。因为监察机关办理监察案件，需要对监察对象行为是否违法、违纪（违纪是广义的违法）进行审查。

---

① 参见《监察法》第4条第3款。

② 参见《监察法》第5条。

是否违法的审查似乎只是法律衡量、法律适用问题，但法律衡量、法律适用的正确性只能以事实为根据。不首先查明和弄清监察对象是否违法和违法情节的事实，就无从进行法律衡量和法律适用。监察机关审理监察案件，以事实为根据的"事实"是指经过正当法律程序认定的，有确凿证据证明的事实。这种"事实"既是客观的，因为它是通过确凿证据证明的事实；又非完全现实中的"客观"，其只是法律上的"客观"。因为任何"确凿证据"都不可能完全重现已经成为"过去时"的事实，更不要说任何"确凿证据"的"确凿"度并非完全相同，不同的案件对证据的"确凿"度有不同的要求。监察机关对于监察对象的违法行为，经过调查、收集、勘验、鉴定等方式而认定的事实，一般不能直接以之为"根据"，而必须经过正当法律程序，对这些事实及其证据进行审查，包括与当事人"见面"，听取其陈述、申辩后，再加以认定和作为案件处理的"根据"。

监察机关审理监察案件以法律为准绳的"法律"，是指全国人民代表大会或全国人民代表大会常务委员会制定的法律。监察机关审理监察案件，不仅依据法律，而且依据行政法规、监察法规、地方性法规、自治条例、单行条例、监察规章、国务院部门规章、地方人民政府规章等。但是法规、规章如果同法律相抵触怎么办？监察机关依什么来处理相应案件呢？因此，必须确定以法律为准绳。法律是全国人民代表大会和全国人民代表大会常务委员会制定的，是反映、体现全体人民意志和利益的人们的行为准则，任何法规、规章都必须符合法律。法规、规章如果与法律相抵触，监察机关只能依据法律、适用法律；否则，就会导致法制的混乱。对此，《立法法》明确规定了法律适用的下述规则：(1)法律的效力高于行政法规、地方性法规、规章(以及监察法规和监察规章)；(2)行政法规的效力高于地方性法规、规章；(3)地方性法规的效力高于本级和下级地方政府规章；(4)省、自治区的人民政府制定的规章的效力高于本行政区域内的设区的市、自治州的人民政府制定的规章；(5)自治条例和单行条例依法对法律、行政法规、地方性法规作变通规定的，在本自治地方适用自治条例和单行条例的规定；(6)经济特区法规根据授权对法律、行政法规、地方性法规作变通规定的，在本经济特区适用经济特区法规的规定；(7)部门规章之间、部门规章与地方政府规章之间具有同等效力，在各自的权限范围内实施。[1]

七、在适用法律上一律平等，保障当事人的合法权益原则

适用法律平等原则[2]是宪法平等原则对监察活动与监察行为的必然要求。[3] 这一原则的基本精神是要求监察机关及其工作人员办案公道，不徇私情，平等对待不同身份、不同职务级别、不同民族、不同性别和不同宗教信仰的监察对象，以平等保障当事人的合法权益。适用法律平等原则的重要保障则是正当法律程序。这要求监察机关及其工作人员依法办案，不偏私；合理考虑相关因素，不专断；平等对待监察对象，不歧视。“依法办案，不偏私”，即要求严格遵守法律规定。因为法律不是确定某一个人的特殊利益，不是针对某一个人或某几个人，而是针对人们整体，确定人们整体行为规则。因此，它不会对处于同样情况的人们作出不同的规定。例如，在同样情况下，对监察对象甲的违法行为规定这样的罚则，而对监察对象乙的同样违法行为规定那样的罚则。法律是一视同仁的，监察机关如果离开法律办事，就可能因感情或其他因素而不一视同仁，就可能同样情况不同对待，不同情况相同对待，从而出现不公正。不公正可以表现为明显的违法，但很多情况下则可能为形式合法的外衣所包裹。例如，法律对监察机关处理某种违法行为赋予较广泛的自由裁量权，监察机关对多个监察对象的表面相同违法行为或不同违法行为作出相同或不同处理，形式上是平等适用法律，但实质上故意或疏忽没有考虑各监察对象违法行为的不同情节（目的、动机、手段、危害结果等），其适用法律并非真正平等，监察机关工作人员在作出处理决定时实际可能考虑了监察对象与自己的关系或其职务高低等不应该考虑的因素。所以，这种处理行为在表面上虽然是合法的，但实质上却是不公正和违法的。

所谓“合理考虑相关因素，不专断”，即要求监察机关处理案件、适用法律时严格以案件事实、证据为依据，不掺杂各种关系因素。所谓“相关因素”，包括法律、法规规定的条件，政策的要求，社会公正的准则，监察对象违法行为的

---

① 参见《立法法》第 99—102 条。

② “适用法律平等”原则的规定参见《监察法》第 5 条和《监察法实施条例》第 7 条。

③ 《宪法》第 33 条第 2 款规定：“中华人民共和国公民在法律面前一律平等。”

情节,行为可能产生的危害后果等。所谓"专断",就是不考虑上述相关因素,凭自己的主观认识、推理、判断,任意地、武断地作出处理决定。

所谓"平等对待监察对象,不歧视",即要求监察机关及其工作人员办理监察案件,作出处理决定时不厚此薄彼,不凭某种关系或自己的好恶加重或减轻对特定监察对象的处罚。监察机关适用法律处理任何监察对象的任何违法行为,都必须依法平等对待,不能因特定监察对象的身份、职务高低和民族、性别、宗教信仰等的不同而对其予以不平等的待遇。当然,法律对具有某种特定情形(自首、揭发他人立功、主动消除或减轻危害后果等)的监察对象规定了特定处置方式的,监察机关应依法对其作出特别处理。这样做正是"适用法律平等原则"的要求。

监察法的这一原则对监察机关及其工作人员依法办案,不偏私;合理考虑相关因素,不专断;平等对待监察对象,不歧视的要求的总的目的是保障当事人的合法权益,而且是平等地保障当事人的合法权益。

八、权责对等,从严监督原则

该原则包含两层含义:一是权责对等;二是从严监督。[①] 所谓"权责对等",就是有权必有责,行使权力必须承担责任,行使多大的权力就必须承担多大的责任。就监察工作而言,监察机关在对监察对象进行监督、处置或问责的时候,必须弄清相应监察对象的岗位、职责、权力,其是处在一般工作岗位,还是相应工作的负责人岗位,还是所在机关、组织的领导岗位,在不同的岗位上有不同的职责、权力。监察机关对其进行监督、处置或问责一定要坚持"权责对等",对不同的监察对象,根据其岗位、职责、权力采取相应的监督措施。所谓"从严监督",是从严治党、从严治吏的治党治国方略和政策在监察、监督领域的体现和要求。信任不能代替监督,监督必须从严。为什么对公职人员的监督必须从严,因为公职人员担负着管理国家、管理社会和为人民服务的职责,而公职人员又不是天使,其生活在有各种私人关系,其本身亦有私人欲望的社会中。如不对其从严监督,其就可能公器私用,就不能运用人民赋予他(她)们的权力为人民服务。当然"从严监督"并不意味着对公职人员只讲

---

① 参见《监察法》第5条。

义务而不讲权利，对公职人员的从严监督要与切实保护公职人员的合法权益紧密结合起来。

九、惩戒与教育相结合，宽严相济原则

这一原则①主要适用于对违纪违法行为公职人员的惩戒（政务处分、问责、其他处置和追究刑事责任）。根据现代法治原则，对违纪违法公职人员的惩戒，不能单纯为惩戒而惩戒，惩戒应与教育相结合。《监察法》规定各级监察委员会的职责中，第一项职责即是“对公职人员开展廉政教育，对其依法履职、秉公用权、廉洁从政从业以及道德操守情况进行监督检查”。在监督检查过程中，发现公职人员在以上方面存在问题，有违纪违法情事，自然要对其进行惩戒，但也要对其进行教育，使其自觉纠正违纪违法行为，并且今后不再违反。此外，“惩戒与教育相结合”这一原则中的“教育”，不仅是指对违纪违法公职人员的特定教育，也指对其他公职人员的一般教育。即通过对违纪违法公职人员的惩戒，以其事例为反面典型，教育其他公职人员依法履职、秉公用权、廉洁从政从业和培养良好的道德操守。

这一原则中的“宽严相济”是指对公职人员的惩戒，要过罚相当，全面考虑违纪违法公职人员行为的性质、目的、动机、手段、对社会的危害等诸多情节，该严则严，该宽则宽，不能一味严惩。一味严惩既不符合现代法治的要求，也不利于教育违纪违法者，达到反腐败的治本之效。

十、标本兼治、综合治理原则

该项原则在《监察法》中的表述是：“国家监察工作坚持标本兼治、综合治理，强化监督问责，严厉惩治腐败；深化改革、健全法治，有效制约和监督权力；加强法治教育和道德教育，弘扬中华优秀传统文化，构建不敢腐、不能腐、不想腐的长效机制。”②该原则在《监察法实施条例》的补充和细化表述是：“监察机关应当坚定不移惩治腐败，推动深化改革、完善制度，规范权力运行，加强思想道德教育、法治教育、廉洁教育，引导公职人员提高觉悟、担当作为、依法履

① 参见《监察法》第5条和《监察法实施条例》第4条。
② 参见《监察法》第6条。

职,一体推进不敢腐、不能腐、不想腐体制机制建设。”①

这一原则主要包括三项内容:一是加强监督问责,严厉惩治腐败,强化不敢腐的震慑;二是深化改革、健全法治,有效制约和监督权力,扎牢不能腐的笼子;三是加强法治道德教育,弘扬中华优秀传统文化,增强不想腐的自觉。“不敢腐”主要解决治标的问题;“不能腐”和“不想腐”主要解决治本的问题。习近平总书记在党的十九大报告中指出,“腐败是我们党面临的最大威胁。只有以反腐败永远在路上的坚韧和执着,深化标本兼治,保证干部清正、政府清廉、政治清明,才能跳出历史周期率,确保党和国家长治久安。当前,反腐败斗争形势依然严峻复杂,巩固压倒性态势、夺取压倒性胜利的决心必须坚如磐石。要坚持无禁区、全覆盖、零容忍,坚持重遏制、强高压、长震慑,坚持受贿行贿一起查,坚决防止党内形成利益集团。在市县党委建立巡察制度,加大整治群众身边腐败问题力度。不管腐败分子逃到哪里,都要缉拿归案、绳之以法。推进反腐败国家立法,建设覆盖纪检监察系统的检举举报平台。强化不敢腐的震慑,扎牢不能腐的笼子,增强不想腐的自觉,通过不懈努力换来海晏河清、朗朗乾坤”。②

关于反腐败“标本兼治、综合治理”的原则,笔者认为,治本有着特别重要的意义。尽管在反腐败斗争形势严峻的当下,高压治标不可或缺。笔者曾经写过一篇《论法治反腐》的文章,提出要特别注重法治反腐和制度反腐,尤其是主张加强程序法制反腐。③

笔者认为反腐对策最重要者有四:其一,惩治反腐。即古时所谓“以刑去刑”,今时可谓“以惩抑腐”,通过严厉惩罚,使为官者“不敢腐”。其二,教化反腐。即古时所谓“灭心中贼”,今时可谓“净化灵魂”,通过理想信念教育,使为官者“不想腐”。其三,激励反腐。国外谓“高薪养廉”,我国谓“奖罚分明”,通过能上能下和提高地位待遇,使为官者“不思腐”。其四,法治反腐(制度反腐)。亚里士多德谓以法律“消除兽欲”,去除腐败,习近平谓“把权力关进制度的笼子里”,通过建立完善的法制,使为官者“不易腐”“不能腐”。

---

① 参见《监察法实施条例》第5条。

② 参见习近平:《决胜全面建成小康社会 夺取新时代中国特色社会主义伟大胜利——在中国共产党第十九次全国代表大会上的报告》,人民出版社2017年版,第67页。

③ 姜明安:《论法治反腐》,载《中国行政法学研究》2016年第2期。

要解决腐败问题，教化反腐、惩治反腐、激励反腐和法治反腐（制度反腐）这些对策一个也不能少。但是法治反腐（即制度反腐）是最重要、最具有治本的功效。关于法治反腐、制度反腐的基本路径和主要措施，第一个基本路径是要对现实情况进行调查，梳理腐败的主要形式和类别。有的腐败发生在干部提拔、晋升环节，属于买官卖官性质的腐败；有的发生在行政许可、行政审批等履行公务活动的环节，属于设租寻租性质的腐败；有的发生在官员八小时工作时间之外，属于私生活性质的腐败。腐败类型是多种多样的，不能一个制度解决所有类型的腐败。所以首先要进行调查，把腐败各种类型梳理清晰。在制定制度前，要先搞清楚目前到底有多少种形式的腐败，多少种类型的腐败，把底数搞清楚，把情况弄明白，然后再来探讨应对和解决每一种类型腐败的办法和制度。第二个基本路径是要进行分析，找寻、发现形成和产生各种腐败的原因，然后才能"对症下药"。就如同医生一样，治疗感冒首先得分析是热感冒还是风寒感冒；不同的感冒吃不同的药。腐败有很多种原因，一个方子肯定解决不了所有的问题。中央提出的"八项规定"能解决一些腐败问题，官员家庭财产申报、核查、公开制度也能解决一些问题，但是都不能解决所有的腐败问题。第三个基本路径是要进行研究、探讨古今中外治理腐败的各种"药方"。例如，朱元璋是怎么治腐败的，林肯是怎么治腐败的，普京是怎么治腐败的，毛泽东是怎么治腐败的。这些药方都要把它拿出来研究一番，看哪一种药方可以解决哪些腐败问题。第四个基本路径是要进行制度设计。制度设计，今与古应不一样，中与外也应不一样。我们必须考虑当下中国的国情，根据现实国情对反腐进行顶层设计、宏观设计和具体的制度设计。顶层设计作为一种高层设计，既要考虑横向的层面，还要考虑纵向的层面；宏观设计应通盘考虑诸如政治、经济、文化等整体架构的问题，要考虑整体性的相互联系；在顶层设计和宏观设计之下才是具体制度设计的问题。没有顶层设计和宏观设计，单纯进行具体制度设计可能事倍功半。制度在表面上可能设计得很好看，但是在整体上可能作用有限甚至还产生相反作用。顶层设计、宏观设计、具体制度设计是反腐应遵循的一个基本路径。

2023 年 1 月 9 日，习近平总书记在第二十届中央纪委二次全会上发表重要讲话，指出，"反腐败斗争形势依然严峻复杂，遏制增量、清除存量的任务依然艰巨。必须深化标本兼治、系统治理，一体推进不敢腐、不能腐、不想腐。要在不敢腐上持续加压,始终保持零容忍震慑不变、高压惩治力量常在,坚决惩治不收敛不收手、胆大妄为者,坚决查处政治问题和经济问题交织的腐败,坚决防止领导干部成为利益集团和权势团体的代言人、代理人,坚决防止政商勾连、资本向政治领域渗透等破坏政治生态和经济发展环境。要对比较突出的行业性、系统性、地域性腐败问题进行专项整治。要在不能腐上深化拓展,前移反腐关口,深化源头治理,加强重点领域监督机制改革和制度建设,健全防治腐败滋生蔓延的体制机制。要在不想腐上巩固提升,更加注重正本清源、固本培元,加强新时代廉洁文化建设,涵养求真务实、团结奋斗的时代新风。要把不敢腐、不能腐、不想腐有效贯通起来,三者同时发力、同向发力、综合发力,把不敢腐的震慑力、不能腐的约束力、不想腐的感召力结合起来"。

习近平指出,"健全党统一领导、全面覆盖、权威高效的监督体系,是实现国家治理体系和治理能力现代化的重要标志。党委(党组)要发挥主导作用,统筹推进各类监督力量整合、程序契合、工作融合。要持续深化纪检监察体制改革,做实专责监督,搭建监督平台,织密监督网络,协助党委推动监督体系高效运转。要把巡视利剑磨得更光更亮,勇于亮剑,始终做到利剑高悬、震慑常在"。习近平特别强调,要站在事关党长期执政、国家长治久安、人民幸福安康的高度,把全面从严治党作为党的长期战略、永恒课题,始终坚持问题导向,保持战略定力,发扬彻底的自我革命精神,永远吹冲锋号,把严的基调、严的措施、严的氛围长期坚持下去,把党的伟大自我革命进行到底。要坚持严管和厚爱结合、激励和约束并重,坚持"三个区分开来",更好激发广大党员、干部的积极性、主动性、创造性,形成奋进新征程、建功新时代的浓厚氛围和生动局面。

根据习近平总书记关于"标本兼治、系统治理"和"利剑高悬、震慑常在"的反腐方略,反腐败必须始终坚持"三不一体",继续做好以下五个方面的工作:

其一,坚持全面从严治党,建立和完善对各级党组织与工作部门行使公权力的监督、制约机制。国家公权力是国家机关行使的权力。但在我国,中国共产党是国家的领导,执政党直接行使部分国家公权力,如党管干部、党管军队、党管重大决策等。有权力必须要有监督。没有监督、制约的权力就必然导致滥用和腐败。目前党的纪律监督和监察监督可以形成重要的制约,但是光有这种制约还不够,如果没有民主法治的保障,还难以完全避免腐败问题的产生。即使是纪委监察委,也需要监督(对监督者的监督)。

其二,推进政务公开,建立人大会议、党委会议、政府会议(包括全体会议、常务会议、办公会议等)的公开制度。当然,涉及讨论国家秘密、商业秘密和个人隐私事项的会议除外。首先,政务公开一定要把人大会议公开,特别是把人大质询、监督官员的会议公开,让官员和人大代表均受到人民的监督。其次,政府、党委的会议也应适度公开,允许媒体适度报道和公民旁听。

其三,建立和完善官员及其家庭财产和其他基本情况的申报、核查和公开制度。这个制度涉及面大,实行起来有困难。笔者认为这个制度的建立可以分三步走。第一步,先核查已经申报的官员的申报信息是否真实,如发现其中有瞒报、假报的成分,可以把他们的申报情况先公布出来。这样,不但对这个瞒报、假报的官员是种震慑,对其他的官员也是一种震慑。第二步,公开可以先从省部级高官做起。省部级以上的官员人不太多,阻力会小一些,也可以起到很好的示范效应。另外,对于一般官员,可先只公布拟提拔晋升的官员的信息。第三步,通过正式立法,以法律规范官员财产和其他基本情况的整个申报、核查和公开制度。

其四,启动人大的质询监督制度。宪法、组织法、人大代表法、监督法和监察法都规定了质询制度,但是全国人大和人大常委会很少启动过。地方层面人大有启动的,但是也不多。既然有这个制度,不能让它处于休眠状态。今后对官员的问责,不能主要靠党政系统,要更多地靠人大。推进和鼓励人大代表质询问责,对腐败、失职官员就会形成有力的监督。

其五,加强和规范媒体和网络对腐败现象、腐败官员、腐败行为的监督。媒体对腐败分子和腐败行为的曝光、监督力度还不够,有时发现了腐败不敢报,有的媒体记者拿了人家的“封口费”而噤声。我们对新闻媒体揭露腐败应加以鼓励,这对政权巩固是有好处的。现在有的地方对于媒体报道腐败设置障碍,这是不符合法治要求的。当然,对媒体的行为也要进行规范,要通过法律确立媒体监督的权限、手段、规则。这样既能够保护新闻监督的自由,又能够保护被监督者的隐私权和其他合法权益。我们要很好地加以利用网络媒体这一反腐利器。以前普通公民没有足够的手段反腐,现在可以充分利用网络媒体。当然网络媒体反腐也有可能伤害公民的隐私权,这需要通过法律来规制,尽量消除网络监督的副作用。

总之,我们必须认真研究中国国情,精心设计各种反腐制度,并在制度运作过程中不断加以改进完善,使其真正发挥治本作用,同时兼及治标,力争达到标本兼治的效果。

第六章 监察机关的组织与职责

第一节 监察机关的组织

一、监察机关的组织概况

监察机关的组织包括中央和地方两大层级。中央层级的监察机关的名称为“中华人民共和国国家监察委员会”,简称“国家监察委员会”。地方监察机关包括三个级别:一是省、自治区、直辖市的监察委员会;二是设区的市自治州、设区的市的监察委员会;三是市(设区的市)辖区、县、自治县、县级市的监察委员会。在地方,乡镇一级不设监察委员会,其公职人员的监察由县级监察机关负责;必要时,县级监察机关可以向乡镇派出监察机构或监察专员对其公职人员进行监察。地方监察委员会的名称统一为“监察委员会”,各级别行政区域监察委员会的名称分别在“监察委员会”之前加上其行政区域名称,如“××省监察委员会”“××市监察委员会”“××县监察委员会”“××自治区监察委员会”“××自治州监察委员会”等。在《监察法》立法征求意见过程中,曾有人提出监察机关的名称前应加上“人民”二字,以保持与“一府两院”一致。这个建议没有被采纳,因为监察职能有其特殊性,就像“中央军事委员会”前也未加“人民”二字一样。而且,监察委员会是否具有人民性,是否代表和反映人民的利益和意志,重要的不在于其名称,而在于其履行职责和行使职权的行为。

二、国家监察委员会

《监察法》对国家监察委员会组织的相关问题进行了较具体的规定,主要包括以下五项内容。[①]

(一)国家监察委员会的产生

国家监察委员会与国务院、最高人民法院、最高人民检察院一样,由全国人民代表大会产生,是从属于全国人民代表大会的中央级国家机构。

(二)国家监察委员会的性质和地位

国家监察委员会负责全国监察工作,是国家行使监察职能的专责机关。其既不从属于最高国家行政机关,不同于原监察部,原监察部从属于最高国家行政机关——国务院;也不从属于司法机关,不同于原反腐败总局,反腐败总局从属于作为司法机关的最高人民检察院。国家监察委员会负责全国监察工作,这意味着其既负责对中央各机关、组织的公职人员的监察,也负责对地方各级监察机关监察工作的领导和指导。

(三)国家监察委员会的组成

《监察法》规定,国家监察委员会由主任、副主任若干人,委员若干人组成。国家监察委员会组成人员的产生有两种不同方式:其一,国家监察委员会主任由全国人民代表大会选举产生;其二,国家监察委员会副主任和委员由国家监察委员会主任提请全国人民代表大会常务委员会任免。这两种方式与最高人民法院院长、副院长,最高人民检察院检察长、副检察长等人员的产生方式是一致的:最高人民法院院长、最高人民检察院检察长由全国人民代表大会选举产生;最高人民法院副院长、审判员、审判委员会委员,最高人民检察院副检察长、检察员、检察委员会委员分别由最高人民法院院长和最高人民检察院检察长提请全国人民代表大会常务委员会任免。

(四)国家监察委员会主任的任期

国家监察委员会主任的任期与《宪法》规定的国务院总理、副总理、国务委员、最高人民法院院长、最高人民检察院检察长的任期一致:同全国人民代表大会每届任期相同,连续任职不得超过两届。这种任期制的规定是"八二宪法"总结我国改革开放前,特别是"文革"时期政治体制运作的经验教训,防止领导干部终身制而确定的一项重要法律制度,对于保障和维护我国人民代表大会制度的活力具有重要意义。因此,2018 年《宪法修正案》和《监察法》

---

① 参见《监察法》第 8 条。

对国家监察委员会主任的任期规定均予以保持和继承。

(五)国家监察委员会与全国人大及其常委会的关系

国家监察委员会对全国人民代表大会及其常务委员会负责,并接受其监督。这是我国人民代表大会制度的体现和必然要求。根据我国的政体,除全国人民代表大会和地方各级人民代表大会由民主选举产生,直接对人民负责和受人民监督外,我国所有国家机关都由人民代表大会产生,对人民代表大会及其常务委员会负责,受人民代表大会及其常务委员会监督。国家监察委员会自然也不能例外,必然是由全国人民代表大会产生,对全国人民代表大会及其常务委员会负责,并接受其监督。

三、地方各级监察委员会

《监察法》对地方各级监察委员会组织的相关问题同样作了较具体的规定,包括以下五项内容。①

(一)地方各级监察委员会产生

地方各级监察委员会由本级人民代表大会产生,是从属于本级人民代表大会的地方级国家机构。

(二)地方各级监察委员会的性质和地位

地方各级监察委员会负责本行政区域内的监察工作。在性质上,地方各级监察委员会与国家监察委员会一样,是国家行使监察职能的专责机关。但其地位与国家监察委员会不同,其只负责本行政区域内的监察工作,对本行政区域内公职人员进行监察。

(三)地方各级监察委员会的组成

地方各级监察委员会与国家监察委员会一样,亦由主任、副主任若干人和委员若干人组成。地方各级监察委员会组成人员与国家监察委员会组成人员一样,也有两种不同产生方式:监察委员会主任由本级人民代表大会选举产生;监察委员会副主任和委员由监察委员会主任提请本级人民代表大会常务委员会任免。

---

① 参见《监察法》第9条。

(四)地方各级监察委员会主任的任期

地方各级监察委员会主任的任期同本级人民代表大会任期相同,但《监察法》没有规定地方各级监察委员会主任连续任职届数的限制,此与对国家监察委员会主任连续任职届数的限制(限两届)不同。

(五)地方各级监察委员会与本级人大及其常委会的关系

与国家监察委员会一样,地方各级监察委员会对本级人民代表大会及其常务委员会负责,并接受其监督。

第二节 监察机关的领导体制

一、监察机关领导体制概述

监察机关的领导体制包括三个层面:第一个层面是国家监察委员会与党中央和各级党委的关系;第二个层面是国家监察委员会与地方各级监察委员会的关系;第三个层面是上下级监察委员会的关系。《监察法》和《监察法实施条例》确定的这三个层面的关系分别是:第一个层面,国家监察委员会在党中央领导下开展工作;地方各级监察委员会在同级党委领导下工作。第二个层面,国家监察委员会领导地方各级监察委员会的工作(地方各级监察委员会同时接受同级党委的领导)。第三个层面,上级监察委员会领导下级监察委员会的工作(下级监察委员会受上级监察委员会和同级党委的双重领导)。监督执法调查工作以上级监察委员会领导为主,线索处置和案件查办在向同级党委报告的同时应当一并向上一级监察委员会报告。上级监察委员会应当加强对下级监察委员会的领导。下级监察委员会对上级监察委员会的决定必须执行;认为决定不当的,应当在执行的同时向上级监察委员会反映。上级监察委员会对下级监察委员会作出的错误决定,应当按程序予以纠正,或者要求下级监察委员会予以纠正。①

国家监察委员会领导地方各级监察委员会的工作,上级监察委员会领导下级监察委员会的工作。这种关系不同于《宪法》规定的法院审判系统的内

---

① 参见《监察法》第10条和《监察法实施条例》第10条。

部关系——监督关系，而与《宪法》规定的检察系统的内部关系基本相同——领导关系。领导关系不同于监督关系。在领导关系中，领导方可对被领导方发号施令，领导方可命令、指挥被领导方，被领导方必须服从领导方的命令指挥。而在监督关系中，监督方不能对被监督方发号施令，不能命令、指挥被监督方，而只能依法纠正被监督方的违法不当行为。

二、监察机关系统的内部工作关系和监察官制度

根据《监察法实施条例》的规定，在监察机关系统内部，上级监察委员会可以依法统一调用所辖各级监察机关的监察人员办理监察事项。调用决定应当以书面形式作出。监察机关办理监察事项应当加强互相协作和配合，对于重要、复杂事项可以提请上级监察机关予以协调。[①]

《监察法》还规定了监察官制度，但《监察法》只是创设和确立了这项制度，对该制度的具体内容并没有规定，而是授权其他法律或法规确定监察官的等级设置、任免、考评和晋升等具体内容。[②]

2020年11月27日，第十三届全国人大常委会第二十四次会议审议全国人大监察和司法委员会关于提请审议《中华人民共和国监察官法（草案）》的议案。2021年8月20日，第十三届全国人大常委会第三十次会议表决通过了《中华人民共和国监察官法》，自2022年1月1日起施行。该法共九章，分别为：第一章　总则；第二章　监察官的职责、义务和权利；第三章　监察官的条件和选用；第四章　监察官的任免；第五章　监察官的管理；第六章　监察官的考核和奖励；第七章　监察官的监督和惩戒；第八章　监察官的职业保障；第九章　附则；共68条。对于该法的具体内容，本书将设专章（第十三章）阐释。

三、监察机关的派驻、派出机构和监察专员

各级监察委员会依法向本级中国共产党机关、国家机关、法律法规授权或者受委托管理公共事务的组织和单位以及所管辖的国有企业事业单位等派驻

---

① 参见《监察法实施条例》第11条。

② 参见《监察法》第14条。

或者派出监察机构、监察专员。

省级和设区的市级监察委员会依法向地区、盟、开发区等不设置人民代表大会的区域派出监察机构或者监察专员。县级监察委员会和直辖市所辖区(县)监察委员会可以向街道、乡镇等区域派出监察机构或者监察专员。

派驻或者派出监察机构、监察专员开展监察工作,受派出机关领导。派驻或者派出的监察机构、监察专员根据派出机关授权,按照管理权限依法对派驻或者派出监督单位、区域等的公职人员开展监督,对职务违法和职务犯罪进行调查、处置。监察机构、监察专员可以按规定与地方监察委员会联合调查严重职务违法、职务犯罪,或者移交地方监察委员会调查。未被授予职务犯罪调查权的监察机构、监察专员发现监察对象涉嫌职务犯罪线索的,应当及时向派出机关报告,由派出机关调查或者依法移交有关地方监察委员会调查。①

《监察法》规定的监察派驻、派出制度主要有以下四项内容:其一,派驻、派出主体是各级监察委员会,而不限于国家监察委员会或省市级监察委员会,县级监察委员会也可派出监察机构或监察专员。其二,派出对象包括六类:一是中国共产党机关(如党的组织、宣传、政法、统战等部门);二是国家机关(如人大、政府、法院、检察院等机关);三是法律、法规授权管理公共事务的组织和单位;四是行政机关委托管理公共事务的组织和单位;五是监察委员会所管辖的相应行政区域(如县级监察委员会向所管辖的乡镇人民政府派出监察机构或监察专员);六是国有企业。其三,监察委员会向派驻、派出单位既可派驻、派出监察机构,也可派驻、派出监察专员。向某一特定单位究竟是派驻、派出监察机构还是派驻、派出监察专员,视监察工作量大小决定。工作量大则派驻、派出监察机构,工作量小则派驻、派出监察专员。其四,监察委员会对派驻、派出的监察机构、监察专员进行领导、管理,派驻、派出的监察机构、监察专员对派驻、派出它的监察委员会负责。

派驻、派出监察机构、监察专员的职权不是由《监察法》直接授予的,而是由派驻、派出它的监察委员会授予的。它们只能根据派驻、派出它的监察委员会的授权行事,而不能越权。派驻、派出的监察机构、监察专员的一般职责与法律赋予监察委员会的一般职责是基本相同的,即对所派驻、派出的单位和行

---

① 参见《监察法》第12—13条和《监察法实施条例》第12—13条。

政区域的公职人员进行监督，提出监察建议；依法对公职人员进行调查和处置。但《监察法》对之有一个限制，即“按照管理权限”。因为派出的监察机构、监察专员只能根据派驻、派出它的监察委员会授予的管理权限行使职权和履行职责，其不能超越授权行事。

关于派驻监察机构和派出监察机构在设置方式、具体职责和权限上的区别，《监察法》和《监察法实施条例》没有明确界定。《中国纪检监察》杂志曾发文介绍2018年5月广东省深化监察体制改革试点工作小组办公室出台的相关规定。[①] 现将该文介绍的内容摘要如下：

> 2018年5月广东省深化监察体制改革试点工作小组办公室制定出台《关于明确派驻纪检监察组监察权限和推动监察职能向基层延伸的意见（试行）》（以下简称《意见》），明确省市县（区）等地方监察机构，要采取派驻或派出监察机构的形式，推动监察职能向基层延伸，同时明确派驻、派出监察机构和监察专员在设置方式、具体职责和可以行使的权限上的区别。
>
> 其一，关于设置方式的区别。根据《意见》规定，监察机关向同级党和国家机关派的叫“派驻监察组”（与纪检组合署办公），如广东省纪委监委向省委办公厅、省政府办公厅等34个省直单位派驻34个纪检监察组；向同级党委派出机构和向所管辖的某个行政区域派的叫“派出”，派出分为派出监察组和派出监察专员办公室。如省监委向省直机关工委派出监察组（与省直机关纪工委合署办公），县级监察委员会向管辖的乡镇（街道）派出监察机构，与乡镇（街道）纪检组织合署办公，按照管理权限依法进行监督、调查、处置，就近解决群众身边的腐败问题。目前广东县区一级监察机关，向所辖的乡镇（街道）派出监察组计982个，与镇街纪委（纪工委）合署办公；已向深汕特别合作区、深圳大鹏新区、珠海横琴新区等32个功能区派出了监察专员办公室，与功能区纪检组合署办公。

---

① 参见鲁文：《派驻和派出监察机构有何区别——设置方式、职责权限不同》，载《中国纪检监察》2018年第20期。

其二,具体职责的区别。派驻监察机构按照管理权限对监督对象依法履职、秉公用权、廉洁从政以及道德操守情况进行日常监督,如广东省纪委监委机关派驻纪检监察组的职责是,发现省管公职人员的问题,要及时向省监委报告。发现其他公职人员的问题,及时分类处置。派出监察机构按照管理权限对公职人员依法进行监督。广东省规定,县区级监察委员会派出的监察机构负责调查本级管辖的公职人员的职务违法案件,对案情复杂、社会影响较大、涉案人数较多或涉案金额较大的案件,由派出机构直接立案调查、采取指定管辖或组织联合办案等方式办理。监察专员办公室按照管理权限对公职人员依法进行监督,在发现上级管辖的公职人员的问题后,及时向派出机关报告。负责调查本级管辖的公职人员的职务违法案件,拟立案调查的,由派出监察专员办公室直接作出立案决定,报派出机关备案。

其三,可行使权限的区别。在派出或者派驻监察机构的职责权限上,派出监察机构原则上既可以对公职人员涉嫌职务违法进行调查、处置,又可以对涉嫌职务犯罪进行调查、处置,需要采取其他措施的,报派出机关审批后,由派出机关相应内设机构组织实施,派出监察组予以配合;派驻监察机构的具体职责权限,则需要根据派出它的监察机关的授权来确定。如省派驻监察机构负责调查非省管的处级及以下公职人员的职务违法案件,可采取谈话、询问、查询、调取、勘验检查、鉴定等6项调查措施。调查职务犯罪行为,需要采取讯问、冻结、查封、扣押、搜查、留置等调查措施的,由联合调查的监察机关按程序实施。经省监委审批,按照"一事一授权"原则,派驻监察机构可以直接调查非本级管辖的、驻在部门管理的行业和系统处级及以下公职人员职务犯罪案件。经调查对违法的公职人员需给予处分的,经审理后提出处分意见,由任免机关按照干部管理权限作出处分,或报省监委审批后由派驻监察机构直接作出政务处分决定。其中,涉及处级干部的,需移送省直纪工委审理。监察专员办公室负责依法调查本级管辖公职人员的职务违法案件。拟立案调查的,由派出监察专员办公室直接作出立案决定,报派出机关备案。经派出监察专员办公室主要负责人批准，可以采取谈话、询问、查询、调取等调查措施。需要采取其他措施的，报派出机关审批后，以派出机关名义行使，或者配合派出机关相应内设机构、派出机关指定管辖的监察机关组织实施。对违法的公职人员，需给予处分的，经派出机关审理后，提出处分意见，由任免机关按照干部管理权限作出处分，或由派出机关直接作出政务处分决定。功能区所辖镇街，由派出功能区监察机构向其派出监察专员，履行前述监督、调查、处置职责。

第三节　监察机关的职责

一、监察机关职责概述

《监察法》将监察委员会的职责确定为下述三类：[①]第一类职责是对公职人员进行监督检查。监督检查的内容包括四项：首先是依法履职的情况，即检查公职人员是否存在不作为和乱作为（违法作为）的情况；其次是秉公用权的情况，即检查公职人员是否存在以权谋私，利用职权为自己及其亲属或其他关系人、朋友等牟利的情况；再次是廉洁从政从业的情况，即检查公职人员是否存在贪污受贿，权钱交易、权色交易的情况；最后是道德操守的情况，即检查公职人员是否存在违反从政道德、职业道德和社会公德及私德（包括孝敬父母、夫妻忠诚方面的道德）的情况。

监察委员会的第一类职责还包括“对公职人员开展廉政教育”的内容，这可以认为是广义的监督、积极的监督。廉政教育可以是理想信念教育和组织向先进模范人物学习的正面教育，也可以是通过“老虎”“苍蝇”的反面典型材料对公职人员进行警示和预防腐败的教育。

监察委员会的第二类职责是对涉嫌贪污贿赂、滥用职权、玩忽职守、权力寻租、利益输送、徇私舞弊以及浪费国家资财等职务违法和职务犯罪进行调查。调查又分为两种：一种是对职务违法行为的调查；另一种是对职务犯罪行为的调查。职务违法和职务犯罪虽然具有性质上的区别，但行为的内容可能

① 参见《监察法》第 11 条。

是相同的。例如,行为的内容同样是贪污贿赂、滥用职权、玩忽职守,或者权力寻租、利益输送、徇私舞弊以及浪费国家资财等,情节轻微即为“职务违法”,情节严重则构成“职务犯罪”。在国家监察体制改革以前,对职务违法行为的调查属于监察机关的职责,对职务犯罪行为的侦查则属于检察机关的职责。根据《监察法》的这一条款,调查职务违法和调查职务犯罪均属于监察委员会的职责。检察机关原负责侦查职务犯罪的人员现在已转隶监察委员会,这为监察委员会履行该职责提供了非常便利的条件。

监察委员会的第三类职责是处置职责,即对违法的公职人员依法作出政务处分决定;对履行职责不力、失职失责的领导人员进行问责;对涉嫌职务犯罪的,将调查结果移送人民检察院依法审查、提起公诉;向监察对象所在单位提出监察建议。处置主要包括五项内容:其一,对违法行为情节较轻的公职人员进行谈话提醒、批评教育、责令检查或予以诫勉;其二,对违法公职人员作出警告、记过、记大过、降级、撤职、开除等政务处分决定;其三,对不履行或不正确履行职责负有责任的领导人员作出问责决定,或者向有权作出问责决定的机关提出问责建议;其四,对涉嫌职务犯罪的,将调查结果移送人民检察院依法审查、提起公诉;其五,向监察对象所在单位提出监察建议。监察委员会在办案过程中,发现监察对象所在单位存在制度不完善,对公职人员管理存在缺陷、漏洞,或存在其他违法、违纪问题,需要其自我纠正、自我改进的,应该向其提出监察建议。

二、监察监督

《监察法实施条例》第二章第二节对《监察法》规定的监察机关的监督职责进行了细化,确定了监察监督的下述八项具体规则。①

1. 监察机关依法履行监察监督职责,对公职人员政治品行、行使公权力和道德操守情况进行监督检查,督促有关机关、单位加强对所属公职人员的教育、管理、监督。

2. 监察机关应当坚决维护宪法确立的国家指导思想,加强对公职人员特别是领导人员坚持党的全面领导、坚持中国特色社会主义制度,贯彻落实党和

---

① 参见《监察法实施条例》第14—21条。

国家路线方针政策、重大决策部署,履行从严管理监督职责,依法行使公权力等情况的监督。

3. 监察机关应当加强对公职人员理想教育、为人民服务教育、宪法法律法规教育、优秀传统文化教育,弘扬社会主义核心价值观,深入开展警示教育,教育引导公职人员树立正确的权力观、责任观、利益观,保持为民务实清廉本色。

4. 监察机关应当结合公职人员的职责加强日常监督,通过收集群众反映、座谈走访、查阅资料、召集或者列席会议、听取工作汇报和述责述廉、开展监督检查等方式,促进公职人员依法用权、秉公用权、廉洁用权。

5. 监察机关可以与公职人员进行谈心谈话,发现政治品行、行使公权力和道德操守方面有苗头性、倾向性问题的,及时进行教育提醒。

6. 监察机关对于发现的系统性、行业性的突出问题,以及群众反映强烈的问题,可以通过专项检查进行深入了解,督促有关机关、单位强化治理,促进公职人员履职尽责。

7. 监察机关应当以办案促进整改、以监督促进治理,在查清问题、依法处置的同时,剖析问题发生的原因,发现制度建设、权力配置、监督机制等方面存在的问题,向有关机关、单位提出改进工作的意见或者监察建议,促进完善制度,提高治理效能。

8. 监察机关开展监察监督,应当与纪律监督、派驻监督、巡视监督统筹衔接,与人大监督、民主监督、行政监督、司法监督、审计监督、财会监督、统计监督、群众监督和舆论监督等贯通协调,健全信息、资源、成果共享等机制,形成监督合力。

三、监察调查

《监察法实施条例》第二章第三节对《监察法》规定的监察机关的调查职责进行了细化,确定了监察调查的下述十一项具体规则。[①]

1. 监察机关依法履行监察调查职责,依据《监察法》《政务处分法》《刑法》等规定对职务违法和职务犯罪进行调查。

---

① 参见《监察法实施条例》第22—32条。

2. 监察机关负责调查的职务违法是指公职人员实施的与其职务相关联，虽不构成犯罪但依法应当承担法律责任的下列违法行为：

（1）利用职权实施的违法行为；

（2）利用职务上的影响实施的违法行为；

（3）履行职责不力、失职失责的违法行为；

（4）其他违反与公职人员职务相关的特定义务的违法行为。

3. 监察机关发现公职人员存在其他违法行为，具有下列情形之一的，可以依法进行调查、处置：

（1）超过行政违法追究时效，或者超过犯罪追诉时效、未追究刑事责任，但需要依法给予政务处分的；

（2）被追究行政法律责任，需要依法给予政务处分的；

（3）监察机关调查职务违法或者职务犯罪时，对被调查人实施的事实简单、清楚，需要依法给予政务处分的其他违法行为一并查核的。监察机关发现公职人员成为监察对象前有前述规定的违法行为的，依照上述规定办理。

4. 监察机关依法对《监察法》第 11 条第 2 项规定的职务犯罪[①]进行调查。

5. 监察机关依法调查涉嫌贪污贿赂犯罪，包括贪污罪，挪用公款罪，受贿罪，单位受贿罪，利用影响力受贿罪，行贿罪，对有影响力的人行贿罪，对单位行贿罪，介绍贿赂罪，单位行贿罪，巨额财产来源不明罪，隐瞒境外存款罪，私分国有资产罪，私分罚没财物罪，以及公职人员在行使公权力过程中实施的职务侵占罪，挪用资金罪，对外国公职人员、国际公共组织官员行贿罪，非国家工作人员受贿罪和相关联的对非国家工作人员行贿罪。

6. 监察机关依法调查公职人员涉嫌滥用职权犯罪，包括滥用职权罪，国有公司、企业、事业单位人员滥用职权罪，滥用管理公司、证券职权罪，食品、药品监管渎职罪，故意泄露国家秘密罪，报复陷害罪，阻碍解救被拐卖、绑架妇女、儿童罪，帮助犯罪分子逃避处罚罪，违法发放林木采伐许可证罪，办理偷越国（边）境人员出入境证件罪，放行偷越国（边）境人员罪，挪用特定款物罪，非法剥夺公民宗教信仰自由罪，侵犯少数民族风俗习惯罪，打击报复会计、统计人

---

① 《监察法》第 11 条第 2 项规定的职务违法和职务犯罪行为是指涉嫌贪污贿赂、滥用职权、玩忽职守、权力寻租、利益输送、徇私舞弊以及浪费国家资财等行为。

员罪，以及司法工作人员以外的公职人员利用职权实施的非法拘禁罪、虐待被监管人罪、非法搜查罪。

7. 监察机关依法调查公职人员涉嫌玩忽职守犯罪，包括玩忽职守罪，国有公司、企业、事业单位人员失职罪，签订、履行合同失职被骗罪，国家机关工作人员签订、履行合同失职被骗罪，环境监管失职罪，传染病防治失职罪，商检失职罪，动植物检疫失职罪，不解救被拐卖、绑架妇女、儿童罪，失职造成珍贵文物损毁、流失罪，过失泄露国家秘密罪。

8. 监察机关依法调查公职人员涉嫌徇私舞弊犯罪，包括徇私舞弊低价折股、出售国有资产罪，非法批准征收、征用、占用土地罪，非法低价出让国有土地使用权罪，非法经营同类营业罪，为亲友非法牟利罪，枉法仲裁罪，徇私舞弊发售发票、抵扣税款、出口退税罪，商检徇私舞弊罪，动植物检疫徇私舞弊罪，放纵走私罪，放纵制售伪劣商品犯罪行为罪，招收公务员、学生徇私舞弊罪，徇私舞弊不移交刑事案件罪，违法提供出口退税凭证罪，徇私舞弊不征、少征税款罪。

9. 监察机关依法调查公职人员在行使公权力过程中涉及的重大责任事故犯罪，包括重大责任事故罪，教育设施重大安全事故罪，消防责任事故罪，重大劳动安全事故罪，强令、组织他人违章冒险作业罪，危险作业罪，不报、谎报安全事故罪，铁路运营安全事故罪，重大飞行事故罪，大型群众性活动重大安全事故罪，危险物品肇事罪，工程重大安全事故罪。

10. 监察机关依法调查公职人员在行使公权力过程中涉及的其他犯罪，包括破坏选举罪，背信损害上市公司利益罪，金融工作人员购买假币、以假币换取货币罪，利用未公开信息交易罪，诱骗投资者买卖证券、期货合约罪，背信运用受托财产罪，违法运用资金罪，违法发放贷款罪，吸收客户资金不入账罪，违规出具金融票证罪，对违法票据承兑、付款、保证罪，非法转让、倒卖土地使用权罪，私自开拆、隐匿、毁弃邮件、电报罪，故意延误投递邮件罪，泄露不应公开的案件信息罪，披露、报道不应公开的案件信息罪，接送不合格兵员罪。

11. 监察机关发现依法由其他机关管辖的违法犯罪线索，应当及时移送有管辖权的机关。监察机关调查结束后，对于应当给予被调查人或者涉案人员行政处罚等其他处理的，依法移送有关机关。

四、监察处置

《监察法实施条例》第二章第四节对《监察法》规定的监察机关的处置职责进行了细化，确定了监察处置下述四项具体规则。①

1. 监察机关对违法的公职人员，依据《监察法》《政务处分法》等规定作出政务处分决定。②

2. 监察机关在追究违法的公职人员直接责任的同时，依法对履行职责不力、失职失责，造成严重后果或者恶劣影响的领导人员予以问责。监察机关应当组成调查组依法开展问责调查。调查结束后经集体讨论形成调查报告，需要进行问责的按照管理权限作出问责决定，或者向有权作出问责决定的机关、单位书面提出问责建议。

3. 监察机关对涉嫌职务犯罪的人员，经调查认为犯罪事实清楚，证据确实、充分，需要追究刑事责任的，依法移送人民检察院审查起诉。

4. 监察机关根据监督、调查结果，发现监察对象所在单位在廉政建设、权力制约、监督管理、制度执行以及履行职责等方面存在问题需要整改纠正的，依法提出监察建议。监察机关应当跟踪了解监察建议的采纳情况，指导、督促有关单位限期整改，推动监察建议落实到位。

---

① 参见《监察法实施条例》第 33—36 条。

② 关于政务处分的具体规则、程序等，参见本书第十章。

第七章
监察对象与管辖

第一节　监察对象与管辖概述

《监察法》第三章规定了监察对象的范围（共六类）和管辖的一般规则，包括级别管辖、地域管辖、管辖权上移、指定管辖、移送管辖和管辖争议解决的相应规则等。

一、《监察法》关于监察对象的一般规定

《监察法》规定的六类监察对象绝大多数属于国家公职人员，但也包括少量行使社会管理职能的“有关人员”，如国有企业、公办事业单位、基层群众性自治组织中从事管理的人员。下面对这六类监察对象分别予以阐释。

（一）中国共产党机关、人民代表大会及其常务委员会机关、人民政府、监察委员会、人民法院、人民检察院、中国人民政治协商会议各级委员会机关、民主党派机关和工商业联合会机关的公务员，以及参照《公务员法》管理的人员

这类监察对象是整个监察对象中的最主要部分，包括九个小类的人员：

其一，中国共产党各级各类机关的公务员。“中国共产党机关”指中国共产党各级组织（中央、地方省市县乡镇等）及其各个工作部门（组织、宣传、统战、纪委、政法委等）的机关，“公务员”指依法履行公职、纳入国家行政编制、由国家财政负担工资福利的工作人员。[①] 因此，凡是在党的各级各类机关中

① 参见《公务员法》第2条。根据国家相关规定，下列机关列入公务员法实施范围：(1)中国共产党各级机关；(2)各级人民代表大会及其常务委员会机关；(3)各级行政机关；(4)中国人民政治协商会议各级委员会机关；(5)各级审判机关；(6)各级检察机关；(7)各民主党派和工商联的各级机关。

工作且具有公务员身份的人员均是监察的对象。

其二，各级人民代表大会及其常务委员会机关的公务员。各级监察机关虽然由各级相应人大产生，对人大负责和受人大监督，但在各级人大及其常委会机关工作的公务员同样是监察机关的监察对象。

其三，各级人民政府机关的公务员。人民政府及其工作部门的公务员是整个公务员队伍中最大、人数最多的公务员群体。因此，它们是第一类监察对象中最主要的部分。

其四，各级监察委员会(包括派驻、派出监察机构)的公务员。监察委员会虽然是监察的主体，它们有权对各个机关、组织、机构中的公职人员进行监察，但它们同样要对在自己机关工作的公务员进行监察。在各级监察委员会工作的监察人员都是公务员，因此，他(她)们同样要接受各级相应监察委员会的监察。

其五，各级人民法院的法官和不具有法官身份的公务员。我国法官均具有公务员身份，但在法院工作的具有公务员身份的工作人员并非都是法官，但二者均属于监察对象。

其六，各级人民检察院的检察官和不具有检察官身份的公务员。与法官一样，我国检察官均具有公务员身份，但在检察院工作的具有公务员身份的工作人员并非都是检察官，但二者亦属于监察对象。

其七，中国人民政治协商会议各级委员会机关的公务员。我国《宪法》规定，中国人民政治协商会议是有广泛代表性的统一战线组织。它虽然不是国家机关，但在我国政治生活和社会生活中具有重要作用，在各级政协中的工作人员一般都具有公务员身份，从而是相应各级监察委员会的监察对象。

其八，民主党派机关和工商业联合会机关的公务员。我国的政党制度不同于西方国家的政党制度，没有执政党与反对党、在朝党与在野党之分，只有执政党与参政党之分。我国的各民主党派①均为参政党，各民主党派机关和工商业联合会机关的工作人员绝大多数具有公务员身份，从而也是监察机关的监察对象。

---

① 我国共有八个民主党派，它们分别是：中国国民党革命委员会、中国民主同盟、中国民主建国会、中国民主促进会、中国农工民主党、中国致公党、九三学社、台湾民主自治同盟。

其九,参照《公务员法》管理的人员。《公务员法》第112条规定,法律、法规授权的具有公共事务管理职能的事业单位中除工勤人员以外的工作人员,经批准参照《公务员法》进行管理。这类人员虽然不具有公务员身份,但因为他(她)们行使具有公共事务管理性质的职能,经过有关批准手续后被纳入公务员管理的范围,人事管理部门按《公务员法》的规定对他(她)们进行管理,《监察法》亦将其确定为监察机关的监察对象。

(二)法律、法规授权或者受国家机关依法委托管理公共事务的组织中从事公务的人员

这类人员既不同于第一大类人员中的前八种人员,不具有公务员身份,也不同于第一大类人员中的第九种人员,非参照《公务员法》进行管理,不适用公务员的职务、工资、福利制度。但他(她)们虽然不是公务员和"参公管理人员",却依法律、法规授权或受国家机关依法委托"从事公务",故他(她)们亦确定为监察机关的监察对象。这里,"依法律、法规授权"与"受国家机关委托",对他(她)们作为监察机关监察对象没有区别,但对他(她)们"从事公务"行为的外部方式、效果却有重要区别:他(她)们"依法律、法规授权从事公务"是以其所在管理公共事务组织的名义进行,并由该组织对外承担法律责任;而他(她)们"受国家机关委托从事公务"是以委托其行为的国家机关的名义进行,并由该委托国家机关对外承担法律责任。

(三)国有企业管理人员

《监察法》未对"国有企业管理人员"的范围作出明确界定。直到3年以后国家监察委员会发布《监察法实施条例》,才明确规定"国有企业管理人员"的范围。

根据2000年《最高人民法院关于对受委托管理、经营国有财产人员挪用国有资金行为如何定罪问题的批复》、2001年《最高人民法院关于在国有股份有限公司中从事管理工作的人员非法行为如何定罪问题的批复》,当时界定"国有企业管理人员"似乎以是否接受国家任命或委托为标准。现在看来,以"政府有关管理部门任命的,派遣到国有企业任职的人员"作为监察对象的"国有企业管理人员"的标准可能太窄,将国有企业董事长、总经理、董事、监事等高级管理层以下的一般管理人员(中层干部及享有干部身体的一般管理人员)完全排除在"国有企业管理人员"的范围是不符合监察"全覆盖"的原则

精神的。

（四）公办的教育、科研、文化、医疗卫生、体育等单位中从事管理的人员

此类人员与“国有企业管理人员”一样，《监察法》立法时未对其范围作出明确界定。之后，国家监察委员会发布的《监察法实施条例》明确规定了“公办的教育、科研、文化、医疗卫生、体育等单位中从事管理的人员”的范围。这个范围我们也将在本节后面将加以介绍。

此前，有观点认为，公办教育、科研、文化、医疗卫生、体育等单位及其分支机构中层和基层管理人员，包括管理岗六级以上职员，从事与职权相联系的管理事务的其他职员；在管理、监督国有财产等重要岗位上工作的人员，包括会计、出纳人员、采购、基建部门人员涉嫌职务违法和职务犯罪，监察机关可以依法调查。此外，临时从事与职权相联系的管理事务，包括依法组建的评标委员会、竞争性谈判采购中谈判小组、询价采购中询价小组的组成人员，在招标、政府采购等事项的评标或者采购活动中，利用职权实施职务违法和职务犯罪行为，监察机关也可以依法调查。[①]

（五）基层群众性自治组织中从事管理的人员

这类对象范围的确定涉及两个概念的界定：一是什么是“基层群众性自治组织”；二是什么是“从事管理的人员”。关于“基层群众性自治组织”，《宪法》第111条第1款中规定，“城市和农村按居民居住地区设立的居民委员会或者村民委员会是基层群众性自治组织”。根据《宪法》的这一规定，居民委员会或者村民委员会肯定是“基层群众性自治组织”。但是能不能反过来推论，“基层群众性自治组织”就只是或只包括居民委员会或者村民委员会呢？恐怕不能。现在城市中大量存在的社区组织——社区委员会——是否应列入“基层群众性自治组织”的范围，有待研究和确定。至于什么是基层群众性自治组织中“管理人员”的范围，同样有待《监察法实施条例》明确。基层群众性自治组织中哪些人员属于“管理人员”，关键取决于其行使的职能是否与公共

① 中共中央纪律检查委员会、中华人民共和国国家监察委员会法规室编写：《〈中华人民共和国监察法〉释义》，中国方正出版社2018年版，第113页。

管理有关,[①]只要其行使的职能与公共管理有关,就应列入监察对象的范围。第二节将根据《监察法实施条例》进一步具体阐释基层群众性自治组织中“管理人员”的范围。

（六）其他依法履行公职的人员

这是《监察法》就监察对象的范围作出的兜底性规定,其目的在于保证该法第1条规定的“加强对所有行使公权力的公职人员的监督,实现国家监察全面覆盖”立法目的的实现。尽管本条前五项对监察对象的范围已经作了相当全面的列举规定,但仍恐挂一漏万。如果在《监察法》实施过程中,发现有前五项列举中不能包括的“公职人员”,就可以启用第六项兜底规定,将其作为“其他依法履行公职的人员”进行监察。本章第二节将根据《监察法实施条例》具体介绍目前可以认定的“其他依法履行公职的人员”的范围。

二、《监察法》关于监察管辖的一般规定

（一）监察级别管辖和地域管辖的一般规则

就级别管辖而言,各级监察机关可以管辖本辖区内所有监察事项。尽管国家、省、市、县各级监察委员会对“管理权限”有内部分工,但监察管辖不同于司法管辖。对于司法管辖,诉讼法明确规定哪些案件由基层人民法院管辖,哪些案件由中级人民法院管辖,哪些案件由高级人民法院管辖等。[②]《监察法》没有这样明确的级别管辖划分。即使各级监察委员会对监察对象有内部管辖划分,但《监察法》第16条第2款规定,“上级监察机关可以办理下一级监察机关管辖范围内的监察事项,必要时也可以办理所辖各级监察机关管

① 关于基层群众性自治组织的公共管理职能,有人将其归纳为下述七项:(1)救灾、抢险、防汛、优抚、移民、救济款物的管理;(2)社会捐助公益事业款物的管理;(3)国有土地的经营和管理;(4)土地征用补偿费用的管理;(5)代征、代缴税款;(6)有关计划生育、户籍、征兵工作;(7)协助人民政府等国家机关在基层群众性自治组织中从事的其他管理工作。参见中共中央纪律检查委员会、中华人民共和国国家监察委员会法规室编写:《〈中华人民共和国监察法〉释义》,中国方正出版社2018年版,第113—114页。

② 例如,根据《行政诉讼法》第14条至第17条的规定,基层人民法院管辖第一审行政案件。中级人民法院管辖下列第一审行政案件:(1)对国务院部门或者县级以上地方人民政府所作的行政行为提起诉讼的案件;(2)海关处理的案件;(3)本辖区内重大、复杂的案件;(4)其他法律规定由中级人民法院管辖的案件。高级人民法院管辖本辖区内重大、复杂的第一审行政案件。最高人民法院管辖全国范围内重大、复杂的第一审行政案件。

辖范围内的监察事项”。也就是说,国家监察委员会不仅可以办理省级监察委员会管辖范围内的监察事项,必要时也可以办理市级乃至县级监察委员会管辖范围内的监察事项;省级监察委员会不仅可以办理市级监察委员会管辖范围内的监察事项,必要时也可以办理市辖区、县级监察委员会管辖范围内的监察事项等。

就地域管辖而言,各地监察机关按照管理权限管辖本辖区内监察对象所涉监察事项。应该说,监察地域管辖的范围比司法地域管辖的范围明确,因为监察针对的主要是人——公职人员,司法针对的主要是事——争议案件,公职人员所属管辖区域一般比较明确,很少会发生某公职人员是河北省管还是河南省管,是北京市海淀区管还是西城区管的争议。司法争议案件则不同,涉及争议发生地、当事人居住地、户籍地、不动产所在地等,确定管辖非常复杂。当然,监察地域管辖也不是完全不会发生争议,如公职人员工作岗位调动、挂职锻炼、借调等,也可能出现管辖争议的问题。所以《监察法》也对万一发生争议的解决途径作了规定,“监察机关之间对监察事项的管辖有争议的,由其共同的上级监察机关确定”。①

(二)指定管辖的一般规则

指定管辖包括三项规则②:其一,上级监察机关可以将其所管辖的监察事项指定下级监察机关管辖。上级监察机关之所以指定下级监察机关管辖其所管辖的监察事项,可能是出于办理某一特定案件方便的需要,也可能是上级监察机关案件多而下级监察机关案件相对较少的缘故。监察机关上下级是领导、指挥关系,上级监察机关指定下级监察机关办理自己管辖的监察事项,是其相互关系的性质使然。其二,上级监察机关将下级监察机关有管辖权的监察事项指定给其他监察机关管辖。上级监察机关之所以做这种指定,可能是因为某下级监察机关负责人或主要监察人员与某一特定案件有某种利害关系,需要回避的缘故,也可能是上级监察机关某一时期调节各个下级监察机关工作量(有的下级监察机关可能某一时期案多人少,有的下级监察机关可能某一时期案少人多)的需要,还可能是出于某种办案方便的考虑。其三,下级

① 参见《监察法》第16条第3款。
② 参见《监察法》第17条。

监察机关认为所管辖的监察事项重大、复杂，需要由上级监察机关管辖的，可以报请上级监察机关管辖。这与上级监察机关将其所管辖的监察事项指定下级监察机关管辖稍有不同。上级监察机关指定下级监察机关管辖其所管辖的监察事项，下级监察机关一般必须接受。若有某种原因难以接受，可以向上级监察机关解释说明，请求上级监察机关改变指定。上级监察机关认为下级监察机关解释说明的理由不充分，不改变指定，下级监察机关必须服从。而下级监察机关将其所管辖的监察事项报请上级监察机关管辖，则必须取得上级监察机关的同意，上级监察机关认为下级监察机关报请其管辖的监察事项并非重大、复杂而需要由其代下级监察机关管辖，完全可以不接受下级监察机关的报请，而仍退回下级监察机关管辖。

第二节　《监察法实施条例》关于监察对象与监察管辖的具体规定

对于《监察法》就监察对象和监察管辖所作的一般规定，《监察法实施条例》对之予以了细化，对《监察法》所作的较为抽象的原则性规定进行了具体化，使其更具可操作性。

一、关于监察对象的规则

《监察法实施条例》关于监察对象的具体规则可归纳为下述八项：①

1.《监察法》第 15 条第 1 项所称“公务员”的范围，依据《公务员法》确定。

2.《监察法》第 15 条第 1 项所称“参照公务员法管理的人员”，是指有关单位中经批准参照《公务员法》进行管理的工作人员。

3.《监察法》第 15 条第 2 项所称“法律、法规授权或者受国家机关依法委托管理公共事务的组织中从事公务的人员”，是指在上述组织中，除参照《公务员法》管理的人员外，对公共事务履行组织、领导、管理、监督等职责的人员，包括具有公共事务管理职能的行业协会等组织中从事公务的人员，以及法定检验检测、检疫等机构中从事公务的人员。

---

① 参见《监察法实施条例》第 38—44 条。

4.《监察法》第 15 条第 3 项所称“国有企业管理人员”，是指国家出资企业中的下列人员：(1)在国有独资、全资公司、企业中履行组织、领导、管理、监督等职责的人员；(2)经党组织或者国家机关，国有独资、全资公司、企业，事业单位提名、推荐、任命、批准等，在国有控股、参股公司及其分支机构中履行组织、领导、管理、监督等职责的人员；(3)经国家出资企业中负有管理、监督国有资产职责的组织批准或者研究决定，代表其在国有控股、参股公司及其分支机构中从事组织、领导、管理、监督等工作的人员。

5.《监察法》第 15 条第 4 项所称“公办的教育、科研、文化、医疗卫生、体育等单位中从事管理的人员”，是指国家为了社会公益目的，由国家机关举办或者其他组织利用国有资产举办的教育、科研、文化、医疗卫生、体育等事业单位中，从事组织、领导、管理、监督等工作的人员。

6.《监察法》第 15 条第 5 项所称“基层群众性自治组织中从事管理的人员”，是指该组织中的下列人员：(1)从事集体事务和公益事业管理的人员；(2)从事集体资金、资产、资源管理的人员；(3)协助人民政府从事行政管理工作的人员，包括从事救灾、防疫、抢险、防汛、优抚、帮扶、移民、救济款物的管理，社会捐助公益事业款物的管理，国有土地的经营和管理，土地征收、征用补偿费用的管理，代征、代缴税款，有关计划生育、户籍、征兵工作，协助人民政府等国家机关在基层群众性自治组织中从事的其他管理工作。

7.《监察法》第 15 条第 6 项所称“其他依法履行公职的人员”是指下列人员：(1)履行人民代表大会职责的各级人民代表大会代表，履行公职的中国人民政治协商会议各级委员会委员、人民陪审员、人民监督员；(2)虽未列入党政机关人员编制，但在党政机关中从事公务的人员；(3)在集体经济组织等单位、组织中，由党组织或者国家机关，国有独资、全资公司、企业，国家出资企业中负有管理监督国有和集体资产职责的组织，事业单位提名、推荐、任命、批准等，从事组织、领导、管理、监督等工作的人员；(4)在依法组建的评标、谈判、询价等组织中代表国家机关，国有独资、全资公司、企业，事业单位，人民团体临时履行公共事务组织、领导、管理、监督等职责的人员；(5)其他依法行使公权力的人员。

8.有关机关、单位、组织集体作出的决定违法或者实施违法行为的，监察机关应当对负有责任的领导人员和直接责任人员中的公职人员依法追究法律责任。

二、关于监察管辖的规则

《监察法实施条例》关于监察管辖的具体规则可归纳为下述十五项：①

1. 监察机关开展监督、调查、处置，按照管理权限与属地管辖相结合的原则，实行分级负责制。

2. 设区的市级以上监察委员会按照管理权限，依法管辖同级党委管理的公职人员涉嫌职务违法和职务犯罪案件。县级监察委员会和直辖市所辖区（县）监察委员会按照管理权限，依法管辖本辖区内公职人员涉嫌职务违法和职务犯罪案件。

3. 地方各级监察委员会按照《监察法实施条例》第 13 条、第 49 条的规定，可以依法管辖工作单位在本辖区内的有关公职人员涉嫌职务违法和职务犯罪案件。

4. 监察机关调查公职人员涉嫌职务犯罪案件，可以依法对涉嫌行贿犯罪、介绍贿赂犯罪或者共同职务犯罪的涉案人员中的非公职人员一并管辖。非公职人员涉嫌利用影响力受贿罪的，按照其所利用的公职人员的管理权限确定管辖。

5. 上级监察机关对于下一级监察机关管辖范围内的职务违法和职务犯罪案件，具有下列情形之一的，可以依法提级管辖：（1）在本辖区有重大影响的；（2）涉及多个下级监察机关管辖的监察对象，调查难度大的；（3）其他需要提级管辖的重大、复杂案件。

上级监察机关对于所辖各级监察机关管辖范围内有重大影响的案件，必要时可以依法直接调查或者组织、指挥、参与调查。地方各级监察机关所管辖的职务违法和职务犯罪案件，具有上述规定情形的，可以依法报请上一级监察机关管辖。

6. 上级监察机关可以依法将其所管辖的案件指定下级监察机关管辖。设区的市级监察委员会将同级党委管理的公职人员涉嫌职务违法或者职务犯罪案件指定下级监察委员会管辖的，应当报省级监察委员会批准；省级监察委员

---

① 参见《监察法实施条例》第 45—53 条。

会将同级党委管理的公职人员涉嫌职务违法或者职务犯罪案件指定下级监察委员会管辖的,应当报国家监察委员会相关监督检查部门备案。

7. 上级监察机关对于下级监察机关管辖的职务违法和职务犯罪案件,具有下列情形之一,认为由其他下级监察机关管辖更为适宜的,可以依法指定给其他下级监察机关管辖:(1)管辖有争议的;(2)指定管辖有利于案件公正处理的;(3)下级监察机关报请指定管辖的;(4)其他有必要指定管辖的。

被指定的下级监察机关未经指定管辖的监察机关批准,不得将案件再行指定管辖。发现新的职务违法或者职务犯罪线索,以及其他重要情况、重大问题,应当及时向指定管辖的监察机关请示报告。

8. 工作单位在地方、管理权限在主管部门的公职人员涉嫌职务违法和职务犯罪,一般由驻在主管部门、有管辖权的监察机构、监察专员管辖;经协商,监察机构、监察专员可以按规定移交公职人员工作单位所在地的地方监察委员会调查,或者与地方监察委员会联合调查。地方监察委员会在工作中发现上述公职人员有关问题线索,应当向驻在主管部门、有管辖权的监察机构、监察专员通报,并协商确定管辖。

9. 工作单位在地方、管理权限在主管部门的其他公职人员涉嫌职务违法和职务犯罪,可以由地方监察委员会管辖;驻在主管部门的监察机构、监察专员自行立案调查的,应当及时通报地方监察委员会。地方监察委员会调查相应案件,应当将立案、留置、移送审查起诉、撤销案件等重要情况向驻在主管部门的监察机构、监察专员通报。

10. 监察机关办理案件中涉及无隶属关系的其他监察机关的监察对象,认为需要立案调查的,应当商请有管理权限的监察机关依法立案调查。商请立案时,应当提供涉案人员基本情况、已经查明的涉嫌违法犯罪事实以及相关证据材料。承办案件的监察机关认为由其一并调查更为适宜的,可以报请有权决定的上级监察机关指定管辖。

11. 公职人员既涉嫌贪污贿赂、失职渎职等严重职务违法和职务犯罪,又涉嫌公安机关、人民检察院等机关管辖的犯罪,依法由监察机关为主调查的,应当由监察机关和其他机关分别依职权立案,监察机关承担组织协调职责,协调调查和侦查工作进度、重要调查和侦查措施使用等重要事项。

12. 监察机关必要时可以依法调查司法工作人员利用职权实施的涉嫌非

法拘禁、刑讯逼供、非法搜查等侵犯公民权利、损害司法公正的犯罪，并在立案后及时通报同级人民检察院。

13. 监察机关在调查司法工作人员涉嫌贪污贿赂等职务犯罪中，可以对其涉嫌第 12 项规定的犯罪一并调查，并及时通报同级人民检察院。人民检察院在办理直接受理侦查的案件中，发现犯罪嫌疑人同时涉嫌监察机关管辖的其他职务犯罪，经沟通全案移送监察机关管辖的，监察机关应当依法进行调查。

14. 监察机关对于退休公职人员在退休前或者退休后，或者离职、死亡的公职人员在履职期间实施的涉嫌职务违法或者职务犯罪行为，可以依法进行调查。

15. 对第 14 项规定的人员，按照其原任职务的管辖规定确定管辖的监察机关；由其他监察机关管辖更为适宜的，可以依法指定或者交由其他监察机关管辖。

第八章

监察权限

第一节　监察权限概述

一、监察权限和监察权限行使的若干规则

《监察法》和《监察法实施条例》明确列举规定了监察机关的权限——行使监督、调查职权可采取的措施、手段。这些权限共十三项:谈话、讯问、询问、留置、查询与冻结、搜查、调取、查封与扣押、勘验检查、鉴定、技术调查、通缉、限制出境。[①]《监察法》和《监察法实施条例》在规定监察权限的同时,并对采取的这些措施手段规定了相关条件和相关程序规则。例如,留置只适用于严重职务违法或犯罪的被调查人,且案情重大、复杂,或可能逃跑自杀等四种情形之一者;搜查只适用涉嫌职务犯罪的被调查人及可能隐藏被调查人或犯罪证据的人身体、物品、住处和其他有关地方。

《监察法》第18条规定,监察机关行使监督、调查职权,有权依法向有关单位和个人了解情况,收集、调取证据。有关单位和个人应当如实提供。监察机关及其工作人员对监督、调查过程中知悉的国家秘密、商业秘密、个人隐私,应当保密。任何单位和个人不得伪造、隐匿或者毁灭证据。《监察法》的这一规定是一项概括性和综合性的权限:调查取证。调查取证之所以是概括性和综合性的权限,是因为《监察法》规定的其他权限和手段,如谈话、讯问、询问、查询与冻结、搜查、调取、查封与扣押、勘验检查、鉴定等都是为调查取证

① 参见《监察法》第18—34条和《监察法实施条例》第54—167条。

服务的,从属于调查取证的总的目的。调查取证是监察机关履行监察职责、行使监察职权,实现监察目的非常重要的权限和手段。为保证该监察权限、手段得到有效和正确的运用,《监察法》确立了对于有关单位和个人以及监察机关及其工作人员本身应遵循的三项规则:①

其一,监察机关行使监督、调查职权,有权依法向有关单位和个人了解情况,收集、调取证据。有关单位和个人应当如实提供。这项规则既对监察机关提出了要求:其调查取证的目的应该是“行使监督、调查职权”,而非其他目的;调查取证应当“依法”进行,遵守正当法律程序。② 也对被调查取证的单位和个人提出了要求:“应当如实提供”情况和证据。

其二,监察机关及其工作人员对监督、调查过程中知悉的国家秘密、商业秘密、个人隐私,应当保密。这项规则是对监察机关及其工作人员确定的一项重要义务:其对监督、调查过程中知悉的国家秘密、商业秘密、个人隐私,应当保密。因为泄密,无论是故意泄露,还是过失泄露,都可能给国家利益或者公民、法人和其他组织的利益,或者同时给国家以及公民、法人和其他组织的利益,带来重大的损失。为保证监察机关及其工作人员对这一义务的履行,《监察法》第 65 条还规定了违反这一义务的法律责任(政务处分等),第 66 条还规定了违反这一义务,构成犯罪的追究刑事责任。

其三,任何单位和个人不得伪造、隐匿或者毁灭证据。这项规则是对被调查取证的单位和个人以及其他单位和个人确定的一项重要义务。“任何单位和个人”,首先是指被调查取证的单位和个人,监察机关向其了解情况,收集、调取证据时,其应当如实提供,不得伪造、隐匿或者毁灭证据。其次是指被调查取证单位和个人以外的其他任何单位和个人。其他任何单位和个人,即使监察机关没有去该单位和个人处了解情况,收集、调取证据,其也不得伪造、隐匿或者毁灭证据。因为这些伪造的证据,可能通过其他渠道进入监察机关,这些隐匿或者毁灭的证据,会使监察机关今后永远不能获取或难以及时获取,从而严重妨碍监察机关监察职能的行使。为保证任何单位和个人对这一规则的

---

① 参见《监察法》第 18 条。

② 《监察法》第 41 条规定了调查取证的正当法律程序:应当依照规定出示证件,出具书面通知,由 2 人以上进行,形成笔录、报告等书面材料,并由相关人员签名、盖章。调查人员进行讯问以及搜查、查封、扣押等重要取证工作,应当对全过程进行录音录像,留存备查。

履行,《监察法》第 63 条规定了违反这一规则的法律责任(由其所在单位、主管部门、上级机关或者监察机关责令改正,依法给予处理),第 66 条还规定了违反这一规则,构成犯罪的追究刑事责任。

二、《监察法实施条例》关于监察机关行使监察权限的一般要求

《监察法实施条例》对监察机关行使监察权限提出了下述六项一般要求:①

1. 监察机关应当加强监督执法调查工作规范化建设,严格按规定对监察措施进行审批和监管,依照法定的范围、程序和期限采取相关措施,出具、送达法律文书。

2. 监察机关在初步核实中,可以依法采取谈话、询问、查询、调取、勘验检查、鉴定措施;立案后可以采取讯问、留置、冻结、搜查、查封、扣押、通缉措施。需要采取技术调查、限制出境措施的,应当按照规定交有关机关依法执行。设区的市级以下监察机关在初步核实中不得采取技术调查措施。

3. 监察机关开展问责调查,根据具体情况可以依法采取相关监察措施。

4. 监察机关开展讯问、搜查、查封、扣押以及重要的谈话、询问等调查取证工作,应当全程同步录音录像,并保持录音录像资料的完整性。录音录像资料应当妥善保管、及时归档,留存备查。人民检察院、人民法院需要调取同步录音录像的,监察机关应当予以配合,经审批依法予以提供。

5. 监察机关开展调查需要商请其他监察机关协助收集证据材料的,应当依法出具《委托调查函》;商请其他监察机关对采取措施提供一般性协助的,应当依法出具《商请协助采取措施函》。商请协助事项涉及协助地监察机关管辖的监察对象的,应当由协助地监察机关按照所涉人员的管理权限报批。协助地监察机关对于协助请求,应当依法予以协助配合。

6. 监察机关采取监察措施需要告知、通知相关人员的,应当依法办理。告知包括口头、书面两种方式,通知应当采取书面方式。采取口头方式告知的,应当将相关情况制作工作记录;采取书面方式告知、通知的,可以通过直接送交、邮寄、转交等途径送达,将有关回执或者凭证附卷。如无法告知、通

① 参见《监察法实施条例》第 54—58 条。

知,或者相关人员拒绝接收的,调查人员应当在工作记录或者有关文书上记明。

第二节　监察权限的主要种类

根据《监察法》和《监察法实施条例》的规定,监察机关履行监督职责享有十三项监察权限。

一、谈话

监察机关对可能发生职务违法的监察对象,按照管理权限,可以直接或者委托有关机关、人员进行谈话或者要求说明情况。[①] 这一规则有下述三项内容:

其一,明确谈话或者要求说明情况的对象是"可能发生职务违法的监察对象"。监察机关在日常监察过程中发现特定监察对象有轻微违纪行为(有群众反映、举报或从其他渠道知悉),有可能发展为违法甚至犯罪,为避免其在错误的道路上继续走下去,挽救该公职人员,也防止国家利益和公共利益的损失,监察机关有必要对该公职人员"扯扯袖子",与其谈话,要求说明情况,予以警示。

其二,确定进行谈话或者要求说明情况的主体可以是监察机关自己,也可以是监察机关委托的有关机关、人员。所谓"有关机关、人员"一般是"可能发生职务违法的监察对象"所在的机关(机关负责人)或组织、人事部门的负责人。如果"可能发生职务违法的监察对象"是所在的机关主要负责人,"有关机关、人员"则是其上级机关(机关负责人)或上级机关组织、人事部门的负责人。

其三,监察机关应按照管理权限,直接或者委托有关机关、人员进行谈话或者要求说明情况。所谓"按照管理权限"即遵守《监察法》第三章有关监察机关管辖的规定,监察机关直接或者委托有关机关、人员进行谈话或者要求说明情况的"可能发生职务违法的监察对象"是其管辖的监察对象。

---

① 参见《监察法》第 19 条。

对于“谈话”这一监察权限的行使,《监察法实施条例》规定了下述十四项具体规则:①

1. 监察机关在问题线索处置、初步核实和立案调查中,可以依法对涉嫌职务违法的监察对象进行谈话,要求其如实说明情况或者作出陈述。谈话应当个别进行。负责谈话的人员不得少于2人。

2. 对一般性问题线索的处置,可以采取谈话方式进行,对监察对象给予警示、批评、教育。谈话应当在工作地点等场所进行,明确告知谈话事项,注重谈清问题、取得教育效果。

3. 采取谈话方式处置问题线索的,经审批可以由监察人员或者委托被谈话人所在单位主要负责人等进行谈话。监察机关谈话应当形成谈话笔录或者记录。谈话结束后,可以根据需要要求被谈话人在15个工作日以内作出书面说明。被谈话人应当在书面说明每页签名,修改的地方也应当签名。委托谈话的,受委托人应当在收到委托函后的15个工作日以内进行谈话。谈话结束后及时形成谈话情况材料报送监察机关,必要时附被谈话人的书面说明。

4. 监察机关开展初步核实工作,一般不与被核查人接触;确有需要与被核查人谈话的,应当按规定报批。

5. 监察机关对涉嫌职务违法的被调查人立案后,可以依法进行谈话。与被调查人首次谈话时,应当出示《被调查人权利义务告知书》,由其签名、捺指印。被调查人拒绝签名、捺指印的,调查人员应当在文书上记明。对于被调查人未被限制人身自由的,应当在首次谈话时出具《谈话通知书》。

6. 与涉嫌严重职务违法的被调查人进行谈话的,应当全程同步录音录像,并告知被调查人。告知情况应当在录音录像中予以反映,并在笔录中记明。

7. 立案后,与未被限制人身自由的被调查人谈话的,应当在具备安全保障条件的场所进行。

8. 调查人员按规定通知被调查人所在单位派员或者被调查人家属陪同被

① 这14项规则是笔者对《监察法实施条例》第70—80条关于“谈话”相应规定的归纳,这些规则并非与条例的条文一一对应。有的一个条文有两项或两项以上的内容,笔者即将之归纳为两项或两项以上规则。但大多数条文是一个条文一项内容,即归纳为一项规则。本章(乃至本书)在介绍和阐释《监察法实施条例》有关其他监察权限(乃至其他监察制度)的具体规则时,亦均采取这一方式。

调查人到指定场所的,应当与陪同人员办理交接手续,填写《陪送交接单》。

9. 调查人员与被留置的被调查人谈话的,按照法定程序在留置场所进行。

10. 与在押的犯罪嫌疑人、被告人谈话的,应当持以监察机关名义出具的介绍信、工作证件,商请有关案件主管机关依法协助办理。与在看守所、监狱服刑的人员谈话的,应当持以监察机关名义出具的介绍信、工作证件办理。

11. 与被调查人进行谈话,应当合理安排时间、控制时长,保证其饮食和必要的休息时间。

12. 谈话笔录应当在谈话现场制作。笔录应当详细具体,如实反映谈话情况。笔录制作完成后,应当交给被调查人核对。被调查人没有阅读能力的,应当向其宣读。笔录记载有遗漏或者差错的,应当补充或者更正,由被调查人在补充或者更正处捺指印。被调查人核对无误后,应当在笔录中逐页签名、捺指印。被调查人拒绝签名、捺指印的,调查人员应当在笔录中记明。调查人员也应当在笔录中签名。

13. 被调查人请求自行书写说明材料的,应当准许。必要时,调查人员可以要求被调查人自行书写说明材料。被调查人应当在说明材料上逐页签名、捺指印,在末页写明日期。对说明材料有修改的,在修改之处应当捺指印。说明材料应当由 2 名调查人员接收,在首页记明接收的日期并签名。

14.《监察法实施条例》第 74 条至第 79 条的规定(上述第 5 项至第 13 项规则),也适用于在初步核实中开展的谈话。

二、讯问

在调查过程中,监察机关对涉嫌职务违法的被调查人,可以要求其就涉嫌违法行为作出陈述,必要时可向被调查人出具书面通知。对涉嫌贪污贿赂、失职渎职等职务犯罪的被调查人,监察机关可以进行讯问,要求其如实供述涉嫌犯罪的情况。[①] 这一规则有以下五项内容:

其一,要求被调查人陈述的条件是监察机关在进行调查的过程中,认定被调查人已经"涉嫌职务违法",此不同于监察机关行使第一项权限、采取第一种手段——谈话或者要求说明情况——的条件:监察对象"可能发生职务违

① 参见《监察法》第 20 条。

法”。认定特定监察对象“涉嫌职务违法”应该有初步的证据材料证实。当然,“涉嫌职务违法”并不等于被调查人确实实施了职务违法,被调查人可能实施了职务违法的证据材料有待于进一步核实,所以有必要要求“涉嫌职务违法”的人陈述,以便进一步了解情况,查明事实。

其二,监察机关要求被调查人陈述的内容是其涉嫌作出的违法行为,即要求其说明其是否确实作出了相应的“涉嫌职务违法”行为,如果确实作出,则说明如何作出,作出的时间、地点、目的、动机、手段、方式、结果,以及与之有关系的人和事等。

其三,监察机关在要求被调查人陈述,认为必要时,可向被调查人出具书面通知。所谓“必要”,是指为查明被调查人“涉嫌职务违法”行为事实的必要。在有些情况下,监察机关认为向被调查人出具书面通知,让被调查人事前有所准备,对其陈述和接受讯问会有更好的效果,所以就认为有给其出具书面通知的“必要”。在另外的情况下,监察机关认为向被调查人出具书面通知,让被调查人事前有所准备,反而可能影响其陈述和接受讯问的效果,不利于查明被调查人“涉嫌职务违法”行为事实,自然就没有给其出具书面通知的“必要”,从而不应该和不可能给其出具书面通知。

其四,对涉嫌贪污贿赂、失职渎职等职务犯罪的被调查人,监察机关可以进行讯问。首先,进行讯问的对象是“涉嫌贪污贿赂、失职渎职等职务犯罪的被调查人”,而不同于前述“要求作出陈述”的对象是“涉嫌职务违法的被调查人”。其次,讯问对象的范围是“涉嫌贪污贿赂、失职渎职等职务犯罪的被调查人”。这里的“职务犯罪”主要是指“贪污贿赂、失职渎职”,但又不限于此,因为《监察法》在此条文中还使用了“等”,这就说明除“贪污贿赂、失职渎职”外,还可能存在其他“职务犯罪”。此外,该项条文的用词使用的是“可以”,这里的“可以”是授权之意,不是既“可以”也可以为“不可以”的意思。换一个表述,即是“对涉嫌贪污贿赂、失职渎职等职务犯罪的被调查人,监察机关有权进行讯问”。

其五,对被讯问的被调查人提出要求,其应如实供述涉嫌犯罪的情况。被调查人只有如实供述涉嫌犯罪的情况,才有利于监察机关尽快查明案情,正确对被调查人作出处置。同时被调查人也可因“如实供述涉嫌犯罪的情况”这一情节而依法得到从轻处罚。

对于“讯问”这一监察权限的行使，《监察法实施条例》规定了下述六项具体规则：[①]

1. 监察机关对涉嫌职务犯罪的被调查人，可以依法进行讯问，要求其如实供述涉嫌犯罪的情况。

2. 讯问被留置的被调查人，应当在留置场所进行。

3. 讯问应当个别进行，调查人员不得少于 2 人。

4. 首次讯问时，应当向被讯问人出示《被调查人权利义务告知书》，由其签名、捺指印。被讯问人拒绝签名、捺指印的，调查人员应当在文书上记明。被讯问人未被限制人身自由的，应当在首次讯问时向其出具《讯问通知书》。

5. 讯问一般按照下列顺序进行：(1) 核实被讯问人的基本情况，包括姓名、曾用名、出生年月日、户籍地、身份证件号码、民族、职业、政治面貌、文化程度、工作单位及职务、住所、家庭情况、社会经历，是否属于党代表大会代表、人大代表、政协委员，是否受到过党纪政务处分，是否受到过刑事处罚等；(2) 告知被讯问人如实供述自己罪行可以依法从宽处理和认罪认罚的法律规定；(3) 讯问被讯问人是否有犯罪行为，让其陈述有罪的事实或者无罪的辩解，应当允许其连贯陈述。

调查人员的提问应当与调查的案件相关。被讯问人对调查人员的提问应当如实回答。调查人员对被讯问人的辩解，应当如实记录，认真查核。讯问时，应当告知被讯问人将进行全程同步录音录像。告知情况应当在录音录像中予以反映，并在笔录中记明。

6.《监察法实施条例》第 75—79 条的要求，[②]也适用于讯问。

三、询问

在调查过程中，监察机关可以询问证人等人员。询问证人是监察机关调查取证、查明案情的基本手段之一。《刑事诉讼法》规定，证人证言是人民法院审理刑事案件可以用于证明案件事实，作为证据使用的八种材料之一。[③]

---

① 参见《监察法实施条例》第 81—84 条。

② 即前述《监察法实施条例》关于“谈话”规定中的第 7—13 项规则。

③ 参见《刑事诉讼法》第 50 条。

但是，证人证言必须在法庭上经过公诉人、被害人和被告人、辩护人双方质证并且查实以后，才能作为定案的根据。[①] 因此，监察机关在询问证人过程中，一定要遵循正当法定程序，[②]保证证人证言的真实性和合法性。

对于“询问”这一监察权限的行使，《监察法实施条例》规定了下述十二项具体规则：[③]

1. 监察机关经过规定的报批手续，可以依法对证人、被害人等人员进行询问，了解核实有关问题或者案件情况。

2. 证人未被限制人身自由的，可以在其工作地点、住所或者其提出的地点进行询问，也可以通知其到指定地点接受询问。到证人提出的地点或者调查人员指定的地点进行询问的，应当在笔录中记明。

3. 调查人员认为有必要或者证人提出需要由所在单位派员或者其家属陪同到询问地点的，应当办理交接手续并填写《陪送交接单》。

4. 询问应当个别进行。负责询问的调查人员不得少于 2 人。首次询问时，应当向证人出示《证人权利义务告知书》，由其签名、捺指印。证人拒绝签名、捺指印的，调查人员应当在文书上记明。证人未被限制人身自由的，应当在首次询问时向其出具《询问通知书》。询问时，应当核实证人身份，问明证人的基本情况，告知证人应当如实提供证据、证言，以及作伪证或者隐匿证据应当承担的法律责任。不得向证人泄露案情，不得采用非法方法获取证言。

5. 询问重大或者有社会影响案件的重要证人，应当对询问过程全程同步录音录像，并告知证人。告知情况应当在录音录像中予以反映，并在笔录中记明。

6. 询问未成年人，应当通知其法定代理人到场。无法通知或者法定代理人不能到场的，应当通知未成年人的其他成年亲属或者所在学校、居住地基层组织的代表等有关人员到场。询问结束后，由法定代理人或者有关人员在笔录中签名。调查人员应当将到场情况记录在案。

7. 询问聋、哑人，应当有通晓聋、哑手势的人员参加。调查人员应当在笔

---

① 参见《刑事诉讼法》第 61 条。

② 此项正当法律程序规定于《监察法》第 41 条。

③ 参见《监察法实施条例》第 85—91 条。

录中记明证人的聋、哑情况,以及翻译人员的姓名、工作单位和职业。询问不通晓当地通用语言、文字的证人,应当有翻译人员。询问结束后,由翻译人员在笔录中签名。

8. 凡是知道案件情况的人,都有如实作证的义务。对故意提供虚假证言的证人,应当依法追究法律责任。

9. 证人或者其他任何人不得帮助被调查人隐匿、毁灭、伪造证据或者串供,不得实施其他干扰调查活动的行为。

10. 证人、鉴定人、被害人因作证,本人或者近亲属人身安全面临危险,向监察机关请求保护的,监察机关应当受理并及时进行审查;对于确实存在人身安全危险的,监察机关应当采取必要的保护措施。监察机关发现存在上述情形的,应当主动采取保护措施。监察机关可以采取下列一项或者多项保护措施:(1)不公开真实姓名、住址和工作单位等个人信息;(2)禁止特定的人员接触证人、鉴定人、被害人及其近亲属;(3)对人身和住宅采取专门性保护措施;(4)其他必要的保护措施。

依法决定不公开证人、鉴定人、被害人的真实姓名、住址和工作单位等个人信息的,可以在询问笔录等法律文书、证据材料中使用化名。但是应当另行书面说明使用化名的情况并标明密级,单独成卷。监察机关采取保护措施需要协助的,可以提请公安机关等有关单位和要求有关个人依法予以协助。

11.《监察法实施条例》第 76—79 条的要求,[①]也适用于询问。询问重要涉案人员,根据情况适用本条例第 75 条的规定。

12. 询问被害人,适用询问证人的规定。

四、留置

根据《监察法》第 22 条的规定,监察机关对涉嫌贪污贿赂、失职渎职等严重职务违法或者职务犯罪,且已经掌握其部分违法犯罪事实及证据,仍有重要问题需要进一步调查,并有下列情形之一的被调查人,经依法审批,可以将其留置在特定场所:(1)涉及案情重大、复杂的;(2)可能逃跑、自杀的;(3)可能串供或者伪造、隐匿、毁灭证据的;(4)可能有其他妨碍调查行为的。此外,对

---

① 即前述《监察法实施条例》关于“谈话”规定中的第 8—13 项规则。

涉嫌行贿犯罪或者共同职务犯罪的涉案人员，监察机关可以依照前款规定采取留置措施。留置场所的设置、管理和监督依照国家有关规定执行。

《监察法》赋予监察机关的该项权限、手段，在《监察法》赋予监察机关的13项权限、手段中，强制性程度最高，对被调查人权益（特别是人身权）影响最严重，或者说是强制性程度最高，对被调查人权益影响最严重的权限、手段之一。因此，《监察法》对适用该项权限、手段规定了严格的条件。

其一，留置适用的对象限于“涉嫌贪污贿赂、失职渎职等严重职务违法或者职务犯罪，监察机关已经掌握其部分违法犯罪事实及证据，仍有重要问题需要进一步调查的被调查人”。

其二，这些被调查人还必须具有下列四种情形之一：涉及案情重大、复杂的；可能逃跑、自杀的；可能串供或者伪造、隐匿、毁灭证据的；可能有其他妨碍调查行为的。

其三，对被调查人适用留置须经监察机关依法审批，《监察法》第43条规定了留置审批的严格程序。

其四，关于留置场所的设置、管理和监督，《监察法》规定依照国家有关规定执行。法律虽然没有规定具体的留置场所，但对留置场所的设置、管理和监督予以了限制，必须依照国家有关规定执行，而不能任意设置、任意管理和疏于监督。目前，国家关于留置场所的设置、管理和监督的统一规定尚未出台。根据实践中的做法，留置场所现在多是设置在由公安机关负责管理的，有严格安全保障和严格法制规范的，①羁押依法被逮捕、刑事拘留的人的看守所。这种场所相较于过去安排“两规”人员接受调查的场所，对被调查人权益的保障要充分得多。

其五，《监察法》第22条还规定了一种特殊的留置对象：涉嫌行贿犯罪或者共同职务犯罪的涉案人员。对这些人员，监察机关可以依照对被调查人留置的规定同样采取留置措施。之所以对涉嫌行贿犯罪或者共同职务犯罪的涉案人员也同样进行留置，是为了防止这些犯罪嫌疑人进行串供或者伪造、隐匿、毁灭证据，妨碍监察机关调查工作的正常进行。

对于“留置”这一监察权限的行使，《监察法实施条例》规定了下述十七项

---

① 参见《看守所条例》。

具体规则:①

1. 监察机关调查严重职务违法或者职务犯罪,对于符合《监察法》第 22 条第 1 款规定的,经依法审批,可以对被调查人采取留置措施。《监察法》第 22 条第 1 款规定的"严重职务违法",是指根据监察机关已经掌握的事实及证据,被调查人涉嫌的职务违法行为情节严重,可能被给予撤职以上政务处分;"重要问题",是指对被调查人涉嫌的职务违法或者职务犯罪,在定性处置、定罪量刑等方面有重要影响的事实、情节及证据。

2.《监察法》第 22 条第 1 款规定的"已经掌握其部分违法犯罪事实及证据",是指同时具备下列情形:(1)有证据证明发生了违法犯罪事实;(2)有证据证明该违法犯罪事实是被调查人实施;(3)证明被调查人实施违法犯罪行为的证据已经查证属实。

"部分违法犯罪事实",既可以是单一违法犯罪行为的事实,也可以是数个违法犯罪行为中任何一个违法犯罪行为的事实。

3. 被调查人具有下列情形之一的,可以认定为《监察法》第 22 条第 1 款第 2 项所规定的"可能逃跑、自杀":(1)着手准备自杀、自残或者逃跑的;(2)曾经有自杀、自残或者逃跑行为的;(3)有自杀、自残或者逃跑意图的;(4)其他可能逃跑、自杀的情形。

4. 被调查人具有下列情形之一的,可以认定为《监察法》第 22 条第 1 款第 3 项所规定的"可能串供或者伪造、隐匿、毁灭证据":(1)曾经或者企图串供,伪造、隐匿、毁灭、转移证据的;(2)曾经或者企图威逼、恐吓、利诱、收买证人,干扰证人作证的;(3)有同案人或者与被调查人存在密切关联违法犯罪的涉案人员在逃,重要证据尚未收集完成的;(4)其他可能串供或者伪造、隐匿、毁灭证据的情形。

5. 被调查人具有下列情形之一的,可以认定为《监察法》第 22 条第 1 款第 4 项所规定的"可能有其他妨碍调查行为":(1)可能继续实施违法犯罪行为的;(2)有危害国家安全、公共安全等现实危险的;(3)可能对举报人、控告人、被害人、证人、鉴定人等相关人员实施打击报复的;(4)无正当理由拒不到案,严重影响调查的;(5)其他可能妨碍调查的行为。

---

① 参见《监察法实施条例》第 92—103 条。

6. 监察机关对下列人员不得采取留置措施：(1)患有严重疾病、生活不能自理的；(2)怀孕或者正在哺乳自己婴儿的妇女；(3)系生活不能自理的人的唯一扶养人。

上述情形消除后，根据调查需要可以对相关人员采取留置措施。

7. 监察机关采取留置措施时，调查人员不得少于2人，应当向被留置人员宣布《留置决定书》，告知被留置人员权利义务，要求其在《留置决定书》上签名、捺指印。被留置人员拒绝签名、捺指印的，调查人员应当在文书上记明。

8. 监察机关采取留置措施后，应当在24小时以内通知被留置人员所在单位和家属。当面通知的，由有关人员在《留置通知书》上签名。无法当面通知的，可以先以电话等方式通知，并通过邮寄、转交等方式送达《留置通知书》，要求有关人员在《留置通知书》上签名。因可能毁灭、伪造证据，干扰证人作证或者串供等有碍调查情形而不宜通知的，应当按规定报批，记录在案。有碍调查的情形消失后，应当立即通知被留置人员所在单位和家属。

9. 县级以上监察机关需要提请公安机关协助采取留置措施的，应当按规定报批，请同级公安机关依法予以协助。提请协助时，应当出具《提请协助采取留置措施函》，列明提请协助的具体事项和建议，协助采取措施的时间、地点等内容，附《留置决定书》复印件。因保密需要，不适合在采取留置措施前向公安机关告知留置对象姓名的，可以作出说明，进行保密处理。

10. 需要提请异地公安机关协助采取留置措施的，应当按规定报批，向协作地同级监察机关出具协作函件和相关文书，由协作地监察机关提请当地公安机关依法予以协助。

11. 留置过程中，应当保障被留置人员的合法权益，尊重其人格和民族习俗，保障饮食、休息和安全，提供医疗服务。

12. 留置时间不得超过3个月，自向被留置人员宣布之日起算。具有下列情形之一的，经审批可以延长一次，延长时间不得超过3个月：(1)案情重大，严重危害国家利益或者公共利益的；(2)案情复杂，涉案人员多、金额巨大，涉及范围广的；(3)重要证据尚未收集完成，或者重要涉案人员尚未到案，导致违法犯罪的主要事实仍须继续调查的；(4)其他需要延长留置时间的情形。

省级以下监察机关采取留置措施的，延长留置时间应当报上一级监察机关批准。

13. 延长留置时间的，应当在留置期满前向被留置人员宣布延长留置时间的决定，要求其在《延长留置时间决定书》上签名、捺指印。被留置人员拒绝签名、捺指印的，调查人员应当在文书上记明。延长留置时间的，应当通知被留置人员家属。

14. 对被留置人员不需要继续采取留置措施的，应当按规定报批，及时解除留置。调查人员应当向被留置人员宣布解除留置措施的决定，由其在《解除留置决定书》上签名、捺指印。被留置人员拒绝签名、捺指印的，调查人员应当在文书上记明。解除留置措施的，应当及时通知被留置人员所在单位或者家属。调查人员应当与交接人办理交接手续，并由其在《解除留置通知书》上签名。无法通知或者有关人员拒绝签名的，调查人员应当在文书上记明。

15. 案件依法移送人民检察院审查起诉的，留置措施自犯罪嫌疑人被执行拘留时自动解除，不再办理解除法律手续。

16. 留置场所应当建立健全保密、消防、医疗、餐饮及安保等安全工作责任制，制定紧急突发事件处置预案，采取安全防范措施。

17. 留置期间发生被留置人员死亡、伤残、脱逃等办案安全事故、事件的，应当及时做好处置工作。相关情况应当立即报告监察机关主要负责人，并在24小时以内逐级上报至国家监察委员会。

五、查询与冻结

（一）查询

监察机关调查涉嫌贪污贿赂、失职渎职等严重职务违法或者职务犯罪，根据工作需要，可以依照规定查询涉案单位和个人的存款、汇款、债券、股票、基金份额等财产。有关单位和个人应当配合。

这一规则包括以下三项内容：①

其一，查询适用的对象是涉嫌贪污贿赂、失职渎职等严重职务违法或者职务犯罪的涉案单位和个人。

其二，查询适用的范围包括存款、汇款、债券、股票、基金份额等财产。

---

① 参见《监察法》第23条第1款。

其三,查询适用的条件是“根据工作需要”和“依照规定”。所谓“根据工作需要”,主要是指根据案件调查的需要;所谓“依照规定”主要是指依照法律、法规有关查询程序的规定。

对于“查询”这一监察权限的行使,《监察法实施条例》规定了下述六项具体规则:①

1. 监察机关调查严重职务违法或者职务犯罪,根据工作需要,按规定报批后,可以依法查询、冻结涉案单位和个人的存款、汇款、债券、股票、基金份额等财产。

2. 查询、冻结财产时,调查人员不得少于2人。调查人员应当出具《协助查询财产通知书》或者《协助冻结财产通知书》,送交银行或者其他金融机构、邮政部门等单位执行。有关单位和个人应当予以配合,并严格保密。

3. 查询财产应当在《协助查询财产通知书》中填写查询账号、查询内容等信息。没有具体账号的,应当填写足以确定账户或者权利人的自然人姓名、身份证件号码或者企业法人名称、统一社会信用代码等信息。

4. 调查人员可以根据需要对查询结果进行打印、抄录、复制、拍照,要求相关单位在有关材料上加盖证明印章。对查询结果有疑问的,可以要求相关单位进行书面解释并加盖印章。

5. 监察机关对查询信息应当加强管理,规范信息交接、调阅、使用程序和手续,防止滥用和泄露。

6. 调查人员不得查询与案件调查工作无关的信息。

(二)冻结

监察机关调查涉嫌贪污贿赂、失职渎职等严重职务违法或者职务犯罪,根据工作需要,可以依照规定冻结涉案单位和个人的存款、汇款、债券、股票、基金份额等财产。有关单位和个人应当配合。冻结的财产经查明与案件无关的,应当在查明后3日内解除冻结,予以退还。②

这一规则包括以下四项内容:

其一,冻结适用的对象是涉嫌贪污贿赂、失职渎职等严重职务违法或者职

---

① 参见《监察法实施条例》第104—107条。

② 参见《监察法》第23条。

务犯罪的涉案单位和个人。

其二,冻结适用的范围包括存款、汇款、债券、股票、基金份额等财产。

其三,冻结适用的条件是"根据工作需要"和"依照规定"。这里所谓"根据工作需要",主要是指根据案件调查的需要和今后作出处置决定和执行处置决定的需要;所谓"依照规定"主要是指依照法律、法规有关冻结程序的规定。

其四,冻结的财产经查明与案件无关的,应当在查明后3日内解除冻结,予以退还。《监察法》作出这一规定主要是为了保障财产被冻结的当事人的合法权益;防止监察机关过度采取冻结措施给当事人财产造成不应有的损失。在以往的实践中,有的监察机关或某些其他执法机关往往在查明被冻结财产与案件无关后,仍然迟迟不解除冻结和予以退还,导致当事人财产重大损失,甚至导致企业破产,正是有鉴于这些教训,《监察法》作了此项规定。

对于"冻结"这一监察权限的行使,《监察法实施条例》规定了下述九项具体规则:①

1. 冻结财产应当在《协助冻结财产通知书》中填写冻结账户名称、冻结账号、冻结数额、冻结期限起止时间等信息。冻结数额应当具体、明确,暂时无法确定具体数额的,应当在《协助冻结财产通知书》上明确写明"只收不付"。冻结证券和交易结算资金时,应当明确冻结的范围是否及于孳息。

2. 冻结财产,应当为被调查人及其所扶养的亲属保留必需的生活费用。

3. 冻结财产的期限不得超过6个月。冻结期限到期未办理续冻手续的,冻结自动解除。有特殊原因需要延长冻结期限的,应当在到期前按原程序报批,办理续冻手续。每次续冻期限不得超过6个月。

4. 已被冻结的财产可以轮候冻结,不得重复冻结。轮候冻结的,监察机关应当要求有关银行或者其他金融机构等单位在解除冻结或者作出处理前予以通知。

5. 监察机关接受司法机关、其他监察机关等国家机关移送的涉案财物后,该国家机关采取的冻结期限届满,监察机关续行冻结的顺位与该国家机关冻结的顺位相同。

---

① 参见《监察法实施条例》第105条、第108—111条。

6. 冻结财产应当通知权利人或者其法定代理人、委托代理人,要求其在《冻结财产告知书》上签名。冻结股票、债券、基金份额等财产,应当告知权利人或者其法定代理人、委托代理人有权申请出售。

7. 对于被冻结的股票、债券、基金份额等财产,权利人或者其法定代理人、委托代理人申请出售,不损害国家利益、被害人利益,不影响调查正常进行的,经审批可以在案件办结前由相关机构依法出售或者变现。对于被冻结的汇票、本票、支票即将到期的,经审批可以在案件办结前由相关机构依法出售或者变现。出售上述财产的,应当出具《许可出售冻结财产通知书》。

8. 出售或者变现所得价款应当继续冻结在其对应的银行账户中;没有对应的银行账户的,应当存入监察机关指定的专用账户保管,并将存款凭证送监察机关登记。监察机关应当及时向权利人或者其法定代理人、委托代理人出具《出售冻结财产通知书》,并要求其签名。拒绝签名的,调查人员应当在文书上记明。

9. 对于冻结的财产,应当及时核查。经查明与案件无关的,经审批,应当在查明后 3 日以内将《解除冻结财产通知书》送交有关单位执行。解除情况应当告知被冻结财产的权利人或者其法定代理人、委托代理人。

六、搜查

监察机关可以对涉嫌职务犯罪的被调查人以及可能隐藏被调查人或者犯罪证据的人的身体、物品、住处和其他有关地方进行搜查。在搜查时,应当出示搜查证,并有被搜查人或者其家属等见证人在场。搜查女性的身体,应当由女工作人员进行。监察机关进行搜查时,可以根据工作需要提请公安机关配合。公安机关应当依法予以协助。①

《监察法》赋予监察机关的这一权限、手段由于严重涉及被搜查人的人身和财产权益,故对之作出了诸多重要的制约性规定。这主要表现在下述四个方面:

其一,搜查的对象限于涉嫌职务犯罪的被调查人以及可能隐藏被调查人或者犯罪证据的人,监察机关不能对一般职务违法的人和没有可能隐藏被调

① 参见《监察法》第 24 条。

查人或者犯罪证据的人的身体、物品、住处和其他有关地方进行搜查。

其二，搜查应当出示搜查证，并有被搜查人或者其家属等见证人在场。这是法律对搜查程序的规定，搜查除了遵循此项程序的规定外还须遵循《监察法》第 41 条的规定：依照规定出示证件，出具书面通知，由 2 人以上进行，形成笔录、报告等书面材料，并由相关人员签名、盖章。此外，调查人员进行搜查，应当对全过程进行录音录像，留存备查。

其三，搜查女性的身体，应当由女工作人员进行。这一规定源于《刑事诉讼法》第 139 条第 2 款的规定，体现了宪法关于尊重和保障人权的原则和精神。

其四，监察机关进行搜查时，可以根据工作需要提请公安机关配合。公安机关应当依法予以协助。公安机关对监察机关进行搜查依法予以协助，实际上不仅是对监察机关行使这一权限、运用搜查手段的配合，而且也是对监察机关行使这一权限、运用搜查手段的制约，有利于防止监察机关对这一权限的滥用。

对于"搜查"这一监察权限的行使，《监察法实施条例》规定了下述十项具体规则：①

1. 监察机关调查职务犯罪案件，为了收集犯罪证据、查获被调查人，按规定报批后，可以依法对被调查人以及可能隐藏被调查人或者犯罪证据的人的身体、物品、住处、工作地点和其他有关地方进行搜查。

2. 搜查应当在调查人员主持下进行，调查人员不得少于 2 人。搜查女性的身体，由女性工作人员进行。

3. 搜查时，应当有被搜查人或者其家属、其所在单位工作人员或者其他见证人在场。监察人员不得作为见证人。调查人员应当向被搜查人或者其家属、见证人出示《搜查证》，要求其签名。被搜查人或者其家属不在场，或者拒绝签名的，调查人员应当在文书上记明。

4. 搜查时，应当要求在场人员予以配合，不得进行阻碍。对以暴力、威胁等方法阻碍搜查的，应当依法制止。对阻碍搜查构成违法犯罪的，依法追究法律责任。

---

① 参见《监察法实施条例》第 112—118 条。

5. 县级以上监察机关需要提请公安机关依法协助采取搜查措施的，应当按规定报批，请同级公安机关予以协助。提请协助时，应当出具《提请协助采取搜查措施函》，列明提请协助的具体事项和建议，搜查时间、地点、目的等内容，附《搜查证》复印件。

6. 需要提请异地公安机关协助采取搜查措施的，应当按规定报批，向协作地同级监察机关出具协作函件和相关文书，由协作地监察机关提请当地公安机关予以协助。

7. 对搜查取证工作，应当全程同步录音录像。对搜查情况还应当制作《搜查笔录》，由调查人员和被搜查人或者其家属、见证人签名。被搜查人或者其家属不在场，或者拒绝签名的，调查人员应当在笔录中记明。对于查获的重要物证、书证、视听资料、电子数据及其放置、存储位置应当拍照，并在《搜查笔录》中作出文字说明。

8. 搜查时，应当避免未成年人或者其他不适宜在搜查现场的人在场。

9. 搜查人员应当服从指挥、文明执法，不得擅自变更搜查对象和扩大搜查范围。搜查的具体时间、方法，在实施前应当严格保密。

10. 在搜查过程中查封、扣押财物和文件的，按照查封、扣押的有关规定办理。

七、调取

作为监察权限和监察手段的调取，由于与同作为监察权限、监察手段的查封、扣押有密切的联系，故《监察法》对其实施规则加以统一规定。《监察法》第25条规定，监察机关在调查过程中，可以调取、查封、扣押用以证明被调查人涉嫌违法犯罪的财物、文件和电子数据等信息。采取调取、查封、扣押措施，应当收集原物原件，会同持有人或者保管人、见证人，当面逐一拍照、登记、编号，开列清单，由在场人员当场核对、签名，并将清单副本交财物、文件的持有人或者保管人。对调取、查封、扣押的财物、文件，监察机关应当设立专用账户、专门场所，确定专门人员妥善保管，严格履行交接、调取手续，定期对账核实，不得毁损或者用于其他目的。对价值不明物品应当及时鉴定，专门封存保管。查封、扣押的财物、文件经查明与案件无关的，应当在查明后3日内解除查封、扣押，予以退还。

《监察法》对这一监察权限、监察手段确立了以下四项行使规则：

其一，调取、查封、扣押的对象应是用以证明被调查人涉嫌违法犯罪的财物、文件和电子数据等信息。如果相应财物、文件和电子数据等信息与证明被调查人涉嫌违法犯罪无关，则不应调取、查封、扣押。

其二，采取调取、查封、扣押措施，应当收集原物原件，会同持有人或者保管人、见证人，当面逐一拍照、登记、编号，开列清单，由在场人员当场核对、签名，并将清单副本交财物、文件的持有人或者保管人。确定这一规则的目的是保证被调取、查封、扣押的财物、文件和电子数据等信息作为证据的真实性和合法性。

其三，对调取、查封、扣押的财物、文件，监察机关应当设立专用账户、专门场所，确定专门人员妥善保管，严格履行交接、调取手续，定期对账核实，不得毁损或者用于其他目的。对价值不明物品应当及时鉴定，专门封存保管。确定这一规则的目的是保证被调取、查封、扣押的财物、文件和电子数据等信息的安全，防止丢失或毁损。

其四，查封、扣押的财物、文件经查明与案件无关的，应当在查明后 3 日内解除查封、扣押，予以退还。确定这一规则的目的主要在于保障财产被查封、扣押的当事人的合法权益。防止监察机关滥用查封、扣押权给当事人财产或其他权益造成不应有的损失。

另外，《监察法实施条例》专门就“调取”这一监察权限的行使规定了下述十一项具体规则：①

1. 监察机关按规定报批后，可以依法向有关单位和个人调取用以证明案件事实的证据材料。

2. 调取证据材料时，调查人员不得少于 2 人。调查人员应当依法出具《调取证据通知书》，必要时附《调取证据清单》。

3. 有关单位和个人配合监察机关调取证据，应当严格保密。

4. 调取物证应当调取原物。原物不便搬运、保存，或者依法应当返还，或者因保密工作需要不能调取原物的，可以将原物封存，并拍照、录像。对原物拍照或者录像时，应当足以反映原物的外形、内容。

① 参见《监察法实施条例》第 119—124 条。

5. 调取书证、视听资料应当调取原件。取得原件确有困难或者因保密工作需要不能调取原件的,可以调取副本或者复制件。

6. 调取物证的照片、录像和书证、视听资料的副本、复制件的,应当书面记明不能调取原物、原件的原因,原物、原件存放地点,制作过程,是否与原物、原件相符,并由调查人员和物证、书证、视听资料原持有人签名或者盖章。持有人无法签名、盖章或者拒绝签名、盖章的,应当在笔录中记明,由见证人签名。

7. 调取外文材料作为证据使用的,应当交由具有资质的机构和人员出具中文译本。中文译本应当加盖翻译机构公章。

8. 收集、提取电子数据,能够扣押原始存储介质的,应当予以扣押、封存并在笔录中记录封存状态。无法扣押原始存储介质的,可以提取电子数据,但应当在笔录中记明不能扣押的原因、原始存储介质的存放地点或者电子数据的来源等情况。由于客观原因无法或者不宜采取前述规定方式收集、提取电子数据的,可以采取打印、拍照或者录像等方式固定相关证据,并在笔录中说明原因。

9. 收集、提取的电子数据,足以保证完整性,无删除、修改、增加等情形的,可以作为证据使用。

10. 收集、提取电子数据,应当制作笔录,记录案由、对象、内容,收集、提取电子数据的时间、地点、方法、过程,并附电子数据清单,注明类别、文件格式、完整性校验值等,由调查人员、电子数据持有人(提供人)签名或者盖章;电子数据持有人(提供人)无法签名或者拒绝签名的,应当在笔录中记明,由见证人签名或者盖章。有条件的,应当对相关活动进行录像。

11. 调取的物证、书证、视听资料等原件,经查明与案件无关的,经审批,应当在查明后3日以内退还,并办理交接手续。

八、查封与扣押

《监察法》关于查封与扣押的一般规定,前面在阐释"调取"的一般规定时一并阐释过了,故这里只介绍《监察法实施条例》对"查封与扣押"权限行使所确定的十八项具体规则:①

---

① 参见《监察法实施条例》第125—135条。

1. 监察机关按规定报批后，可以依法查封、扣押用以证明被调查人涉嫌违法犯罪以及情节轻重的财物、文件、电子数据等证据材料。

2. 对于被调查人到案时随身携带的物品，以及被调查人或者其他相关人员主动上交的财物和文件，依法需要扣押的，依照前述规定办理。对于被调查人随身携带的与案件无关的个人用品，应当逐件登记，随案移交或者退还。

3. 查封、扣押时，应当出具《查封/扣押通知书》，调查人员不得少于 2 人。持有人拒绝交出应当查封、扣押的财物和文件的，可以依法强制查封、扣押。

4. 调查人员对于查封、扣押的财物和文件，应当会同在场见证人和被查封、扣押财物持有人进行清点核对，开列《查封/扣押财物、文件清单》，由调查人员、见证人和持有人签名或者盖章。持有人不在场或者拒绝签名、盖章的，调查人员应当在清单上记明。

5. 查封、扣押财物，应当为被调查人及其所扶养的亲属保留必需的生活费用和物品。

6. 查封、扣押不动产和置于该不动产上不宜移动的设施、家具和其他相关财物，以及车辆、船舶、航空器和大型机械、设备等财物，必要时可以依法扣押其权利证书，经拍照或者录像后原地封存。调查人员应当在查封清单上记明相关财物的所在地址和特征，已经拍照或者录像及其权利证书被扣押的情况，由调查人员、见证人和持有人签名或者盖章。持有人不在场或者拒绝签名、盖章的，调查人员应当在清单上记明。

7. 查封、扣押前款规定财物的，必要时可以将被查封财物交给持有人或者其近亲属保管。调查人员应当告知保管人妥善保管，不得对被查封财物进行转移、变卖、毁损、抵押、赠予等处理。

8. 调查人员应当将《查封/扣押通知书》送达不动产、生产设备或者车辆、船舶、航空器等财物的登记、管理部门，告知其在查封期间禁止办理抵押、转让、出售等权属关系变更、转移登记手续。相关情况应当在查封清单上记明。被查封、扣押的财物已经办理抵押登记的，监察机关在执行没收、追缴、责令退赔等决定时应当及时通知抵押权人。

9. 查封、扣押下列物品，应当依法进行相应的处理：

（1）查封、扣押外币、金银珠宝、文物、名贵字画以及其他不易辨别真伪的贵重物品，具备当场密封条件的，应当当场密封，由 2 名以上调查人员在密封材料上签名并记明密封时间。不具备当场密封条件的,应当在笔录中记明,以拍照、录像等方法加以保全后进行封存。查封、扣押的贵重物品需要鉴定的,应当及时鉴定。

(2)查封、扣押存折、银行卡、有价证券等支付凭证和具有一定特征能够证明案情的现金,应当记明特征、编号、种类、面值、张数、金额等,当场密封,由2名以上调查人员在密封材料上签名并记明密封时间。

(3)查封、扣押易损毁、灭失、变质等不宜长期保存的物品以及有消费期限的卡、券,应当在笔录中记明,以拍照、录像等方法加以保全后进行封存,或者经审批委托有关机构变卖、拍卖。变卖、拍卖的价款存入专用账户保管,待调查终结后一并处理。

(4)对于可以作为证据使用的录音录像、电子数据存储介质,应当记明案由、对象、内容,录制、复制的时间、地点、规格、类别、应用长度、文件格式及长度等,制作清单。具备查封、扣押条件的电子设备、存储介质应当密封保存。必要时,可以请有关机关协助。

(5)对被调查人使用违法犯罪所得与合法收入共同购置的不可分割的财产,可以先行查封、扣押。对无法分割退还的财产,涉及违法的,可以在结案后委托有关单位拍卖、变卖,退还不属于违法所得的部分及孳息;涉及职务犯罪的,依法移送司法机关处置。

(6)查封、扣押危险品、违禁品,应当及时送交有关部门,或者根据工作需要严格封存保管。

10. 对于需要启封的财物和文件,应当由2名以上调查人员共同办理。重新密封时,由2名以上调查人员在密封材料上签名、记明时间。

11. 查封、扣押涉案财物,应当按规定将涉案财物详细信息、《查封/扣押财物、文件清单》录入并上传监察机关涉案财物信息管理系统。

12. 对于涉案款项,应当在采取措施后15日以内存入监察机关指定的专用账户。对于涉案物品,应当在采取措施后30日以内移交涉案财物保管部门保管。因特殊原因不能按时存入专用账户或者移交保管的,应当按规定报批,将保管情况录入涉案财物信息管理系统,在原因消除后及时存入或者移交。

13. 对于已移交涉案财物保管部门保管的涉案财物,根据调查工作需要，经审批可以临时调用，并应当确保完好。调用结束后，应当及时归还。调用和归还时，调查人员、保管人员应当当面清点查验。保管部门应当对调用和归还情况进行登记，全程录像并上传涉案财物信息管理系统。

14. 对于被扣押的股票、债券、基金份额等财产，以及即将到期的汇票、本票、支票，依法需要出售或者变现的，按照《监察法实施条例》关于出售冻结财产的规定办理。

15. 监察机关接受司法机关、其他监察机关等国家机关移送的涉案财物后，该国家机关采取的查封、扣押期限届满，监察机关续行查封、扣押的顺位与该国家机关查封、扣押的顺位相同。

16. 对查封、扣押的财物和文件，应当及时进行核查。经查明与案件无关的，经审批，应当在查明后 3 日以内解除查封、扣押，予以退还。解除查封、扣押的，应当向有关单位、原持有人或者近亲属送达《解除查封/扣押通知书》，附《解除查封/扣押财物、文件清单》，要求其签名或者盖章。

17. 在立案调查之前，对监察对象及相关人员主动上交的涉案财物，经审批可以接收。接收时，应当由 2 名以上调查人员，会同持有人和见证人进行清点核对，当场填写《主动上交财物登记表》。调查人员、持有人和见证人应当在登记表上签名或者盖章。

18. 对于主动上交的财物，应当根据立案及调查情况及时决定是否依法查封、扣押。

九、勘验检查

监察机关在调查过程中，可以直接或者指派、聘请具有专门知识、资格的人员在调查人员主持下进行勘验检查。勘验检查情况应当制作笔录，由参加勘验检查的人员和见证人签名或者盖章。①

这一规则包括以下三项内容：

其一，勘验检查的主体可以是监察机关本身，也可以是监察机关指派、聘请的具有专门知识、资格的人员。

其二，勘验检查如果是由监察机关聘请的具有专门知识、资格的人员实

---

① 参见《监察法》第 26 条。

施,则必须在监察机关调查人员主持下进行。

其三,勘验检查情况应当制作笔录,由参加勘验检查的人员和见证人签名或者盖章。《监察法》确立这一规则的目的在于保证勘验检查结论之后作为证据使用的有效性和证明力。

对于"勘验检查"这一监察权限的行使,《监察法实施条例》规定了下述十二项具体规则:①

1. 监察机关按规定报批后,可以依法对与违法犯罪有关的场所、物品、人身、尸体、电子数据等进行勘验检查。

2. 依法需要勘验检查的,应当制作《勘验检查证》;需要委托勘验检查的,应当出具《委托勘验检查书》,送具有专门知识、勘验检查资格的单位(人员)办理。

3. 勘验检查应当由2名以上调查人员主持,邀请与案件无关的见证人在场。勘验检查情况应当制作笔录,并由参加勘验检查人员和见证人签名。勘验检查现场、拆封电子数据存储介质应当全程同步录音录像。对现场情况应当拍摄现场照片、制作现场图,并由勘验检查人员签名。

4. 为了确定被调查人或者相关人员的某些特征、伤害情况或者生理状态,可以依法对其人身进行检查。必要时可以聘请法医或者医师进行人身检查。检查女性身体,应当由女性工作人员或者医师进行。被调查人拒绝检查的,可以依法强制检查。人身检查不得采用损害被检查人生命、健康或者贬低其名誉、人格的方法。对人身检查过程中知悉的个人隐私,应当严格保密。

5. 对人身检查的情况应当制作笔录,由参加检查的调查人员、检查人员、被检查人员和见证人签名。被检查人员拒绝签名的,调查人员应当在笔录中记明。

6. 为查明案情,在必要的时候,经审批可以依法进行调查实验。调查实验,可以聘请有关专业人员参加,也可以要求被调查人、被害人、证人参加。

7. 进行调查实验,应当全程同步录音录像,制作调查实验笔录,由参加实验的人签名。进行调查实验,禁止一切足以造成危险、侮辱人格的行为。

---

① 参见《监察法实施条例》第136—144条。

8. 调查人员在必要时,可以依法让被害人、证人和被调查人对与违法犯罪有关的物品、文件、尸体或者场所进行辨认;也可以让被害人、证人对被调查人进行辨认,或者让被调查人对涉案人员进行辨认。辨认工作应当由2名以上调查人员主持进行。在辨认前,应当向辨认人详细询问辨认对象的具体特征,避免辨认人见到辨认对象,并告知辨认人作虚假辨认应当承担的法律责任。几名辨认人对同一辨认对象进行辨认时,应当由辨认人个别进行。辨认应当形成笔录,并由调查人员、辨认人签名。

9. 辨认人员时,被辨认的人数不得少于7人,照片不得少于10张。辨认人不愿公开进行辨认时,应当在不暴露辨认人的情况下进行辨认,并为其保守秘密。

10. 组织辨认物品时一般应当辨认实物。被辨认的物品系名贵字画等贵重物品或者存在不便搬运等情况的,可以对实物照片进行辨认。辨认人进行辨认时,应当在辨认出的实物照片与附纸骑缝上捺指印予以确认,在附纸上写明该实物涉案情况并签名、捺指印。

11. 辨认物品时,同类物品不得少于5件,照片不得少于5张。对于难以找到相似物品的特定物,可以将该物品照片交由辨认人进行确认后,在照片与附纸骑缝上捺指印,在附纸上写明该物品涉案情况并签名、捺指印。在辨认人确认前,应当向其详细询问物品的具体特征,并对确认过程和结果形成笔录。

12. 辨认笔录具有下列情形之一的,不得作为认定案件的依据:(1)辨认开始前使辨认人见到辨认对象的;(2)辨认活动没有个别进行的;(3)辨认对象没有混杂在具有类似特征的其他对象中,或者供辨认的对象数量不符合规定的,但特定辨认对象除外;(4)辨认中给辨认人明显暗示或者明显有指认嫌疑的;(5)辨认不是在调查人员主持下进行的;(6)违反有关规定,不能确定辨认笔录真实性的其他情形。

辨认笔录存在其他瑕疵的,应当结合全案证据审查其真实性和关联性,作出综合判断。

十、鉴定

监察机关在调查过程中,对于案件中的专门性问题,可以指派、聘请有专门知识的人进行鉴定。鉴定人进行鉴定后，应当出具鉴定意见，并且签名。[①]

这一规则包括以下三项内容：

其一，鉴定的对象是案件中的专门性问题，而非一般的法律问题或事实问题。一般的法律问题或事实问题不适用鉴定。

其二，鉴定人应是监察机关指派、聘请的有专门知识的人，既不是监察机关自身，也不是一般的专家、学者，而是对案件中的专门性问题有专门知识的人。

其三，鉴定人进行鉴定后，应当出具鉴定意见，并且签名。《监察法》确立这一规则的目的与确立勘验检查规则一样，在于保证鉴定意见作为证据使用的有效性和证明力。

对于“鉴定”这一监察权限的行使，《监察法实施条例》规定了下述十二项具体规则：[②]

1. 监察机关为解决案件中的专门性问题，按规定报批后，可以依法进行鉴定。鉴定时应当出具《委托鉴定书》，由 2 名以上调查人员送交具有鉴定资格的鉴定机构、鉴定人进行鉴定。

2. 监察机关可以依法开展下列鉴定：(1) 对笔迹、印刷文件、污损文件、制成时间不明的文件和以其他形式表现的文件等进行鉴定；(2) 对案件中涉及的财务会计资料及相关财物进行会计鉴定；(3) 对被调查人、证人的行为能力进行精神病鉴定；(4) 对人体造成的损害或者死因进行人身伤亡医学鉴定；(5) 对录音录像资料进行鉴定；(6) 对因电子信息技术应用而出现的材料及其派生物进行电子证据鉴定；(7) 其他可以依法进行的专业鉴定。

3. 监察机关应当为鉴定提供必要条件，向鉴定人送交有关检材和对比样本等原始材料，介绍与鉴定有关的情况。调查人员应当明确提出要求鉴定事项，但不得暗示或者强迫鉴定人作出某种鉴定意见。

4. 监察机关应当做好检材的保管和送检工作，记明检材送检环节的责任人，确保检材在流转环节的同一性和不被污染。

5. 鉴定人应当在出具的鉴定意见上签名，并附鉴定机构和鉴定人的资质

① 参见《监察法》第 27 条。

② 参见《监察法实施条例》第 145—152 条。

证明或者其他证明文件。多个鉴定人的鉴定意见不一致的，应当在鉴定意见上记明分歧的内容和理由，并且分别签名。

6. 监察机关对于法庭审理中依法决定鉴定人出庭作证的，应当予以协调。鉴定人故意作虚假鉴定的，应当依法追究法律责任。

7. 调查人员应当对鉴定意见进行审查。对经审查作为证据使用的鉴定意见，应当告知被调查人及相关单位、人员，送达《鉴定意见告知书》。

8. 被调查人或者相关单位、人员提出补充鉴定或者重新鉴定申请，经审查符合法定要求的，应当按规定报批，进行补充鉴定或者重新鉴定。

9. 对鉴定意见告知情况可以制作笔录，载明告知内容和被告知人的意见等。

10. 经审查具有下列情形之一的，应当补充鉴定：(1)鉴定内容有明显遗漏的；(2)发现新的有鉴定意义的证物的；(3)对鉴定证物有新的鉴定要求的；(4)鉴定意见不完整，委托事项无法确定的；(5)其他需要补充鉴定的情形。

11. 经审查具有下列情形之一的，应当重新鉴定：(1)鉴定程序违法或者违反相关专业技术要求的；(2)鉴定机构、鉴定人不具备鉴定资质和条件的；(3)鉴定人故意作出虚假鉴定或者违反回避规定的；(4)鉴定意见依据明显不足的；(5)检材虚假或者被损坏的；(6)其他应当重新鉴定的情形。

决定重新鉴定的，应当另行确定鉴定机构和鉴定人。

12. 因无鉴定机构，或者根据法律法规等规定，监察机关可以指派、聘请具有专门知识的人就案件的专门性问题出具报告。

十一、技术调查

监察机关调查涉嫌重大贪污贿赂等职务犯罪，根据需要，经过严格的批准手续，可以采取技术调查措施，按照规定交有关机关执行。批准决定应当明确采取技术调查措施的种类和适用对象，自签发之日起3个月以内有效；对于复杂、疑难案件，期限届满仍有必要继续采取技术调查措施的，经过批准，有效期可以延长，每次不得超过3个月。对于不需要继续采取技术调查措施的，应当及时解除。[①]

---

① 参见《监察法》第28条。

《监察法》赋予监察机关的这一权限、手段，因为严重涉及监察对象的人权和其他合法权益，故在授权的同时，规定了下述严格的“控权”规则：

其一，采取技术调查措施的对象仅限于涉嫌重大贪污贿赂等职务犯罪的被调查人，而不适用于一般职务违法或一般职务犯罪的人。

其二，采取技术调查措施必须“根据需要”，符合比例原则，非必要采取时不得采取。

其三，采取技术调查措施必须经过严格的批准手续，批准决定应当明确采取技术调查措施的种类和适用对象。

其四，批准采取技术调查措施的决定自签发之日起 3 个月以内有效；对于复杂、疑难案件，期限届满仍有必要继续采取技术调查措施的，经过批准，有效期可以延长，但每次不得超过 3 个月。对于不需要继续采取技术调查措施的，应当及时解除。

其五，监察机关决定采取技术调查措施，应按照规定交有关机关执行。这种“按照规定交有关机关执行”的规则也是对监察机关行使这种权限、运用这种手段的一种制约。

对于“技术调查”这一监察权限的行使，《监察法实施条例》规定了下述十项具体规则：①

1. 监察机关根据调查涉嫌重大贪污贿赂等职务犯罪需要，依照规定的权限和程序报经批准，可以依法采取技术调查措施，按照规定交公安机关或者国家有关执法机关依法执行。

2.《监察法》所称“重大贪污贿赂等职务犯罪”，是指具有下列情形之一：(1)案情重大复杂，涉及国家利益或者重大公共利益的；(2)被调查人可能被判处 10 年以上有期徒刑、无期徒刑或者死刑的；(3)案件在全国或者本省、自治区、直辖市范围内有较大影响的。

3. 依法采取技术调查措施的，监察机关应当出具《采取技术调查措施委托函》、《采取技术调查措施决定书》和《采取技术调查措施适用对象情况表》，送交有关机关执行。其中，设区的市级以下监察机关委托有关执行机关采取技术调查措施，还应当提供《立案决定书》。

---

① 参见《监察法实施条例》第 153—157 条。

4. 技术调查措施的期限按照《监察法》的规定执行，期限届满前未办理延期手续的，到期自动解除。对于不需要继续采取技术调查措施的，监察机关应当按规定及时报批，将《解除技术调查措施决定书》送交有关机关执行。需要依法变更技术调查措施种类或者增加适用对象的，监察机关应当重新办理报批和委托手续，依法送交有关机关执行。

5. 对于采取技术调查措施收集的信息和材料，依法需要作为刑事诉讼证据使用的，监察机关应当按规定报批，出具《调取技术调查证据材料通知书》向有关执行机关调取。

6. 对于采取技术调查措施收集的物证、书证及其他证据材料，监察机关应当制作书面说明，写明获取证据的时间、地点、数量、特征以及采取技术调查措施的批准机关、种类等。调查人员应当在书面说明上签名。

7. 对于采取技术调查措施获取的证据材料，如果使用该证据材料可能危及有关人员的人身安全，或者可能产生其他严重后果的，应当采取不暴露有关人员身份、技术方法等保护措施。必要时，可以建议由审判人员在庭外进行核实。

8. 调查人员对采取技术调查措施过程中知悉的国家秘密、商业秘密、个人隐私，应当严格保密。

9. 采取技术调查措施获取的证据、线索及其他有关材料，只能用于对违法犯罪的调查、起诉和审判，不得用于其他用途。

10. 对采取技术调查措施获取的与案件无关的材料，应当经审批及时销毁。对销毁情况应当制作记录，由调查人员签名。

十二、通缉

对于依法应当留置的被调查人如果在逃，监察机关可以决定在本行政区域内通缉，由公安机关发布通缉令，追捕归案。通缉范围超出本行政区域的，应当报请有权决定的上级监察机关决定。①

《监察法》对于监察机关运用通缉权限和手段，确立了以下三项规则：

其一，通缉对象只能是在逃的被调查人。对于在逃的被调查人，只有实施

---

① 参见《监察法》第29条。

通缉,才能将其追捕归案;否则,其极有可能逍遥法外,使监察机关难以查明其可能实施的违法行为或犯罪行为,从而使其违法行为或犯罪行为得不到追究、惩治。

其二,通缉由监察机关决定,由公安机关发布通缉令和实施追捕。之所以由公安机关发布通缉令和实施追捕,是因为公安机关具有通缉和追捕的网络、条件和经验,在刑事侦查中,根据《刑事诉讼法》的规定,[①]通缉就是由公安机关实施的。《监察法》第 4 条第 3 款规定,监察机关在工作中需要协助的,有关机关和单位应当根据监察机关的要求依法予以协助。公安机关根据监察机关的要求发布通缉令和实施追捕即是对监察机关工作的一种协助。

其三,监察机关只能决定在本行政区域内实施通缉,通缉范围如果超出本行政区域的,应当报请有权决定的上级监察机关决定。

对于"通缉"这一监察权限的行使,《监察法实施条例》规定了下述六项具体规则:[②]

1. 县级以上监察机关对在逃的应当被留置人员,依法决定在本行政区域内通缉的,应当按规定报批,送交同级公安机关执行。送交执行时,应当出具《通缉决定书》,附《留置决定书》等法律文书和被通缉人员信息,以及承办单位、承办人员等有关情况。

2. 通缉范围超出本行政区域的,应当报有决定权的上级监察机关出具《通缉决定书》,并附《留置决定书》及相关材料,送交同级公安机关执行。

3. 国家监察委员会依法需要提请公安部对在逃人员发布公安部通缉令的,应当先提请公安部采取网上追逃措施。如情况紧急,可以向公安部同时出具《通缉决定书》和《提请采取网上追逃措施函》。省级以下监察机关报请国家监察委员会提请公安部发布公安部通缉令的,应当先提请本地公安机关采取网上追逃措施。

4. 监察机关接到公安机关抓获被通缉人员的通知后,应当立即核实被抓获人员身份,并在接到通知后 24 小时以内派员办理交接手续。边远或者交通不便地区,至迟不得超过 3 日。

---

① 参见《刑事诉讼法》第 155 条。

② 参见《监察法实施条例》第 158—161 条。

5. 公安机关在移交前，将被抓获人员送往当地监察机关留置场所临时看管的，当地监察机关应当接收，并保障临时看管期间的安全，对工作信息严格保密。监察机关需要提请公安机关协助将被抓获人员带回的，应当按规定报批，请本地同级公安机关依法予以协助。提请协助时，应当出具《提请协助采取留置措施函》，附《留置决定书》复印件及相关材料。

6. 监察机关对于被通缉人员已经归案、死亡，或者依法撤销留置决定以及发现有其他不需要继续采取通缉措施情形的，应当经审批出具《撤销通缉通知书》，送交协助采取原措施的公安机关执行。

十三、限制出境

监察机关为防止被调查人及相关人员逃匿境外，经省级以上监察机关批准，可以对被调查人及相关人员采取限制出境措施，由公安机关依法执行。对于不需要继续采取限制出境措施的，应当及时解除。[①]

《监察法》对监察机关实施限制出境这一权限确立了下述四项一般规则：

其一，限制出境的对象是有可能逃匿境外的被调查人及相关人员，即实施这一权限，采用这一手段的目的是防止被调查人及相关人员逃匿境外。所谓"相关人员"，可以是被调查人的配偶、子女或其他直系亲属，也可以是与被调查人所涉案件的关系人，如被调查人的秘书、司机、情人或行贿人等。

其二，限制出境应经省级以上监察机关批准，以保证慎重采取这一措施。

其三，限制出境经监察机关决定，由公安机关依法执行。

其四，监察机关对于不需要继续采取限制出境措施的，应当及时解除。

对于"限制出境"这一监察权限的行使，《监察法实施条例》规定了下述六项具体规则：[②]

1. 监察机关为防止被调查人及相关人员逃匿境外，按规定报批后，可以依法决定采取限制出境措施，交由移民管理机构依法执行。[③]

---

① 参见《监察法》第 30 条。

② 参见《监察法实施条例》第 162—167 条。

③ 对于限制出境措施的执行机构，《监察法》第 30 条规定的是公安机关，《监察法实施条例》具体确定为"移民管理机构"。国家移民管理局是根据 2018 年第十三届全国人民代表大会第一次会议批准的国务院机构改革方案组建的，由中华人民共和国公安部管理。

2. 监察机关采取限制出境措施应当出具有关函件，与《采取限制出境措施决定书》一并送交移民管理机构执行。其中，采取边控措施的，应当附《边控对象通知书》；采取法定不批准出境措施的，应当附《法定不准出境人员报备表》。

3. 限制出境措施有效期不超过 3 个月，到期自动解除。到期后仍有必要继续采取措施的，应当按原程序报批。承办部门应当出具有关函件，在到期前与《延长限制出境措施期限决定书》一并送交移民管理机构执行。延长期限每次不得超过 3 个月。

4. 监察机关接到口岸移民管理机构查获被决定采取留置措施的边控对象的通知后，应当于 24 小时以内到达口岸办理移交手续。无法及时到达的，应当委托当地监察机关及时前往口岸办理移交手续。当地监察机关应当予以协助。

5. 对于不需要继续采取限制出境措施的，应当按规定报批，及时予以解除。承办部门应当出具有关函件，与《解除限制出境措施决定书》一并送交移民管理机构执行。

6. 县级以上监察机关在重要紧急情况下，经审批可以依法直接向口岸所在地口岸移民管理机构提请办理临时限制出境措施。

第三节 监察机关行使监察权限的相关制度

《监察法》在规定监察机关上述十三项监察权限的同时，确立了下述四项与监察机关行使监察权限相关的制度。

一、认罪认罚从宽处罚制度

涉嫌职务犯罪的被调查人主动认罪认罚，有下列情形之一的，监察机关经领导人员集体研究，并报上一级监察机关批准，可以在移送人民检察院时提出从宽处罚的建议：[①]（1）自动投案、真诚悔罪悔过的；（2）积极配合调查工作、如

① 参见《监察法》第 31 条。

实供述监察机关还未掌握的违法犯罪行为的；（3）积极退赃、减少损失的；（4）具有重大立功表现或者案件涉及国家重大利益等情形的。

这一制度不是直接关于“调查取证”的，而是一项关于“处置”的建议权——在将涉嫌职务犯罪的被调查人案件移送人民检察院提起公诉时，建议对被调查人从宽处罚。监察机关向人民检察院提出这一建议需要符合下述三项条件：

其一，涉嫌职务犯罪的被调查人有主动认罪认罚的情节。

其二，该被调查人还需具有上述四种情形之一：自动投案、真诚悔罪悔过的；积极配合调查工作、如实供述监察机关还未掌握的违法犯罪行为的；积极退赃、减少损失的；具有重大立功表现或者案件涉及国家重大利益等情形的。

其三，经监察机关领导人员集体研究，并报上一级监察机关批准。之所以规定这一程序，是保证这一建议权能得到慎重运用，防止被个别监察人员或个别负责人滥用。

二、立功从宽处罚制度

职务违法犯罪的涉案人员揭发有关被调查人职务违法犯罪行为，查证属实的，或者提供重要线索，有助于调查其他案件的，监察机关经领导人员集体研究，并报上一级监察机关批准，可以在移送人民检察院时提出从宽处罚的建议。①

这一制度是对前一制度关于监察机关建议权适用对象及其情形的一项补充：适用对象是职务违法犯罪的涉案人员。“涉案人员”非仅指涉嫌职务犯罪的被调查人，还包括其他涉嫌共同犯罪的人。适用情形有两种：一是其揭发有关被调查人职务违法犯罪行为，且查证属实；二是其提供的重要线索有助于调查其他案件。监察机关运用这一建议权如同前述制度一样，需经监察机关领导人员集体研究，并报上一级监察机关批准。

---

① 参见《监察法》第32条。

三、非法证据排除制度

监察机关依法收集的物证、书证、证人证言、被调查人供述和辩解、视听资料、电子数据等证据材料,在刑事诉讼中可以作为证据使用。监察机关在收集、固定、审查、运用证据时,应当与刑事审判关于证据的要求和标准相一致。以非法方法收集的证据应当依法予以排除,不得作为案件处置的依据。①

本项制度有三项重要内容:一是监察证据的范围和在刑事诉讼中的使用;二是监察证据的要求和标准;三是非法证据排除规则。

关于监察证据的范围,《监察法》列举了物证、书证、证人证言、被调查人供述和辩解、视听资料、电子数据六项。这与《刑事诉讼法》关于证据种类的规定基本一致。《刑事诉讼法》规定的证据种类为下述八种:(1)物证;(2)书证;(3)证人证言;(4)被害人陈述;(5)犯罪嫌疑人、被告人供述和辩解;(6)鉴定意见;(7)勘验、检查、辨认、侦查实验等笔录;(8)视听资料、电子数据。②《刑事诉讼法》规定,所有这些种类的证据,均必须经过查证属实,才能作为定案的根据。监察证据同样必须经过查证属实,才能在刑事诉讼中使用。

关于监察证据的要求和标准,《监察法》规定,监察机关在收集、固定、审查、运用证据时,应当与刑事审判关于证据的要求和标准相一致。《刑事诉讼法》对证据的要求和标准主要有下述规定:③

其一,审判人员、检察人员、侦查人员必须依照法定程序,收集能够证实犯罪嫌疑人、被告人有罪或者无罪、犯罪情节轻重的各种证据。严禁刑讯逼供和以威胁、引诱、欺骗以及其他非法方法收集证据,不得强迫任何人证实自己有罪。必须保证一切与案件有关或者了解案情的公民,有客观地充分地提供证据的条件,除特殊情况外,可以吸收他们协助调查。

其二,人民法院、人民检察院和公安机关有权向有关单位和个人收集、调

---

① 参见《监察法》第33条。

② 《监察法实施条例》专门对监察证据种类进行了规定,同样确定为八种:(1)物证;(2)书证;(3)证人证言;(4)被害人陈述;(5)被调查人陈述、供述和辩解;(6)鉴定意见;(7)勘验检查、辨认、调查实验等笔录;(8)视听资料、电子数据。这一规定更接近《刑事诉讼法》规定的证据种类,仅第5项规定的内容不同。

③ 参见《刑事诉讼法》第52—55条。

取证据。有关单位和个人应当如实提供证据。行政机关在行政执法和查办案件过程中收集的物证、书证、视听资料、电子数据等证据材料,在刑事诉讼中可以作为证据使用。对涉及国家秘密、商业秘密、个人隐私的证据,应当保密。凡是伪造证据、隐匿证据或者毁灭证据的,无论属于何方,必须受法律追究。

其三,对一切案件的判处都要重证据,重调查研究,不轻信口供。只有被告人供述,没有其他证据的,不能认定被告人有罪和处以刑罚;没有被告人供述,证据确实、充分的,可以认定被告人有罪和处以刑罚。所谓"证据确实、充分",应当符合以下条件:一是定罪量刑的事实都有证据证明;二是据以定案的证据均经法定程序查证属实;三是综合全案证据,对所认定事实已排除合理怀疑。

关于非法证据排除规则,《刑事诉讼法》的下述八项规定原则上亦适用于监察调查和监察处置:①

其一,对于采用刑讯逼供等非法方法收集的犯罪嫌疑人、被告人供述和采用暴力、威胁等非法方法收集的证人证言、被害人陈述,应当予以排除。收集物证、书证不符合法定程序,可能严重影响司法公正的,应当予以补正或者作出合理解释;不能补正或者作出合理解释的,对该证据应当予以排除。在侦查、审查起诉、审判时发现有应当排除的证据的,应当依法予以排除,不得作为起诉意见、起诉决定和判决的依据。

其二,人民检察院接到报案、控告、举报或者发现侦查人员以非法方法收集证据的,应当进行调查核实。对于确有以非法方法收集证据情形的,应当提出纠正意见;构成犯罪的,依法追究刑事责任。

其三,法庭审理过程中,审判人员认为可能存在《刑事诉讼法》第 56 条规定的以非法方法收集证据情形的,应当对证据收集的合法性进行法庭调查。当事人及其辩护人、诉讼代理人有权申请人民法院对以非法方法收集的证据依法予以排除。申请排除以非法方法收集的证据的,应当提供相关线索或者材料。

其四,在对证据收集的合法性进行法庭调查的过程中,人民检察院应当对证据收集的合法性加以证明。现有证据材料不能证明证据收集的合法性

---

① 参见《刑事诉讼法》第 56—63 条。

的，人民检察院可以提请人民法院通知有关侦查人员或者其他人员出庭说明情况；人民法院可以通知有关侦查人员或者其他人员出庭说明情况。有关侦查人员或者其他人员也可以要求出庭说明情况。经人民法院通知，有关人员应当出庭。

其五，对于经过法庭审理，确认或者不能排除存在《刑事诉讼法》第 56 条规定的以非法方法收集证据情形的，对有关证据应当予以排除。

其六，证人证言必须在法庭上经过公诉人、被害人和被告人、辩护人双方质证并且查实以后，才能作为定案的根据。法庭查明证人有意作伪证或者隐匿罪证的时候，应当依法处理。

其七，凡是知道案件情况的人，都有作证的义务。生理上、精神上有缺陷或者年幼，不能辨别是非、不能正确表达的人，不能做证人。

其八，人民法院、人民检察院和公安机关应当保障证人及其近亲属的安全。对证人及其近亲属进行威胁、侮辱、殴打或者打击报复，构成犯罪的，依法追究刑事责任；尚不够刑事处罚的，依法给予治安管理处罚。

四、职务犯罪问题线索移送制度

人民法院、人民检察院、公安机关、审计机关等国家机关在工作中发现公职人员涉嫌贪污贿赂、失职渎职等职务违法或者职务犯罪的问题线索，应当移送监察机关，由监察机关依法调查处置。被调查人既涉嫌严重职务违法或者职务犯罪，又涉嫌其他违法犯罪的，一般应当由监察机关为主调查，其他机关予以协助。①

这一制度是基于《宪法》关于监察机关的性质定位和《监察法》第 3 条关于监察机关功能作用的规定而确立的：各级监察委员会是行使国家监察职能的专责机关。正因为监察机关是对所有行使公权力的公职人员进行监察的“专责机关”，所以，人民法院、人民检察院、公安机关、审计机关等国家机关在工作中发现公职人员涉嫌贪污贿赂、失职渎职等职务违法或者职务犯罪的问题线索，都应当移送监察机关，由监察机关依法调查处置。也正因为监察机关是对所有行使公权力的公职人员进行监察的“专责机关”，所以，被调查人既

---

① 参见《监察法》第 34 条。

涉嫌严重职务违法或者职务犯罪，又涉嫌其他违法犯罪的，一般应当由监察机关为主调查，其他机关予以协助。当然，这里用的是"一般"，而不是"一律"，故不排除在某些特定情况下，被调查人涉嫌某一其他特定严重刑事犯罪，其职务违法或者职务犯罪只是轻微和附带的，也可能由公安机关、检察机关或国家安全机关为主侦查，监察机关予以协助。

第九章 监察证据制度

第一节 监察证据的种类

《监察法实施条例》规定了八类监察证据，分别是：物证；书证；证人证言；被害人陈述；被调查人陈述、供述和辩解；鉴定意见；勘验检查、辨认、调查实验等笔录；视听资料、电子数据。[①]

一、物证

物证是指能够据以查明案件事实的一切物品和痕迹。物证的形式是多种多样的。在刑事诉讼中，它可能是犯罪使用的工具和留有犯罪痕迹的物品，也可能是犯罪侵犯的客体物或其他可供揭露犯罪、查获犯罪人的物品。物证是以它的存在情况、形状、质量、特性等来证明案件事实的。[②] 巫宇甦教授主编的《证据学》关于“物证”的这一定义同样适用于监察证据，只是作为证据的这些物品和痕迹不仅仅与犯罪行为相联系，而且与整个职务违法行为与职务犯罪行为相联系。

物证的收集方法主要有三种：其一，通过现场勘验收集；其二，通过调查收集；其三，通过搜查收集。

二、书证

书证是指以文字记载人的思想或行为以及用符号、图画表达人的思想，其

---

① 参见《监察法实施条例》第 59 条。

② 参见巫宇甦主编：《证据学》，群众出版社 1989 年版，第 156—162 页。

内容对案件的真实情况具有证明作用的物品。书证的特征在于,它所记载的内容或所表达的思想,可供他人认识和了解;而且它的内容必须反映一定的案件事实,能够据以查明案件的真实情况。

书证根据不同的标准,主要可以做以下四种分类:其一,根据书证是否为国家机关等行使职权所制作的,其可分为公文书证与非公文书证。其二,根据书证的制作方式,其可分为原本、正本、副本和节录本。其三,根据书证的形式,其可分为一般书证与特定书证(前者法律无特定形式要求;后者法律规定了某种特定形式,如法律规定必须经过公证、认证的授权委托书)。其四,根据书证的不同内容,其可分为处分书证与报告书证(前者以发生、变更或消灭一定法律关系为目的,如合同文书、遗嘱书等;后者不以产生一定法律后果为目的,如账簿、日记等)。①

三、证人证言

证人证言是指证人就其所了解的情况,向司法机关、监察机关等国家机关所作的陈述。证人证言的内容,包括对查清案件真相有意义的一切事实。法律只要求证人陈述这些事实,而不要求证人对这些事实作出判断。与案件无关的事实,或者是证人的估计、猜测等,不能作为证言的内容。证人陈述的情况,可以是亲自听到的或看到的,也可以是别人听到或看到而转告他的。证人对别人转告的情况,必须说明来源,说不出来源,或者道听途说的消息,不能作为证言。②

四、被害人陈述

被害人陈述是指受职务违法行为或职务犯罪行为侵害的人就其了解的案件情况,向司法机关、监察机关等国家机关所作的陈述。被害人受到职务违法行为或职务犯罪行为的侵害,一般来说,对违法、犯罪情况有比较清楚的了解,能够提供犯罪的时间、地点、受害经过,造成的危害等详细情况。被害人陈述对正确确定案件调查方向、获取和核实其他证据,正确认定案件事实,具有

---

① 参见巫宇甦主编:《证据学》,群众出版社 1989 年版,第 163—174 页。

② 参见巫宇甦主编:《证据学》,群众出版社 1989 年版,第 188—200 页。

重要的作用。

五、被调查人陈述、供述和辩解

被调查人陈述一般是指职务违法行为嫌疑人在监察调查中向监察机关就案件的有关情况所作的陈述;被调查人供述一般是指职务犯罪行为嫌疑人在监察调查中向监察机关就案件的有关情况和具体情节所作的陈述(此种陈述一般称“供述”)辩解;被调查人辩解是指,其虽向监察机关承认自己违法或犯罪,陈述或供述自己违法或犯罪的事实,但是说明有依法不应追究其法律责任(纪律责任或刑事责任)的情况或有从轻、减轻或免除政务处分或刑罚处罚等有利于自己的情况。被调查人陈述、供述和辩解都是监察处置和刑事诉讼的重要证据形式。

六、鉴定意见

鉴定意见是指监察机关、司法机关等国家机关指派或聘请有某种专门知识的人对案件中某些专门性问题进行鉴别和判断后所作出的结论性意见。首先,鉴定意见要求鉴定人不仅说明根据鉴定材料所观察到的事实,而且还必须在分析研究这些事实的基础上提出鉴别和判断的结论。其次,鉴定意见只能就应予查明的案件事实中的专门性问题作出鉴别和判断,而不应就法律问题发表意见和作出结论。

鉴定意见有各种类别,主要有法医学鉴定意见、司法精神病鉴定意见、书法鉴定意见、痕迹鉴定意见、化学鉴定意见、会计鉴定意见、技术鉴定意见等。①

七、勘验检查、辨认、调查实验等笔录

勘验检查笔录是指调查人员对与职务违法行为或职务犯罪行为有关的场所、物品、人身、尸体进行勘查、检查时就观察、测量的情况所作的实况记载。其中,对于与违法或犯罪有关的场所、物品和尸体进行勘查所形成的记载叫“勘验笔录”;而对于活体的人身进行检查所形成的记载叫“检查笔录”。

---

① 参见巫宇甦主编:《证据学》,群众出版社 1989 年版,第 175—181 页。

辨认则是在调查人员主持下由被害人、证人、违法或犯罪嫌疑人对违法或犯罪嫌疑人、与案件有关或疑与案件有关的物品、尸体、场所进行识别认定的措施。“辨认笔录”是以笔录的方式全面、客观地记载辨认的全过程和辨认结果并有在场相关人员签名的笔录。

调查实验是指为了确定与案件有关的某一事件或者事实在某种条件下能否发生或者怎样发生而按照原来的条件,将该事件或者事实加以重演或者进行试验的一种证据调查活动。“调查实验笔录”是调查机关对进行调查实验的时间、地点、实验条件以及实验经过和结果所作的,有进行实验的调查人员、其他参加人员和见证人签名或者盖章的客观记录。

八、视听资料、电子数据

视听资料是指载有能够证明有关案件事实的内容的录音带、录像带、电影胶片、电子计算机的磁盘等,以其所载的音响、活动影像和图形,以及电子计算机所存储的资料等来证明案件事实的证据。

电子数据是指以电子形式存在的,用作证据使用的一切材料及其派生物。其既包括反映法律关系产生、变更或消灭的电子信息正文本身,也包括反映电子信息生成、存储、传递、修改、增删等过程的电子记录,还包括电子信息所处的硬件和软件环境。具体形式包括电子邮件、电子数据交换、网上聊天记录、网络博客、手机短信、电子签名、域名、电子公告牌记录、电子资金划拨记录、网页文件等。①

以上证据均必须经过查证属实,才能作为职务违法或职务犯罪案件定案的根据。

第二节　监察证据收集、调取、审查、认定的若干规则

《监察法》没有专章规定具体的监察证据规则,仅在第四章“监察权限”中的第 33 条对证据问题作了一个原则性的规定:“监察机关依照本法规定收集的物证、书证、证人证言、被调查人供述和辩解、视听资料、电子数据等证据材

---

① 参见巫宇甦主编:《证据学》,群众出版社 1989 年版,第 203—204 页。

料,在刑事诉讼中可以作为证据使用。监察机关在收集、固定、审查、运用证据时,应当与刑事审判关于证据的要求和标准相一致。以非法方法收集的证据应当依法予以排除,不得作为案件处置的依据。”以及在第五章“监察程序”中的第40条对证据的调查、收集的要求和方式作了一个约束性规定:“监察机关对职务违法和职务犯罪案件,应当进行调查,收集被调查人有无违法犯罪以及情节轻重的证据,查明违法犯罪事实,形成相互印证、完整稳定的证据链。严禁以威胁、引诱、欺骗及其他非法方式收集证据,严禁侮辱、打骂、虐待、体罚或者变相体罚被调查人和涉案人员。”

考虑到证据规则在监察工作中的特殊重要性,《监察法实施条例》对监察证据补充规定了下述十六项具体规则:①

1. 监察机关向有关单位和个人收集、调取证据时,应当告知其必须依法如实提供证据。对于不按要求提供有关材料,泄露相关信息,伪造、隐匿、毁灭证据,提供虚假情况或者阻止他人提供证据的,依法追究法律责任。

2. 监察机关依照《监察法》和《监察法实施条例》规定收集的证据材料,经审查符合法定要求的,在刑事诉讼中可以作为证据使用。

3. 监察机关认定案件事实应当以证据为根据,全面、客观地收集、固定被调查人有无违法犯罪以及情节轻重的各种证据,形成相互印证、完整稳定的证据链。只有被调查人陈述或者供述,没有其他证据的,不能认定案件事实;没有被调查人陈述或者供述,证据符合法定标准的,可以认定案件事实。

4. 证据必须经过查证属实,才能作为定案的根据。审查认定证据,应当结合案件的具体情况,从证据与待证事实的关联程度、各证据之间的联系、是否依照法定程序收集等方面进行综合判断。

5. 监察机关调查终结的职务违法案件,应当事实清楚、证据确凿。证据确凿,应当符合下列条件:(1)定性处置的事实都有证据证实;(2)定案证据真实、合法;(3)据以定案的证据之间不存在无法排除的矛盾;(4)综合全案证据,所认定事实清晰且令人信服。

6. 监察机关调查终结的职务犯罪案件,应当事实清楚,证据确实、充分。证据确实、充分,应当符合下列条件:(1)定罪量刑的事实都有证据证明;

---

① 参见《监察法实施条例》第59—69条。

(2)据以定案的证据均经法定程序查证属实;(3)综合全案证据,对所认定事实已排除合理怀疑。

证据不足的,不得移送人民检察院审查起诉。

7. 严禁以暴力、威胁、引诱、欺骗以及非法限制人身自由等非法方法收集证据,严禁侮辱、打骂、虐待、体罚或者变相体罚被调查人、涉案人员和证人。

8. 对于调查人员采用暴力、威胁以及非法限制人身自由等非法方法收集的被调查人供述、证人证言、被害人陈述,应当依法予以排除。此处所称"暴力"的方法,是指采用殴打、违法使用戒具等方法或者变相肉刑的恶劣手段,使人遭受难以忍受的痛苦而违背意愿作出供述、证言、陈述;此处所称"威胁"的方法,是指采用以暴力或者严重损害本人及其近亲属合法权益等进行威胁的方法,使人遭受难以忍受的痛苦而违背意愿作出供述、证言、陈述。

9. 收集物证、书证不符合法定程序,可能严重影响案件公正处理的,应当予以补正或者作出合理解释;不能补正或者作出合理解释的,对该证据应当予以排除。

10. 监察机关监督检查、调查、案件审理、案件监督管理等部门发现监察人员在办理案件中,可能存在以非法方法收集证据情形的,应当依据职责进行调查核实。对于被调查人控告、举报调查人员采用非法方法收集证据,并提供涉嫌非法取证的人员、时间、地点、方式和内容等材料或者线索的,应当受理并进行审核。根据现有材料无法证明证据收集合法性的,应当进行调查核实。

11. 经调查核实,确认或者不能排除以非法方法收集证据的,对有关证据依法予以排除,不得作为案件定性处置、移送审查起诉的依据。认定调查人员非法取证的,应当依法处理,另行指派调查人员重新调查取证。

12. 监察机关接到对下级监察机关调查人员采用非法方法收集证据的控告、举报,可以直接进行调查核实,也可以交由下级监察机关调查核实。交由下级监察机关调查核实的,下级监察机关应当及时将调查结果报告上级监察机关。

13. 对收集的证据材料及扣押的财物应当妥善保管,严格履行交接、调用手续,定期对账核实,不得违规使用、调换、损毁或者自行处理。

14. 监察机关对行政机关在行政执法和查办案件中收集的物证、书证、视听资料、电子数据,勘验、检查等笔录,以及鉴定意见等证据材料,经审查符合法定要求的,可以作为证据使用。根据法律、行政法规规定行使国家行政管理职权的组织在行政执法和查办案件中收集的证据材料,视为行政机关收集的证据材料。

15. 监察机关对人民法院、人民检察院、公安机关、国家安全机关等在刑事诉讼中收集的物证、书证、视听资料、电子数据,勘验、检查、辨认、侦查实验等笔录,以及鉴定意见等证据材料,经审查符合法定要求的,可以作为证据使用。

16. 监察机关办理职务违法案件,对于人民法院生效刑事判决、裁定和人民检察院不起诉决定采信的证据材料,可以直接作为证据使用。

第三节 监察调查和监察处置中可适用的若干司法诉讼一般证据规则

《监察法》第 33 条第 2 款规定,“监察机关在收集、固定、审查、运用证据时,应当与刑事审判关于证据的要求和标准相一致”。除刑事审判证据规则外,在监察调查和监察处置中,监察机关还可适用民事诉讼法和行政诉讼中适用的若干一般证据规则。

一、在监察调查和监察处置中可参考适用的《刑事诉讼法》规定的有关证据规则

(一)举证责任规则

《刑事诉讼法》第 51 条规定,公诉案件中被告人有罪的举证责任由人民检察院承担,自诉案件中被告人有罪的举证责任由自诉人承担。

监察机关办理的职务犯罪案件都是公诉案件。法律要求监察人员必须依照法定程序,收集能够证实犯罪嫌疑人、被告人有罪或者无罪、犯罪情节轻重的各种证据。严禁刑讯逼供和以威胁、引诱、欺骗以及其他非法方法收集证据,不得强迫任何人证实自己有罪。必须保证一切与案件有关或者了解案情的公民,有客观地充分地提供证据的条件,除特殊情况外,可以吸收他们协助调查。

监察机关制作的起诉意见书和移送检察机关的所有案卷材料、人民检察院的起诉书、人民法院的判决书,都必须忠实于事实真象。如有故意隐瞒事实

真象的,均将追究法律责任。[①]

(二)证据收集、提供与使用规则

根据《刑事诉讼法》的规定,犯罪案件证据的收集、提供与使用应遵守下述规则:[②]

1. 监察机关和司法机关有权向有关单位和个人收集、调取证据。有关单位和个人应当如实提供证据。

2. 监察机关在办案过程中和行政机关在行政执法和查办案件过程中收集的物证、书证、视听资料、电子数据等证据材料,在刑事诉讼中可以作为证据使用。

3. 对涉及国家秘密、商业秘密、个人隐私的证据,应当保密。

4. 凡是伪造证据、隐匿证据或者毁灭证据的,无论属于何方,均必须受法律的追究。

5. 对一切案件的判处都要重证据,重调查研究,不轻信口供。只有被告人供述,没有其他证据的,不能认定被告人有罪和处以刑罚;没有被告人供述,证据确实、充分的,可以认定被告人有罪和处以刑罚。证据确实、充分应当符合以下条件:(1)定罪量刑的事实都有证据证明;(2)据以定案的证据均经法定程序查证属实;(3)综合全案证据,对所认定事实已排除合理怀疑。

(三)非法证据排除规则

根据《刑事诉讼法》的规定,非法证据排除规则包括下述内容:[③]

1. 任何采用刑讯逼供等非法方法收集的犯罪嫌疑人、被告人供述和采用暴力、威胁等非法方法收集的证人证言、被害人陈述,均应当予以排除。

2. 收集物证、书证不符合法定程序,可能严重影响司法公正的,应当予以补正或者作出合理解释;不能补正或者作出合理解释的,对该证据应当予以排除。

3. 在侦查、调查、审查起诉、审判时发现有应当排除的证据的,应当依法予以排除,不得作为起诉意见、起诉决定和判决的依据。

---

① 参见《刑事诉讼法》第 51—53 条。

② 参见《刑事诉讼法》第 54—55 条。

③ 参见《刑事诉讼法》第 56—60 条。

4. 人民检察院接到报案、控告、举报或者发现侦查、调查人员以非法方法收集证据的，应当进行调查核实。对于确有以非法方法收集证据情形的，应当提出纠正意见；构成犯罪的，依法追究刑事责任。

5. 法庭审理过程中，审判人员认为可能存在《刑事诉讼法》第56条规定的以非法方法收集证据情形的，应当对证据收集的合法性进行法庭调查。

6. 当事人及其辩护人、诉讼代理人有权申请人民法院对以非法方法收集的证据依法予以排除。申请排除以非法方法收集的证据的，应当提供相关线索或者材料。

7. 在对证据收集的合法性进行法庭调查的过程中，人民检察院应当对证据收集的合法性加以证明。现有证据材料不能证明证据收集的合法性的，人民检察院可以提请人民法院通知有关侦查、调查人员或者其他人员出庭说明情况；人民法院可以通知有关侦查、调查人员或者其他人员出庭说明情况。有关侦查、调查人员或者其他人员也可以要求出庭说明情况。经人民法院通知，有关人员应当出庭。

8. 对于经过法庭审理，确认或者不能排除存在《刑事诉讼法》第56条规定的以非法方法收集证据情形的，对有关证据应当予以排除。

（四）证人证言的效力与对证人的保护规则

根据《刑事诉讼法》的规定，证人证言的效力与对证人的保护遵循下述规则：①

1. 证人证言必须在法庭上经过公诉人、被害人和被告人、辩护人双方质证并且查实以后，才能作为定案的根据。法庭查明证人有意作伪证或者隐匿罪证的时候，应当依法处理。

2. 凡是知道案件情况的人，都有作证的义务。但生理上、精神上有缺陷或者年幼，不能辨别是非、不能正确表达的人，不能作证人。

3. 监察机关和司法机关应当保障证人及其近亲属的安全。证人、鉴定人、被害人认为因在调查、侦查和诉讼中作证，本人或者其近亲属的人身安全面临危险的，可以向监察机关和司法机关请求予以保护。监察机关和司法机关依法采取保护措施，有关单位和个人应当配合。对证人及其近亲属进行威胁、侮

---

① 参见《刑事诉讼法》第61—65条。

辱、殴打或者打击报复,构成犯罪的,依法追究刑事责任,尚不够刑事处罚的,依法给予治安管理处罚。

4. 有工作单位的证人作证,所在单位不得克扣或者变相克扣其工资、奖金及其他福利待遇。

5. 对于危害国家安全犯罪、恐怖活动犯罪、黑社会性质的组织犯罪、毒品犯罪等案件,证人、鉴定人、被害人因在诉讼中作证,本人或者其近亲属的人身安全面临危险的,人民法院、人民检察院和公安机关应当采取以下一项或者多项保护措施:

(1)不公开真实姓名、住址和工作单位等个人信息;

(2)采取不暴露外貌、真实声音等出庭作证措施;

(3)禁止特定的人员接触证人、鉴定人、被害人及其近亲属;

(4)对人身和住宅采取专门性保护措施;

(5)其他必要的保护措施。

6. 证人因履行作证义务而支出的交通、住宿、就餐等费用,应当给予补助。证人作证的补助列入司法机关业务经费,由同级政府财政予以保障。

二、可参照适用的行政诉讼、民事诉讼等一般诉讼的若干证据规则①

(一)证据提供规则

监察对象可主动或应调查、审理机关要求提供证明案件情况的有关事实材料,包括书证、物证、视听资料、电子数据、证人证言、当事人陈述、鉴定意见、勘验笔录、现场笔录等。

监察对象享有提供证据的权利是其合法权利的保障。同时,调查、审理机关也只有允许和鼓励当事人积极主动地提供证据,才有利于其迅速地查明案情,判断是非,确认相应事实的真伪。

除监察对象外,其他知道案件情况、掌握案件有关证据材料的机关、组织

① 这些规则是笔者根据刑事诉讼法、民事诉讼法、行政诉讼法及其司法解释,结合监察工作的实际,总结、概括和归纳的,可供监察机关和监察人员在监察工作中参考或参照适用的一般证据规则(这些规则有的已经在《监察法实施条例》中加以规定)。监察机关在适用证据规则时,首先应适用《监察法》和《监察法实施条例》规定的规则,对《监察法》和《监察法实施条例》没有规定的证据事项,可以和应当补充适用刑事、民事、行政诉讼的一般诉讼证据规则。

和个人亦有提供证据的权利和义务。此外,法定鉴定部门或由调查、审理机关指定的鉴定部门也有对有关专门问题进行鉴定和提供鉴定结论的义务。这一证据规则在各种诉讼中是基本相同的。无论是刑事案件、民事案件,还是行政案件,都有可能遇到某些专门性问题,需要具有专门技术人员和专门技术设备的机构对之进行鉴定,提供鉴定结论。法定鉴定机构负有承担调查、审理机关交给的鉴定任务,为之提供鉴定结论的法定义务,这是毋庸置疑的;其他非法定鉴定机构,受调查、审理机关的委托,也有义务对相应问题进行鉴定,提供鉴定结论。这就像一般公民和组织有向法院作证和提供证据的义务一样。任何公民、组织机构既然享有国家为之提供的法律保护,就有义务协助国家机关行使职能,保证国家机关执法和监督活动的顺利进行。

根据有关法律和司法解释的规定,提供证据的规则可以归纳为以下十项:

1. 当事人提供书证的,除法律、法规、司法解释和规章对书证的制作形式有另外的规定外,应当符合下列四项要求:其一,提供书证的原件,原本、正本和副本均属于书证的原件。提供原件确有困难的,可以提供与原件核对无误的复印件、照片、节录本。其二,提供由有关部门保管的书证原件的复制件、影印件或者抄录件的,应当注明出处,经该部门核对无异后加盖其印章。其三,提供报表、图纸、会计账册、专业技术资料、科技文献等书证的,应当附有说明材料。其四,行政机关提供的具体行政行为所依据的询问、陈述、谈话类笔录,应当有行政执法人员、被询问人、陈述人、谈话人的签名或者盖章。

2. 当事人提供物证的,应当符合下列两项要求:其一,提供原物。提供原物确有困难的,可以提供与原物核对无误的复制件或者证明该物证的照片、录像等其他证据。其二,原物为数量较多的种类物的,提供其中的一部分。

3. 当事人提供计算机数据或者录音、录像等视听资料的,应当符合下列三项要求:其一,提供有关资料的原始载体。提供原始载体确有困难的,可以提供复制件。其二,注明制作方法、制作时间、制作人和证明对象等。其三,声音资料应当附有该声音内容的文字记录。

4. 当事人提供证人证言的,应当符合下列四项要求:其一,写明证人的姓名、年龄、性别、职业、住址等基本情况;其二,有证人的签名,不能签名的,应当以盖章等方式证明;其三,注明出具日期;其四,附有居民身份证复印件等证明证人身份的文件。

5. 当事人提供的在行政程序中采用的鉴定结论，应当载明委托人和委托鉴定的事项、向鉴定部门提交的相关材料、鉴定的依据和使用的科学技术手段、鉴定部门和鉴定人鉴定资格的说明，并应有鉴定人的签名和鉴定部门的盖章。通过分析获得的鉴定结论，应当说明分析过程。

6. 当事人提供的现场笔录，除法律、法规和规章对现场笔录的制作形式有另外的规定外，应当载明时间、地点和事件等内容，并由执法人员和当事人签名。当事人拒绝签名或者不能签名的，应当注明原因。有其他人在现场的，可由其他人签名。

7. 当事人提供的在中华人民共和国领域外形成的证据，应当说明来源，经所在国公证机关证明，并经中华人民共和国驻该国使领馆认证，或者履行中华人民共和国与证据所在国订立的有关条约中规定的证明手续。当事人提供的在中华人民共和国香港特别行政区、澳门特别行政区和台湾地区内形成的证据，应当具有按照有关规定办理的证明手续。

8. 当事人提供外文书证或者外国语视听资料的，应当附有由具有翻译资质的机构翻译的或者其他翻译准确的中文译本，由翻译机构盖章或者翻译人员签名。

9. 证据涉及国家秘密、商业秘密或者个人隐私的，提供人应当作出明确标注，并向审查机关说明，由审查机关予以审查确认。

10. 当事人应当对其提交的证据材料分类编号，对证据材料的来源、证明对象和内容作简要说明，签名或者盖章，注明提交日期。调查、审理机关收到当事人提交的证据材料，应当出具收据，注明证据的名称、份数、页数、件数、种类等，以及收到的时间，由经办人员签名或者盖章。

（二）证据调取规则

证据调取规则是指调查、审理机关从了解案情、握有证据的有关行政机关、组织、诉讼当事人或其他人处取得证据的规则，也包括调查、审理机关通过行政机关向其他人调取证据的规则。这些规则可以归纳为以下九项：

1. 案件审查过程中，调查、审理机关有权要求当事人提供或补充证据。根据我国三大诉讼法“以事实为根据，以法律为准绳”的基本原则，在诉讼过程中，调查、审理机关不应只是被动地接受当事人提供的证据，凭当事人提供的证据作出决定，而应在审理过程中依法主动要求当事人提供或补充证据。

2. 在审查过程中,调查、审理机关有权向有关行政机关以及其他组织、公民调取证据。调查、审理机关在审查过程中不仅有权要求当事人提供或者补充证据,而且有权向有关行政机关以及其他组织、公民调取证据。

3. 对于某些证据材料,当事人不能自行收集但能够提供确切线索的,可以申请调查、审理机关调取。这些证据材料包括:其一,由国家有关部门保存而须由调查、审理机关调取的证据材料;其二,涉及国家秘密、商业秘密、个人隐私的证据材料;其三,当事人确因客观原因不能自行收集的其他证据材料。

4. 当事人申请调取证据的,应当提交调取证据申请书。调取证据申请书应当写明下列内容:(1)证据持有人的姓名或者名称、住址等基本情况;(2)拟调取证据的内容;(3)申请调取证据的原因及其要证明的案件事实。

5. 调查、审理机关对当事人调取证据的申请,经审查符合调取证据条件的,应当及时决定调取;不符合调取证据条件的,应当向当事人或者其诉讼代理人送达通知书,说明不准许调取的理由。当事人可以在收到通知书之日起3日内向受理申请的调查、审理机关书面申请复议一次。调查、审理机关应当在收到复议申请之日起5日内作出答复。调查、审理机关根据当事人申请,经调取未能取得相应证据的,应当告知申请人并说明原因。

6. 调查、审理机关需要调取的证据在异地的,可以书面委托证据所在地国家机关调取。受托机关应当在收到委托书后,按照委托要求及时完成调取证据工作,送交委托机关。受托机关不能完成委托内容的,应当告知委托机关并说明原因。

7. 当事人有证据或者有正当理由表明调查、审理机关据以认定案件事实的鉴定意见可能有错误,在法定期限内书面申请重新鉴定的,调查、审理机关应予准许。当事人对审查机关委托的鉴定部门作出的鉴定意见有异议申请重新鉴定,提出证据证明存在下列4种情形之一的,调查、审理机关应予准许:其一,鉴定部门或者鉴定人不具有相应的鉴定资格的;其二,鉴定程序严重违法的;其三,鉴定意见明显依据不足的;其四,经过质证不能作为证据使用的其他情形。审查机关对有缺陷的鉴定意见,可以通过补充鉴定、重新质证或者补充质证等方式解决。

8. 调查、审理机关对委托或者指定的鉴定部门出具的鉴定书,应当审查是否具有下列内容:(1)鉴定的问题、项目;(2)鉴定时提交的相关材料;(3)鉴定的依据和使用的科学技术手段;(4)鉴定的过程;(5)明确的鉴定结论;(6)鉴定部门和鉴定人鉴定资格的说明;(7)鉴定人及鉴定部门签名盖章。对于内容欠缺或者鉴定结论不明确的鉴定书,调查、审理机关可以要求鉴定部门予以说明、补充鉴定或者重新鉴定。

9. 调查、审理机关可以依当事人申请或者依职权勘验现场。勘验现场时,勘验人必须出示调查、审理机关的证件,并邀请当地基层组织或者当事人所在单位派人参加。当事人或其成年亲属应当到场,拒不到场的,不影响勘验的进行,但应当在勘验笔录中说明情况。勘验现场,调查、审理机关工作人员应当制作勘验笔录,记载勘验的时间、地点、勘验人、在场人、勘验的经过和结果,由勘验人、当事人、在场人签名。勘验现场时绘制的现场图,应当注明绘制的时间、方位、绘制人姓名和身份等内容。当事人对勘验结论有异议的,可以在法定期限内申请重新勘验,是否准许由审查机关决定。

（三）证据保全规则

证据保全规则指调查、审理过程中有证据可能灭失或以后难以取得的情形,调查、审理机关应当事人的申请或主动采取某种保护措施的规则。根据有关法律和司法解释的规定,证据保全规则可以归纳为以下四项:①

1. 在证据可能灭失或者以后难以取得的情况下,当事人有权向调查、审理机关申请保全证据。这一规则包括下述内容:(1)申请的条件是证据可能灭失或以后难以取得。所谓"可能灭失"是指证据可能变质、腐坏、毁灭、消失,证人可能死亡,案件现场可能发生变化等情形;所谓"以后难以取得"是指证据以后虽不致灭失,但如不及时取得,以后取得将非常困难,甚至成为不可能,如证据将被人带出国、出境,将使用于某种生产工艺中,将为某新建筑物所覆盖,将被人转移、隐藏等情形。(2)申请人是有关当事人,其在具备申请条件时均有权申请。(3)实施保全措施的条件是具备申请条件的有关当事人提出申请和调查、审理机关作出准许保全申请的决定。申请人申请应有申请书,说明所申请保全的证据的内容及所存处所以及申请保全的理由。调查、审理机关如决定准许申请,保全措施则立即开始实施,如不准许,保全申请即被

---

① 参见《行政诉讼法》第42条和《最高人民法院关于行政诉讼证据若干问题的规定》第27、28条。

否认,保全措施不能实行。

2. 在证据可能灭失或者以后难以取得的情况下,调查、审理机关可主动采取保全措施。调查、审理机关主动采取保全措施的条件基本同于当事人申请证据保全的条件,即必须是在证据可能灭失或以后难以取得的情况下才能采取,调查、审理机关主动采取保全措施应持特别慎重的态度。但在较紧急的情况下,调查、审理机关认为某种证据是案件的主要证据且时间上不允许等待当事人提出申请,否则该证据将会立即灭失或以后难以取得,调查、审理机关可立即主动采取保全措施。

3. 当事人申请保全证据的,应当在法定期限届满前以书面形式提出,并说明证据的名称和地点、保全的内容和范围、申请保全的理由等事项。当事人申请保全证据的,调查、审理机关可以要求其提供相应的担保。

4. 调查、审理机关保全证据,可以根据具体情况,采取查封、扣押、拍照、录音、录像、复制、鉴定、勘验、制作询问笔录等保全措施。调查、审理机关保全证据时,可以要求当事人或其诉讼代理人到场。

(四)证据审核、认定规则

证据审核、认定规则指调查、审理机关对通过各种来源、途径获取的证据进行审查,确定其证明效力和在作出处置决定中加以采用,作为相应案件定案证据的规则。根据有关法律和司法解释的规定,证据审核、认定规则可以归纳为以下十三项:

1. 调查、审理机关处理案件,应当以证明案件事实的证据为依据。应当对收集的证据进行逐一审查和对全部证据综合审查,遵循职业道德,运用逻辑推理和生活经验,进行全面、客观和公正的分析判断,确定证据材料与案件事实之间的证明关系,排除不具有关联性的证据材料,准确认定案件事实。

在实践中,调查或审理机关处理案件,可以以一定程度的自由裁量规则作为法定证据规则的补充。但调查、审理机关先应依法定证据规则对当事人提交的证据的真实性、合法性进行审查,并继而依法定程序组织对证据的真实性、合法性和证明力进行质证。在此过程中,调查、审理机关应依法主动进行证据收集工作(如收集会计师事务所出具的审计报告、收集公司财务人员提供的有关材料等)。只有在认真执行和适用法定证据规则的基础上,调查、审理机关才能运用自由裁量规则对全案证据进行综合分析、判断,并最终对案件事实进行认定和作出处置决定。离开了法定证据规则，离开了“以事实为根据，以法律为准绳”的法律原则，调查、审理机关的自由裁量只能是唯心主义的，不可能得出客观、公正的结论。当然，依法进行自由裁量对调查、审理机关正确审核、认定案件证据，从而对案件作出公正处置决定具有重要意义。因为，第一，具体案件的事实及其证据的情况是非常复杂的，法律和司法解释不可能对证据在所有情形下的真实性、合法性和证明力都作出明确的规定，这就必然会给调查、审理机关留下广泛的自由裁量余地。第二，即使法律和司法解释规定了详尽的法定证据规则，对这些规则如何适用于具体案件事实，如何对涉及全案的所有证据进行整体判断，如何对当事人提供的整个证据的证明力大小进行比较和认定，仍然需要调查、审理机关对之进行自由裁量。没有一定的自由裁量，调查、审理机关机械地按法定证据规则办案，其要么根本无法确定当事人提供的证据的真实性和证明力大小，从而无法分清是非，无法作出正确的处置决定；要么就可能是滥用裁决权，背离实质公正。一个监察工作人员，在办案过程中，在审核、判断和认定证据及其证明力的过程中，无疑应充分发挥其主观能动性，在遵循法定证据规则的前提下，积极和有效地运用自由裁量，使其判断最大限度地接近正义。当然，这需要监察工作人员具有很高的素质：法律的、道德的、人文的、科学的，乃至艺术的素质。①

2. 调查、审理机关对证据的审查包括对证据合法性的审查和对证据真实性的审查两个方面。证据合法性审查主要包括以下内容：(1)证据是否符合法定形式；(2)证据的取得是否符合法律、法规、司法解释和规章的要求；(3)是否有影响证据效力的其他违法情形。证据真实性审查主要包括以下内容：(1)证据形成的原因；(2)发现证据时的客观环境；(3)证据是否为原件、原物，复制件、复制品与原件、原物是否相符；(4)提供证据的人或者证人与当事人是否具有利害关系；(5)影响证据真实性的其他因素。调查、审理机关对证据合法性和证据真实性审查尤应注重以下四个方面：一是注重审查证据的来源。不同来源的证据其可靠性、证明力存在差别，从而对其审查的强度、审查的内容、审查的方法也应有所不同。因此，在对证据进行其他方面的审查之前，首先应审查证据的来源。二是注重审查证据的内容。对证据内容的审查

---

① 参见姜明安：《证据规则法定与自由心证》，载《北京青年报》2003年2月16日。

除合法性和真实性外,还包括对证据关联性、证明力的审查。证据真实性审查在于辨别相应证据的真伪,去伪存真;证据关联性审查在于确定相应证据是否与本案有关,能否对相应事实是否合法予以证明;证据证明力审查在于确定相应证据是属于直接证据还是间接证据,是属于主要证据还是次要证据,其所具证明效力如何。三是注重审查取得证据的方法。根据法治的要求,只有合法取得的证据才能为调查、审理机关采用,作为定案的证据;非法获取的证据,调查、审理机关应拒绝接受、采用,不能作为定案证据。为此,调查、审理机关审查证据必须审查证据取得的方法。在很多情况下,调查、审理机关对证据取得方法的审查还会有助于对证据真实性的审查,虽然非法或不适当的方法所取得的证据不一定是不真实的,但是许多不真实的证据确实是以非法或不适当的方法获取或制造的。当然,这里应当指出,证据不管是否真实,只要是非法取得的,均不能作为定案证据,因为法律不能使任何个人、组织从违法行为中获益。四是注重审查各种证据相互之间的关系。作为一案定案依据的各种证据,它们之间应该相互联系、相互协调一致,组成环环相扣的一个链条,从而对相应事实的合法性作出合乎逻辑的、令人信服的证明。为此,调查、审理机关必须对各种证据之间的关系加以审查,如果发现相互矛盾、相互冲突处,就应该进一步查明问题的症结所在,如果发现其中存在虚假证据,就应该加以剔除,保证整个证据的真实性和协调一致。

3. 根据证据合法性的要求,下列证据材料不能作为定案依据:(1)严重违反法定程序收集的证据材料;(2)以偷拍、偷录、窃听等手段获取的侵害他人合法权益的证据材料;(3)以利诱、欺诈、胁迫、暴力等不正当手段获取的证据材料;(4)在中华人民共和国领域以外或者在中华人民共和国香港特别行政区、澳门特别行政区和台湾地区形成的未办理法定证明手续的证据材料;(5)当事人无正当理由拒不提供原件、原物,又无其他证据印证,调查、审理人员不予认可的证据的复制件或者复制品;(6)被当事人或者他人进行技术处理而无法辨明真伪的证据材料;(7)不能正确表达意志的证人提供的证言;(8)不具备合法性和真实性的其他证据材料。此外,以违反法律禁止性规定或者侵犯他人合法权益的方法取得的证据,不能作为认定案件事实的依据。

4. 对监察工作人员在调查、审理程序中采纳的鉴定意见,当事人提出证据证明有下列情形之一的,司法机关不予采纳:(1)鉴定人不具备鉴定资格;

(2)鉴定程序严重违法;(3)鉴定结论错误、不明确或者内容不完整。

5. 证明同一事实的数个证据,其证明效力一般可以按照下列情形分别认定:(1)国家机关以及其他职能部门依职权制作的公文文书优于其他书证;(2)鉴定结论、现场笔录、勘验笔录、档案材料以及经过公证或者登记的书证优于其他书证、视听资料和证人证言;(3)原件、原物优于复制件、复制品;(4)法定鉴定部门的鉴定结论优于其他鉴定部门的鉴定结论;(5)法庭主持勘验所制作的勘验笔录优于其他部门主持勘验所制作的勘验笔录;(6)原始证据优于传来证据;(7)其他证人证言优于与当事人有亲属关系或者其他密切关系的证人提供的对该当事人有利的证言;(8)出庭作证的证人证言优于未出庭作证的证人证言;(9)数个种类不同、内容一致的证据优于一个孤立的证据。

6. 以有形载体固定或者显示的电子数据交换、电子邮件以及其他数据资料,其制作情况和真实性经监察工作人员确认,或者以公证等其他有效方式予以证明的,与原件具有同等的证明效力。调查、审理机关对经过公证程序证明的法律行为、法律事实和文书,一般应当作为证明相应待证事实的证据,除非有相反的证据足以推翻公证证明。公证的证明效力高于一般证据的证明效力,在诉讼过程中,人民法院对于经过公证程序证明的法律行为、法律事实和文书,通常可直接引用为证明相应待证事实的证据,而无须重新加以审查、鉴定或审核。当然在诉讼中公证证据也需要在法庭上出示。当事人如能提出相反证据足以推翻公证证据,相应公证证据则不得为法院采用作为定案证据。

7. 在行政赔偿程序中,执法机关主持调解时当事人为达成调解协议而对案件事实的认可,不得在其后的诉讼中作为对其不利的证据。

8. 下列事实调查、审理机关可以直接认定:(1)众所周知的事实;(2)自然规律及定理;(3)按照法律规定推定的事实;(4)已经依法证明的事实;(5)根据日常生活经验法则推定的事实。但其中第(1)(3)(4)(5)项,当事人有相反证据足以推翻的除外。

9. 当事人确有证据证明国家机关持有的证据对其有利,国家机关无正当事由拒不提供的,可以推定该当事人的主张成立。

10. 生效的人民法院裁判文书或者仲裁机构裁决文书确认的事实,可以作为定案依据。但是,如果发现裁判文书或者裁决文书认定的事实有重大问题的,应当通过法定程序予以纠正。

11. 下列证据不能单独作为定案依据:(1)未成年人所作的与其年龄和智力状况不相适应的证言;(2)与一方当事人有亲属关系或者其他密切关系的证人所作的对该当事人有利的证言,或者与一方当事人有不利关系的证人所作的对该当事人不利的证言;(3)应当出庭作证而无正当理由不出庭作证的证人证言;(4)难以识别是否经过修改的视听资料;(5)无法与原件、原物核对的复制件或者复制品;(6)经第三人改动,当事人不予认可的证据材料;(7)其他不能单独作为定案依据的证据材料。

12. 庭审中经过质证的证据,能够当庭认定的,应当当庭认定;不能当庭认定的,应当在合议庭合议时认定。人民法院应当在裁判文书中阐明证据是否采纳的理由。

13. 法庭发现当庭认定的证据有误,可以按照下列方式纠正:(1)庭审结束前发现错误的,应当重新进行认定;(2)庭审结束后宣判前发现错误的,在裁判文书中予以更正并说明理由,也可以再次开庭予以认定;(3)有新的证据材料可能推翻已认定的证据的,应当再次开庭予以认定。

(五)证据在诉讼过程中对质、辨认和核实规则

根据有关法律和司法解释的规定,证据在诉讼过程中对质、辨认和核实规则可以归纳为以下十六项:

1. 所有证据在诉讼过程中均应当在法庭上出示,并经庭审质证。未经庭审质证的证据,不能作为定案的依据。当事人在庭前证据交换过程中没有争议并记录在卷的证据,经审判人员在庭审中说明后,可以作为认定案件事实的依据。对证人相互认定不一的事实材料,必须与当事人双方见面,在法庭上出示,并经当事人辩论质证,法院才能确定其真伪,决定是否采用和作为定案证据。

2. 涉及国家秘密、商业秘密和个人隐私或者法律规定的其他应当保密的证据,不得在开庭时公开质证。这一规则是各民主、法治国家的通例。法院对涉及国家秘密的证据保密是国家利益的需要;否则,将可能危及国家安全或损害国家声誉或国家其他重大利益。法院对涉及商业秘密的证据保密是保障公民和有关经济组织的经济权利,保障社会经济秩序和社会生产、交换活动正常进行的需要。法院对涉及个人隐私的证据保密是保障公民基本人权,尊重公民人格和荣誉的需要。对于有些案件,为了准确地查明事实、辨明是非,法院

必须向当事人出示某种需要向社会保密的证据,让当事人对之加以辩论质证。如果此种出示不会危害国家社会和当事人个人利益,法院可以在不公开开庭时出示相应证据。无论如何,法院不应在公开开庭时出示涉及国家秘密、商业秘密和个人隐私的证据。

3. 当事人申请人民法院调取的证据,应当在庭审中出示,并由当事人质证。人民法院依职权调取的证据,法庭亦应出示,并可就调取该证据的情况进行说明,听取当事人意见。

4. 当事人应当围绕证据的关联性、合法性和真实性,针对证据有无证明效力以及证明效力大小进行质证。经法庭准许,当事人及其代理人可以就证据问题相互发问,也可以向证人、鉴定人或者勘验人发问。当事人及其代理人相互发问,或者向证人、鉴定人、勘验人发问时,发问的内容应当与案件事实有关联,不得采用引诱、威胁、侮辱等语言或者方式。

5. 对书证、物证和视听资料进行质证时,当事人应当出示证据的原件或者原物。但有下列两种情况之一的除外:其一,出示原件或者原物确有困难并经法庭准许可以出示复制件或者复制品的;其二,原件或者原物已不存在,可以出示证明复制件、复制品与原件、原物一致的其他证据。视听资料应当当庭播放或者显示,并由当事人进行质证。

6. 凡是知道案件事实的人,都有出庭作证的义务。有下列5种情形之一的,经人民法院准许,当事人可以提交书面证言:其一,当事人在调查、审理程序或者庭前证据交换中对证人证言无异议的;其二,证人因年迈体弱或者行动不便,无法出庭的;其三,证人因路途遥远、交通不便无法出庭的;其四,证人因自然灾害等不可抗力或者其他意外事件无法出庭的;其五,证人因其他特殊原因确实无法出庭的。

7. 不能正确表达意志的人不能作证。根据当事人申请,人民法院可以就证人能否正确表达意志进行审查或者交由有关部门鉴定,必要时,人民法院也可以依职权交由有关部门鉴定。

8. 当事人申请证人出庭作证的,应当在法定期限届满前提出,并经人民法院许可。人民法院准许证人出庭作证的,应当在开庭审理前通知证人出庭作证。当事人在庭审过程中要求证人出庭作证的,法庭可以根据审理案件的具体情况,决定是否准许以及是否延期审理。

9. 当事人在有下列5种情形之一的情况下,可以要求相关执法人员作为证人出庭作证:其一,对现场笔录的合法性或者真实性有异议的;其二,对扣押财产的品种或者数量有异议的;其三,对检验的物品取样或者保管有异议的;其四,对执法人员的身份的合法性有异议的;其五,需要出庭作证的其他情形。

10. 证人出庭作证时,应当出示证明其身份的证件。法庭应当告知其诚实作证的法律义务和作伪证的法律责任。出庭作证的证人不得旁听案件的审理。法庭询问证人时,其他证人不得在场,但组织证人对质的除外。

11. 证人应当陈述其亲历的具体事实。证人根据其经历所作的判断、推测或者评论,不能作为定案的依据。

12. 当事人要求鉴定人出庭接受询问的,鉴定人应当出庭。鉴定人因正当事由不能出庭的,经法庭准许,可以不出庭,由当事人对其书面鉴定结论进行质证。对于出庭接受询问的鉴定人,法庭应当核实其身份、与当事人及案件的关系,并告知鉴定人如实说明鉴定情况的法律义务和故意作虚假说明的法律责任。

13. 对案件涉及的专门性问题,当事人可以向法庭申请由专业人员出庭进行说明,法庭也可以通知专业人员出庭说明,必要时,法庭可以组织专业人员进行对质。当事人对出庭的专业人员是否具备相应专业知识、学历、资历等专业资格等有异议的,可以进行询问,由法庭决定其是否可以作为专业人员出庭。专业人员可以对鉴定人进行询问。

14. 法庭在质证过程中,对与案件没有关联的证据材料,应予排除并说明理由。法庭在质证过程中,准许当事人补充证据的,对补充的证据仍应进行质证。法庭对经过庭审质证的证据,除确有必要外,一般不再进行质证。

15. 在第二审程序中,对当事人依法提供的新的证据,法庭应当进行质证;当事人对第一审认定的证据仍有争议的,法庭也应当进行质证。

16. 按照审判监督程序审理的案件,对当事人依法提供的新的证据,法庭应当进行质证;因原判决、裁定认定事实的证据不足而提起再审所涉及的主要证据,法庭也应当进行质证。所谓"新的证据",是指以下情形的证据:(1)在一审程序中应当准予延期提供而未获准许的证据;(2)当事人在一审程序中依法申请调取而未获准许或者未取得,人民法院在第二审程序中调取的证据;(3)原告或者第三人提供的在法定期限届满后发现的证据。

第十章 政务处分

第一节　政务处分概述

一、政务处分的概念

政务处分是指监察机关依《监察法》和《政务处分法》规定的处分权限、处分条件、处分种类、处分适用规则和处分程序对违法公职人员给予惩戒的监察处置行为。

这个定义主要包含以下四个要素：

其一，政务处分的主体是监察机关。这一要素使政务处分区别于行政处分，行政处分的主体是公职人员的任免机关或单位。

其二，政务处分的对象是违法公职人员。这里的“公职人员”，是指《监察法》第15条规定的公务员和其他从事公务、履行公职的人员。这里的“违法”，是指公职人员实施了《政务处分法》第28—41条规定的禁止公职人员实施的行为。

其三，政务处分的依据是《监察法》和《政务处分法》规定的处分权限、处分条件、处分种类、处分适用规则和处分程序。处分权限决定处分管辖范围；处分条件指公职人员实施了应受处分的违法行为；处分种类指相应违法行为应予处分的形式（如警告、记过、记大过、降级、撤职、开除）；处分适用规则指从轻、减轻、从重、免予处分等的规则；处分程序指处分的过程、步骤、方式等。

其四，政务处分的性质是对公职人员违法行为的惩戒。尽管处分也有对被处分人教育的作用，但这种教育作用是通过惩戒实现的。对违法公职人员，只有通过惩戒，减损其权益，使其名誉、荣誉受到不利影响，才能促使其吸取教训，今后不再违法。

二、《政务处分法》的立法目的、立法根据与适用范围

（一）《政务处分法》的立法目的

《政务处分法》第1条规定了该法的立法目的和立法依据：为了规范政务处分，加强对所有行使公权力的公职人员的监督，促进公职人员依法履职、秉公用权、廉洁从政从业、坚持道德操守，根据《监察法》，制定该法。

立法目的包括三项：第一项是规范监察机关实施政务处分的行为，以防止和避免其违法行使和滥用政务处分权，保护公职人员的合法权益。“规范”包括实体规范和程序规范。实体规范主要指明确应予政务处分的违法行为，各种违法行为应受政务处分的种类，从轻、从重、减轻、免予处分的情节等；程序规范主要指作出处分决定的公开、公正、公平程序，如回避程序，听取被处分人陈述、申辩程序，说明理由程序，复审、复核程序等。

第二项是加强对所有行使公权力的公职人员的监督。政务处分是监察监督的重要途径和手段。监察机关通过调查或其他途径，掌握了违法公职人员所实施的违法行为，只有对其依法给予相应的政务处分，才能教育其本人吸取教训，不再违法，也才能教育其他公职人员以受处分公职人员的教训为鉴，遵纪守法，从而实现“加强对所有行使公权力的公职人员的监督”作用。

第三项是促进公职人员依法履职、秉公用权、廉洁从政从业、坚持道德操守。这既是《政务处分法》的立法目的，也是政务处分本身的目的。《政务处分法》正是通过严密的法律规范，使公职人员的腐败、滥用职权等各种违法行为随时被发现和及时、准确受到惩戒，使之不敢腐、不能腐、不想腐，从而促进全体公职人员依法履职、秉公用权、廉洁从政从业、坚持道德操守。

（二）《政务处分法》的立法根据

《政务处分法》的立法依据是作为法律的《监察法》而非《宪法》。这不同于《监察法》的立法依据，《监察法》的立法依据是《宪法》而非某一部法律。因为《政务处分法》是《监察法》的配套立法，是直接为了实施《监察法》的有

关条款、有关制度[①]而制定的，其直接依据自然是《监察法》。当然，《政务处分法》的制定同样要依据《宪法》。但这种依据不是直接依据，而是间接依据，通过直接依据《监察法》而间接依据了《宪法》。

（三）《政务处分法》的适用范围

《政务处分法》第 2 条第 1、2 款规定，“本法适用于监察机关对违法的公职人员给予政务处分的活动。本法第二章、第三章适用于公职人员任免机关、单位对违法的公职人员给予处分。处分的程序、申诉等适用其他法律、行政法规、国务院部门规章和国家有关规定”。

这就是说，《政务处分法》不仅适用于监察机关对违法公职人员给予政务处分的活动，而且也部分适用于公职人员任免机关、单位对违法的公职人员给予处分的行为。所谓“部分适用”，是指该法的部分规定（第二章关于处分种类和适用规则的规定和第三章关于公职人员违法行为及应适应的处分的规定）适用于公职人员任免机关、单位的处分行为。至于公职人员任免机关、单位实施处分的程序、申诉等，则仍适用其他法律、行政法规、国务院部门规章和国家有关规定。例如，行政机关对公务员的处分，在程序、申诉等方面，则仍适用《公务员法》和国务院制定的《行政机关公务员处分条例》的相关规定。

三、政务处分的基本原则

《政务处分法》第 3 条至第 6 条规定了政务处分的九项基本原则。

（一）依法处分原则

依法处分原则要求监察机关依法定权限、法定规则和法定程序实施政务处分。这里的“法定”的“法”主要指《监察法》、《政务处分法》和《监察法实施条例》，如《监察法》第 16 条关于监察管辖的规定，《政务处分法》第 5 条关于“程序合法、手续完备”的规定，《监察法实施条例》第 10—13 条关于监察机关领导体制的规定，等等。依法处分原则的“法定”的“法”，也包括其他法律、法规中涉及政务处分的有关规定。

另外，《政务处分法》第 3 条确立的依法处分原则不仅规定了监察机关应

① 《监察法》的有关条款、有关制度主要指《监察法》第 11 条和第 45 条规定的政务处分制度。

当按照管理权限,加强对公职人员的监督,依法实施对违法的公职人员的政务处分。还规定了公职人员任免机关、单位依法行使相应处分权限和监察机关对公职人员任免机关、单位依法行使处分权的监督权限:公职人员任免机关、单位应当按照管理权限,加强对公职人员的教育、管理、监督,依法给予违法的公职人员处分。监察机关发现公职人员任免机关、单位应当给予处分而未给予,或者给予的处分违法、不当的,应当及时提出监察建议。

(二)党管干部原则

这一原则源于我国的基本政治制度。《宪法》第1条规定,中国共产党领导是中国特色社会主义最本质的特征。《监察法》第2条提出了"坚持中国共产党对国家监察工作的领导"的要求。政务处分工作作为监察工作的一部分,确定"党管干部"的原则是必要和必然的。

(三)集体讨论决定原则

这一原则是社会主义民主原则的要求,是民主原则在政务处分工作中的体现。监察机关作出政务处分,特别是作出撤职、开除等较重的政务处分,对公职人员权益有重要影响,必须特别慎重,由领导班子集体讨论决定是非常必要的。

(四)法律面前一律平等原则

这一原则同时是《监察法》的基本原则。本书在第五章第三节讨论《监察法》的基本原则时,已对这一原则的意义和内容作了阐释,故此处从略。

(五)以事实为根据,以法律为准绳原则

这一原则在《政务处分法》第4条和第5条中两处作了表述,可以概括为:给予公职人员政务处分,应当以事实为根据,以法律为准绳,做到事实清楚、证据确凿、定性准确。关于这一原则的意义和内容,本书在第五章第三节讨论《监察法》的基本原则时已作了阐释,故此处从略。

(六)比例原则

这一原则在《政务处分法》第4条的表述是:给予公职人员政务处分,应与其违法行为的性质、情节、危害程度相当。同时《政务处分法》第5条规定的"处理恰当"也可认为是比例原则的内容。关于比例原则,笔者曾在主编的教育部法学核心课程教材《行政法与行政诉讼法》中对行政法中的比例原则有一较全面的论述。[①] 这一论述对于监察制度和政务处分也是可以适用的,故引述如下:"比例原则的基本含义是行政机关实施行政行为应兼顾行政目标的实现和保护相对人的权益,如为实现行政目标可能对相对人权益造成某种不利影响时,应将这种不利影响限制在尽可能小的范围和限度内,保持二者处于适度的比例。"有些国家将此基本原则以法律明定。例如,《荷兰行政法通则》第三章第4条规定:"某个(行政)命令对一个或更多的利害关系人产生不利后果,这不利后果须与命令的目的相当。"[②]《葡萄牙行政程序法典》第5条规定:"行政当局的决定与私人权利或受法律保护的利益有冲突时,仅可在对拟达至的目标系属适当及适度的情况下,才能损害这些权利或利益。"[③]

比例原则有广义和狭义之分。广义比例原则主要有三项要求,即包括三项次级原则。其一,必要性原则:行政机关拟实施行政行为,特别是实施对行政相对人权益不利的行政行为时,只有认定该行为对于达到相应行政目的或目标是必要和必需的,才能实施。其二,适当性原则:行政机关拟实施行政行为,必须先进行利益衡量,只有通过利益衡量,确认实施该行为对于实现相应行政目标是适当的,且可能取得的利益大于可能损害的利益,收益大于成本,才能实施。其三,最小损害原则:行政机关实施行政行为,必须在多种方案中进行选择,择其对行政相对人权益损害最小的方案实施。狭义的比例原则即最小损害原则,指行政机关实施行政行为,其目的和手段必须对称和相适应。行政机关不得采取超过目的需要的过度的措施,应尽可能使行政相对人的损失减少到最低限度。[④]

(七)惩戒与教育相结合原则

本书在第五章第三节讨论《监察法》的基本原则时,已对这一原则的意义和内容作了阐释,故此处从略。

(八)宽严相济原则

这一原则在《政务处分法》第4条中作了两处表述:一是直接以"宽严相

---

① 参见姜明安主编:《行政法与行政诉讼法》(第7版),北京大学出版社、高等教育出版社2019年版,第76—77页。

② 参见应松年主编:《外国行政程序法汇编》,中国法制出版社1999年版,第383页。

③ 参见应松年主编:《外国行政程序法汇编》,中国法制出版社1999年版,第331页。

④ 参阅[德]哈特穆特·毛雷尔:《行政法学总论》,高家伟译,法律出版社2000年版,第106—107页;陈新民:《行政法学总论》,台北,三民书局2002年版,第80—85页。

济”表述；二是以比例原则的内容“给予的政务处分应与被处分人违法行为的性质、情节、危害程度相当”间接表述（此既是比例原则的要素，也是“宽严相济”的要素）。关于“宽严相济”原则的意义和内容，本书在第五章第三节讨论《监察法》的基本原则时已作了阐释，故此处从略。

（九）公职人员权利保护原则

监察机关实施对公职人员政务处分的制度，要坚持从严治吏的要求，对公职人员的违法行为，特别是严重的腐败行为，要严肃追究。但对公职人员的合法权益，也必须有效保护。只有这样，才能体现法治的公正，才能激励公职人员敢于担当和积极履职。正是基于此，《政务处分法》确立了这一重要原则：公职人员依法履行职责受法律保护，非因法定事由、非经法定程序，不受政务处分。[①]

第二节　政务处分的种类与适用规则

一、政务处分的种类

根据《政务处分法》第 7 条的规定，政务处分共分下述六种：

（一）警告

警告适用于公职人员轻微的应受政务处分的违法行为。《政务处分法》第三章规定的十三类违法行为，有十一类行为在情节较为轻微时，均可适用警告处分。其中，只有参加非法组织、非法活动等违法行为，[②]违反规定出境或者办理因私出境证件等违法行为，[③]利用宗教或者黑恶势力等欺压群众，或者纵容、包庇黑恶势力的行为[④]，不论情节如何，均不适用警告处分。

警告处分的期间为 6 个月。

（二）记过

记过适用于较为轻微的应受政务处分的违法行为。《政务处分法》第三

① 参见《政务处分法》第 6 条。
② 参见《政务处分法》第 28 条。
③ 参见《政务处分法》第 31 条。
④ 参见《政务处分法》第 37 条。

章规定的十二类[1]违法行为，如情节较为轻微，均可适用记过处分。

记过处分的期间为 12 个月。

（三）记大过

记大过适用于较为严重的应受政务处分的违法行为。《政务处分法》第三章规定的所有十三类违法行为，如情节较为严重，均可适用记大过处分。例如，《政务处分法》第三章规定的第二类违法行为中的“违反个人有关事项报告规定，隐瞒不报，情节较重的”，即可适用记大过处分。[2]

记大过处分的期间为 18 个月。

（四）降级

降级适用于其违法严重程度尚不够撤职或无职可撤的公职人员的严重违法行为。降级既可以是降低职务级别，也可以是降低工资级别，或者是两者均降。对于不担任任何领导职务的公职人员，降级只能是降低工资级别，因为无职务级别可降。

降级处分的期间为 24 个月。

（五）撤职

撤职适用于严重的应受政务处分的严重违法行为。《政务处分法》第三章规定的所有十三类违法行为，如情节严重，均可适用撤职处分。例如，《政务处分法》第三章规定的第四类违法行为中的“违反规定出境或者办理因私出境证件”，情节严重的，即可适用撤职处分。[3]

撤职处分的期间与降级一样。同为 24 个月。

（六）开除

开除适用于公职人员最严重的应受政务处分的违法行为。[4] 公职人员受

---

① 《政务处分法》第 37 条规定的行为只适用撤职和开除处分，不适用警告和记过、记大过处分。

② 参见《政务处分法》第 29 条第 2 款。对于本条款规定的违法行为，情节较重的，法律规定可适用警告、记过或者记大过处分。对于一个公职人员某一特定这样的违法行为，监察机关究竟选择这三种处分中的何种处分呢？必须对其情节进行细分。故笔者将此种情节分为：轻微、较为轻微和较为严重三种。轻微的适用警告，较为轻微的适用记过，较为严重的适用记大过。如果都用“情节较重”，就无法选择适用，导致滥用自由裁量权。

③ 参见《政务处分法》第 31 条第 1 款。对于该条款规定的违法行为，情节严重的，法律规定可适用降级或者撤职处分。为了区分这两种处分，对于降级，笔者将其适用的违法行为确定为“其违法严重程度尚不够撤职或无职可撤的公职人员的严重违法行为”。

④ 参见《政务处分法》第 14 条。

到开除处分，意味着监察机关强制其退出公职系统，终止其与所在机关、组织、单位的公职关系。[①]

开除即终止公职关系，从而法律对之无处分期间的规定。

二、政务处分的适用规则

《政务处分法》第二章除规定政务处分的种类外，还规定了政务处分的一系列具体适用规则。笔者将这些规则概括为下述二十五项：[②]

1. 政务处分的决定自作出之日起生效，政务处分期自政务处分决定生效之日起计算。

2. 公职人员 2 人以上共同违法，根据各自在违法行为中所起的作用和应当承担的法律责任，分别给予政务处分。

3. 有关机关、单位、组织集体作出的决定违法或者实施违法行为的，对负有责任的领导人员和直接责任人员中的公职人员依法给予政务处分。

4. 公职人员有下列情形之一的，可以从轻或者减轻给予政务处分：(1) 主动交代本人应当受到政务处分的违法行为的；(2) 配合调查，如实说明本人违法事实的；(3) 检举他人违纪违法行为，经查证属实的；(4) 主动采取措施，有效避免、挽回损失或者消除不良影响的；(5) 在共同违法行为中起次要或者辅助作用的；(6) 主动上交或者退赔违法所得的；(7) 法律、法规规定的其他从轻或者减轻情节。

5. 公职人员违法行为情节轻微，且具有《政务处分法》第 11 条规定的情形[③]之一的，可以对其进行谈话提醒、批评教育、责令检查或者予以诫勉，免予或者不予政务处分。

6. 公职人员因不明真相被裹挟或者被胁迫参与违法活动，经批评教育后确有悔改表现的，可以减轻、免予或者不予政务处分。

7. 公职人员有下列情形之一的，应当从重给予政务处分：(1) 在政务处分期内再次故意违法，应当受到政务处分的；(2) 阻止他人检举、提供证据的；

① 参见姜明安：《行政法》，北京大学出版社 2017 年版，第 211 页。

② 参见《政务处分法》第 7—27 条。

③ 上述第 4 项适用规则所列七种情形。

(3)串供或者伪造、隐匿、毁灭证据的;(4)包庇同案人员的;(5)胁迫、唆使他人实施违法行为的;(6)拒不上交或者退赔违法所得的;(7)法律、法规规定的其他从重情节。

8. 公职人员犯罪,有下列情形之一的,予以开除:(1)因故意犯罪被判处管制、拘役或者有期徒刑以上刑罚(含宣告缓刑)的;(2)因过失犯罪被判处有期徒刑,刑期超过三年的;(3)因犯罪被单处或者并处剥夺政治权利的。

9. 因过失犯罪被判处管制、拘役或者三年以下有期徒刑的,一般应当予以开除;案件情况特殊,予以撤职更为适当的,可以不予开除,但是应当报请上一级机关批准。公职人员因犯罪被单处罚金,或者犯罪情节轻微,人民检察院依法作出不起诉决定或者人民法院依法免予刑事处罚的,予以撤职;造成不良影响的,予以开除。

10. 公职人员有两个以上违法行为的,应当分别确定政务处分。应当给予两种以上政务处分的,执行其中最重的政务处分;应当给予撤职以下多个相同政务处分的,可以在一个政务处分期以上、多个政务处分期之和以下确定政务处分期,但是最长不得超过 48 个月。

11. 对公职人员的同一违法行为,监察机关和公职人员任免机关、单位不得重复给予政务处分和处分。

12. 公职人员有违法行为,有关机关依照规定给予组织处理的,监察机关可以同时给予政务处分。

13. 担任领导职务的公职人员有违法行为,被罢免、撤销、免去或者辞去领导职务的,监察机关可以同时给予政务处分。

14. 公务员以及参照《公务员法》管理的人员在政务处分期内,不得晋升职务、职级、衔级和级别;其中,被记过、记大过、降级、撤职的,不得晋升工资档次。被撤职的,按照规定降低职务、职级、衔级和级别,同时降低工资和待遇。

15. 法律、法规授权或者受国家机关依法委托管理公共事务的组织中从事公务的人员,以及公办的教育、科研、文化、医疗卫生、体育等单位中从事管理的人员,在政务处分期内,不得晋升职务、岗位和职员等级、职称;其中,被记过、记大过、降级、撤职的,不得晋升薪酬待遇等级。被撤职的,降低职务、岗位或者职员等级,同时降低薪酬待遇。

16. 国有企业管理人员在政务处分期内,不得晋升职务、岗位等级和职称;

其中,被记过、记大过、降级、撤职的,不得晋升薪酬待遇等级。被撤职的,降低职务或者岗位等级,同时降低薪酬待遇。

17. 基层群众性自治组织中从事管理的人员有违法行为的,监察机关可以予以警告、记过、记大过。基层群众性自治组织中从事管理的人员受到政务处分的,应当由县级或者乡镇人民政府根据具体情况减发或者扣发补贴、奖金。

18.《监察法》第 15 条第 6 项规定的人员有违法行为的,监察机关可以予以警告、记过、记大过。情节严重的,由所在单位直接给予或者监察机关建议有关机关、单位给予降低薪酬待遇、调离岗位、解除人事关系或者劳动关系等处理。

19.《监察法》第 15 条第 2 项规定的人员,未担任公务员、参照《公务员法》管理的人员、事业单位工作人员或者国有企业人员职务的,对其违法行为依照第 18 项规则处理。

20. 公职人员被开除,或者依照《政务处分法》第 23 条规定(第 18 项规则),受到解除人事关系或者劳动关系处理的,不得录用为公务员以及参照《公务员法》管理的人员。

21. 公职人员违法取得的财物和用于违法行为的本人财物,除依法应当由其他机关没收、追缴或者责令退赔的,由监察机关没收、追缴或者责令退赔;应当退还原所有人或者原持有人的,依法予以退还;属于国家财产或者不应当退还以及无法退还的,上缴国库。

22. 公职人员因违法行为获得的职务、职级、衔级、级别、岗位和职员等级、职称、待遇、资格、学历、学位、荣誉、奖励等其他利益,监察机关应当建议有关机关、单位、组织按规定予以纠正。

23. 公职人员被开除的,自政务处分决定生效之日起,应当解除其与所在机关、单位的人事关系或者劳动关系。

24. 公职人员受到开除以外的政务处分,在政务处分期内有悔改表现,并且没有再发生应当给予政务处分的违法行为的,政务处分期满后自动解除,晋升职务、职级、衔级、级别、岗位和职员等级、职称、薪酬待遇不再受原政务处分影响。但是,解除降级、撤职的,不恢复原职务、职级、衔级、级别、岗位和职员等级、职称、薪酬待遇。

25. 已经退休的公职人员退休前或者退休后有违法行为的,不再给予政务处分，但是可以对其立案调查；依法应当予以降级、撤职、开除的，应当按照规定相应调整其享受的待遇，对其违法取得的财物和用于违法行为的本人财物依照《政务处分法》第 25 条的规定（第 21 项和第 22 项规则）处理。已经离职或者死亡的公职人员在履职期间有违法行为的，依照本规则处理。

第三节　公职人员的违法行为及应适用的政务处分[①]

一、政治性违法行为及应适用的政务处分

《政务处分法》第 28 条列举规定了下列政治性的违法行为，并确定对有这些行为之一的公职人员，予以记过或者记大过处分；情节较重的，予以降级或者撤职处分；情节严重的，予以开除处分：

（1）散布有损宪法权威、中国共产党领导和国家声誉的言论的；

（2）参加旨在反对宪法、中国共产党领导和国家的集会、游行、示威等活动的；

（3）拒不执行或者变相不执行中国共产党和国家的路线方针政策、重大决策部署的；

（4）参加非法组织、非法活动的；

（5）挑拨、破坏民族关系，或者参加民族分裂活动的；

（6）利用宗教活动破坏民族团结和社会稳定的；

（7）在对外交往中损害国家荣誉和利益的。

对具有第（2）（4）（5）（6）项行为之一的，给予其策划者、组织者和骨干分子开除处分。

公开发表反对宪法确立的国家指导思想，反对中国共产党领导，反对社会主义制度，反对改革开放的文章、演说、宣言、声明等的，予以开除。

二、欺骗组织性质的违法行为及应适用的政务处分

《政务处分法》第 29 条列举规定了下列欺骗组织性质的违法行为，并分

---

① 《政务处分法》第三章第 28—40 条共 13 个条款规定了公职人员 46 种违法行为及应适用的政务处分。笔者将这 46 种违法行为根据其内容和性质分成 8 类，以便读者阅读时较好把握。

别确定对有这些行为之一的公职人员给予其相应的政务处分：

(1)不按照规定请示、报告重大事项，情节较重的，予以警告、记过或者记大过；情节严重的，予以降级或者撤职处分。

(2)违反个人有关事项报告规定，隐瞒不报，情节较重的，予以警告、记过或者记大过处分。

(3)篡改、伪造本人档案资料的，予以记过或者记大过；情节严重的，予以降级或者撤职处分。

三、违反民主集中制原则性质的违法行为及应适用的政务处分

《政务处分法》第30条列举规定了下列违反民主集中制原则性质的违法行为，并确定对有这些行为之一的公职人员，予以警告、记过或者记大过处分；情节严重的，予以降级或者撤职处分：

(1)违反民主集中制原则，个人或者少数人决定重大事项，或者拒不执行、擅自改变集体作出的重大决定的；

(2)拒不执行或者变相不执行、拖延执行上级依法作出的决定、命令的。

四、违反涉外行为法律规范性质的违法行为及应适用的政务处分

《政务处分法》第31条规定了下列两种违反涉外行为法律规范性质的违法行为，并分别确定对有这两种行为之一的公职人员给予其相应的政务处分：

(1)违反规定出境或者办理因私出境证件的，予以记过或者记大过处分；情节严重的，予以降级或者撤职处分。

(2)违反规定取得外国国籍或者获取境外永久居留资格、长期居留许可的，予以撤职或者开除处分。

五、违反职业道德、社会公德和公职人员任职规则性质的违法行为及应适用的政务处分

《政务处分法》第32条、第36条和第40条列举规定了下列违反职业道德性质的违法行为，并确定对有这些行为之一的公职人员予以警告、记过或者记大过处分；情节较重的，予以降级或者撤职处分；情节严重的，予以开除处分：

(1)在选拔任用、录用、聘用、考核、晋升、评选等干部人事工作中违反有

关规定的；

(2)弄虚作假，骗取职务、职级、衔级、级别、岗位和职员等级、职称、待遇、资格、学历、学位、荣誉、奖励或者其他利益的；

(3)对依法行使批评、申诉、控告、检举等权利的行为进行压制或者打击报复的；

(4)诬告陷害，意图使他人受到名誉损害或者责任追究等不良影响的；

(5)以暴力、威胁、贿赂、欺骗等手段破坏选举的；

(6)违反规定从事或者参与营利性活动，或者违反规定兼任职务、领取报酬的(本项为《政务处分法》第36条规定)；

(7)违背社会公序良俗，在公共场所有不当行为，造成不良影响的(本项及以下各项为《政务处分法》第40条规定)；

(8)参与或者支持迷信活动，造成不良影响的；

(9)参与赌博的；

(10)拒不承担赡养、抚养、扶养义务的；

(11)实施家庭暴力，虐待、遗弃家庭成员的；

(12)其他严重违反家庭美德、社会公德的行为。

吸食、注射毒品，组织赌博，组织、支持、参与卖淫、嫖娼、色情淫乱活动的，予以撤职或者开除。

六、贪污贿赂、以权谋私及相关性质的违法行为及应适用的政务处分

《政务处分法》第33条和第34条列举规定了下列贪污贿赂、以权谋私及相关性质的违法行为，并确定对有这些行为之一的公职人员予以警告、记过或者记大过处分；情节较重的，予以降级或者撤职处分；情节严重的，予以开除处分：

(1)贪污贿赂的。

(2)利用职权或者职务上的影响为本人或者他人谋取私利的。

(3)纵容、默许特定关系人利用本人职权或者职务上的影响谋取私利的。

(4)拒不按照规定纠正特定关系人违规任职、兼职或者从事经营活动，且不服从职务调整的，予以撤职。

(5)收受可能影响公正行使公权力的礼品、礼金、有价证券等财物的，予

以警告、记过或者记大过；情节较重的，予以降级或者撤职；情节严重的，予以开除［本项及第(6)项为《政务处分法》第34条规定］。

(6)向公职人员及其特定关系人赠送可能影响公正行使公权力的礼品、礼金、有价证券等财物，或者接受、提供可能影响公正行使公权力的宴请、旅游、健身、娱乐等活动安排，情节较重的，予以警告、记过或者记大过；情节严重的，予以降级或者撤职。

七、在公务活动中违反国家规定的行为及应适用的政务处分

《政务处分法》第35条和第38条列举规定了下列在公务活动中违反规定的行为，并确定对有这些行为之一的公职人员予以警告、记过或者记大过处分；情节严重的，予以降级或者撤职处分：

(1)违反规定设定、发放薪酬或者津贴、补贴、奖金的；

(2)违反规定，在公务接待、公务交通、会议活动、办公用房以及其他工作生活保障等方面超标准、超范围的；

(3)违反规定公款消费的；

(4)违反规定向管理服务对象收取、摊派财物的(本项及以下各项为《政务处分法》第38条规定)；

(5)在管理服务活动中故意刁难、吃拿卡要的；

(6)在管理服务活动中态度恶劣粗暴，造成不良后果或者影响的；

(7)不按照规定公开工作信息，侵犯管理服务对象知情权，造成不良后果或者影响的；

(8)其他侵犯管理服务对象利益的行为，造成不良后果或者影响的。

有上述第(4)项、第(5)项和第(8)项行为，情节特别严重的，予以开除。

八、渎职、失职、滥用职权，侵害国家、社会公共利益或公民、法人、其他组织合法权益的行为及应适用的政务处分

《政务处分法》第37条和第39条列举规定了下列渎职、失职、滥用职权，侵害国家、社会公共利益或公民、法人、其他组织合法权益的行为，并确定对有这些行为之一的公职人员予以警告、记过或者记大过处分；情节较重的，予以降级或者撤职处分；情节严重的，予以开除处分：

（1）滥用职权，危害国家利益、社会公共利益或者侵害公民、法人、其他组织合法权益的；

（2）不履行或者不正确履行职责，玩忽职守，贻误工作的；

（3）工作中有形式主义、官僚主义行为的；

（4）工作中有弄虚作假，误导、欺骗行为的；

（5）泄露国家秘密、工作秘密，或者泄露因履行职责掌握的商业秘密、个人隐私的；

（6）利用宗族或者黑恶势力等欺压群众，或者纵容、包庇黑恶势力活动的（本项为《政务处分法》第 37 条的规定，对此项行为应适用的处分是撤职；情节严重的，予以开除）。

《政务处分法》对公职人员的违法行为及应适用的政务处分除上述规定外，最后还有一项兜底规定：公职人员有其他违法行为，影响公职人员形象，损害国家和人民利益的，可以根据情节轻重给予相应政务处分。[①]

第四节　政务处分的程序

《政务处分法》专章（第四章）规定了政务处分的下述程序。

一、调查取证

监察机关进行政务处分首先要对涉嫌违法的公职人员进行调查和获取证据。调查应当由 2 名以上工作人员进行。监察机关进行调查时，有权依法向有关单位和个人了解情况，收集、调取证据。有关单位和个人应当如实提供情况。

法律严禁以威胁、引诱、欺骗及其他非法方式收集证据。以非法方式收集的证据不得作为给予政务处分的依据。[②]

二、告知事实、依据和听取陈述、申辩

监察机关作出政务处分决定前，应当将调查认定的违法事实及拟给予政

① 参见《政务处分法》第 41 条。

② 参见《政务处分法》第 42 条。

务处分的依据告知被调查人,听取被调查人的陈述和申辩,并对其陈述的事实、理由和证据进行核实,记录在案。被调查人提出的事实、理由和证据成立的,应予采纳。不得因被调查人的申辩而加重政务处分。[①]

三、根据调查情况作出相应处理

监察机关在调查终结后应当根据不同情况,分别作出处理:

(1)确有应受政务处分的违法行为的,根据情节轻重,按照政务处分决定权限,履行规定的审批手续后,作出政务处分决定;

(2)违法事实不能成立的,撤销案件;

(3)符合免予、不予政务处分条件的,作出免予、不予政务处分决定;

(4)被调查人涉嫌其他违法或者犯罪行为的,依法移送主管机关处理。[②]

四、作出政务处分决定[③]

监察机关作出政务处分决定,参与公职人员违法案件调查、处理的人员有下列情形之一的,应当自行回避,被调查人、检举人及其他有关人员也有权要求其回避:

(1)是被调查人或者检举人的近亲属的;

(2)担任过本案的证人的;

(3)本人或者其近亲属与调查的案件有利害关系的;

(4)可能影响案件公正调查、处理的其他情形。

监察机关负责人的回避,由上级监察机关决定;其他参与违法案件调查、处理人员的回避,由监察机关负责人决定。

监察机关或者上级监察机关发现参与违法案件调查、处理人员有应当回避情形的,可以直接决定该人员回避。

监察机关决定给予公职人员政务处分的,应当制作政务处分决定书。政务处分决定书应当载明下列事项:

---

① 参见《政务处分法》第 43 条。

② 参见《政务处分法》第 44 条。

③ 参见《政务处分法》第 45 条、第 47—48 条。

(1)被处分人的姓名、工作单位和职务;

(2)违法事实和证据;

(3)政务处分的种类和依据;

(4)不服政务处分决定,申请复审、复核的途径和期限;

(5)作出政务处分决定的机关名称和日期。

政务处分决定书应当盖有作出决定的监察机关的印章。

五、送达、宣布与告知

政务处分决定书制作后,应当及时送达被处分人和被处分人所在机关、单位,并在一定范围内宣布。

作出政务处分决定后,监察机关应当根据被处分人的具体身份,书面告知相关的机关、单位。①

六、对受到刑事责任追究和行政处罚的公职人员的政务处分②

1. 公职人员依法受到刑事责任追究的,监察机关应当根据司法机关的生效判决、裁定、决定及其认定的事实和情节,依照《政务处分法》规定给予政务处分。

2. 公职人员依法受到行政处罚,应当给予政务处分的,监察机关可以根据行政处罚决定认定的事实和情节,经立案调查核实后,依照《政务处分法》给予政务处分。

3. 监察机关根据上述规则作出政务处分后,司法机关、行政机关依法改变原生效判决、裁定、决定等,对原政务处分决定产生影响的,监察机关应当根据改变后的判决、裁定、决定等重新作出相应处理。

七、对几种特殊公职人员给予政务处分的特殊程序③

1. 监察机关对经各级人民代表大会、县级以上各级人民代表大会常务委

---

① 参见《政务处分法》第46条。

② 参见《政务处分法》第49条。

③ 参见《政务处分法》第50条。

员会选举或者决定任命的公职人员予以撤职、开除的，应当先依法罢免、撤销或者免去其职务，再依法作出政务处分决定。

2. 监察机关对经中国人民政治协商会议各级委员会全体会议或者其常务委员会选举或者决定任命的公职人员予以撤职、开除的，应当先依章程免去其职务，再依法作出政务处分决定。

3. 监察机关对各级人民代表大会代表、中国人民政治协商会议各级委员会委员给予政务处分的，应当向有关的人民代表大会常务委员会，乡、民族乡、镇的人民代表大会主席团或者中国人民政治协商会议委员会常务委员会通报。

八、政务处分程序的其他规则①

1. 下级监察机关根据上级监察机关的指定管辖决定进行调查的案件，调查终结后，对不属于本监察机关管辖范围内的监察对象，应当交有管理权限的监察机关依法作出政务处分决定。

2. 公职人员涉嫌违法，已经被立案调查，不宜继续履行职责的，公职人员任免机关、单位可以决定暂停其履行职务。

3. 公职人员在被立案调查期间，未经监察机关同意，不得出境、辞去公职；被调查公职人员所在机关、单位及上级机关、单位不得对其交流、晋升、奖励、处分或者办理退休手续。

4. 监察机关在调查中发现公职人员受到不实检举、控告或者诬告陷害，造成不良影响的，应当按照规定及时澄清事实，恢复名誉，消除不良影响。

5. 公职人员受到政务处分的，应当将政务处分决定书存入其本人档案。对于受到降级以上政务处分的，应当由人事部门按照管理权限在作出政务处分决定后 1 个月内办理职务、工资及其他有关待遇等的变更手续；特殊情况下，经批准可以适当延长办理期限，但是最长不得超过 6 个月。

---

① 参见《政务处分法》第 51—54 条。

第五节　复审、复核与法律责任

一、复审与复核

受到政务处分的公职人员对处分不服，其重要的救济途径是复审与复核。关于复审与复核，《政务处分法》规定了以下六项规则：

（一）申请与决定规则

公职人员对监察机关作出的涉及本人的政务处分决定不服的，可以依法向作出决定的监察机关申请复审；公职人员对复审决定仍不服的，可以向上一级监察机关申请复核。

监察机关发现本机关或者下级监察机关作出的政务处分决定确有错误的，应当及时予以纠正或者责令下级监察机关及时予以纠正。

（二）不停止执行与不加重处分规则

复审、复核期间，不停止原政务处分决定的执行。公职人员不因提出复审、复核而被加重政务处分。

（三）撤销原处分决定规则

被申请复审、复核的政务处分决定有下列情形之一的，复审、复核机关应当撤销原政务处分决定，重新作出决定或者责令原作出决定的监察机关重新作出决定：

（1）政务处分所依据的违法事实不清或者证据不足的；

（2）违反法定程序，影响案件公正处理的；

（3）超越职权或者滥用职权作出政务处分决定的。

（四）变更原处分决定规则

被申请复审、复核的政务处分决定有下列情形之一的，复审、复核机关应当变更原政务处分决定，或者责令原作出决定的监察机关予以变更：

（1）适用法律、法规确有错误的；

（2）对违法行为的情节认定确有错误的；

（3）政务处分不当的。

（五）维持原处分决定规则

复审、复核机关认为被申请复审、复核的政务处分决定认定事实清楚，适用法律正确的，应当予以维持。

（六）复审、复核的其他规则

被申请复审、复核的政务处分决定被变更，需要调整该公职人员的职务、职级、衔级、级别、岗位和职员等级或者薪酬待遇等的，应当按照规定予以调整。政务处分决定被撤销的，应当恢复该公职人员的级别、薪酬待遇，按照原职务、职级、衔级、岗位和职员等级安排相应的职务、职级、衔级、岗位和职员等级，并在原政务处分决定公布范围内为其恢复名誉。没收、追缴财物错误的，应当依法予以返还、赔偿。

公职人员因有《政务处分法》第 57 条、第 58 条［上述第（三）（四）项规则］规定的情形被撤销政务处分或者减轻政务处分的，应当对其薪酬待遇受到的损失予以补偿。

二、法律责任

为了保障政务处分依法进行，有效实现《政务处分法》的立法目的，《政务处分法》还详细规定了作为监察对象的或者有配合执行该法义务的有关机关、单位、组织、人员违反该法的法律责任，以及监察机关及其工作人员违反该法的法律责任。

（一）有关机关、单位拒不采纳监察建议的法律责任

有关机关、单位无正当理由拒不采纳监察建议的，由其上级机关、主管部门责令改正，对该机关、单位给予通报批评，对负有责任的领导人员和直接责任人员依法给予处理。

（二）有关机关、单位、组织或者人员拒不执行政务处分决定或实施其他违反《政务处分法》行为的法律责任

有关机关、单位、组织或者人员有下列情形之一的，由其上级机关，主管部门，任免机关、单位或者监察机关责令改正，依法给予处理：

（1）拒不执行政务处分决定的；

（2）拒不配合或者阻碍调查的；

（3）对检举人、证人或者调查人员进行打击报复的；

(4)诬告陷害公职人员的；

(5)其他违反《政务处分法》规定的情形。

(三)监察机关及其工作人员违反《政务处分法》，滥用职权、玩忽职守、徇私舞弊的法律责任

监察机关及其工作人员有下列情形之一的，对负有责任的领导人员和直接责任人员依法给予处理：

(1)违反规定处置问题线索的；

(2)窃取、泄露调查工作信息，或者泄露检举事项、检举受理情况以及检举人信息的；

(3)对被调查人或者涉案人员逼供、诱供，或者侮辱、打骂、虐待、体罚或者变相体罚的；

(4)收受被调查人或者涉案人员的财物以及其他利益的；

(5)违反规定处置涉案财物的；

(6)违反规定采取调查措施的；

(7)利用职权或者职务上的影响干预调查工作、以案谋私的；

(8)违反规定发生办案安全事故，或者发生安全事故后隐瞒不报、报告失实、处置不当的；

(9)违反回避等程序规定，造成不良影响的；

(10)不依法受理和处理公职人员复审、复核的；

(11)其他滥用职权、玩忽职守、徇私舞弊的行为。

(四)违反《政务处分法》的刑事责任

违反《政务处分法》的规定，构成犯罪的，依法追究刑事责任。

第十一章

监察程序

第一节 程序法治在监察监督中的功能和作用

《监察法》和《监察法实施条例》均以专章(均为第五章)规定监察程序。《监察法》规定的程序条款共 15 条,占该法全部篇幅(69 条)的 22%;《监察法实施条例》规定的程序条款共 66 条,占该条例全部篇幅(287 条)的 23%。如果加上该法和该条例其他章节中一并规定程序性内容的条款,占比则更大。由此可见,程序法治在监察法中占有非同一般的重要地位。立法者在规范监察机关的职责、权限和履行职责、行使职权的行为时,之所以这么重视程序法治的设计,这主要取决于程序法治在监察监督中的特殊功能和重要作用。这种功能和作用主要包括下述三个方面。

一、程序法治是保障监察机关有效行使职责、权限,实现反腐败目标任务的重要机制

程序法治这方面的功能和作用首先体现在《监察法》对相关制度的设计上。例如,《监察法》第 35 条规定,监察机关对于报案或者举报,应当接受并按照有关规定处理。对于不属于本机关管辖的,应当移送主管机关处理。这一规定是防止监察机关及其工作人员不作为的保障之一:有报案、举报,监察机关就应接受,如果报案、举报的事实成立,监察机关就应立案,启动监察案件办理程序的第一道流程。如果案件不属于本机关管辖,则应当移送主管机关处理,而不能将报案、举报者拒之门外;或虽接收报案、举报材料,但束之高阁而不予处理。又如,《监察法》第 36 条规定,监察机关应当严格按照程序开展

工作,建立问题线索处置、调查、审理各部门相互协调、相互制约的工作机制。监察机关应当加强对调查、处置工作全过程的监督管理,设立相应的工作部门履行线索管理、监督检查、督促办理、统计分析等管理协调职能。这一规定首先强调严格按照程序开展工作,不能拖延耽搁;各部门要相互协调,不能相互扯皮,影响效率。其次这一规定要求建立监督检查机制,及时发现和处理不作为或乱作为的问题。

二、程序法治是防止监察机关及其工作人员滥用职权,保证依法监察的重要机制

程序法治这方面的功能和作用在《监察法》很多制度的设计中都可体现。例如,《监察法》第43条规定,监察机关采取留置措施,应当由监察机关领导人员集体研究决定。设区的市级以下监察机关采取留置措施,应当报上一级监察机关批准。省级监察机关采取留置措施,应当报国家监察委员会备案。留置时间不得超过3个月。在特殊情况下,可以延长一次,延长时间不得超过3个月。省级以下监察机关采取留置措施的,延长留置时间应当报上一级监察机关批准。监察机关发现采取留置措施不当的,应当及时解除。这一规则确定的留置批准、备案程序、留置时限、时限延长批准程序,以及对不当留置的及时解除要求,对于防止监察机关及其工作人员滥用留置权,保证留置措施的依法实施的意义和作用是显而易见的。又如,《监察法》第41条规定,调查人员采取讯问、询问、留置、搜查、调取、查封、扣押、勘验检查等调查措施,均应当依照规定出示证件,出具书面通知,由2人以上进行,形成笔录、报告等书面材料,并由相关人员签名、盖章。调查人员进行讯问以及搜查、查封、扣押等重要取证工作,应当对全过程进行录音录像,留存备查。这一规则确定的通知、笔录、签名、盖章等程序,以及全程录音录像等程序对于防止监察机关及其工作人员滥用讯问、询问、搜查、调取、查封、扣押、勘验检查权,保证这些调查措施的依法实施的意义和作用同样是显而易见的。

三、程序法治是保障作为监察对象的公职人员及其相关人员[①]的人权，保护他们及其家属或涉案单位[②]的合法权益的重要机制

程序法治这方面的功能和作用在《监察法》整个制度的设计中均有体现。例如，《监察法》第44条规定，对被调查人采取留置措施后，应当在24小时以内，通知被留置人员所在单位和家属。但有可能毁灭、伪造证据，干扰证人作证或者串供等有碍调查情形的除外；有碍调查的情形消失后，应当立即通知被留置人员所在单位和家属。监察机关应当保障被留置人员的饮食、休息和安全，提供医疗服务。讯问被留置人员应当合理安排讯问时间和时长，讯问笔录由被讯问人阅看后签名。这一程序规则为被留置人及其家属设定了多项权利保障。首先是知情权：留置后24小时内通知家属，即使发生有碍调查的情形，在相应情形消失后，应当立即通知家属；其次是健康权：保障饮食和提供医疗服务；最后是安全权和免受刑讯逼供或变相刑讯逼供权：保障安全，不得在深夜讯问，不得超长时间讯问等。又如，《监察法》第25条规定，采取调取、查封、扣押措施，应当……会同持有人或者保管人、见证人，当面逐一拍照、登记、编号，开列清单，由在场人员当场核对、签名，并将清单副本交财物、文件的持有人或者保管人。对调取、查封、扣押的财物、文件，监察机关应当设立专用账户、专门场所，确定专门人员妥善保管，严格履行交接、调取手续，定期对账核实，不得毁损或者用于其他目的。对价值不明物品应当及时鉴定，专门封存保管。查封、扣押的财物、文件经查明与案件无关的，应当在查明后3日内解除查封、扣押，予以退还（第23条对于冻结亦有同样规定：冻结的财产经查明与案件无关的，应当在查明后3日内解除冻结，予以退还）。这一程序规则对于保护被调查人及涉案单位的财产权极为重要。《监察法》立法前，执法部门和司法机关采取查封、扣押、冻结措施时，就曾发生过将被调查人及涉案单位财物丢失、毁损、用于其他目的的情形，或者无限期地采取查封、扣押、冻结措施，即使被查封、扣押、冻结的财物、财产经查明与案件无关，也不予解除查封、扣押、冻结和予以退还，以至于使相应企业长期停产停业，无法运作，最后导致其破产倒闭。这一程序规则就是为了避免这些情形发生而创设的。

---

① 此处的“相关人员”是指行贿人、共同犯罪人等。

② 此处的“涉案单位”是指行贿人所在企业等。

第二节　《监察法》规定的一般监察程序

《监察法》中的程序规范主要集中在该法的第五章。除第五章以外,《监察法》的某些章节也或多或少地规定有某些特定的与相应章节内容密切联系的程序规范,如第一章"总则"中第 4 条关于监察机关与审判机关、检察机关、执法部门互相配合、互相制约和有关机关、单位应当根据监察机关的要求依法给予监察机关协助的规定;第三章"监察范围和管辖"中第 16 条和第 17 条关于监察管辖划分和监察机关之间管辖争议解决机制的规定;第四章"监察权限"中除第 18 条和第 21 条以外的几乎所有条款关于相应权限行使有关程序规则的规定;第六章"反腐败国际合作"中第 52 条关于国家监察委员会组织、协调国际追逃追赃防逃工作有关程序的规定;第七章"对监察机关和监察人员的监督"中第 57 条至第 60 条关于有关监督程序和监察人员回避及避免利益冲突程序的规定等。

本章由于篇幅限制,不可能讨论所有这些程序规范,而且这些程序规范中的有些规范已经在别的章节中讨论实体制度时讨论过了,故这里只选择阐释以下四项较重要的程序制度。

一、监察机关与审判机关、检察机关、执法部门互相配合、互相制约的程序制度

《监察法》第 4 条第 2 款规定这一程序制度有三层含义:一是这一原则适用的范围限于"办理职务违法和职务犯罪案件"而不及于一般违纪案件。二是互相配合、互相制约的主体包括审判机关、检察机关和执法部门而不限于人民法院、人民检察院等司法机关。这里的"执法部门"多指公安机关但又不限于公安机关,有时还会涉及国家安全机关、市场监管、海关、税务等执法部门。三是互相配合、互相制约必须二者兼顾:不能只讲配合不讲制约,也不能只讲制约不讲配合。配合和制约都是为了全面、正确和有效实现国家设置监察制度的目的:深入推进反腐败和廉政建设,真正把权力(包括监督对象的权力和监督者本身的权力)关进制度的笼子里。

二、调查取证程序制度

《监察法》第40条规定了监察机关调查取证的基本程序规则:监察机关对职务违法和职务犯罪案件,应当进行调查,收集被调查人有无违法犯罪以及情节轻重的证据,查明违法犯罪事实,形成相互印证、完整稳定的证据链。严禁以威胁、引诱、欺骗及其他非法方式收集证据,严禁侮辱、打骂、虐待、体罚或者变相体罚被调查人和涉案人员。这一规则可概括为下述三个方面的要求:

其一,调查取证的内容主要有两项:一是收集被调查人有无违法犯罪的证据。尽管对被调查人有无违法犯罪已经过初步核实程序,但初步核实程序毕竟是初步的,其尚无充分确凿的证据支持,因此完全可能存在认定错误的可能性。故在调查取证阶段既要收集被调查人有违法犯罪的证据;也要收集被调查人无违法犯罪的证据,这种无违法犯罪的证据有可能推翻初步核实阶段的结论。二是收集被调查人违法犯罪情节轻重的证据。收集被调查人违法犯罪情节轻重的证据是在已有初步证据证明被调查人已实施了违法犯罪行为的基础上进行的。如已有证据证明被调查人未实施违法犯罪行为,自然就没有必要再去收集被调查人违法犯罪情节轻重的证据,因为这种证据实际是不存在的。

其二,调查取证的任务是查明违法犯罪事实,形成相互印证、完整稳定的证据链。监察涉及对公职人员的处置,涉及公职人员的切身权益,必须十分慎重。因此,处理任何一个公职人员,都必须重事实、重证据,都必须事实清楚,证据确凿,各种证据应该形成相互印证、完整稳定的证据链,从而把案件办成"铁案"。

其三,严格防止和避免以任何方式制造和形成虚假证据。为此,《监察法》明确规定,严禁调查人员在调查取证过程中以威胁、引诱、欺骗及其他非法方式收集证据,严禁侮辱、打骂、虐待、体罚或者变相体罚被调查人和涉案人员。虽然,法律明确规定了法院在审判过程中排除非法证据的规则,但是法律构建调查、侦查过程中制造和形成非法证据的机制更为重要,这个机制是防止和避免冤假错案的更为重要的屏障。

三、若干监察职权行使的程序制度

《监察法》第五章专章规定了监察机关行使监察职权的基本程序制度。

《监察法》第四章虽然是专章规定监察权限的，但在规定监察权限的同时附带规定了权限行使的某些一般程序，如《监察法》第 23 条至第 25 条等。故本节阐释的监察机关行使监察职权的一般程序以《监察法》第五章的规定为主，同时涉及第四章的某些规定。

《监察法》第五章第 41 条规定，调查人员采取讯问、询问、留置、搜查、调取、查封、扣押、勘验检查等调查措施，均应当依照规定出示证件，出具书面通知，由 2 人以上进行，形成笔录、报告等书面材料，并由相关人员签名、盖章。调查人员进行讯问以及搜查、查封、扣押等重要取证工作，应当对全过程进行录音录像，留存备查。本条程序规则共包括三项内容：

其一，调查人员向被调查人出具书面通知，使其事前知道调查人员身份，知道调查人员将在何时采取何种措施，以便其配合调查。如果被调查人完全不知道采取前来讯问、询问、留置、搜查、调取、查封、扣押、勘验检查的人是什么人，其就不知道是否应予配合。

其二，采取这些措施，应由 2 人以上进行，并形成笔录、报告等书面材料，并由相关人员签名、盖章；否则，通过这些措施获取的证据材料在今后案件的处置、审理过程中，其真实性、合法性就可能发生争议，被调查人可能提出疑问，会影响案件的正确和及时处理、裁决。

其三，调查人员进行讯问以及搜查、查封、扣押等重要取证工作，应当对全过程进行录音录像，留存备查。本条款确定这一法定程序规则，与作出前项程序规则一样，是为了保证通过讯问、搜查、查封、扣押等重要取证工作获取的证据材料具有最大限度的真实性和合法性，能作为案件最后处理的有效证据。

《监察法》第四章第 23 条至第 25 条也规定了关于查询、冻结、搜查、调取、查封、扣押的程序规则。其中第 23 条规定，监察机关调查涉嫌贪污贿赂、失职渎职等严重职务违法或者职务犯罪，根据工作需要，可以依照规定查询、冻结涉案单位和个人的存款、汇款、债券、股票、基金份额等财产。有关单位和个人应当配合。冻结的财产经查明与案件无关的，应当在查明后 3 日内解除冻结，予以退还。本条款的规定包括四项内容：一是查询和冻结适用的对象是涉嫌贪污贿赂、失职渎职等严重职务违法或者职务犯罪的涉案单位和个人。二是查询和冻结适用的范围包括存款、汇款、债券、股票、基金份额等财产。三是查询和冻结适用的条件是“根据工作需要”和“依照规定”。所谓“根据工作需要”,主要是指根据案件调查的需要和今后作出处置决定和执行处置决定的需要;所谓“依照规定”主要是指依照法律、法规有关查询、冻结的程序的规定。四是冻结的财产经查明与案件无关的,应当在查明后3日内解除冻结,予以退还。本条款作出这一规定主要是为了保障财产被冻结的当事人的合法权益,防止监察机关过度采取冻结措施给当事人财产造成不应有的损失。

《监察法》第24条规定,监察机关可以对涉嫌职务犯罪的被调查人以及可能隐藏被调查人或者犯罪证据的人的身体、物品、住处和其他有关地方进行搜查。在搜查时,应当出示搜查证,并有被搜查人或者其家属等见证人在场。搜查女性身体,应当由女工作人员进行。监察机关进行搜查时,可以根据工作需要提请公安机关配合。公安机关应当依法予以协助。本条款在赋予监察机关搜查权的同时,对这一权限的行使也设定了多项重要程序限制性规则:一是搜查的对象限于涉嫌职务犯罪的被调查人以及可能隐藏被调查人或者犯罪证据的人,监察机关不能对一般职务违法的人和没有可能隐藏被调查人或者犯罪证据的人的身体、物品、住处和其他有关地方进行搜查。二是搜查应当出示搜查证,并有被搜查人或者其家属等见证人在场。这是法律对搜查程序的规定。搜查除遵循此项程序的规定外还须遵循《监察法》第41条的规定,即依照规定出示证件,出具书面通知等。三是搜查女性的身体,应当由女工作人员进行。这一规定源于《刑事诉讼法》第139条的规定,体现了宪法关于尊重和保障人权的原则精神。四是监察机关进行搜查时,可以根据工作需要提请公安机关配合。公安机关应当依法予以协助。公安机关对监察机关进行搜查依法予以协助,实际上不仅是对监察机关行使这一权限、运用搜查手段的配合,而且也是对监察机关行使这一权限、运用搜查手段的制约,有利于防止监察机关对这一权限的滥用。

《监察法》第25条规定,监察机关在调查过程中,可以调取、查封、扣押用以证明被调查人涉嫌违法犯罪的财物、文件和电子数据等信息。采取调取、查封、扣押措施,应当收集原物原件,会同持有人或者保管人、见证人,当面逐一拍照、登记、编号,开列清单,由在场人员当场核对、签名,并将清单副本交财物、文件的持有人或者保管人。对调取、查封、扣押的财物、文件,监察机关应当设立专用账户、专门场所,确定专门人员妥善保管,严格履行交接、调取手续,定期对账核实,不得毁损或者用于其他目的。对价值不明物品应当及时鉴定，专门封存保管。查封、扣押的财物、文件经查明与案件无关的，应当在查明后3日内解除查封、扣押，予以退还。本条款在赋予监察机关调取、查封和扣押权的同时，对监察机关行使这三项权限亦设定了四项重要的程序限制性规则：一是调取、查封、扣押的对象应是用以证明被调查人涉嫌违法犯罪的财物、文件和电子数据等信息。如果相应财物、文件和电子数据等信息与证明被调查人涉嫌违法犯罪无关，则不应调取、查封、扣押。二是采取调取、查封、扣押措施，应当收集原物原件，会同持有人或者保管人、见证人，当面逐一拍照、登记、编号，开列清单，由在场人员当场核对、签名，并将清单副本交财物、文件的持有人或者保管人。确定这一规则的目的是保证被调取、查封、扣押的财物、文件和电子数据等信息作为证据的真实性和合法性。三是对调取、查封、扣押的财物、文件，监察机关应当设立专用账户、专门场所，确定专门人员妥善保管，严格履行交接、调取手续，定期对账核实，不得毁损或者用于其他目的。对价值不明物品应当及时鉴定，专门封存保管。确定这一规则的目的是保证被调取、查封、扣押的财物、文件和电子数据等信息的安全，防止丢失或毁损。四是查封、扣押的财物、文件经查明与案件无关的，应当在查明后3日内解除查封、扣押，予以退还。确定这一规则的目的主要在于保障财产被查封、扣押的当事人的合法权益，防止监察机关滥用查封、扣押权给当事人财产或其他权益造成不应有的损失。

四、留置程序制度

留置程序制度也属于监察机关行使监察职权的基本程序制度，本应在前面第三类制度中一起讨论，但由于留置制度较严重地涉及被调查人的人身权，程序制约的设置较其他制度严格，故单独加以阐释。《监察法》通过第22条、第43条和第44条三个条款对之设定了严格的限制性规则。其中，第22条规定了四项限制性规则：一是留置适用的对象限于“涉嫌贪污贿赂、失职渎职等严重职务违法或者职务犯罪，监察机关已经掌握其部分违法犯罪事实及证据，仍有重要问题需要进一步调查”的被调查人。二是这些被调查人必须具有下列四种情形之一：涉及案情重大、复杂的；可能逃跑、自杀的；可能串供或者伪造、隐匿、毁灭证据的；可能有其他妨碍调查行为的。三是对被调查人适用留置须经监察机关依法审批，《监察法》第43条规定了留置审批的严格程序。四是对留置场所的设置、管理和监督应依照国家有关规定执行。

《监察法》第 43 条规定,监察机关采取留置措施,应当由监察机关领导人员集体研究决定。设区的市级以下监察机关采取留置措施,应当报上一级监察机关批准。省级监察机关采取留置措施,应当报国家监察委员会备案。留置时间不得超过 3 个月。在特殊情况下,可以延长一次,延长时间不得超过 3 个月。省级以下监察机关采取留置措施的,延长留置时间应当报上一级监察机关批准。监察机关发现采取留置措施不当的,应当及时解除。监察机关采取留置措施,可以根据工作需要提请公安机关配合。公安机关应当依法予以协助。该条款和第 44 条均是专门规范关于监察机关采取留置措施的正当法律程序规则。由于留置措施涉及对被调查人人身自由的限制,需要特别慎重,故此用两个条款规定了下述七项规则(第 43 条规定的五项和下面第 44 条规定的两项):

其一,采取留置措施,应当由监察机关领导人员集体研究决定,而不能由调查人员决定,也不能由监察机关的某一个或某几个领导人员决定。

其二,设区的市级以下监察机关采取留置措施,应当报上一级监察机关批准。省级监察机关采取留置措施,应当报国家监察委员会备案。这一报批报备程序的目的在于保证慎重采取留置措施,防止草率和滥用。

其三,留置时间不得超过 3 个月。在特殊情况下,可以延长一次,延长时间不得超过 3 个月。省级以下监察机关采取留置措施的,延长留置时间应当报上一级监察机关批准。本条款这样严格规定留置时间限制,即为了避免过去“两规”无明确时间限制可能导致对被调查人权利的不当侵害,是新时代法治重视人权的体现。

其四,监察机关发现采取留置措施不当的,应当及时解除。本条款作出这一规定,是对被调查人权益的进一步保护,避免监察机关发现留置不当后继续侵权。

其五,监察机关采取留置措施,可以根据工作需要提请公安机关配合。公安机关应当依法予以协助。这里的“公安机关配合”主要是指公安机关为留置提供场所(公安机关管理的看守所)和对留置人员的代为看管。公安机关管理的看守所有特别适合于留置被调查人的条件,有利于保障被留置人员的饮食、休息、安全和提供医疗服务。

《监察法》第 44 条进一步补充完善了第 43 条的程序规则:对被调查人采取留置措施后,应当在 24 小时以内,通知被留置人员所在单位和家属,但有可能毁灭、伪造证据,干扰证人作证或者串供等有碍调查情形的除外。有碍调查的情形消失后,应当立即通知被留置人员所在单位和家属。监察机关应当保障被留置人员的饮食、休息和安全,提供医疗服务。讯问被留置人员应当合理安排讯问时间和时长,讯问笔录由被讯问人阅看后签名。这是继前面第 43 条规定的五项程序规则后进一步规定的另外两项程序规则:

其一,对被调查人采取留置措施后,应当在 24 小时以内,通知被留置人员所在单位和家属,但有可能毁灭、伪造证据,干扰证人作证或者串供等有碍调查情形的除外。有碍调查的情形消失后,应当立即通知被留置人员所在单位和家属。这一规则有三层含义:一是对被调查人采取留置措施后,应当在 24 小时以内,通知被留置人员所在单位和家属。这里规定的是"通知被留置人员所在单位和家属",比《监察法》一审稿使用的"通知被留置人员所在单位或家属",其程序法治保障更进了一步。二是对"通知被留置人员所在单位和家属"确定了若干例外:有可能毁灭、伪造证据,干扰证人作证或者串供等有碍调查的情形。三是明确导致例外的情形消失后,应当排除例外,立即通知被留置人员所在单位和家属。

其二,监察机关应当保障被留置人员的饮食、休息和安全,提供医疗服务。讯问被留置人员应当合理安排讯问时间和时长,讯问笔录由被讯问人阅看后签名。这一规则较好地体现了对被留置人员的人权保障,涉及其饮食、休息、安全,提供医疗服务等各个方面。另外,本条规则还要求"讯问被留置人员应当合理安排讯问时间和时长"。所谓"合理时间",主要指不得在深更半夜讯问;所谓"合理时长",主要指不得疲劳讯问,一次连续讯问不得超过被讯问人身体能支持的时间限度。

第三节　《监察法实施条例》规定的具体监察程序

《监察法实施条例》补充和细化了《监察法》规定的监察程序制度及其规则。《监察法实施条例》规定的具体监察程序规则包括下述七类。

一、线索处置程序规则

《监察法实施条例》规定的线索处置程序规则可概括归纳为下述十三项:①

1. 监察机关应当对问题线索归口受理、集中管理、分类处置、定期清理。

2. 监察机关对于报案或者举报应当依法接受。属于本级监察机关管辖的,依法予以受理;属于其他监察机关管辖的,应当在5个工作日以内予以转送。

3. 监察机关可以向下级监察机关发函交办检举控告,并进行督办;下级监察机关应当按期回复办理结果。

4. 对于涉嫌职务违法或者职务犯罪的公职人员主动投案的,应当依法接待和办理。

5. 监察机关对于执法机关、司法机关等其他机关移送的问题线索,应当及时审核,并按照下列方式办理:(1)本单位有管辖权的,及时研究提出处置意见;(2)本单位没有管辖权但其他监察机关有管辖权的,在5个工作日以内转送有管辖权的监察机关;(3)本单位对部分问题线索有管辖权的,对有管辖权的部分提出处置意见,并及时将其他问题线索转送有管辖权的机关;(4)监察机关没有管辖权的,及时退回移送机关。

6. 信访举报部门归口受理本机关管辖监察对象涉嫌职务违法和职务犯罪问题的检举控告,统一接收有关监察机关以及其他单位移送的相关检举控告,移交本机关监督检查部门或者相关部门,并将移交情况通报案件监督管理部门。

7. 案件监督管理部门统一接收巡视巡察机构和审计机关、执法机关、司法机关等其他机关移送的职务违法和职务犯罪问题线索,按程序移交本机关监督检查部门或者相关部门办理。

8. 监督检查部门、调查部门在工作中发现的相关问题线索,属于本部门受理范围的,应当报送案件监督管理部门备案;属于本机关其他部门受理范围的,经审批后移交案件监督管理部门分办。

---

① 参见《监察法实施条例》第168—175条。

9. 案件监督管理部门应当对问题线索实行集中管理、动态更新,定期汇总、核对问题线索及处置情况,向监察机关主要负责人报告,并向相关部门通报。

10. 问题线索承办部门应当指定专人负责管理线索,逐件编号登记、建立管理台账。线索管理处置各环节应当由经手人员签名,全程登记备查,及时与案件监督管理部门核对。

11. 监督检查部门应当结合问题线索所涉及地区、部门、单位总体情况进行综合分析,提出处置意见并制定处置方案,经审批按照谈话、函询、初步核实、暂存待查、予以了结等方式进行处置,或者按照职责移送调查部门处置。函询应当以监察机关办公厅(室)名义发函给被反映人,并抄送其所在单位和派驻监察机构主要负责人。被函询人应当在收到函件后 15 个工作日以内写出说明材料,由其所在单位主要负责人签署意见后发函回复。被函询人为所在单位主要负责人的,或者被函询人所作说明涉及所在单位主要负责人的,应当直接发函回复监察机关。被函询人已经退休的,按照前述规定程序办理。监察机关根据工作需要,经审批可以对谈话、函询情况进行核实。

12. 检举控告人使用本人真实姓名或者本单位名称,有电话等具体联系方式的,属于实名检举控告。监察机关对实名检举控告应当优先办理、优先处置,依法给予答复。虽有署名但不是检举控告人真实姓名(单位名称)或者无法验证的检举控告,按照匿名检举控告处理。

13. 信访举报部门对属于本机关受理的实名检举控告,应当在收到检举控告之日起 15 个工作日以内按规定告知实名检举控告人受理情况,并做好记录。调查人员应当将实名检举控告的处理结果在办结之日起 15 个工作日以内向检举控告人反馈,并记录反馈情况。对检举控告人提出异议的应当如实记录,并向其进行说明;对提供新证据材料的,应当依法核查处理。

二、初步核实程序规则

《监察法实施条例》规定的初步核实程序规则可概括归纳为下述六项:①

1. 监察机关对具有可查性的职务违法和职务犯罪问题线索,应当按规定

① 参见《监察法实施条例》第 176—179 条。

报批后,依法开展初步核实工作。

2. 采取初步核实方式处置问题线索,应当确定初步核实对象,制定工作方案,明确需要核实的问题和采取的措施,成立核查组。

3. 在初步核实中应当注重收集客观性证据,确保真实性和准确性。

4. 在初步核实中发现或者受理被核查人新的具有可查性的问题线索的,应当经审批纳入原初核方案开展核查。

5. 核查组在初步核实工作结束后应当撰写初步核实情况报告,列明被核查人基本情况、反映的主要问题、办理依据、初步核实结果、存在疑点、处理建议,由全体人员签名。

6. 承办部门应当综合分析初步核实情况,按照拟立案调查、予以了结、谈话提醒、暂存待查或者移送有关部门、机关处理等方式提出处置建议,按照批准初步核实的程序报批。

三、立案程序规则

《监察法实施条例》规定的立案程序规则可概括归纳为下述八项:①

1. 监察机关经过初步核实,对于已经掌握监察对象涉嫌职务违法或者职务犯罪的部分事实和证据,认为需要追究其法律责任的,应当按规定报批后,依法立案调查。

2. 监察机关立案调查职务违法或者职务犯罪案件,需要对涉嫌行贿犯罪、介绍贿赂犯罪或者共同职务犯罪的涉案人员立案调查的,应当一并办理立案手续。需要交由下级监察机关立案的,经审批交由下级监察机关办理立案手续。

3. 对单位涉嫌受贿、行贿等职务犯罪,需要追究法律责任的,依法对该单位办理立案调查手续。对事故(事件)中存在职务违法或者职务犯罪问题,需要追究法律责任,但相关责任人员尚不明确的,可以以事立案。对单位立案或者以事立案后,经调查确定相关责任人员的,按照管理权限报批确定被调查人。

4. 监察机关根据人民法院生效刑事判决、裁定和人民检察院不起诉决定

---

① 参见《监察法实施条例》第180—184条。

认定的事实,需要对监察对象给予政务处分的,可以由相关监督检查部门依据司法机关的生效判决、裁定、决定及其认定的事实、性质和情节,提出给予政务处分的意见,按程序移送审理。对依法被追究行政法律责任的监察对象,需要给予政务处分的,应当依法办理立案手续。

5. 对案情简单、经过初步核实已查清主要职务违法事实,应当追究监察对象法律责任,不再需要开展调查的,立案和移送审理可以一并报批,履行立案程序后再移送审理。

6. 上级监察机关需要指定下级监察机关立案调查的,应当按规定报批,向被指定管辖的监察机关出具指定管辖决定书,由其办理立案手续。

7. 批准立案后,应当由 2 名以上调查人员出示证件,向被调查人宣布立案决定。宣布立案决定后,应当及时向被调查人所在单位等相关组织送达立案通知书,并向被调查人所在单位主要负责人通报。

8. 对涉嫌严重职务违法或者职务犯罪的公职人员立案调查并采取留置措施的,应当按规定通知被调查人家属,并向社会公开发布。

四、调查程序规则

《监察法实施条例》规定的调查程序规则可概括归纳为下述十一项:①

1. 监察机关对已经立案的职务违法或者职务犯罪案件应当依法进行调查,收集证据查明违法犯罪事实。

2. 调查职务违法或者职务犯罪案件,对被调查人没有采取留置措施的,应当在立案后 1 年以内作出处理决定;对被调查人解除留置措施的,应当在解除留置措施后 1 年以内作出处理决定。案情重大复杂的案件,经上一级监察机关批准,可以适当延长,但延长期限不得超过 6 个月。被调查人在监察机关立案调查以后逃匿的,调查期限自被调查人到案之日起重新计算。

3. 案件立案后,监察机关主要负责人应当依照法定程序批准确定调查方案。监察机关应当组成调查组依法开展调查。调查工作应当严格按照批准的方案执行,不得随意扩大调查范围、变更调查对象和事项,对重要事项应当及时请示报告。调查人员在调查工作期间,未经批准不得单独接触任何涉案人

① 参见《监察法实施条例》第 185—190 条。

员及其特定关系人，不得擅自采取调查措施。

4. 调查组应当将调查认定的涉嫌违法犯罪事实形成书面材料，交给被调查人核对，听取其意见。被调查人应当在书面材料上签署意见。对被调查人签署不同意见或者拒不签署意见的，调查组应当作出说明或者注明情况。对被调查人提出申辩的事实、理由和证据应当进行核实，成立的予以采纳。

5. 调查组对于立案调查的涉嫌行贿犯罪、介绍贿赂犯罪或者共同职务犯罪的涉案人员，在查明其涉嫌犯罪问题后，依照上述第4项程序规则办理。

6. 按照《监察法实施条例》的规定，对立案和移送审理一并报批的案件，应当在报批前履行前述第4项程序规则。

7. 调查组在调查工作结束后应当集体讨论，形成调查报告。调查报告应当列明被调查人基本情况、问题线索来源及调查依据、调查过程，涉嫌的主要职务违法或者职务犯罪事实，被调查人的态度和认识，处置建议及法律依据，并由调查组组长以及有关人员签名。对调查过程中发现的重要问题和形成的意见建议，应当形成专题报告。

8. 调查组对被调查人涉嫌职务犯罪拟依法移送人民检察院审查起诉的，应当起草起诉建议书。起诉建议书应当载明被调查人基本情况，调查简况，认罪认罚情况，采取留置措施的时间，涉嫌职务犯罪事实以及证据，对被调查人从重、从轻、减轻或者免除处罚等情节，提出对被调查人移送起诉的理由和法律依据，采取强制措施的建议，并注明移送案卷数及涉案财物等内容。

9. 调查组应当形成被调查人到案经过及量刑情节方面的材料，包括案件来源、到案经过，自动投案、如实供述、立功等量刑情节，认罪悔罪态度、退赃、避免和减少损害结果发生等方面的情况说明及相关材料。被检举揭发的问题已被立案、查破，被检举揭发人已被采取调查措施或者刑事强制措施、起诉或者审判的，还应当附有关法律文书。

10. 经调查认为被调查人构成职务违法或者职务犯罪的，应当区分不同情况提出相应处理意见，经审批将调查报告、职务违法或者职务犯罪事实材料、涉案财物报告、涉案人员处理意见等材料，连同全部证据和文书手续移送审理。

11. 对涉嫌职务犯罪的案件材料应当按照刑事诉讼要求单独立卷，与起诉建议书、涉案财物报告、同步录音录像资料及其自查报告等材料一并移送审理。调查全过程形成的材料应当案结卷成,事毕归档。

五、审理程序规则

《监察法实施条例》规定的审理程序规则可概括归纳为下述十八项:①

1. 案件审理部门收到移送审理的案件后,应当审核材料是否齐全、手续是否完备。对被调查人涉嫌职务犯罪的,还应当审核相关案卷材料是否符合职务犯罪案件立卷要求,是否在调查报告中单独表述已查明的涉嫌犯罪问题,是否形成起诉建议书。经审核符合移送条件的,应当予以受理;不符合移送条件的,经审批可以暂缓受理或者不予受理,并要求调查部门补充完善材料。

2. 案件审理部门受理案件后,应当成立由 2 人以上组成的审理组,全面审理案卷材料。

3. 案件审理部门对于受理的案件,应当以《监察法》《政务处分法》《刑法》《刑事诉讼法》等法律法规为准绳,对案件事实证据、性质认定、程序手续、涉案财物等进行全面审理。

4. 案件审理部门应当强化监督制约职能,对案件严格审核把关,坚持实事求是、独立审理,依法提出审理意见。坚持调查与审理相分离的原则,案件调查人员不得参与审理。

5. 审理工作应当坚持民主集中制原则,经集体审议形成审理意见。

6. 审理工作应当在受理之日起 1 个月以内完成,重大复杂案件经批准可以适当延长。

7. 案件审理部门根据案件审理情况,经审批可以与被调查人谈话,告知其在审理阶段的权利义务,核对涉嫌违法犯罪事实,听取其辩解意见,了解有关情况。与被调查人谈话时,案件审理人员不得少于 2 人。具有下列情形之一的,一般应当与被调查人谈话:(1)对被调查人采取留置措施,拟移送起诉的;(2)可能存在以非法方法收集证据情形的;(3)被调查人对涉嫌违法犯罪事实材料签署不同意见或者拒不签署意见的;(4)被调查人要求向案件审理人员当面陈述的;(5)其他有必要与被调查人进行谈话的情形。

---

① 参见《监察法实施条例》第 191—199 条。

8. 经审理认为主要违法犯罪事实不清、证据不足的，应当经审批将案件退回承办部门重新调查。有下列情形之一，需要补充完善证据的，经审批可以退回补充调查：(1)部分事实不清、证据不足的；(2)遗漏违法犯罪事实的；(3)其他需要进一步查清案件事实的情形。

9. 案件审理部门将案件退回重新调查或者补充调查的，应当出具审核意见，写明调查事项、理由、调查方向、需要补充收集的证据及其证明作用等，连同案卷材料一并送交承办部门。承办部门补充调查结束后，应当经审批将补证情况报告及相关证据材料，连同案卷材料一并移送案件审理部门；对确实无法查明的事项或者无法补充的证据，应当作出书面说明。重新调查终结后，应当重新形成调查报告，依法移送审理。

10. 重新调查完毕移送审理的，审理期限重新计算。补充调查期间不计入审理期限。

11. 审理工作结束后应当形成审理报告，载明被调查人基本情况、调查简况、涉嫌违法或者犯罪事实、被调查人态度和认识、涉案财物处置、承办部门意见、审理意见等内容，提请监察机关集体审议。

12. 对被调查人涉嫌职务犯罪需要追究刑事责任的，应当形成起诉意见书，作为审理报告附件。起诉意见书应当忠实于事实真相，载明被调查人基本情况，调查简况，采取留置措施的时间，依法查明的犯罪事实和证据，从重、从轻、减轻或者免除处罚等情节，涉案财物情况，涉嫌罪名和法律依据，采取强制措施的建议，以及其他需要说明的情况。

13. 案件审理部门经审理认为现有证据不足以证明被调查人存在违法犯罪行为，且通过退回补充调查仍无法达到证明标准的，应当提出撤销案件的建议。

14. 上级监察机关办理下级监察机关管辖案件的，可以经审理后按程序直接进行处置，也可以经审理形成处置意见后，交由下级监察机关办理。

15. 被指定管辖的监察机关在调查结束后应当将案件移送审理，提请监察机关集体审议。

16. 上级监察机关将其所管辖的案件指定管辖的，被指定管辖的下级监察机关应当按照上述第 15 项规则办理后，将案件报上级监察机关依法作出政务处分决定。上级监察机关在作出决定前，应当进行审理。

17. 上级监察机关将下级监察机关管辖的案件指定其他下级监察机关管辖的，被指定管辖的监察机关应当按照前述第 15 项规则办理后，将案件送交有管理权限的监察机关依法作出政务处分决定。有管理权限的监察机关应当进行审理，审理意见与被指定管辖的监察机关意见不一致的，双方应当进行沟通；经沟通不能取得一致意见的，报请有权决定的上级监察机关决定。经协商，有管理权限的监察机关在被指定管辖的监察机关审理阶段可以提前阅卷，沟通了解情况。

18. 对于前述规则规定的重大、复杂案件，被指定管辖的监察机关经集体审议后将处理意见报有权决定的上级监察机关审核同意的，有管理权限的监察机关可以经集体审议后依法处置。

六、处置程序规则

《监察法实施条例》规定的处置程序规则可概括归纳为下述二十七项：①

1. 监察机关根据监督、调查结果，依据《监察法》《政务处分法》等规定进行处置。

2. 监察机关对于公职人员有职务违法行为但情节较轻的，可以依法进行谈话提醒、批评教育、责令检查，或者予以诫勉。上述方式可以单独使用，也可以依据规定合并使用。

3. 谈话提醒、批评教育应当由监察机关相关负责人或者承办部门负责人进行，可以由被谈话提醒、批评教育人所在单位有关负责人陪同；经批准也可以委托其所在单位主要负责人进行。对谈话提醒、批评教育情况应当制作记录。

4. 被责令检查的公职人员应当作出书面检查并进行整改。整改情况在一定范围内通报。

5. 诫勉由监察机关以谈话或者书面方式进行。以谈话方式进行的，应当制作记录。

6. 对违法的公职人员依法需要给予政务处分的，应当根据情节轻重作出警告、记过、记大过、降级、撤职、开除的政务处分决定，制作政务处分决定书。

---

① 参见《监察法实施条例》第 200—211 条。

7. 监察机关应当将政务处分决定书在作出后 1 个月以内送达被处分人和被处分人所在机关、单位，并依法履行宣布、书面告知程序。

8. 政务处分决定自作出之日起生效。有关机关、单位、组织应当依法及时执行处分决定，并将执行情况向监察机关报告。处分决定应当在作出之日起 1 个月以内执行完毕，特殊情况下经监察机关批准可以适当延长办理期限，最迟不得超过 6 个月。

9. 监察机关对不履行或者不正确履行职责造成严重后果或者恶劣影响的领导人员，可以按照管理权限采取通报、诫勉、政务处分等方式进行问责；提出组织处理的建议。

10. 监察机关依法向监察对象所在单位提出监察建议的，应当经审批制作监察建议书。监察建议书一般应当包括下列内容：(1) 监督调查情况；(2) 调查中发现的主要问题及其产生的原因；(3) 整改建议、要求和期限；(4) 向监察机关反馈整改情况的要求。

11. 监察机关经调查，对没有证据证明或者现有证据不足以证明被调查人存在违法犯罪行为的，应当依法撤销案件。省级以下监察机关撤销案件后，应当在 7 个工作日以内向上一级监察机关报送备案报告。上一级监察机关监督检查部门负责备案工作。

12. 省级以下监察机关拟撤销上级监察机关指定管辖或者交办案件的，应当将撤销案件意见书连同案卷材料，在法定调查期限到期 7 个工作日前报指定管辖或者交办案件的监察机关审查。对于重大、复杂案件，在法定调查期限到期 10 个工作日前报指定管辖或者交办案件的监察机关审查。

13. 指定管辖或者交办案件的监察机关由监督检查部门负责审查工作。指定管辖或者交办案件的监察机关同意撤销案件的，下级监察机关应当作出撤销案件决定，制作撤销案件决定书；指定管辖或者交办案件的监察机关不同意撤销案件的，下级监察机关应当执行该决定。

14. 监察机关对于撤销案件的决定应当向被调查人宣布，由其在撤销案件决定书上签名、捺指印，立即解除留置措施，并通知其所在机关、单位。

15. 撤销案件后又发现重要事实或者有充分证据，认为被调查人有违法犯罪事实需要追究法律责任的，应当重新立案调查。

16. 对于涉嫌行贿等犯罪的非监察对象，案件调查终结后依法移送起诉。

综合考虑行为性质、手段、后果、时间节点、认罪悔罪态度等具体情况,对于情节较轻,经审批不予移送起诉的,应当采取批评教育、责令具结悔过等方式处置;应当给予行政处罚的,依法移送有关行政执法部门。对于有行贿行为的涉案单位和人员,按规定记入相关信息记录,可以作为信用评价的依据。对于涉案单位和人员通过行贿等非法手段取得的财物及孳息,应当依法予以没收、追缴或者责令退赔。对于违法取得的其他不正当利益,依照法律法规及有关规定予以纠正处理。

17. 对查封、扣押、冻结的涉嫌职务犯罪所得财物及孳息应当妥善保管,并制作移送司法机关涉案财物清单随案移送人民检察院。对作为证据使用的实物应当随案移送;对不宜移送的,应当将清单、照片和其他证明文件随案移送。

18. 对于移送人民检察院的涉案财物,价值不明的,应当在移送起诉前委托进行价格认定。在价格认定过程中,需要对涉案财物先行作出真伪鉴定或者出具技术、质量检测报告的,应当委托有关鉴定机构或者检测机构进行真伪鉴定或者技术、质量检测。

19. 对不属于犯罪所得但属于违法取得的财物及孳息,应当依法予以没收、追缴或者责令退赔,并出具有关法律文书。对经认定不属于违法所得的财物及孳息,应当及时予以返还,并办理签收手续。

20. 监察机关经调查,对违法取得的财物及孳息决定追缴或者责令退赔的,可以依法要求公安、自然资源、住房城乡建设、市场监管、金融监管等部门以及银行等机构、单位予以协助。

21. 追缴涉案财物以追缴原物为原则,原物已经转化为其他财物的,应当追缴转化后的财物;有证据证明依法应当追缴、没收的涉案财物无法找到、被他人善意取得、价值灭失减损或者与其他合法财产混合且不可分割的,可以依法追缴、没收其他等值财产。

22. 追缴或者责令退赔应当自处置决定作出之日起 1 个月以内执行完毕,因被调查人的原因逾期执行的除外。

23. 人民检察院、人民法院依法将不认定为犯罪所得的相关涉案财物退回监察机关的,监察机关应当依法处理。

24. 监察对象对监察机关作出的涉及本人的处理决定不服的,可以在收到处理决定之日起1个月以内,向作出决定的监察机关申请复审。复审机关应当依法受理,并在受理后1个月以内作出复审决定。监察对象对复审决定仍不服的,可以在收到复审决定之日起1个月以内,向上一级监察机关申请复核。复核机关应当依法受理,并在受理后2个月以内作出复核决定。上一级监察机关的复核决定和国家监察委员会的复审、复核决定为最终决定。

25. 复审、复核机关承办部门应当成立工作组,调阅原案卷宗,必要时可以进行调查取证。承办部门应当集体研究,提出办理意见,经审批作出复审、复核决定。决定应当送达申请人,抄送相关单位,并在一定范围内宣布。

26. 复审、复核期间,不停止原处理决定的执行。复审、复核机关经审查认定处理决定有错误或者不当的,应当依法撤销、变更原处理决定,或者责令原处理机关及时予以纠正。复审、复核机关经审查认定处理决定事实清楚、适用法律正确的,应当予以维持。

27. 坚持复审复核与调查审理分离,原案调查、审理人员不得参与复审复核。

七、移送审查起诉程序规则

《监察法实施条例》规定的移送审查起诉程序规则可概括归纳为下述二十七项:①

1. 监察机关决定对涉嫌职务犯罪的被调查人移送起诉的,应当出具起诉意见书,连同案卷材料、证据等,一并移送同级人民检察院。监察机关案件审理部门负责与人民检察院审查起诉的衔接工作,调查、案件监督管理等部门应当予以协助。国家监察委员会派驻或者派出的监察机构、监察专员调查的职务犯罪案件,应当依法移送省级人民检察院审查起诉。

2. 涉嫌职务犯罪的被调查人和涉案人员符合《监察法》第31条、第32条规定情形的,结合其案发前的一贯表现、违法犯罪行为的情节、后果和影响等因素,监察机关经综合研判和集体审议,报上一级监察机关批准,可以在移送人民检察院时依法提出从轻、减轻或者免除处罚等从宽处罚建议。报请批准时,应当一并提供主要证据材料、忏悔反思材料。

---

① 参见《监察法实施条例》第212—233条。

3. 上级监察机关相关监督检查部门负责审查工作,重点审核拟认定的从宽处罚情形、提出的从宽处罚建议,经审批在 15 个工作日以内作出批复。

4. 涉嫌职务犯罪的被调查人有下列情形之一,如实交代自己主要犯罪事实的,可以认定为《监察法》第 31 条第 1 项规定的自动投案,真诚悔罪悔过:(1)职务犯罪问题未被监察机关掌握,向监察机关投案的;(2)在监察机关谈话、函询过程中,如实交代监察机关未掌握的涉嫌职务犯罪问题的;(3)在初步核实阶段,尚未受到监察机关谈话时投案的;(4)职务犯罪问题虽被监察机关立案,但尚未受到讯问或者采取留置措施,向监察机关投案的;(5)因伤病等客观原因无法前往投案,先委托他人代为表达投案意愿,或者以书信、网络、电话、传真等方式表达投案意愿,后到监察机关接受处理的;(6)涉嫌职务犯罪潜逃后又投案,包括在被通缉、抓捕过程中投案的;(7)经查实确已准备去投案,或者正在投案途中被有关机关抓获的;(8)经他人规劝或者在他人陪同下投案的;(9)虽未向监察机关投案,但向其所在党组织、单位或者有关负责人员投案,向有关巡视巡察机构投案,以及向公安机关、人民检察院、人民法院投案的;(10)具有其他应当视为自动投案的情形的。

被调查人自动投案后不能如实交代自己的主要犯罪事实,或者自动投案并如实供述自己的罪行后又翻供的,不能适用前款规定。

5. 涉嫌职务犯罪的被调查人有下列情形之一的,可以认定为《监察法》第 31 条第 2 项规定的积极配合调查工作,如实供述监察机关还未掌握的违法犯罪行为:(1)监察机关所掌握线索针对的犯罪事实不成立,在此范围外被调查人主动交代其他罪行的;(2)主动交代监察机关尚未掌握的犯罪事实,与监察机关已掌握的犯罪事实属不同种罪行的;(3)主动交代监察机关尚未掌握的犯罪事实,与监察机关已掌握的犯罪事实属同种罪行的;(4)监察机关掌握的证据不充分,被调查人如实交代有助于收集定案证据的。

前述规定所称"同种罪行"和"不同种罪行",一般以罪名区分。被调查人如实供述其他罪行的罪名与监察机关已掌握犯罪的罪名不同,但属选择性罪名或者在法律、事实上密切关联的,应当认定为同种罪行。

6. 涉嫌职务犯罪的被调查人有下列情形之一的,可以认定为《监察法》第 31 条第 3 项规定的积极退赃,减少损失:(1)全额退赃的;(2)退赃能力不足,但被调查人及其亲友在监察机关追缴赃款赃物过程中积极配合,且大部分已追缴到位的；(3)犯罪后主动采取措施避免损失发生，或者积极采取有效措施减少、挽回大部分损失的。

7. 涉嫌职务犯罪的被调查人有下列情形之一的，可以认定为《监察法》第31条第4项规定的具有重大立功表现：(1)检举揭发他人重大犯罪行为且经查证属实的；(2)提供其他重大案件的重要线索且经查证属实的；(3)阻止他人重大犯罪活动的；(4)协助抓捕其他重大职务犯罪案件被调查人、重大犯罪嫌疑人(包括同案犯)的；(5)为国家挽回重大损失等对国家和社会有其他重大贡献的。

前述规定所称"重大犯罪"一般是指依法可能被判处无期徒刑以上刑罚的犯罪行为；"重大案件"一般是指在本省、自治区、直辖市或者全国范围内有较大影响的案件；"查证属实"一般是指有关案件已被监察机关或者司法机关立案调查、侦查，被调查人、犯罪嫌疑人被监察机关采取留置措施或者被司法机关采取强制措施，或者被告人被人民法院作出有罪判决，并结合案件事实、证据进行判断。

8.《监察法》第31条第4项规定的"案件涉及国家重大利益"，是指案件涉及国家主权和领土完整、国家安全、外交、社会稳定、经济发展等情形。

9. 涉嫌行贿等犯罪的涉案人员有下列情形之一的，可以认定为《监察法》第32条规定的揭发有关被调查人职务违法犯罪行为，查证属实或者提供重要线索，有助于调查其他案件：(1)揭发所涉案件以外的被调查人职务犯罪行为，经查证属实的；(2)提供的重要线索指向具体的职务犯罪事实，对调查其他案件起到实质性推动作用的；(3)提供的重要线索有助于加快其他案件办理进度，或者对其他案件固定关键证据、挽回损失、追逃追赃等起到积极作用的。

10. 从宽处罚建议一般应当在移送起诉时作为起诉意见书内容一并提出，特殊情况下也可以在案件移送后、人民检察院提起公诉前，单独形成从宽处罚建议书移送人民检察院。对于从宽处罚建议所依据的证据材料，应当一并移送人民检察院。

11. 监察机关对于被调查人在调查阶段认罪认罚，但不符合《监察法》规定的提出从宽处罚建议条件，在移送起诉时没有提出从宽处罚建议的，应当在起诉意见书中写明其自愿认罪认罚的情况。

12. 监察机关一般应当在正式移送起诉10日前,向拟移送的人民检察院采取书面通知等方式预告移送事宜。对于已采取留置措施的案件,发现被调查人因身体等原因存在不适宜羁押等可能影响刑事强制措施执行情形的,应当通报人民检察院。对于未采取留置措施的案件,可以根据案件具体情况,向人民检察院提出对被调查人采取刑事强制措施的建议。

13. 监察机关办理的职务犯罪案件移送起诉,需要指定起诉、审判管辖的,应当与同级人民检察院协商有关程序事宜。需要由同级人民检察院的上级人民检察院指定管辖的,应当商请同级人民检察院办理指定管辖事宜。监察机关一般应当在移送起诉20日前,将商请指定管辖函送交同级人民检察院。商请指定管辖函应当附案件基本情况;对于被调查人已被其他机关立案侦查的犯罪认为需要并案审查起诉的,一并进行说明。派驻或者派出的监察机构、监察专员调查的职务犯罪案件需要指定起诉、审判管辖的,应当报派出机关办理指定管辖手续。

14. 上级监察机关指定下级监察机关进行调查,移送起诉时需要人民检察院依法指定管辖的,应当在移送起诉前由上级监察机关与同级人民检察院协商有关程序事宜。

15. 监察机关对已经移送起诉的职务犯罪案件,发现遗漏被调查人罪行需要补充移送起诉的,应当经审批出具补充起诉意见书,连同相关案卷材料、证据等一并移送同级人民检察院。

16. 对于经人民检察院指定管辖的案件需要补充移送起诉的,可以直接移送原受理移送起诉的人民检察院;需要追加犯罪嫌疑人、被告人的,应当再次商请人民检察院办理指定管辖手续。

17. 对于涉嫌行贿犯罪、介绍贿赂犯罪或者共同职务犯罪等关联案件的涉案人员,移送起诉时一般应当随主案确定管辖。主案与关联案件由不同监察机关立案调查的,调查关联案件的监察机关在移送起诉前,应当报告或者通报调查主案的监察机关,由其统一协调案件管辖事宜。因特殊原因,关联案件不宜随主案确定管辖的,调查主案的监察机关应当及时通报和协调有关事项。

18. 监察机关对于人民检察院在审查起诉中书面提出的下列要求应当予以配合:(1)认为可能存在以非法方法收集证据情形,要求监察机关对证据收集的合法性作出说明或者提供相关证明材料的;(2)排除非法证据后,要求监察机关另行指派调查人员重新取证的;(3)对物证、书证、视听资料、电子数据及勘验检查、辨认、调查实验等笔录存在疑问,要求调查人员提供获取、制作的有关情况的;(4)要求监察机关对案件中某些专门性问题进行鉴定,或者对勘验检查进行复验、复查的;(5)认为主要犯罪事实已经查清,仍有部分证据需要补充完善,要求监察机关补充提供证据的;(6)人民检察院依法提出的其他工作要求。

19. 监察机关对于人民检察院依法退回补充调查的案件,应当向主要负责人报告,并积极开展补充调查工作。

20. 对人民检察院退回补充调查的案件,经审批分别作出下列处理:(1)认定犯罪事实的证据不够充分的,应当在补充证据后,制作补充调查报告书,连同相关材料一并移送人民检察院审查;对无法补充完善的证据,应当作出书面情况说明,并加盖监察机关或者承办部门公章。(2)在补充调查中发现新的同案犯或者增加、变更犯罪事实,需要追究刑事责任的,应当重新提出处理意见,移送人民检察院审查。(3)犯罪事实的认定出现重大变化,认为不应当追究被调查人刑事责任的,应当重新提出处理意见,将处理结果书面通知人民检察院并说明理由。(4)认为移送起诉的犯罪事实清楚,证据确实、充分的,应当说明理由,移送人民检察院依法审查。

21. 人民检察院在审查起诉过程中发现新的职务违法或者职务犯罪问题线索并移送监察机关的,监察机关应当依法处置。

22. 在案件审判过程中,人民检察院书面要求监察机关补充提供证据,对证据进行补正、解释,或者协助人民检察院补充侦查的,监察机关应当予以配合。监察机关不能提供有关证据材料的,应当书面说明情况。

23. 人民法院在审判过程中就证据收集合法性问题要求有关调查人员出庭说明情况时,监察机关应当依法予以配合。

24. 监察机关认为人民检察院不起诉决定有错误的,应当在收到不起诉决定书后 30 日以内,依法向其上一级人民检察院提请复议。监察机关应当将上述情况及时向上一级监察机关书面报告。

25. 对于监察机关移送起诉的案件,人民检察院作出不起诉决定,人民法院作出无罪判决,或者监察机关经人民检察院退回补充调查后不再移送起诉,涉及对被调查人已生效政务处分事实认定的,监察机关应当依法对政务处分决定进行审核。认为原政务处分决定认定事实清楚、适用法律正确的,不再改变;认为原政务处分决定确有错误或者不当的,依法予以撤销或者变更。

26. 对于贪污贿赂、失职渎职等职务犯罪案件,被调查人逃匿,在通缉 1 年后不能到案,或者被调查人死亡,依法应当追缴其违法所得及其他涉案财产的,承办部门在调查终结后应当依法移送审理。监察机关应当经集体审议,出具没收违法所得意见书,连同案卷材料、证据等,一并移送人民检察院依法提出没收违法所得的申请。监察机关将没收违法所得意见书移送人民检察院后,在逃的被调查人自动投案或者被抓获的,监察机关应当及时通知人民检察院。

27. 监察机关立案调查拟适用缺席审判程序的贪污贿赂犯罪案件,应当逐级报送国家监察委员会同意。监察机关承办部门认为在境外的被调查人犯罪事实已经查清,证据确实、充分,依法应当追究刑事责任的,应当依法移送审理。监察机关应当经集体审议,出具起诉意见书,连同案卷材料、证据等,一并移送人民检察院审查起诉。在审查起诉或者缺席审判过程中,犯罪嫌疑人、被告人向监察机关自动投案或者被抓获的,监察机关应当立即通知人民检察院、人民法院。

第十二章 反腐败国际合作

第一节 《监察法》关于反腐败国际合作的一般规定

《监察法》第六章规定了国家监察委员会开展反腐败国际交流、合作(如引渡、司法协助、被判刑人移管、资产追回、国际追逃追赃和防逃等领域的合作)的规则。本章分别对这些规则予以阐释。

一、反腐败国际合作的主体、对象和内容

关于主管反腐败国际合作的主体,《监察法》确定为国家监察委员会,明确该项事务由国家监察委员会主管,地方监察委员会可能要参与这项事务的某些工作。但是主管机关是国家监察委员会;地方监察委员会只能根据国家监察委员会的指令、指示开展某些工作,而不能自行决定开展这方面的国际合作活动。[①]

关于反腐败国际合作的对象,《监察法》规定了三种对象:其他国家、地区和国际组织。关于反腐败国际合作的主要内容,《监察法》规定为"统筹协调与其他国家、地区、国际组织开展的反腐败国际交流、合作,组织反腐败国际条约实施工作"。[②] 这里的"交流",主要指反腐败相关对策、制度、措施、方法及相应经验的交流;这里的"合作",主要指《监察法》第六章第 51 条、第 52 条所列举领域、项目的合作。这里所谓"组织反腐败国际条约实施工作"的统筹协

① 参见《监察法》第 50 条。

② 参见《监察法》第 50 条。

调属于广义的反腐败国际合作的范畴。许多具体的反腐败国际合作是依据反腐败国际条约的有关条款实施的。

二、反腐败国际合作的具体形式

《监察法》第六章列举规定了反腐败国际合作的六种具体形式:[①]

(一)反腐败执法

"反腐败执法"的"执法"主要指各国、各地区、各国际组织的反腐败机构执自己所在国家、所在地区、所在组织之法;同时指其共同执反腐败国际条约之法。无论是哪种情形的反腐败"执法",都有开展国际合作的必要和可能。

(二)引渡

"引渡"是指一国应他国的请求,把他国逃到本国的犯罪嫌疑人拘捕,押解交给他国。反之亦然。引渡一般在签订有引渡条约的两国间进行。两国间没有签订引渡条约,要进行引渡非常困难,往往要通过两国间其他国际合作的形式实现引渡。

(三)司法协助

"司法协助"是指不同国家之间,根据自己国家缔结或者参加的国际条约或互惠原则,彼此之间相互协作,为对方代为一定的诉讼行为(如代为送达诉讼文书、代为调查取证等),或接受外国法院的委托,代为执行外国法院的判决或者外国仲裁机构的裁决。我国《民事诉讼法》规定,司法协助的根据有两个:一是我国缔结或者参加的国际条约。与我国缔结或者参加同一司法协助的国际条约的国家和我国即具有司法协助关系。没有参加条约的国家不能要求别国法院接受其司法委托。二是互惠原则。互惠即相互之间给予对等的优惠待遇。如果某一国家协助我国为一定的司法行为,我国也应当协助该国为相对等的司法行为。[②]

(四)被判刑人的移管

"被判刑人的移管"是指犯罪人在一国法院判处刑罚,移送他国(通常为被判刑人的国籍国)服刑。这种被判刑人移管一般要根据国与国之间的司法

---

① 参见《监察法》第 51 条。

② 参见《民事诉讼法》第 283—290 条。

协助条约或协议进行。两国间没有司法协助条约或协议的,移管的要求很难实现。例如,《中华人民共和国和塔吉克斯坦共和国关于移管被判刑人的条约》规定,中华人民共和国和塔吉克斯坦共和国在相互尊重主权和平等互利的基础上,为加强两国在刑事司法领域的合作,使被判刑人得以在其国籍国服刑,以有利于被判刑人重返社会,根据本条约的规定,一方可以向另一方移管被判刑人,以便在接收方境内执行移交方对该人所判处的刑罚。

(五)资产追回

"资产追回"是指把犯罪嫌疑人非法转移到境外的违法所得及收益追回,即追回赃款赃物。资产追回与境外追逃(把外逃的犯罪嫌疑人或被告人遣返回国)是反腐败国际司法合作的两大主题。追逃是解决人的问题:将外逃的犯罪嫌疑人或被告人遣返回国,绳之以法;资产追回是解决物的问题:把被非法转移到境外的赃款赃物追回。境外追赃有很多困难,有时比追逃更难。因此,在这方面,要更多地加强国际合作,通过反腐败国际合作,推进追逃、追赃工作的顺利进行。

(六)信息交流

反腐败国际合作的"信息交流"是多方面的:既包括与各国、各地区、各国际组织之间有关反腐败法治、制度及运作经验方面的信息交流,也包括相互追逃、追赃方面的信息交流。

三、国家监察委员会在反腐败国际合作方面的组织协调和督促职责

《监察法》授权国家监察委员会负责加强对反腐败国际追逃追赃和防逃工作的组织协调,督促有关单位做好以下相关工作:①

(1)对于重大贪污贿赂、失职渎职等职务犯罪案件,被调查人逃匿到国(境)外,掌握证据比较确凿的,通过开展境外追逃合作,追捕归案。

(2)向赃款赃物所在国请求查询、冻结、扣押、没收、追缴、返还涉案资产。

(3)查询、监控涉嫌职务犯罪的公职人员及其相关人员进出国(境)和跨境资金流动情况,在调查案件过程中设置防逃程序。

这一授权规定包括三项内容:其一,明确负责组织有关协调,督促反腐败

---

① 参见《监察法》第52条。

国际追逃追赃和防逃工作的主体是国家监察委员会。其二,国家监察委员会负责的此项工作除前面提及的追逃、追赃外,还有一项防逃的内容。防逃在某种意义上比追逃更重要;因为防逃工作做好了,犯罪人未能逃匿到国(境)外,之后艰巨的追逃工作就无从谈起了。其三,国家监察委员会负责组织协调、督促的此项工作具体包括三项任务:一是对于重大贪污贿赂、失职渎职等职务犯罪案件,被调查人逃匿到国(境)外,掌握证据比较确凿的,通过开展境外追逃合作,追捕归案;二是向赃款赃物所在国请求查询、冻结、扣押、没收、追缴、返还涉案资产;三是查询、监控涉嫌职务犯罪的公职人员及其相关人员进出国(境)和跨境资金流动情况,在调查案件过程中设置防逃程序。

第二节 《监察法实施条例》关于反腐败国际合作的具体规定

《监察法实施条例》从下述三个方面规定了反腐败国际合作的相关具体规则:

一、反腐败国际合作的工作职责和领导体制

(一)国家监察委员会在反腐败国际合作方面的地位与职责

国家监察委员会是我国反腐败国际合作的主管机关,由其统筹协调与其他国家、地区、国际组织开展反腐败国际交流、合作;由其组织《联合国反腐败公约》等反腐败国际条约的实施以及履约审议等工作,承担《联合国反腐败公约》司法协助中央机关有关工作;由其组织协调有关单位建立集中统一、高效顺畅的反腐败国际追逃追赃和防逃协调机制,统筹协调、督促指导各级监察机关反腐败国际追逃追赃等涉外案件办理工作。①

国家监察委员会具体履行下列职责:②

(1)制定反腐败国际追逃追赃和防逃工作计划,研究工作中的重要问题;

(2)组织协调反腐败国际追逃追赃等重大涉外案件办理工作;

① 参见《监察法实施条例》第234条。

② 参见《监察法实施条例》第234条第3款。

(3)办理由国家监察委员会管辖的涉外案件;

(4)指导地方各级监察机关依法开展涉外案件办理工作;

(5)汇总和通报全国职务犯罪外逃案件信息和追逃追赃工作信息;

(6)建立健全反腐败国际追逃追赃和防逃合作网络;

(7)承担监察机关开展国际刑事司法协助的主管机关职责;

(8)承担其他与反腐败国际追逃追赃等涉外案件办理工作相关的职责。

(二)地方各级监察机关的职责

地方各级监察机关在国家监察委员会领导下,统筹协调、督促指导本地区反腐败国际追逃追赃等涉外案件办理工作,具体履行下列职责:①

(1)落实上级监察机关关于反腐败国际追逃追赃和防逃工作部署,制定工作计划;

(2)按照管辖权限或者上级监察机关指定管辖,办理涉外案件;

(3)按照上级监察机关要求,协助配合其他监察机关开展涉外案件办理工作;

(4)汇总和通报本地区职务犯罪外逃案件信息和追逃追赃工作信息;

(5)承担本地区其他与反腐败国际追逃追赃等涉外案件办理工作相关的职责。

省级监察委员会应当会同有关单位,建立健全本地区反腐败国际追逃追赃和防逃协调机制。

国家监察委员会派驻或者派出的监察机构、监察专员统筹协调、督促指导本部门反腐败国际追逃追赃等涉外案件办理工作,参照地方监察机关的职责规定执行。

(三)国际合作工作的归口管理和统一领导与协调

国家监察委员会国际合作局归口管理监察机关反腐败国际追逃追赃等涉外案件办理工作。地方各级监察委员会应当明确专责部门,归口管理本地区涉外案件办理工作。

国家监察委员会派驻或者派出的监察机构、监察专员和地方各级监察机关办理涉外案件中有关执法司法国际合作事项,应当逐级报送国家监察委员

① 参见《监察法实施条例》第235条。

会审批。由国家监察委员会依法直接或者协调有关单位与有关国家(地区)相关机构沟通,以双方认可的方式实施。①

(四)追逃追赃和防逃工作内部联络机制

监察机关应当建立追逃追赃和防逃工作内部联络机制。承办部门在调查过程中,发现被调查人或者重要涉案人员外逃、违法所得及其他涉案财产被转移到境外的,可以请追逃追赃部门提供工作协助。监察机关将案件移送人民检察院审查起诉后,仍有重要涉案人员外逃或者未追缴的违法所得及其他涉案财产的,应当由追逃追赃部门继续办理,或者由追逃追赃部门指定协调有关单位办理。②

二、国(境)内工作

(一)建立健全防逃责任机制

监察机关应当将防逃工作纳入日常监督内容,督促相关机关、单位建立健全防逃责任机制。

监察机关在监督、调查工作中,应当根据情况制定对监察对象、重要涉案人员的防逃方案,防范人员外逃和资金外流风险。监察机关应当会同同级组织人事、外事、公安、移民管理等单位健全防逃预警机制,对存在外逃风险的监察对象早发现、早报告、早处置。③

(二)与其他机关、单位沟通协作

监察机关应当加强与同级人民银行、公安等单位的沟通协作,推动预防、打击利用离岸公司和地下钱庄等向境外转移违法所得及其他涉案财产,对涉及职务违法和职务犯罪的行为依法进行调查。

监察机关追逃追赃部门统一接收巡视巡察机构、审计机关、行政执法部门、司法机关等单位移交的外逃信息。

监察机关对涉嫌职务违法和职务犯罪的外逃人员,应当明确承办部门,建立案件档案。④

---

① 参见《监察法实施条例》第236条。
② 参见《监察法实施条例》第237条。
③ 参见《监察法实施条例》第238条。
④ 参见《监察法实施条例》第239条、第241条。

（三）有关工作要求

1. 国家监察委员会派驻或者派出的监察机构、监察专员和地方各级监察委员会发现监察对象出逃、失踪、出走，或者违法所得及其他涉案财产被转移至境外的，应当在 24 小时以内将有关信息逐级报送至国家监察委员会国际合作局，并迅速开展相关工作。

2. 监察机关应当依法全面收集外逃人员涉嫌职务违法和职务犯罪证据。

3. 开展反腐败国际追逃追赃等涉外案件办理工作，应当把思想教育贯穿始终，落实宽严相济刑事政策，依法适用认罪认罚从宽制度，促使外逃人员回国投案或者配合调查、主动退赃。开展相关工作，应当尊重所在国家（地区）的法律规定。

4. 外逃人员归案、违法所得及其他涉案财产被追缴后，承办案件的监察机关应当将情况逐级报送国家监察委员会国际合作局。监察机关应当依法对涉案人员和违法所得及其他涉案财产作出处置，或者请有关单位依法处置。对不需要继续采取相关措施的，应当及时解除或者撤销。①

三、对外合作

（一）申请国际刑警组织发布红色通报

监察机关对依法应当留置或者已经决定留置的外逃人员，需要申请发布国际刑警组织红色通报的，应当逐级报送国家监察委员会审核。国家监察委员会审核后，依法通过公安部向国际刑警组织提出申请。

需要延期、暂停、撤销红色通报的，申请发布红色通报的监察机关应当逐级报送国家监察委员会审核，由国家监察委员会依法通过公安部联系国际刑警组织办理。②

（二）提出引渡请求

地方各级监察机关通过引渡方式办理相关涉外案件的，应当按照引渡法、相关双边及多边国际条约等规定准备引渡请求书及相关材料，逐级报送国家

---

① 参见《监察法实施条例》第 240 条、第 242—244 条。
② 参见《监察法实施条例》第 245 条。

监察委员会审核。由国家监察委员会依法通过外交等渠道向外国提出引渡请求。[①]

(三)提出刑事司法协助请求

地方各级监察机关通过刑事司法协助方式办理相关涉外案件的,应当按照国际刑事司法协助法、相关双边及多边国际条约等规定准备刑事司法协助请求书及相关材料,逐级报送国家监察委员会审核。由国家监察委员会依法直接或者通过对外联系机关等渠道,向外国提出刑事司法协助请求。

国家监察委员会收到外国提出的刑事司法协助请求书及所附材料,经审查认为符合有关规定的,作出决定并交由省级监察机关执行,或者转交其他有关主管机关。省级监察机关应当立即执行,或者交由下级监察机关执行,并将执行结果或者妨碍执行的情形及时报送国家监察委员会。在执行过程中,需要依法采取查询、调取、查封、扣押、冻结等措施或者需要返还涉案财物的,根据我国法律规定和国家监察委员会的执行决定办理有关法律手续。[②]

(四)提出开展执法合作请求

地方各级监察机关通过执法合作方式办理相关涉外案件的,应当将合作事项及相关材料逐级报送国家监察委员会审核。由国家监察委员会依法直接或者协调有关单位,向有关国家(地区)相关机构提交并开展合作。

地方各级监察机关通过境外追诉方式办理相关涉外案件的,应当提供外逃人员相关违法线索和证据,逐级报送国家监察委员会审核。由国家监察委员会依法直接或者协调有关单位向有关国家(地区)相关机构提交,请其依法对外逃人员调查、起诉和审判,并商有关国家(地区)遣返外逃人员。[③]

(五)追缴涉案人员境外违法所得及其他涉案财产

监察机关对依法应当追缴的境外违法所得及其他涉案财产,应当责令涉案人员以合法方式退赔。涉案人员拒不退赔的,可以依法通过下列方式追缴:

(1)在开展引渡等追逃合作时,随附请求有关国家(地区)移交相关违法所得及其他涉案财产;

---

① 参见《监察法实施条例》第246条。

② 参见《监察法实施条例》第247条。

③ 参见《监察法实施条例》第248—249条。

(2)依法启动违法所得没收程序,由人民法院对相关违法所得及其他涉案财产作出冻结、没收裁定,请有关国家(地区)承认和执行,并予以返还;

(3)请有关国家(地区)依法追缴相关违法所得及其他涉案财产,并予以返还;

(4)通过其他合法方式追缴。[1]

① 参见《监察法实施条例》第 250 条。

第十三章 监察官制度

第一节 监察官制度概述

一、《监察官法》的立法依据

2021 年 8 月 20 日，第十三届全国人大常委会第三十次会议通过了《监察官法》，确立了我国的监察官制度的整体框架和基本内容。《监察官法》的立法依据是《宪法》和《监察法》。《监察官法》总则第 1 条明确规定，该法根据宪法和《监察法》制定。《宪法》第三章第七节规定了国家监察机关的性质、地位、国家监察委员会和地方各级监察委员会的组成、领导体制和监察权行使的基本原则等；《监察法》第 14 条则明确规定，“国家实行监察官制度，依法确定监察官的等级设置、任免、考评和晋升等制度”。《监察官法》的制定正是对《监察法》这一规定的具体落实。《监察官法》共设 9 章，除第一章总则和第九章附则外，其他各章分别为监察官的职责、义务和权利，监察官的条件和选用，监察官的任免，监察官的管理，监察官的考核和奖励，监察官的监督和惩戒，监察官的职业保障。《监察官法》全面体现了《宪法》和《监察法》对监察制度及监察官制度的要求。

二、《监察官法》的立法目的与指导思想

《监察官法》总则第 1 条明确了《监察官法》的立法目的，即“为了加强对监察官的管理和监督，保障监察官依法履行职责，维护监察官合法权益，推进高素质专业化监察官队伍建设，推进监察工作规范化、法治化”。这句话包括

四层含义:其一,加强对监察官的管理和监督,保障监察官依法履行职责。这是《监察官法》立法的最直接目的。制定《监察官法》,首先自然是要保障对监察官的管理和监督有法可依,有法可依才谈得上"加强",谈得上保障监察官依法履行职责。其二,维护监察官合法权益。这与加强管理和监督是相辅相成的,二者缺一不可。只有严格管理和监督,没有合法权益的有效维护(如《监察官法》第二章规定的监察官的权利,第八章规定的监察官的职业保障等),就不可能激化监察官履职的积极性;没有监察官履职的积极性,《宪法》和《监察法》确立的监察的目标和任务就不能有效实现。其三,推进高素质专业化监察官队伍建设。《监察官法》设定的诸多制度,许多都是与这一目的相联系的。例如,监察官的条件和选用制度、监察官的任免制度、监察官的管理制度、监察官的考核制度,都有推进高素质专业化监察官队伍建设的功能和作用。其四,推进监察工作规范化、法治化。建立和完善监察官制度是监察工作规范化、法治化的一个重要方面;没有这一个重要方面的规范化、法治化,整个监察工作的规范化、法治化就不可能实现。

《监察官法》总则第 2 条规定了该法立法的指导思想,即"监察官的管理和监督坚持中国共产党领导,坚持以马克思列宁主义、毛泽东思想、邓小平理论、'三个代表'重要思想、科学发展观、习近平新时代中国特色社会主义思想为指导,坚持党管干部原则,增强监察官的使命感、责任感、荣誉感,建设忠诚干净担当的监察官队伍"。这一指导思想本书在前面第五章阐释《监察法》的指导思想时已经论述过了,故这里不再重述。

三、《监察官法》的适用范围

《监察官法》的适用范围取决于监察官的范围;因为《监察官法》的内容就是规范对监察官的管理和监督,调整监察官制度的运作的。

《监察官法》第 3 条规定,监察官包括下列人员:

(1)各级监察委员会的主任、副主任、委员;

(2)各级监察委员会机关中的监察人员;

(3)各级监察委员会派驻或者派出到中国共产党机关、国家机关、法律法规授权或者委托管理公共事务的组织和单位以及所管辖的行政区域等的监察机构中的监察人员、监察专员;

（4）其他依法行使监察权的监察机构中的监察人员。

除上述四类人员的监督管理直接适用《监察官法》外，《监察官法》第 3 条第 2 款还规定，对各级监察委员会派驻到国有企业的监察机构工作人员、监察专员，以及国有企业中其他依法行使监察权的监察机构工作人员的监督管理，参照执行《监察官法》的有关规定。

四、《监察官法》的基本原则

《监察官法》第 4 条至第 8 条规定了该法的七项基本原则。这些原则在本书第五章阐释《监察法》的基本原则时大多已经论述过了，故本节只对所列各项原则在第五章中未曾论述过的有关内容予以阐释，已经论述过的内容则不再重复。

（一）忠诚担当、清正廉洁原则

《监察官法》对这一原则的表述是：监察官应当忠诚坚定、担当尽责、清正廉洁，做严格自律、作风优良、拒腐防变的表率。[①] 这一原则是对监察官个人品质的要求。监察官是监督公职人员从政和履职行为的。要监督别人，自己必须做到品行端正；否则，难以完成法律赋予的监督职责。

（二）维护宪法和法律的尊严和权威原则

此原则[②]本书在前面论述《监察法》整体原则中已经述及，故此处解析从略。

（三）以事实为根据，以法律为准绳，客观公正履行职责，保障当事人的合法权益原则。

此原则[③]在前面论述《监察法》整体原则中也已经述及，此处解析亦从略。

（四）严格依法定权限和法定程序履职原则

监察官应当严格按照规定的权限和程序履行职责。这是《监察法》确定的依法监察总原则的要求，监察官履职自应遵循。

---

① 参见《监察官法》第 4 条。

② 参见《监察官法》第 5 条。

③ 这一原则同样规定在《监察官法》第 5 条之中。

(五)坚持民主集中制原则

坚持民主集中制,重大事项集体研究决定。[①] 这也是《监察法》确定的依法监察总原则的要求,监察官履职亦自应遵循。

(六)权力制约原则

《监察官法》对这一原则的表述是:监察机关应当建立健全对监察官的监督制度和机制,确保权力受到严格约束。监察官应当自觉接受组织监督和民主监督、社会监督、舆论监督。[②] 有权必有责,行权受监督,任何权力的行使均不能任性、恣意。这一权力制约原则是整个公权力行使的基本原则,自然也应成为监察官行使监察权的基本原则。

(七)依法履职受法律保护原则

《监察官法》对这一原则的表述是:监察官依法履行职责受法律保护,不受行政机关、社会团体和个人的干涉。[③] 这一原则是《监察法》规定的监察机关依法独立行使监察权的必然延伸。监察机关行使监察权必须通过监察官依法履职去实现。虽然监察官个人不能代表监察机关独立作出监察决定,但其依法履职的行为是代表监察机关实施的。故要保障监察机关依法独立行使监察权,就必须保障监察官依法履职的行为不受行政机关、社会团体和个人的干涉;否则,监察机关依法独立行使监察权就会成为一句空话。

五、监察官的职责、义务和权利

(一)监察官的职责

根据《监察官法》的规定,监察官应依法履行下列六项职责:[④]

1. 对公职人员开展廉政教育。

监察官的根本职责是反腐防腐,构筑不敢腐、不能腐、不想腐的长效机制。而要解决这“三不一体”中的不想腐问题,对公职人员开展廉政教育就是其中一项必不可少的措施。

2. 对公职人员依法履职、秉公用权、廉洁从政从业以及道德操守情况进行

---

① 参见《监察官法》第6条。
② 参见《监察官法》第7条。
③ 参见《监察官法》第8条。
④ 参见《监察官法》第9条。

监督检查。

监督检查职责是监察官的基本职责之一。监督检查的内容包括四个方面：一是依法履职；二是秉公用权；三是廉洁从政从业；四是公职人员个人的道德操守情况。

3. 对法律规定由监察机关管辖的职务违法和职务犯罪进行调查。

调查职责同样是监察官的基本职责之一。调查的范围包括两大方面：一是公职人员职务违法的情况；二是公职人员职务犯罪的情况。无论是调查公职人员职务违法的情况，还是调查公职人员职务犯罪的情况，均限于监察机关管辖的范围；因为对公职人员某些职务违法情况的调查属于公职人员任免机关的职责；对公职人员某些职务犯罪情况的侦查属于司法机关的职责。

4. 根据监督、调查的结果，对办理的监察事项提出处置意见。

提出处置意见是监察官的重要职责。在完成监督和调查的程序之后，其必然的后续程序是处置。当然，作出处置决定的权力在监察机关，而不在监察官个人。而且，履行监督和调查职责的监察官一般不能参与监察处置决定的作出而只能提出处置意见。参与监察处置决定作出的监察官应该是未参与相应案件调查的另外的监察官。

5. 开展反腐败国际合作方面的工作。

反腐败的全面深入开展离不开国际合作。因此，开展反腐败国际合作方面的工作自然是监察官的职责之一。《监察法》和《监察法实施条例》均对反腐败国际合作的相关问题进行了详细规定。

6. 法律规定的其他职责。

这是对监察官职责的一个兜底性规定。对于《监察官法》此条款没有规定而其他法律有规定的，亦属于监察官的职责。

监察官必须依法忠诚履职，在职权范围内对所办理的所有相应监察事项负责。

（二）监察官的义务

根据《监察官法》的规定，监察官应当履行下列九项义务：①

1. 自觉坚持中国共产党领导，严格执行中国共产党和国家的路线方针政

① 参见《监察官法》第 10 条。

策、重大决策部署;

2. 模范遵守宪法和法律;

3. 维护国家和人民利益,秉公执法,勇于担当、敢于监督,坚决同腐败现象作斗争;

4. 依法保障监察对象及有关人员的合法权益;

5. 忠于职守,勤勉尽责,努力提高工作质量和效率;

6. 保守国家秘密和监察工作秘密,对履行职责中知悉的商业秘密和个人隐私、个人信息予以保密;

7. 严守纪律,恪守职业道德,模范遵守社会公德、家庭美德;

8. 自觉接受监督;

9. 法律规定的其他义务。

(三)监察官的权利

根据《监察官法》的规定,监察官享有下列五项权利:①

1. 履行监察官职责应当具有的职权和工作条件;

2. 履行监察官职责应当享有的职业保障和福利待遇;

3. 人身、财产和住所安全受法律保护;

4. 提出申诉或者控告;

5.《公务员法》等法律规定的其他权利。

第二节 监察官的条件、选用与任免

一、监察官的条件

根据《监察官法》的规定,担任监察官应当具备下列七项条件:②

(1)具有中华人民共和国国籍。这是《公务员法》规定的公务员必备条件。③ 监察官属于公务员,故必须具备此项条件。

---

① 参见《监察官法》第 11 条。

② 参见《监察官法》第 12 条。

③ 参见《公务员法》第 13 条第 1 项。

（2）忠于宪法，坚持中国共产党领导和社会主义制度。这一条件是中国特色的政治制度所决定的。我国监察官所履行的职责具有很强的政治性，故应特别强调这一条件。

（3）具有良好的政治素质、道德品行和廉洁作风。这一条件是对监察官个人品质的要求。前已述及，监察官是监督公职人员从政和履职行为的。其要监督别人，自己本身必须有良好的政治素质和道德品行；否则，难以完成法律赋予的监督职责。

（4）熟悉法律、法规、政策，具有履行监督、调查、处置等职责的专业知识和能力。这一条件是对监察官法律素质和专业知识及能力的要求。监察官要履行对公职人员监督、调查、处置的职责，故必须对其法律素质和政策水平及专业知识、能力有比一般公职人员更高的要求；否则，其行为就可能导致冤假错案，严重侵害公职人员的权益和国家、社会公共利益。

（5）具有正常履行职责的身体条件和心理素质。这一条件是由监察官特殊的职业性质所决定的。其行使监督、调查、处置职责过程中，可能会遇到各种各样的困难、挑战，耳闻目睹各种各样丑恶的现象和事件。对此，没有相应的身体条件和心理素质是难以正常履责和完成其工作任务的。

（6）具备高等学校本科及以上学历。这一条件是与第4项条件相适应的，要具备熟悉法律、法规、政策，具有履行监督、调查、处置等职责的专业知识和能力，一般需要具备高等学校本科及以上学历。当然，具备高等学校本科及以上学历的人，不一定都具备熟悉法律、法规、政策，具有履行监督、调查、处置等职责的专业知识和能力。所以，法律设此两项条件，虽然互有联系，但不能相互取代。

（7）法律规定的其他条件。这是法律关于监察官条件的一项兜底性条款。对于特定时空履行某种特定职责的监察官，相关法律完全可以规定其他必要的条件。

为了适应监察官队伍的现状，保证监察官队伍的稳定性，《监察官法》还规定，该法施行前的监察人员不具备前述第6项规定的学历条件的，不是将其调离监察官队伍，而是应当安排他们接受培训和考核，尽量使其在一定时间后具备条件（对此的具体办法由国家监察委员会制定）。

二、不得担任监察官的情形

《监察官法》规定,有下列情形之一的,不得担任监察官:[①]

(1)因犯罪受过刑事处罚,以及因犯罪情节轻微被人民检察院依法作出不起诉决定或者被人民法院依法免予刑事处罚的;

(2)被撤销中国共产党党内职务、留党察看、开除党籍的;

(3)被撤职或者开除公职的;

(4)被依法列为失信联合惩戒对象的;

(5)配偶已移居国(境)外,或者没有配偶但是子女均已移居国(境)外的;

(6)法律规定的其他情形。

三、监察官的选用

根据《监察官法》的规定,监察官的选用应遵循下述五项规则:[②]

(1)监察官的选用,坚持德才兼备、以德为先,坚持五湖四海、任人唯贤,坚持事业为上、公道正派,突出政治标准,注重工作实绩。

(2)监察官采用考试、考核的办法,从符合监察官条件的人员中择优选用。

(3)录用监察官,应当依照法律和国家有关规定采取公开考试、严格考察、平等竞争、择优录取的办法。

(4)监察委员会可以根据监察工作需要,依照法律和国家有关规定从中国共产党机关、国家机关、事业单位、国有企业等机关、单位从事公务的人员中选择符合任职条件的人员担任监察官。

(5)监察委员会可以根据监察工作需要,依照法律和国家有关规定在从事与监察机关职能职责相关的职业或者教学、研究的人员中选拔或者聘任符合任职条件的人员担任监察官。

---

① 参见《监察官法》第13条。

② 参见《监察官法》第14—18条。

四、监察官的任免

根据《宪法》《监察法》和《监察官法》的规定，监察官的任免应遵循下述十项规则：①

1. 国家监察委员会主任由全国人民代表大会选举和罢免，副主任、委员由国家监察委员会主任提请全国人民代表大会常务委员会任免。

2. 地方各级监察委员会主任由本级人民代表大会选举和罢免，副主任、委员由监察委员会主任提请本级人民代表大会常务委员会任免。

3. 新疆生产建设兵团各级监察委员会主任、副主任、委员，由新疆维吾尔自治区监察委员会主任提请自治区人民代表大会常务委员会任免。

4. 其他监察官的任免，按照管理权限和规定的程序办理。

5. 监察官就职时应当依照法律规定进行宪法宣誓。

6. 监察官有下列情形之一的，应当免去其监察官职务：(1)丧失中华人民共和国国籍的；(2)职务变动不需要保留监察官职务的；(3)退休的；(4)辞职或者依法应当予以辞退的；(5)因违纪违法被调离或者开除的；(6)法律规定的其他情形。

7. 监察官不得兼任人民代表大会常务委员会的组成人员，不得兼任行政机关、审判机关、检察机关的职务，不得兼任企业或者其他营利性组织、事业单位的职务，不得兼任人民陪审员、人民监督员、执业律师、仲裁员和公证员。

8. 监察官因工作需要兼职的，应当按照管理权限批准，但是不得领取兼职报酬。

9. 监察官担任县级、设区的市级监察委员会主任的，应当按照有关规定实行地域回避。

10. 监察官之间有夫妻关系、直系血亲关系、三代以内旁系血亲以及近姻亲关系的，不得同时担任下列职务：(1)同一监察委员会的主任、副主任、委员，上述人员和其他监察官；(2)监察委员会机关同一部门的监察官；(3)同一派驻机构、派出机构或者其他监察机构的监察官；(4)上下相邻两级监察委员会的主任、副主任、委员。

---

① 参见《宪法》第62—63条、第67条；《监察法》第8—9条；《监察官法》第19—24条。

第三节　监察官的管理与奖惩

一、监察官的等级设置

根据《监察法》第 14 条关于国家实行监察官制度，依法确定监察官的等级设置的规定，《监察官法》确定了监察官等级设置制度的下述四项规则：①

1. 监察官等级分为 13 级，依次为总监察官，一级副总监察官、二级副总监察官，一级高级监察官、二级高级监察官、三级高级监察官、四级高级监察官，一级监察官、二级监察官、三级监察官、四级监察官、五级监察官、六级监察官。国家监察委员会主任为总监察官。

2. 监察官等级的确定，以监察官担任的职务职级、德才表现、业务水平、工作实绩和工作年限等为依据。

3. 监察官等级晋升采取按期晋升和择优选升相结合的方式；特别优秀或者作出特别贡献的，可以提前选升。

4. 监察官的等级设置、确定和晋升的具体办法，由国家另行规定。

二、监察官的培训

关于监察官的培训，《监察官法》确定了下述五项规则：②

1. 初任监察官实行职前培训制度。

2. 对监察官应当有计划地进行政治、理论和业务培训。培训应当突出政治机关特色，坚持理论联系实际、按需施教、讲求实效，提高专业能力。

3. 监察官培训情况，作为监察官考核的内容和任职、等级晋升的依据之一。

4. 监察官培训机构按照有关规定承担培训监察官的任务。

5. 国家加强监察学科建设，鼓励具备条件的普通高等学校设置监察专业或者开设监察课程，培养德才兼备的高素质监察官后备人才，提高监察官的专

---

① 参见《监察官法》第 25—28 条。
② 参见《监察官法》第 29—32 条。

业能力。

三、监察官的交流、辞职、辞退

关于监察官的交流、辞职、辞退,《监察官法》确定了下述三项基本规则:①

1. 监察官依照法律和国家有关规定实行任职交流。所谓“法律和国家有关规定”,主要指《公务员法》第 69 条至第 73 条的规定,其主要内容有以下七项:

其一,公务员可以在公务员和参照《公务员法》管理的工作人员队伍内部交流,也可以与国有企业和不参照《公务员法》管理的事业单位中从事公务的人员交流。

其二,交流的方式包括调任、转任。

其三,国有企业、高等院校和科研院所以及其他不参照《公务员法》管理的事业单位中从事公务的人员,可以调入机关担任领导职务或者四级调研员以上及其他相当层次的职级。

其四,调任人选应当具备《公务员法》第 13 条规定的条件和拟任职位所要求的资格条件,并不得有《公务员法》第 26 条规定的情形。调任机关应当根据上述规定,对调任人选进行严格考察,并按照管理权限审批,必要时可以对调任人选进行考试。

其五,公务员在不同职位之间转任应当具备拟任职位所要求的资格条件,在规定的编制限额和职数内进行。对省部级正职以下的领导成员应当有计划、有重点地实行跨地区、跨部门转任。对担任机关内设机构领导职务和其他工作性质特殊的公务员,应当有计划地在本机关内转任。上级机关应当注重从基层机关公开遴选公务员。

其六,根据工作需要,机关可以采取挂职方式选派公务员承担重大工程、重大项目、重点任务或者其他专项工作。公务员在挂职期间,不改变与原机关的人事关系。

其七,公务员应当服从机关的交流决定。公务员本人申请交流的,按照管理权限审批。

---

① 参见《监察官法》第 33—35 条,《公务员法》第 69—73 条、第 85—91 条。

2. 监察官申请辞职,应当由本人书面提出,按照管理权限批准后,依照规定的程序免去其职务。关于监察官的辞职,可以参照适用《公务员法》第 85 条至第 87 条的规定。其主要内容包括以下六项:

其一,公务员辞去公职,应当向任免机关提出书面申请。任免机关应当自接到申请之日起 30 日内予以审批;其中对领导成员辞去公职的申请,应当自接到申请之日起 90 日内予以审批。

其二,公务员有下列情形之一的,不得辞去公职:(1)未满国家规定的最低服务年限的;(2)在涉及国家秘密等特殊职位任职或者离开上述职位不满国家规定的脱密期限的;(3)重要公务尚未处理完毕,且须由本人继续处理的;(4)正在接受审计、纪律审查、监察调查,或者涉嫌犯罪,司法程序尚未终结的;(5)法律、行政法规规定的其他不得辞去公职的情形。

其三,担任领导职务的公务员,因工作变动依照法律规定需要辞去现任职务的,应当履行辞职手续。

其四,担任领导职务的公务员,因个人或者其他原因,可以自愿提出辞去领导职务。

其五,领导成员因工作严重失误、失职造成重大损失或者恶劣社会影响的,或者对重大事故负有领导责任的,应当引咎辞去领导职务。

其六,领导成员因其他原因不再适合担任现任领导职务的,或者应当引咎辞职本人不提出辞职的,应当责令其辞去领导职务。

3. 监察官有依法应当予以辞退情形的,依照规定的程序免去其职务。辞退监察官应当按照管理权限决定。辞退决定应当以书面形式通知被辞退的监察官,并列明作出决定的理由和依据。关于监察官的辞退,可以参照适用《公务员法》第 88 条至第 91 条的规定。其主要内容包括下述五项:

其一,公务员有下列情形之一的,予以辞退:(1)在年度考核中,连续两年被确定为不称职的;(2)不胜任现职工作,又不接受其他安排的;(3)因所在机关调整、撤销、合并或者缩减编制员额需要调整工作,本人拒绝合理安排的;(4)不履行公务员义务,不遵守法律和公务员纪律,经教育仍无转变,不适合继续在机关工作,又不宜给予开除处分的;(5)旷工或者因公外出、请假期满无正当理由逾期不归连续超过 15 日,或者 1 年内累计超过 30 日的。

其二,对有下列情形之一的公务员,不得辞退:(1)因公致残,被确认丧失或者部分丧失工作能力的;(2)患病或者负伤,在规定的医疗期内的;(3)女性公务员在孕期、产假、哺乳期内的;(4)法律、行政法规规定的其他不得辞退的情形。

其三,辞退公务员,按照管理权限决定。辞退决定应当以书面形式通知被辞退的公务员,并应当告知辞退依据和理由。

其四,被辞退的公务员,可以领取辞退费或者根据国家有关规定享受失业保险。

其五,公务员辞职或者被辞退,离职前应当办理公务交接手续,必要时按照规定接受审计。

四、监察官的考核、奖励、监督与惩戒

(一)监察官的考核

关于监察官的考核,《监察官法》确定了下述五项基本规则:①

1. 对监察官的考核,应当全面、客观、公正,实行平时考核、专项考核和年度考核相结合。

2. 监察官的考核应当按照管理权限,全面考核监察官的德、能、勤、绩、廉,重点考核政治素质、工作实绩和廉洁自律情况。

3. 年度考核结果分为优秀、称职、基本称职和不称职四个等次。

4. 考核结果作为调整监察官等级、工资以及监察官奖惩、免职、降职、辞退的依据。

5. 年度考核结果以书面形式通知监察官本人。监察官对考核结果如果有异议,可以申请复核。

(二)监察官的奖励

关于监察官的奖励,《监察官法》确定了下述三项基本规则:②

1. 对在监察工作中有显著成绩和贡献,或者有其他突出事迹的监察官、监察官集体,给予奖励。

2. 监察官有下列表现之一的,给予奖励:

---

① 参见《监察官法》第36—39条。
② 参见《监察官法》第40—41条。

(1)履行监督职责,成效显著的;

(2)在调查、处置职务违法和职务犯罪工作中,做出显著成绩和贡献的;

(3)提出有价值的监察建议,对防止和消除重大风险隐患效果显著的;

(4)研究监察理论、总结监察实践经验成果突出,对监察工作有指导作用的;

(5)有其他功绩的。

3. 监察官的奖励按照有关规定办理。所谓“有关规定”主要指《公务员法》中有关奖励的规定,其主要内容有下述五项:[①]

其一,公务员奖励分为:嘉奖、记三等功、记二等功、记一等功、授予称号。

其二,对受奖励的公务员或者公务员集体予以表彰,并对受奖励的个人给予一次性奖金或者其他待遇。

其三,给予公务员或者公务员集体奖励,按照规定的权限和程序决定或者审批。

其四,按照国家规定,可以向参与特定时期、特定领域重大工作的公务员颁发纪念证书或者纪念章。

其五,公务员或者公务员集体有下列情形之一的,撤销奖励:(1)弄虚作假,骗取奖励的;(2)申报奖励时隐瞒严重错误或者严重违反规定程序的;(3)有严重违纪违法等行为,影响称号声誉的;(4)有法律、法规规定应当撤销奖励的其他情形的。

(三)监察官的监督与惩戒

关于监察官的监督与惩戒,《监察官法》确定了下述十九项规则:[②]

1. 监察机关应当规范工作流程,加强内部监督制约机制建设,强化对监察官执行职务和遵守法律情况的监督。

2. 任何单位和个人对监察官的违纪违法行为,有权检举、控告。受理检举、控告的机关应当及时调查处理,并将结果告知检举人、控告人。

3. 对依法检举、控告的单位和个人,任何人不得压制和打击报复。

4. 对于审判机关、检察机关、执法部门等移送的监察官违纪违法履行职责

---

① 参见《公务员法》第53—56条。

② 参见《监察官法》第42—54条。

的问题线索，监察机关应当及时调查处理。

5. 监察委员会根据工作需要，按照规定从各方面代表中聘请特约监察员等监督人员，对监察官履行职责情况进行监督，提出加强和改进监察工作的意见、建议。

6. 监察官不得打听案情、过问案件、说情干预。对于上述行为，办理监察事项的监察官应当及时向上级报告。有关情况应当登记备案。

7. 办理监察事项的监察官未经批准不得接触被调查人、涉案人员及其特定关系人，或者与其进行交往。对于上述行为，知悉情况的监察官应当及时向上级报告。有关情况应当登记备案。

8. 办理监察事项的监察官有下列情形之一的，应当自行回避，监察对象、检举人、控告人及其他有关人员也有权要求其回避。没有主动申请回避的，监察机关应当依法决定其回避：(1)是监察对象或者检举人、控告人的近亲属的；(2)担任过本案的证人的；(3)本人或者其近亲属与办理的监察事项有利害关系的；(4)有可能影响监察事项公正处理的其他情形的。

9. 监察官应当严格执行保密制度，控制监察事项知悉范围和时间，不得私自留存、隐匿、查阅、摘抄、复制、携带问题线索和涉案资料，严禁泄露监察工作秘密。

10. 监察官离岗离职后，应当遵守脱密期管理规定，严格履行保密义务，不得泄露相关秘密。

11. 监察官离任 3 年内，不得从事与监察和司法工作相关联且可能发生利益冲突的职业。

12. 监察官离任后，不得担任原任职监察机关办理案件的诉讼代理人或者辩护人，但是作为当事人的监护人或者近亲属代理诉讼、进行辩护的除外。

13. 监察官被开除后，不得担任诉讼代理人或者辩护人，但是作为当事人的监护人或者近亲属代理诉讼、进行辩护的除外。

14. 监察官应当遵守有关规范领导干部配偶、子女及其配偶经商办企业行为的规定。违反规定的，予以处理。

15. 监察官的配偶、父母、子女及其配偶不得以律师身份担任该监察官所任职监察机关办理案件的诉讼代理人、辩护人，或者提供其他有偿法律服务。

16. 监察官有下列行为之一的，依法给予处理；构成犯罪的，依法追究刑事责任:(1)贪污贿赂的;(2)不履行或者不正确履行监督职责,应当发现的问题没有发现,或者发现问题不报告、不处置,造成恶劣影响的;(3)未经批准、授权处置问题线索,发现重大案情隐瞒不报,或者私自留存、处理涉案材料的;(4)利用职权或者职务上的影响干预调查工作、以案谋私的;(5)窃取、泄露调查工作信息,或者泄露举报事项、举报受理情况以及举报人信息的;(6)隐瞒、伪造、变造、故意损毁证据、案件材料的;(7)对被调查人或者涉案人员逼供、诱供,或者侮辱、打骂、虐待、体罚、变相体罚的;(8)违反规定采取调查措施或者处置涉案财物的;(9)违反规定发生办案安全事故,或者发生安全事故后隐瞒不报、报告失实、处置不当的;(10)其他职务违法犯罪行为。

监察官有其他违纪违法行为,影响监察官队伍形象,损害国家和人民利益的,依法追究相应责任。

17. 监察官涉嫌违纪违法,已经被立案审查、调查、侦查,不宜继续履行职责的,按照管理权限和规定的程序暂时停止其履行职务。

18. 实行监察官责任追究制度,对滥用职权、失职失责造成严重后果的,终身追究责任或者进行问责。

19. 监察官涉嫌严重职务违法、职务犯罪或者对案件处置出现重大失误的,应当追究负有责任的领导人员和直接责任人员的责任。

第四节　监察官的职业保障

加强对监察官的职业保障,维护其合法权益,是《监察官法》立法目的之一和重要规范。[①]《监察官法》以专章(第八章)规定了四类十四项职业保障措施。

一、任职保障

关于任职保障,《监察官法》规定的保障措施主要有下述三项:[②]

1. 除下列情形外,监察官任免机关不得将监察官调离:(1)按规定需要任

① 参见《监察官法》第 1 条、第 8 条、第 11 条、第 55—65 条。

② 参见《监察官法》第 55— 56 条。

职回避的;(2)按规定实行任职交流的;(3)因机构、编制调整需要调整工作的;(4)因违纪违法不适合继续从事监察工作的;(5)法律规定的其他情形。

2. 任何单位或者个人不得要求监察官从事超出法定职责范围的事务。

3. 对任何干涉监察官依法履职的行为,监察官有权拒绝并予以全面如实记录和报告;有违纪违法情形的,由有关机关根据情节轻重追究有关人员的责任。

二、职业尊严和人身安全保障

关于职业尊严和人身安全保障,《监察官法》规定的保障措施主要有下述五项:①

1. 监察官的职业尊严和人身安全受法律保护。

2. 任何单位和个人不得对监察官及其近亲属打击报复。

3. 对监察官及其近亲属实施报复陷害、侮辱诽谤、暴力侵害、威胁恐吓、滋事骚扰等违法犯罪行为的,应当依法从严惩治。

4. 监察官因依法履行职责遭受不实举报、诬告陷害、侮辱诽谤,致使名誉受到损害的,监察机关应当会同有关部门及时澄清事实,消除不良影响,并依法追究相关单位或者个人的责任。

5. 监察官因依法履行职责,本人及其近亲属人身安全面临危险的,监察机关、公安机关应当对监察官及其近亲属采取人身保护、禁止特定人员接触等必要保护措施。

三、工资福利保障

关于工资福利保障,《监察官法》规定的保障措施主要有下述三项:②

1. 监察官实行国家规定的工资制度,享受监察官等级津贴和其他津贴、补贴、奖金、保险、福利待遇。监察官的工资及等级津贴制度,由国家另行规定。

2. 监察官因公致残的,享受国家规定的伤残待遇。监察官因公牺牲或者病故的,其亲属享受国家规定的抚恤和优待。

---

① 参见《监察官法》第57—59条。

② 参见《监察官法》第60—62条。

3. 监察官退休后,享受国家规定的养老金和其他待遇。

四、救济权利保障

关于救济权利保障,《监察官法》规定的保障措施主要有下述三项:①

1. 对于国家机关及其工作人员侵犯监察官权利的行为,监察官有权提出控告;受理控告的机关应当依法调查处理,并将调查处理结果及时告知本人。

2. 监察官对涉及本人的政务处分、处分和人事处理不服的,可以依照规定的程序申请复审、复核,提出申诉。

3. 对监察官的政务处分、处分或者人事处理错误的,应当及时予以纠正;造成名誉损害的,应当恢复名誉、消除影响、赔礼道歉;造成经济损失的,应当赔偿。对打击报复的直接责任人员,应当依法追究其责任。

---

① 参见《监察官法》第63—65条。

第十四章

对监察机关和监察人员的监督

第一节　对监察机关和监察人员的监督概述

习近平总书记多次指出,“打铁必须自身硬”。[①] 监察机关和监察人员要对公职人员进行监督,自身必须政治素质过硬,在遵纪守法方面做公职人员的表率。为此,法律必须特别加强对监察机关和监察人员的监督。李建国同志在第十三届全国人大第一次会议上所作的《关于〈中华人民共和国监察法〉(草案)的说明》[②]中专门对此作了阐述。[③] 他指出,按照“打铁必须自身硬”的要求,草案从多个方面规定了加强对监察机关和监察人员的监督:一是加强人大监督。草案规定:监察机关应当接受本级人民代表大会及其常务委员会的监督;各级人民代表大会常务委员会听取和审议本级监察机关的专项工作报告,组织执法检查;人民代表大会代表或者常务委员会组成人员在本级人民代表大会及其常务委员会举行会议时,可以依照法律规定的程序,就监察工作中的有关问题提出询问或者质询。[④] 二是强化自我监督。草案与党的纪律检查机关监督执纪工作规则相衔接,将实践中行之有效的做法上升为法律规范。

---

① 参见习近平:《决胜全面建成小康社会　夺取新时代中国特色社会主义伟大胜利——在中国共产党第十九次全国代表大会上的报告》,人民出版社 2017 年版,第 61 页;习近平:《在庆祝中国共产党成立 100 周年大会上的讲话》,载《人民日报》2021 年 7 月 2 日,第 2 版。

② 以下简称草案。因该草案经第十三届全国人大第一次会议通过后,已成为正式法律《监察法》,故以下脚注中仍用《监察法》。

③ 以下内容参见李建国:《关于〈中华人民共和国监察法(草案)〉的说明》,载人大新闻网 2018 年 3 月 22 日,http://npc.people.com.cn/n1/2018/0322/c14576-29882681.html。

④ 参见《监察法》第 53 条。

草案规定了对打听案情、过问案件、说情干预的报告和登记备案,监察人员的回避,脱密期管理和对监察人员辞职、退休后从业限制等制度。同时规定了对监察机关及其工作人员不当行为的申诉和责任追究制度。① 草案还明确规定:监察机关应当依法公开监察工作信息,接受民主监督、社会监督、舆论监督。② 三是明确监察机关与审判机关、检察机关、执法部门互相配合、互相制约的机制。草案规定:对监察机关移送的案件,人民检察院经审查,认为需要补充核实的,应当退回监察机关补充调查,必要时可以自行补充侦查;对于有《刑事诉讼法》规定的不起诉的情形的,经上一级人民检察院批准,依法作出不起诉的决定;③监察机关在收集、固定、审查、运用证据时,应当与刑事审判关于证据的要求和标准相一致。④ 四是明确监察机关及其工作人员的法律责任。草案第八章法律责任中规定:监察机关及其工作人员有违反规定发生办案安全事故或者发生安全事故后隐瞒不报、报告失实、处置不当等九种行为之一的,对负有责任的领导人员和直接责任人员依法给予处理。⑤ 监察机关及其工作人员行使职权,侵犯公民、法人和其他组织的合法权益,造成损害的,要依法给予国家赔偿。⑥

《监察法》通过 3 年后,国家监察委员会制定了《监察法实施条例》。《监察法实施条例》规定,监察机关和监察人员必须自觉坚持党的领导,在党组织的管理、监督下开展工作,依法接受本级人民代表大会及其常务委员会的监督,接受民主监督、司法监督、社会监督、舆论监督,加强内部监督制约机制建设,确保权力受到严格的约束和监督。⑦《监察法实施条例》对《监察法》规定的对监察机关和监察人员监督的制度和相应法律规范进行了补充、细化,使之更加完善和更加具有可操作性,从而构成了一个与规范监察机关对公职人员监察的法律监督规范体系相平行的,规范全面监督监察机关和监察人员的较为完备的法律监督规范体系。

---

① 参见《监察法》第 57—61 条。
② 参见《监察法》第 54 条。
③ 参见《监察法》第 47 条第 3 款、第 4 款。
④ 参见《监察法》第 33 条第 2 款。
⑤ 参见《监察法》第 65 条。
⑥ 参见《监察法》第 67 条。
⑦ 参见《监察法实施条例》第 251 条。

第二节　人大及其常委会的监督

人大及其常委会是各级监察委员会最主要和最重要的监督主体。2018年3月11日第十三届全国人大一次会议通过的《宪法修正案》明确规定，监察机关由人民代表大会产生，对它负责，受它监督。[①] 全国人大常委会监督国家监察委员会的工作；县级以上地方各级人大常委会监督本级监察委员会的工作。[②] 我国除人大以外的所有各类各级国家机关，均由人大产生，对人大负责，接受人大监督。这一点是由我国实行人民代表大会制度所决定的。关于人大及其常委会如何监督监察委员会的工作，《监察法》主要规定了以下三种监督方式：

一、听取和审议本级监察委员会的专项工作报告

《监察法》规定，各级人大常委会听取和审议本级监察委员会的专项工作报告。[③]《监察法实施条例》进一步作出具体规定，各级监察委员会应当按照《监察法》的规定，由主任在本级人民代表大会常务委员会全体会议上报告专项工作。在报告专项工作前，应当与本级人民代表大会有关专门委员会沟通协商，并配合开展调查研究等工作。各级人民代表大会常务委员会审议专项工作报告时，本级监察委员会应当根据要求派出领导成员列席相关会议，听取意见。各级监察委员会应当认真研究办理本级人民代表大会常务委员会反馈的审议意见，并按照要求书面报告办理情况。[④]

听取和审议专项工作报告是各级人大常委会监督的主要方式。根据《中华人民共和国各级人民代表大会常务委员会监督法》（以下简称《监督法》）第二章的规定，这种监督方式涉及听取和审议监察委员会专项工作报告的主要

---

① 参见2018年《宪法修正案》第37条。

② 参见2018年《宪法修正案》第44条和第50条。

③ 参见《监察法》第53条第2款。

④ 参见《监察法实施条例》第252条。

内容包括以下七项：[①]

1. 各级人大常委会每年选择若干关系改革发展稳定大局和群众切身利益、社会普遍关注的重大问题，有计划地安排听取和审议监察委员会的专项工作报告。人大常委会听取和审议专项工作报告的年度计划，经委员长会议或者主任会议通过，印发常务委员会组成人员并向社会公布。

2. 人大常委会听取和审议专项工作报告的议题，根据下列途径反映的问题确定：其一，本级人大常委会在执法检查中发现的突出问题；其二，本级人大代表对监察委员会工作提出的建议、批评和意见集中反映的问题；其三，本级人大常委会组成人员提出的比较集中的问题；其四，本级人大专门委员会、人大常委会工作机构在调查研究中发现的突出问题；其五，人民来信来访集中反映的问题；其六，社会普遍关注的其他问题。监察委员会可以向本级人大常委会要求报告专项工作。

3. 常委会听取和审议专项工作报告前，委员长会议或者主任会议可以组织本级人大常委会组成人员和本级人大代表，对有关工作进行视察或者专题调查研究；常委会可以安排参加视察或者专题调查研究的代表列席常委会会议，听取专项工作报告，提出意见。

4. 人大常委会听取和审议专项工作报告前，常委会办事机构应当将各方面对该项工作的意见汇总，交由本级监察委员会研究并在专项工作报告中作出回应。

5. 监察委员会应当在人大常委会举行会议的 20 日前，由其办事机构将专项工作报告送交本级人大有关专门委员会或者常委会有关工作机构征求意见；监察委员会对报告修改后，在人大常委会举行会议的 10 日前送交人大常委会。人大常委会办事机构应当在人大常委会举行会议的 7 日前，将专项工作报告发给人大常委会组成人员。

6. 专项工作报告由监察委员会的负责人向本级人大常委会报告。

7. 人大常委会组成人员对专项工作报告的审议意见交由本级监察委员会

---

① 参见《监督法》第 8—14 条。《监督法》规定的这种监督方式原只适用于“一府两院”，现在则应适用于“一府一委两院”，即本级人民政府、监察委员会、人民法院和人民检察院。本章只讨论各级人大常委会通过听取和审议本级监察委员会的专项工作报告的方式对监察委员会的监督，而不涉及“一府两院”。

研究处理。监察委员会应当将研究处理情况由其办事机构送交本级人大有关专门委员会或者人大常委会有关工作机构征求意见后,向人大常委会提出书面报告。人大常委会认为必要时,可以对专项工作报告作出决议;本级监察委员会应当在决议规定的期限内,将执行决议的情况向人大常务委员会报告。常委会听取的专项工作报告及审议意见,监察委员会对审议意见研究处理情况或者执行决议情况的报告,向本级人大代表通报并向社会公布。

二、组织执法检查

人大常委会对监察机关监督的第二种方式是组织执法检查。关于执法检查,《监察法实施条例》规定,各级监察委员会应当积极接受、配合本级人民代表大会常务委员会组织的执法检查。对本级人民代表大会常务委员会的执法检查报告,应当认真研究处理,并向其报告处理情况。①

《监督法》第四章对人大常委会执法检查(包括对监察机关工作的执法检查)作了具体规定,包括以下六项内容:②

1. 各级人大常委会每年选择若干关系改革发展稳定大局和群众切身利益、社会普遍关注的重大问题,有计划地对有关法律、法规实施情况组织执法检查。

2. 人大常委会年度执法检查计划,经委员长会议或者主任会议通过,印发常委会组成人员并向社会公布。常委会执法检查工作由本级人大有关专门委员会或者常委会有关工作机构具体组织实施。

3. 常委会根据年度执法检查计划,按照精干、效能的原则,组织执法检查组。执法检查组的组成人员,从本级人大常委会组成人员以及本级人大有关专门委员会组成人员中确定,并可以邀请本级人大代表参加。

4. 全国人大常委会和省、自治区、直辖市的人大常委会根据需要,可以委托下一级人大常委会对有关法律、法规在本行政区域内的实施情况进行检查。受委托的人大常委会应当将检查情况书面报送上一级人大常委会。

5. 执法检查结束后,执法检查组应当及时提出执法检查报告,由委员长会

---

① 参见《监察法实施条例》第253条。

② 参见《监督法》第22—27条。

议或者主任会议决定提请常务委员会审议。执法检查报告包括下列内容:其一,对所检查的法律、法规实施情况进行评价,提出执法中存在的问题和改进执法工作的建议;其二,对有关法律、法规提出修改完善的建议。

6. 常委会组成人员对执法检查报告的审议意见连同执法检查报告,一并交由本级监察委员会研究处理。监察委员会应当将研究处理情况由其办事机构送交本级人大有关专门委员会或者人大常委会有关工作机构征求意见后,向人大常委会提出报告。必要时,由委员长会议或者主任会议决定提请常委会审议,或者由人大常委会组织跟踪检查;人大常委会也可以委托本级人大有关专门委员会或者人大常委会有关工作机构组织跟踪检查。人大常委会的执法检查报告及审议意见,监察委员会对其研究处理情况的报告,向本级人大代表通报并向社会公布。

三、提出询问或者质询

关于询问和质询的监督方式,《监察法实施条例》规定,各级监察委员会在本级人民代表大会常务委员会会议审议与监察工作有关的议案和报告时,应当派相关负责人到会听取意见,回答询问。监察机关对人大常委会依法交由监察机关答复的质询案应当按照要求进行答复。口头答复的,由监察机关主要负责人或者委派相关负责人到会答复。书面答复的,由监察机关主要负责人签署。[①]

根据《监督法》的规定,县级以上各级人民代表大会及其常务委员会举行会议时,人民代表大会代表或者常务委员会组成人员可以依照法律规定的程序,就"一府一委两院"工作中的有关问题提出询问或者质询。关于询问和质询,《监督法》第六章对之作了具体规定,其中涉及对监察委员会提出询问或者质询的内容主要有下述五项:[②]

1. 各级人大常务委员会会议审议议案和有关报告时,监察委员会应当派有关负责人员到会,听取意见,回答询问。

2. 全国人大常委会组成人员 10 人以上联名,省、自治区、直辖市、自治州、

---

① 参见《监察法实施条例》第 254 条。

② 参见《监督法》第 34—38 条。

为了更好地保障被调查人及其近亲属申诉权的实现,《监察法》还规定了监察机关处理申诉和复查申请的期限:受理申诉的监察机关应当在受理申诉之日起1个月内作出处理决定。申诉人对处理决定不服的,可以在收到处理决定之日起1个月内向上一级监察机关申请复查。上一级监察机关应当在收到复查申请之日起2个月内作出处理决定;情况属实的,及时予以纠正。

《监察法》第60条既是关于对监察机关和监察人员监督的规定,也是对被调查人及其近亲属权利救济的规定。监督的对象是监察机关及其工作人员,救济的对象是被调查人及其近亲属。监督和救济的方式和途径是申诉和申请复查。受理申诉的主体是作出被申诉行为的监察机关,受理复查申请的主体是上一级监察机关。对该条款确定的可申诉行为五种情形的具体内容解析如下:

(1)留置法定期限届满,不予以解除的。《监察法》第43条规定,留置时间不得超过3个月。在特殊情况下,也只可延长一次,且延长亦不得超过3个月。如果3个月期限届满,没有确定延长或延长没有被上一级监察机关批准,或者虽然确定和被批准延长3个月,但6个月期限届满,尚不予以解除的,即属此种情形。

(2)查封、扣押、冻结与案件无关的财物的。根据《监察法》第23条的规定,冻结只适用于调查涉嫌贪污贿赂、失职渎职等严重职务违法或者职务犯罪需要冻结的财产;根据《监察法》第25条的规定,查封、扣押只适用于调查过程中用以证明被调查人涉嫌违法犯罪的财物。查封、扣押、冻结的财产、财物,如果超出这个范围,即属此种情形。

(3)应当解除查封、扣押、冻结措施而不解除的。《监察法》第23条和第25条规定,查封、扣押、冻结的财物经查明与案件无关的,应当在查明后3日内解除查封、扣押、冻结,并予以退还。如经查明与案件无关3日后仍不解除查封、扣押、冻结和予以退还,即属此种情形。

(4)贪污、挪用、私分、调换以及违反规定使用查封、扣押、冻结的财物的。贪污、挪用、私分查封、扣押、冻结的财物属于犯罪性质的行为。调换以及违反规定使用查封、扣押、冻结的财物虽然不一定具有犯罪的性质,但无疑属于违法行为;这种行为因与被调查人及其近亲属权利有关,故《监察法》将之列入其申诉的情形之一。

(5)其他违反法律法规、侵害被调查人合法权益的行为。为了防止上述列举的情形有遗漏,故设一兜底条款。

第四节　监察机关内部专门监督和自律

一、《监察法》对监察机关内部专门监督和自律的一般规定

《监察法》第55条规定,监察机关通过设立内部专门的监督机构等方式,加强对监察人员执行职务和遵守法律情况的监督,建设忠诚、干净、担当的监察队伍。《监察法》在规定外部监督的基础上同时规定监察机关的内部监督,这是很有必要性和重要意义的。

监察机关内部监督的方式和途径不是唯一而是多样化的,如《监察法》第36条规定的监察机关内部各部门建立的相互协调、相互制约的工作机制,《监察法》规定的监察机关行使职权、履行职责的程序规范和程序制约机制,以及《监察法》第55条规定的在监察机关内部设立专门的监督机构对监察人员执行职务和遵守法律情况进行监督的机制。在国家监察委员会建立之前,中央纪律检查委员会就曾设立专门的内部监督机构对纪检人员执行职务和遵守法律情况进行监督。实践证明这种做法是必要和有成效的,故这次制定《监察法》继续沿袭和确立了这一制度,以为建设忠诚、干净、担当的监察队伍提供制度保障。

《监察法》对监察人员提出了特别的自律要求:监察人员必须模范遵守宪法和法律,忠于职守、秉公执法,清正廉洁、保守秘密;必须具有良好的政治素质,熟悉监察业务,具备运用法律、法规、政策和调查取证等能力,自觉接受监督。①

监察人员属于公务员,必须遵守和履行《公务员法》规定的公务员义务②;

---

① 参见《监察法》第56条。

② 《公务员法》第14条规定:"公务员应当履行下列义务:(一)忠于宪法,模范遵守、自觉维护宪法和法律,自觉接受中国共产党领导;(二)忠于国家,维护国家的安全、荣誉和利益;(三)忠于人民,全心全意为人民服务,接受人民监督;(四)忠于职守,勤勉尽责,服从和执行上级依法作出的决定和命令,按照规定的权限和程序履行职责,努力提高工作质量和效率;(五)保守国家秘密和工作秘密;(六)带头践行社会主义核心价值观,坚守法治,遵守纪律,恪守职业道德,模范遵守社会公德、家庭美德;(七)清正廉洁,公道正派;(八)法律规定的其他义务。"

但是监察人员，特别是监察官，又不是一般的公务员，是负有对一般公务员进行监察法定职责的公务员。监察人员必须同时遵守《监察法》对监察人员提出的特别自律要求，监察官必须同时遵守和履行《监察官法》专门为监察官规定的义务。[①] 当然，《监察法》对监察人员提出的特别自律要求和《监察官法》专门为监察官规定的义务与公务员的义务大多是重合的；但是《监察法》和《监察官法》对监察人员、监察官的要求更高，要求其更“模范”地遵守和履行公务员的义务。

关于监察人员的素质要求，《监察法》主要规定了下述四项要求：

其一，必须具有良好的政治素质。这对监察人员是最重要的要求；没有良好的、过硬的政治素养，是不可能做好监察工作的。“打铁必须自身硬”，要监督别人，自己必须政治过硬、思想过硬、品质过硬。

其二，熟悉监察业务。这是监察人员做好监察工作的基础。要搞好监察工作，必须全面掌握有关监察的知识、理论、技能，成为监察的行家里手。

其三，具备运用法律、法规、政策和调查取证等能力。做好监察工作，不仅要求全面掌握相应知识和理论，更要求全面培养、训练和提高工作能力，特别是培养、训练和提高运用法律、法规、政策办案的能力、调查取证的能力。

其四，自觉接受监督。律人者必先律己；监督他人者，自己必须接受监督。这是现代法治的要求，这是中国特色监察制度对监察人员的素质要求。[②]

关于监察人员的自律，《监察法》特别要求不得说情干预。对于监察人员打听案情、过问案件、说情干预的，办理监察事项的监察人员应当及时报告。有关情况应当登记备案。发现办理监察事项的监察人员未经批准接触被调查人、涉案人员及其特定关系人，或者存在交往情形的，知情人应当及时报告；有关情况应当登记备案。[③]《监察法》的这一规定是为保障监察机关依法办案、独立办案、公正办案而特别确立的规则。这项规则有两项内容：一项是针对非办理相应监察事项的监察人员的；另一项是针对办理相应监察事项的监察人员的。对于前者，既然不是相应监察事项的办案人，就不应该打听案情、过问

① 参见《监察官法》第 10 条。
② 参见《监察法》第 56 条。
③ 参见《监察法》第 57 条。

案件，更不应说情干预。如果其不守规矩，非法打听案情、过问案件、说情干预，办理监察事项的监察人员自然应当及时报告，并将有关情况应当登记备案。否则，二者均违纪违法，均要承担法律责任。对于后者，作为相应监察事项的办案人，为保证办案公正，法律规定其未经批准不得接触被调查人、涉案人员及其特定关系人，不得与之交往；否则，即要承担法律责任。此外，对于发现办理监察事项的监察人员未经批准接触被调查人、涉案人员及其特定关系人，或者存在交往情形的知情人，有义务和责任及时报告，并将有关情况登记备案；否则，其亦应承担相应法律责任。

《监察法》对监察人员的自律要求不仅及于其在职在岗期间，而且及于其离岗离职后。监察机关涉密人员离岗离职后，应当遵守脱密期管理规定，严格履行保密义务，不得泄露相关秘密。监察人员辞职、退休 3 年内，不得从事与监察和司法工作相关联且可能发生利益冲突的职业。[①]《监察法》的这一规定确立了监察机关涉密人员的特别保密义务和辞职、退休的监察人员避免利益冲突规则。保密义务是所有公务员、所有监察人员的法定义务。但是，对于监察机关涉密人员来说，其具有比一般公务员、一般监察人员更严格的保密义务。《保守国家秘密法》规定，涉密人员离岗离职实行脱密期管理。涉密人员在脱密期内，应当按照规定履行保密义务，不得违反规定就业，不得以任何方式泄露国家秘密。[②] 可见，《监察法》的上述规定正是《保守国家秘密法》的要求。

避免利益冲突规则是《公务员法》确立的规则。该法规定，公务员辞去公职或者退休的，原系领导成员、县处级以上领导职务的公务员在离职 3 年内，其他公务员在离职 2 年内，不得到与原工作业务直接相关的企业或者其他营利性组织任职，不得从事与原工作业务直接相关的营利性活动。[③]《监察法》关于“监察人员辞职、退休三年内，不得从事与监察和司法工作相关联且可能发生利益冲突的职业”的规定，是与《公务员法》确立的避免利益冲突规则的精神一致的。

---

① 参见《监察法》第 59 条。
② 参见《保守国家秘密法》第 38 条。
③ 参见《公务员法》第 107 条第 1 款。

关于监察人员的回避,《监察法》第58条对之作了专门规定。办理监察事项的监察人员有下列四种情形之一的,应当自行回避,监察对象、检举人及其他有关人员也有权要求其回避:

其一,是监察对象或者检举人的近亲属的;

其二,担任过本案的证人的;

其三,本人或者其近亲属与办理的监察事项有利害关系的;

其四,有可能影响监察事项公正处理的其他情形的。

《监察法》的这一规定确立了监察回避制度,明确了回避的主体、回避的种类和法定回避情形。回避的主体是具有法定回避情形的办理监察事项的监察人员。回避主体具备三个要件:一是监察人员,而非监察机关的一般工作人员。二是办理相应监察事项的监察人员,而非办理相应监察事项的其他监察人员。三是具有法定回避情形的办理相应监察事项的监察人员;而非只要有人要求办案人员回避,办案人员就必须回避。

《监察法》确立的回避种类包括:一是主动回避,即具有法定回避情形的办理相应监察事项的监察人员自行主动回避;二是应申请回避,即监察对象、检举人及其他有关人员申请(要求)具有法定回避情形的办理相应监察事项的监察人员回避。

《监察法》确立的回避情形中,相应监察人员"是监察对象或者检举人的近亲属的",其所谓"近亲属",一般包括配偶、父母、子女、兄弟姐妹、祖父母、外祖父母、孙子女、外孙子女。所谓"有可能影响监察事项公正处理的其他情形的"中的"其他情形",即前三种情形以外的,有证据能证明办理相应监察事项的监察人员有可能不能公正办理相应监察事项的情形,如该监察人员曾经说过什么话或做过什么事表明其不可能公正办理相应监察事项,该监察人员是监察对象或者检举人多年前的生意伙伴或密友,等等。

二、《监察法实施条例》对监察机关的内部监督和自律的具体规定

关于监察机关的内部监督和自律,除《监察法》的一般规定外,《监察法实施条例》还对其作了诸多具体和细化的规定。这些规定可以概括为下述十九项:①

---

① 参见《监察法实施条例》第257—273条。

(1)监察机关实行严格的人员准入制度,严把政治关、品行关、能力关、作风关、廉洁关。监察人员必须忠诚坚定、担当尽责、遵纪守法、清正廉洁。

(2)监察机关应当建立监督检查、调查、案件监督管理、案件审理等部门相互协调制约的工作机制。监督检查和调查部门实行分工协作、相互制约。监督检查部门主要负责联系地区、部门、单位的日常监督检查和对涉嫌一般违法问题线索处置。调查部门主要负责对涉嫌严重职务违法和职务犯罪问题线索进行初步核实和立案调查。案件监督管理部门负责对监督检查、调查工作全过程进行监督管理,做好线索管理、组织协调、监督检查、督促办理、统计分析等工作。案件监督管理部门发现监察人员在监督检查、调查中有违规办案行为的,及时督促整改;涉嫌违纪违法的,根据管理权限移交相关部门处理。

(3)监察机关应当对监察权运行关键环节进行经常性监督检查,适时开展专项督查。案件监督管理、案件审理等部门应当按照各自职责,对问题线索处置、调查措施使用、涉案财物管理等进行监督检查,建立常态化、全覆盖的案件质量评查机制。

(4)监察机关应当加强对监察人员执行职务和遵纪守法情况的监督,按照管理权限依法对监察人员涉嫌违法犯罪问题进行调查处置。

(5)监察机关及其监督检查、调查部门负责人应当定期检查调查期间的录音录像、谈话笔录、涉案财物登记资料,加强对调查全过程的监督,发现问题及时纠正并报告。

(6)对监察人员打听案情、过问案件、说情干预的,办理监察事项的监察人员应当及时向上级负责人报告,有关情况应当登记备案。发现办理监察事项的监察人员未经批准接触被调查人、涉案人员及其特定关系人,或者存在交往情形的,知情的监察人员应当及时向上级负责人报告,有关情况应当登记备案。

(7)办理监察事项的监察人员有《监察法》第58条所列情形之一的,应当自行提出回避;没有自行提出回避的,监察机关应当依法决定其回避,监察对象、检举人及其他有关人员也有权要求其回避。选用借调人员、看护人员、调查场所,应当严格执行回避制度。

(8)监察人员自行提出回避,或者监察对象、检举人及其他有关人员要求监察人员回避的,应当书面或者口头提出,并说明理由。口头提出的,应当形成记录。监察机关主要负责人的回避，由上级监察机关主要负责人决定；其他监察人员的回避，由本级监察机关主要负责人决定。

（9）上级监察机关应当通过专项检查、业务考评、开展复查等方式，强化对下级监察机关及监察人员执行职务和遵纪守法情况的监督。

（10）监察机关应当对监察人员有计划地进行政治、理论和业务培训。培训应当坚持理论联系实际、按需施教、讲求实效，突出政治机关特色，建设高素质专业化监察队伍。

（11）监察机关应当严格执行保密制度，控制监察事项知悉范围和时间。监察人员不准私自留存、隐匿、查阅、摘抄、复制、携带问题线索和涉案资料，严禁泄露监察工作秘密。监察机关应当建立健全检举控告保密制度，对检举控告人的姓名（单位名称）、工作单位、住址、电话和邮箱等有关情况以及检举控告内容必须严格保密。

（12）监察机关涉密人员离岗离职后，应当遵守脱密期管理规定，严格履行保密义务，不得泄露相关秘密。

（13）监察人员离任 3 年以内，不得从事与监察和司法工作相关联且可能发生利益冲突的职业。监察人员离任后，不得担任原任职监察机关办理案件的诉讼代理人或者辩护人，但是作为当事人的监护人或者近亲属代理诉讼或者进行辩护的除外。

（14）监察人员应当严格遵守有关规范领导干部配偶、子女及其配偶经商办企业行为的规定。

（15）监察机关在履行职责过程中应当依法保护企业产权和自主经营权，严禁利用职权非法干扰企业生产经营。需要企业经营者协助调查的，应当依法保障其合法的人身、财产等权益，避免或者减少对涉案企业正常生产、经营活动的影响。

（16）监察机关查封企业厂房、机器设备等生产资料，企业继续使用对该财产价值无重大影响的，可以允许其使用。对于正在运营或者正在用于科技创新、产品研发的设备和技术资料等，一般不予查封、扣押；确需调取违法犯罪证据的，可以采取拍照、复制等方式。

（17）被调查人及其近亲属认为监察机关及监察人员存在《监察法》第 60 条第 1 款规定的有关情形，向监察机关提出申诉的，由监察机关案件监督管理部门依法受理，并按照法定的程序和时限办理。

(18)监察机关在维护监督执法调查工作纪律方面失职失责的，依法追究责任。监察人员涉嫌严重职务违法、职务犯罪或者对案件处置出现重大失误的，既应当追究直接责任，还应当严肃追究负有责任的领导人员责任。

(19)监察机关应当建立办案质量责任制；对滥用职权、失职失责造成严重后果的，实行终身责任追究。

第十五章

监察法律关系中的法律责任

《监察法》和《监察法实施条例》均设专章规定了监察法律关系中各种主体违反监察法行为的法律责任。其中主要包括监察所涉及的有关单位的违法行为(如不执行监察决定等行为)和有关人员的违法行为(如不配合调查、伪造证据等行为)的法律责任;监察对象有关违法行为(如报复陷害等行为)的法律责任;控告人、检举人、证人有关违法行为(如诬告陷害等行为)的法律责任;监察机关及其工作人员违法行为的法律责任。

第一节　有关单位的责任

《监察法》第62条设定了有关单位的法律责任。所谓“有关单位”,是指拒不执行监察机关作出的处理决定或者无正当理由拒不采纳监察建议的单位。《监察法》该条规定,有关单位拒不执行监察机关作出的处理决定,或者无正当理由拒不采纳监察建议的,由其主管部门、上级机关责令改正,对单位给予通报批评;对负有责任的领导人员和直接责任人员依法给予处理。

《监察法》设定的这一法律责任的对象是“拒不执行监察机关作出的处理决定,或者无正当理由拒不采纳监察建议”的单位;追究责任的主体是作为相应法律责任对象的单位的主管部门和上级机关;责任形式是通报批评(适用于单位)和依法给予处理(适用于对负有责任的单位领导人员和直接责任人员)。这里的“依法给予处理”,主要是指依法给予政务处分(警告、记过、记大过、降级、撤职、开除)[①]或者依法问责(通报、诫勉、停职检查、调整职务、责令辞职、降职、免职、纪律处分等)[②]。

《监察法》第62条所称"拒不执行监察机关作出的处理决定,或者无正当理由拒不采纳监察建议"中的"处理决定"和"监察建议",主要指监察机关依《监察法》第45条所作出的下述决定和建议:

(1)对有职务违法行为但情节较轻的公职人员作出的委托有关机关、人员进行谈话提醒、批评教育、责令检查或者予以诫勉的决定;

(2)对违法的公职人员作出的警告、记过、记大过、降级、撤职、开除等政务处分的决定;

(3)对不履行或者不正确履行职责负有责任的领导人员作出的问责决定,或者向有权作出问责决定的机关提出的问责建议;

(4)对监察对象所在单位廉政建设和履行职责存在的问题等提出的监察建议。

《监察法实施条例》第274条对有关单位的法律责任作出了进一步的补充规定。有关单位拒不执行监察机关依法作出的下列处理决定的,应当由其主管部门、上级机关责令改正,对单位给予通报批评,对负有责任的领导人员和直接责任人员依法给予处理:

(1)政务处分决定;

(2)问责决定;

(3)谈话提醒、批评教育、责令检查或者予以诫勉的决定;

(4)采取调查措施的决定;

(5)复审、复核决定;

(6)监察机关依法作出的其他处理决定。

第二节　有关人员的责任

《监察法》第63条设定了有关人员的法律责任。所谓"有关人员"是指违

① 参见《公务员法》中关于行政处分的规定。
② 参见《中国共产党问责条例》有关问责形式的规定。

反《监察法》的规定，实施了《监察法》第 63 条所列举行为的人员。该条款规定，违反《监察法》规定，有下列行为之一的，由其所在单位、主管部门、上级机关或者监察机关责令改正，依法给予处理：

（1）不按要求提供有关材料，拒绝、阻碍调查措施实施等拒不配合监察机关调查的；

（2）提供虚假情况，掩盖事实真相的；

（3）串供或者伪造、隐匿、毁灭证据的；

（4）阻止他人揭发检举、提供证据的；

（5）其他违反《监察法》规定的行为，情节严重的。

《监察法》设定的这一法律责任的对象是不配合监察机关实施调查，具有法定违法情形的人员；追究责任的主体是这些人员的所在单位、主管部门、上级机关或者监察机关；责任形式是依法给予处理。这里的“依法给予处理”，主要指依法给予政务处分，即警告、记过、记大过、降级、撤职、开除。

对《监察法》设定这一法律责任所适用的违法行为的具体情形作以下解析：

其一，不按要求提供有关材料，拒绝、阻碍调查措施实施等拒不配合监察机关调查的。这里的“不按要求提供”，既可能是拒绝提供，也可能是不按监察机关关于材料的内容、种类、形式的要求提供，或者不按监察机关要求提供材料的时间提供，故意拖延提供等。这里的“拒绝、阻碍调查措施实施”，包括拒绝、阻碍监察机关进行询问、查询、冻结、搜查、调取、查封、扣押、勘验检查、鉴定等各种措施中的一种或几种。

其二，提供虚假情况，掩盖事实真相的。这种情形不同于前一种“拒绝提供”情形；而是虽然提供了相关材料，但其提供的材料是虚假的材料，其目的是试图掩盖事实的真相。

其三，串供或者伪造、隐匿、毁灭证据的。这种情形包括四种情况：一是相互串供，共同向监察机关说假话，提供虚假情况；二是伪造证据；三是隐匿证据；四是毁灭证据。

其四，阻止他人揭发检举、提供证据的。“阻止”的手段可能是多种多样的，如威胁、利诱、逼迫等。

其五，其他违反《监察法》规定的行为，情节严重的。这是一个兜底性条款,并且有一个限制性用语,即“情节严重”。如果情节非常轻微,可只进行批评教育,而不必给予政务处分或追究其他法律责任。

第三节 监察对象和控告人、检举人、证人的责任

《监察法》第 64 条设定了对监察对象和控告人、检举人、证人的法律责任:监察对象对控告人、检举人、证人或者监察人员进行报复陷害的;控告人、检举人、证人捏造事实诬告陷害监察对象的,依法给予处理。

《监察法》设定的这一法律责任的对象包括两类人员:一类是监察对象;另一类是控告人、检举人、证人。导致第一类人员(监察对象)的法律责任的情形是:对控告人、检举人、证人或者监察人员进行报复陷害。因为控告人、检举人控告、检举了他们的违法、犯罪行为,证人提供了他们违法、犯罪的证据,监察人员对他们的违法、犯罪行为进行调查、处置,他们中有些人即怀恨在心,寻找机会对之报复陷害。因为是公职人员,有的还手握大权,故往往利用其权力对控告人、检举人、证人或者监察人员进行报复陷害。

导致第二类人员(控告人、检举人、证人)的法律责任的情形是:捏造事实诬告陷害监察对象。这类人员之所以实施捏造事实诬告陷害的行为,往往是他们与监察对象有私人仇恨,为了报私仇、解私怨,即对监察对象诬告陷害。当然,这类人员实施诬告陷害行为也有的可能是被他人收买或被他人威逼利诱,受他人指使所为。如果是这种情况,不仅实施诬告陷害行为的控告人、检举人、证人要承担法律责任,指使控告人、检举人、证人实施诬告陷害行为的人同样要承担法律责任。

《监察法》规定的对这两类责任对象的责任形式是“依法给予处理”。这里的“依法给予处理”包括依法给予政务处分,即警告、记过、记大过、降级、撤职、开除,以及依法追究刑事责任。①

《监察法实施条例》进一步补充规定了监察对象、控告人、检举人和证人的法律责任:监察对象对控告人、申诉人、批评人、检举人、证人、监察人员进行打击、压制等报复陷害的,监察机关应当依法给予政务处分。构成犯罪的,依

---

① 《刑法》第 243 条规定诬告陷害罪的刑事责任为有期徒刑、拘役或者管制。

法追究刑事责任。[①]

控告人、检举人、证人采取捏造事实、伪造材料等方式诬告陷害的，监察机关应当依法给予政务处分，或者移送有关机关处理。构成犯罪的，依法追究刑事责任。[②]

监察人员因依法履行职责遭受不实举报、诬告陷害、侮辱诽谤，致使名誉受到损害的，监察机关应当会同有关部门及时澄清事实，消除不良影响，并依法追究相关单位或者个人的责任。[③]

第四节　监察机关及其工作人员的责任

《监察法》第65条设定了对监察机关及其工作人员的法律责任。监察机关及其工作人员有下列行为之一的，对负有责任的领导人员和直接责任人员依法给予处理：

（1）未经批准、授权处置问题线索，发现重大案情隐瞒不报，或者私自留存、处理涉案材料的；

（2）利用职权或者职务上的影响干预调查工作、以案谋私的；

（3）违法窃取、泄露调查工作信息，或者泄露举报事项、举报受理情况以及举报人信息的；

（4）对被调查人或者涉案人员逼供、诱供，或者侮辱、打骂、虐待、体罚或者变相体罚的；

（5）违反规定处置查封、扣押、冻结的财物的；

（6）违反规定发生办案安全事故，或者发生安全事故后隐瞒不报、报告失实、处置不当的；

（7）违反规定采取留置措施的；

（8）违反规定限制他人出境，或者不按规定解除出境限制的；

（9）其他滥用职权、玩忽职守、徇私舞弊的行为。

---

① 参见《监察法实施条例》第275条。

② 参见《监察法实施条例》第276条第1款。

③ 参见《监察法实施条例》第276条第2款。

《监察法》设定的这一法律责任的对象是监察机关及其工作人员,以及对监察机关及其工作人员违法行为负有责任的领导人员和直接责任人员。责任形式是"依法给予处理"。这里的所谓"依法给予处理",主要是指根据《监察法》给予政务处分,即警告、记过、记大过、降级、撤职、开除;也包括根据《公务员法》和其他有关法律、行政法规及党内法规,对违法的监察人员及负有责任的领导人员进行问责,如通报、诫勉、停职检查、调整职务、责令辞职、降职、免职等。

下面对导致上述法律责任的监察机关及其工作人员违法行为的九项情形分别予以阐释:

其一,未经批准、授权处置问题线索,发现重大案情隐瞒不报,或者私自留存、处理涉案材料。这里的所谓"问题线索",一般是指监察机关在查办案件过程中,有关涉案人交代、检举、揭发的被调查人以外的其他监察对象违法犯罪问题线索,以及被调查人交代、检举、揭发的其他监察对象不涉及本案的违法犯罪问题线索等。对于这些"问题线索",任何监察人员未经批准、授权,均不得任意处置,更不得发现重大案情隐瞒不报,或者私自留存,对涉案材料自行处理;否则,即要承担相应法律责任。

其二,利用职权或者职务上的影响干预调查工作、以案谋私。此种情形违法的主体既可能是相应案件的调查、办案人员,也可能是监察机关的非办理相应案件的其他监察人员,还可能是监察机关的领导人员。

其三,违法窃取、泄露调查工作信息,或者泄露举报事项、举报受理情况以及举报人信息。在这种情形中,违法窃取调查工作信息肯定是故意所为,应负更严重的法律责任;而泄露调查工作信息或者泄露举报事项、举报受理情况以及举报人信息,则可能是故意所为,也可能是过失所为。但无论是故意所为,还是过失所为,都应依法为此承担法律责任。

其四,对被调查人或者涉案人员逼供、诱供,或者侮辱、打骂、虐待、体罚或者变相体罚。这种情形是法律严厉禁止的违法行为,《监察法》第40条对此也有明确的禁止性规定;因此,对此种行为应依法严格追究法律责任。

其五,违反规定处置查封、扣押、冻结的财物。对于调取、查封、扣押证明被调查人涉嫌违法犯罪的财物,《监察法》第25条规定,监察机关应会同持有人或者保管人、见证人,当面逐一拍照、登记、编号,开列清单,由在场人员当场核对、签名，并将清单副本交财物、文件的持有人或者保管人。对调取、查封、扣押的财物、文件，监察机关应当设立专用账户、专门场所，确定专门人员妥善保管，严格履行交接、调取手续，定期对账核实，不得毁损或者用于其他目的。对价值不明物品应当及时鉴定，专门封存保管。对查封、扣押的财物、文件，经查明与案件无关的，应当在查明后 3 日内解除查封、扣押，予以退还。《监察法》第 23 条第 2 款规定，对冻结的财产，监察机关经查明与案件无关的，应当在查明后 3 日内解除冻结，予以退还。监察机关如果违反上述规定处置查封、扣押、冻结的财物、财产，即应依法承担相应法律责任。

其六，违反规定发生办案安全事故，或者发生安全事故后隐瞒不报、报告失实、处置不当。这项违法情形包括四种情况：一是违反规定发生办案安全事故（导致被调查人死亡、伤残等）；二是发生安全事故后隐瞒不报；三是对所发生的安全事故虽已报告，但报告失实；四是对所发生的安全事故处置不当。监察机关及其工作人员如有此四种中的一种或一种以上情形，即应依法承担相应法律责任。

其七，违反规定采取留置措施。关于采取留置措施的条件、程序和相关规则，《监察法》第 22 条、第 43 条、第 44 条作了详细的规定。如果违反这些规定，即应依法承担相应法律责任。

其八，违反规定限制他人出境，或者不按规定解除出境限制。《监察法》第 30 条规定了对被调查人采取限制出境和解除出境限制的条件、程序和相关规则；如果违反这些规定，即应依法承担相应法律责任；

其九，其他滥用职权、玩忽职守、徇私舞弊的行为。这是一项兜底性条款。既然称“其他滥用职权、玩忽职守、徇私舞弊的行为”，说明上述八项行为在性质上也是“滥用职权、玩忽职守、徇私舞弊的行为”，但恐列举不全，故以兜底性条款补充。这里的“滥用职权”，通常指行为目的不当、权钱交易、权色交易、打击报复、恶意侵犯监察对象的人权或其他合法权益等。这里的“玩忽职守”，通常指行为人不履行职责或不认真履行职责，对工作敷衍塞责，造成国家利益、公共利益或公民（包括监察对象）生命财产的损失。这里的“徇私舞弊”，通常指行为人利用其职责、职权及其便利条件，为自己或者他人（亲戚、朋友或给其行贿的人等）谋取私利，袒护或者帮助违法犯罪的人掩盖违法犯罪事实，以逃避制裁，或者利用职权陷害他人等。

关于监察机关及其工作人员的法律责任，除《监察法》第 65 条的规定外，《监察法》在第七章“对监察机关和监察人员的监督”中还设定了一种情形：对调查工作结束后发现立案依据不充分或者失实，案件处置出现重大失误，监察人员严重违法的，应当追究负有责任的领导人员和直接责任人员的责任。[①]《监察法》第七章的这一个条款，规定的既是对调查、处置最后结果的监督，也是关于监察人员（负有责任的领导人员和直接责任人员）的法律责任。调查工作结束后，监察机关应对立案依据和案件处置情况进行核查；如发现当初立案依据不充分或者失实，之后案件处置出现重大失误，监察人员有严重违法情形，应当追究负有责任的领导人员和直接责任人员的责任。至于如何追究责任和追究何种责任，则可参照《监察法》第 65 条的规定实施。

关于监察机关及其工作人员的法律责任，《监察法实施条例》还补充规定了下述五项具体规则，从而使《监察法》确定的相应法律责任规则更加完善和系统化：[②]

1. 监察机关应当建立健全办案安全责任制。承办部门主要负责人和调查组组长是调查安全第一责任人。调查组应当指定专人担任安全员。

2. 地方各级监察机关履行管理、监督职责不力发生严重办案安全事故的，或者办案中存在严重违规违纪违法行为的，省级监察机关主要负责人应当向国家监察委员会作出检讨，并予以通报、严肃追责问责。

3. 案件监督管理部门应当对办案安全责任制落实情况组织经常性检查和不定期抽查，发现问题及时报告并督促整改。

4. 监察人员在履行职责中有下列行为之一的，依法严肃处理；构成犯罪的，依法追究刑事责任：[③]（1）贪污贿赂、徇私舞弊的；（2）不履行或者不正确履行监督职责，应当发现的问题没有发现，或者发现问题不报告、不处置，造成严重影响的；（3）未经批准、授权处置问题线索，发现重大案情隐瞒不报，或者私自留存、处理涉案材料的；（4）利用职权或者职务上的影响干预调查工作的；（5）违法窃取、泄露调查工作信息，或者泄露举报事项、举报受理情况以及举

---

① 参见《监察法》第 61 条。

② 参见《监察法实施条例》第 277—279 条。

③ 这些职务违法和职务犯罪行为及其法律责任有的在《监察法》中已有规定，《监察法实施条例》是将其具体化和系统化。

报人信息的;(6)对被调查人或者涉案人员逼供、诱供,或者侮辱、打骂、虐待、体罚或者变相体罚的;(7)违反规定处置查封、扣押、冻结的财物的;(8)违反规定导致发生办案安全事故,或者发生安全事故后隐瞒不报、报告失实、处置不当的;(9)违反规定采取留置措施的;(10)违反规定限制他人出境,或者不按规定解除出境限制的;(11)其他职务违法和职务犯罪行为。

5. 对监察人员在履行职责中存在违法行为的,可以根据情节轻重,依法进行谈话提醒、批评教育、责令检查、诫勉,或者给予政务处分。构成犯罪的,依法追究刑事责任。

第五节　违反《监察法》的刑事责任和国家赔偿责任

一、违反《监察法》的刑事责任

《监察法》第66条规定,“违反本法规定,构成犯罪的,依法追究刑事责任”。这一条款是对违反监察法行为情节最严重的情形规定的法律责任。在《监察法》和《监察法实施条例》中,规定这种责任(刑事责任)的违法行为主要有下述条款和情形:

1. 领导干部违反《监察法》第4条,严重干扰、干涉监察机关依法独立行使监察权,造成严重后果和严重政治影响,可能构成《刑法》第397条规定的滥用职权罪。

2. 监察人员违反《监察法》第57条,违法过问案件,说情干预,造成严重后果和严重政治影响,可能构成《刑法》第397条规定的滥用职权罪。

3. 任何个人违反《监察法》第18条,实施了《监察法》第63条的违法行为:提供虚假情况、掩盖事实真相,串供或者伪造、隐匿、毁灭证据,阻止他人揭发检举和提供证据,情节严重,可能构成《刑法》第305条和第307条规定的伪证罪、妨害作证罪和毁灭、伪造证据罪。

4. 监察人员违反《监察法》第22—25条,违法对被调查人实施留置;违法对涉案单位和个人的存款、汇款、债券、股票、基金份额等财产进行冻结,或经查明冻结的财产与案件无关仍不解除不予退还;违法对被调查人以及怀疑隐藏被调查人或者证据的人的身体、物品、住处等地点进行搜查;违法调取、查封、扣押被调查人或其他人财物、文件、电子数据,或者毁损调取、查封、扣押的物品,或将这些物品用于其他目的,或者经查明这些物品与案件无关仍不解除不予退还,导致严重后果,情节严重的,可能构成《刑法》第 397 条规定的滥用职权罪。

5. 监察人员违反《监察法》第 40 条,以威胁、引诱、欺骗及其他非法方式收集证据,对被调查人或者涉案人员侮辱、打骂、虐待、体罚或者变相体罚,如情节严重,导致被调查人或者涉案人员身体伤残或死亡的,可能构成《刑法》第 234 条规定的伤害罪或第 233 条规定的过失致人死亡罪。①

6. 监察人员违反《监察法》第 43 条,对被调查人留置时间超过 3 个月,或者经批准延长后留置时间超过 6 个月,情节严重的,可能构成《刑法》第 238 条规定的非法拘禁罪。

7. 监察对象实施了《监察法》第 64 条和《监察法实施条例》第 275 条规定的违法行为,对控告人、检举人、证人或者监察人员等进行报复陷害,情节严重的,可能构成《刑法》第 254 条规定的报复陷害罪。

8. 控告人、检举人、证人实施了《监察法》第 64 条和《监察法实施条例》第 276 条规定的违法行为,捏造事实诬告陷害监察对象,情节严重的,可能构成《刑法》第 243 条规定的诬告陷害罪。

9. 监察人员实施了《监察法》第 65 条第 1、2、3、5、7、8 项规定的违法行为,情节严重的,可能构成《刑法》第 397 条规定的滥用职权罪;实施了《监察法》第 65 条第 6 项规定的违法行为,情节严重的,可能构成《刑法》第 397 条规定的玩忽职守罪;实施了《监察法》第 65 条第 1、2 项规定的违法行为,情节严重的,可能构成《刑法》第 397 条规定的徇私舞弊罪;实施了《监察法》第 65 条第 3 项规定的违法行为,情节严重的,可能构成《刑法》第 398 条规定的泄露国家秘密罪。

10. 监察人员实施了《监察法实施条例》第 278 条规定的违法行为(贪污贿赂、徇私舞弊等 11 种情形),情节严重,构成犯罪的,依《刑法》的有关条款

---

① 如果以后修改《刑法》,还可能构成《刑法》第 247 条刑讯逼供罪。因为《刑法》修改前,刑讯逼供罪只适用于"司法工作人员"。笔者认为,监察人员违反《监察法》第 40 条,以威胁、引诱、欺骗及其他非法方式收集证据,对被调查人或者涉案人员侮辱、打骂、虐待、体罚或者变相体罚,完全符合刑讯逼供罪的特征,今后有必要修改《刑法》,将监察人员纳入这一犯罪行为的可追究的主体。

追究刑事责任。

二、违反《监察法》的国家赔偿责任

《监察法》第 67 条规定,监察机关及其工作人员行使职权,侵犯公民、法人和其他组织的合法权益造成损害的,依法给予国家赔偿。这一条款规定的是监察机关的侵权赔偿责任。根据《国家赔偿法》的规定,国家机关和国家机关工作人员行使职权,侵犯公民、法人和其他组织合法权益,造成损害的,受害人有依法取得国家赔偿的权利,致害国家机关和致害国家工作人员所在的国家机关有依法给予受害人国家赔偿的义务。监察机关既然是国家机关,监察人员既然是国家机关工作人员,监察对象和监察行为所涉单位、个人,既然属于公民、法人和其他组织,那么,监察机关及其工作人员行使职权,侵犯监察对象和监察行为所涉单位、个人的合法权益,造成损害的,当然应依《国家赔偿法》给予国家赔偿,合法权益受到侵害的监察对象和监察行为所涉单位、个人自然有权依法申请并依法获得国家赔偿。

《监察法实施条例》对监察机关及其工作人员在行使职权时侵犯公民、法人和其他组织合法权益,造成损害的行为的国家赔偿责任作出了比较具体和细化的规定。

(一)可申请国家赔偿的情形

根据《监察法实施条例》的规定,监察机关侵权行为受害人可以申请国家赔偿的情形包括下述五项:①

其一,监察机关采取留置措施后,决定撤销案件的;

其二,监察机关违法没收、追缴或者违法查封、扣押、冻结财物造成损害的;

其三,监察机关及其工作人员违法行使职权,造成被调查人、涉案人员或者证人身体伤害或者死亡的;

其四,监察机关及其工作人员非法剥夺他人人身自由的;

其五,监察机关及其工作人员其他侵犯公民、法人和其他组织合法权益造成损害的。

---

① 参见《监察法实施条例》第 280 条第 1 款。

（二）赔偿申请人

监察机关及其工作人员在行使职权时侵犯公民、法人和其他组织合法权益，造成损害应予国家赔偿的，国家赔偿的申请人为作为受害人的公民、法人或者其他组织。

受害人死亡的，其继承人和其他有扶养关系的亲属有权要求赔偿；受害的法人或者其他组织终止的，其权利承受人有权要求赔偿。①

（三）赔偿义务机关

监察机关及其工作人员违法行使职权侵犯公民、法人和其他组织的合法权益造成损害的，如相应侵权行为是监察机关作出的，赔偿义务机关即为作出侵权行为的监察机关；如相应侵权行为是监察机关工作人员作出的，赔偿义务机关为作出侵权行为的监察工作人员所在的监察机关。

国家赔偿申请人申请赔偿，应当向赔偿义务机关提出，由该机关负责复审复核工作的部门受理。②

（四）赔偿方式

赔偿以支付赔偿金为主要方式。能够返还财产或者恢复原状的，予以返还财产或者恢复原状。③

---

① 参见《监察法实施条例》第 280 条第 2 款。

② 参见《监察法实施条例》第 281 条第 1 款。

③ 参见《国家赔偿法》第 32 条、《监察法实施条例》第 281 条第 2 款。

第十六章

纪检规则在监察中的适用

根据《监察法》确立的中国共产党对国家监察工作领导的基本原则和党中央确立的党的纪检机关与国家监察机关合署办公的制度，在监察工作中，由党内法规规定的纪检工作规则大多（但非全部）可以在监察工作中适用。监察机关在履行职责的过程中，要处理大量的具体实务问题。有的问题，《监察法》和《监察法实施条例》已作出了明确规定；有的问题，《监察法》和《监察法实施条例》并未作出具体明确的规定。对于《监察法》和《监察法实施条例》未作出具体明确规定的监察实务问题，监察机关可根据党内法规规定的纪检工作规则予以处理。在有关纪检工作的党内法规中，可为监察工作适用的最重要的党内法规是中共中央办公厅 2019 年 1 月印发的《中国共产党纪律检查机关监督执纪工作规则》（以下简称《监督执纪规则》）和中共中央纪律检查委员会于 1994 年 3 月发布的《中国共产党纪律检查机关案件检查工作条例》（以下简称《纪检条例》）等。本章主要介绍和阐释《监督执纪规则》、《纪检条例》及《中国共产党纪律检查机关案件检查工作条例实施细则》（以下简称《纪检条例实施细则》）所确立的相关规则。[①]

第一节　报案、举报与线索处理规则

一、接受报案、举报以及对报案、举报的处理

《纪检条例》及其实施细则中所确立的有关接受报案、举报以及对报案、

① 这些规则中有的已经被《监察法实施条例》所吸收，或者在作了适当修改变动后吸收。

举报的处理规则可归纳为以下八项:①

1. 对检举、控告以及发现的问题,依管辖权限受理。

2. 问题受理后,应根据情况决定是否进行初步核实。需初步核实的,应及时派人进行,必要时也可委托下级纪检、监察机关办理。凡认为需进行初步核实的,应填写“初步核实呈批表”;凡委托下级纪检、监察机关进行初步核实的,应当制作“委托初步核实通知书”。受委托的纪检、监察机关应及时办理,并将核实情况报告委托机关。

3. 初步核实的任务是,了解所反映的主要问题是否存在,为立案与否提供依据。初步核实应当尽力收集证据,并抓住主要问题进行,注意保守秘密。

4. 初步核实后,由参与核实的人员写出初步核实情况报告,纪检、监察机关区别不同情况作出处理:

(1)反映问题失实的,应向被反映人所在单位及其党组织说明情况,必要时还应向被反映人说明情况或在一定范围内予以澄清。

(2)对经初步核实,反映问题不实的,纪检、监察机关除应向被反映人所在单位及其党组织说明情况外,还应注意做好以下工作:其一,在初核过程中如向被反映人作过了解或纪检、监察机关认为有必要的,应向本人说明情况;其二,因反映问题不实而对被反映人造成不良影响的,应采取适当方式在一定范围内予以澄清;其三,发现被反映人在工作中做出显著成绩的,应向有关单位及党组织反映;其四,对检举人因了解情况不全面而错告的,应帮助其总结经验教训;其五,对蓄意诬告、陷害的,应调查处理或建议有关组织严肃追究。

(3)有违纪事实,但情节轻微,不需追究党纪、政务责任的,应建议有关单位及党组织恰当处理。对经初步核实,虽有违纪事实,但情节轻微,不需追究党纪、政务责任的,纪检、监察机关应建议有关单位及党组织按照以下办法处理:其一,单位或单位党组织负责人同被反映人谈话,进行批评教育;其二,责成被反映人作口头或书面检查;其三,召开民主生活会,对被反映人进行批评帮助;其四,纠正被反映人的违纪行为或责令其停止正在实施的违纪行为;其五,对被反映人的工作或职务进行调整;其六,在一定范围内进行通报批评;其

---

① 参见《纪检条例》第10—15条、《纪检条例实施细则》第5—12条。

七，责成被反映人退出违纪所得。上述处理办法对同一被反映人可以单独使用，也可合并使用。纪检、监察机关对相应单位或其党组织提出建议时，应制作“纪律检查建议书”或“监察建议书”，送达有关单位或其党组织。对纪检机关的建议，有关单位或其党组织如无正当理由，应予采纳，并应将办理结果及时报告或告知提出建议的纪检、监察机关。

(4)确有违纪事实，需要追究党纪、政务责任的，应予立案。“初步核实情况报告”，其内容应包括：被反映人的自然情况、反映的主要问题及初步核实的结果、存在的疑点、处理建议。参与核实的人员须在初核情况报告上签名。承办纪检、监察机构应对初步核实情况报告进行审议并提出处理建议，由负责人签名后呈报分管纪检、监察领导审批。初步核实的时限为 2 个月，必要时可延长 1 个月。重大或复杂的问题，在延长期内仍不能初核完毕的，经批准后可再适当延长。

5. 对检举、控告以及发现的监察对象、党员或党组织的违纪问题，经初步核实，确有违纪事实，并需追究党纪、政务责任的，按照规定的权限和程序办理立案手续。对党员的违纪问题，实行分级立案：

(1)党的中央委员会委员、中央纪律检查委员会委员违犯党纪的问题，由中央纪委报请中央批准立案。

(2)党的中央以下各级委员会、纪律检查委员会常务委员（基层党委、纪委为书记、副书记）违犯党纪的问题，与党委常务委员同职级的党委委员违犯党纪的问题，由上一级纪委决定立案；上一级纪委在决定立案前，应征求同级党委的意见。其他委员违犯党纪的问题，由同级纪委报请同级党委批准立案。

(3)其他党员干部违犯党纪的问题，均按照干部管理权限，由相应的纪委或纪工委、纪检组决定立案，在决定立案前应征求同级党委或党工委、党组的意见。未设立纪委或纪工委、纪检组的，由相应的党委或党工委、党组决定立案。

(4)不是干部的党员违犯党纪的问题，由基层纪委决定立案。未设立纪委的，由基层党委决定立案。

党的关系在地方、干部任免权限在主管部门的党员干部违犯党纪的问题，除另有规定的外，一般由地方纪检机关决定立案。“另有规定的”部门，是指铁路、外交、民航、海关、税务、新华社、人民日报社等部门。若地方纪检机关认为由部门纪检机关立案更为适宜的,经协商可由部门纪检机关立案;根据规定应由部门纪检机关立案的违纪问题,经协商也可由地方纪检机关立案。对应由地方纪检机关立案的违纪问题,有下列情形之一的,可由部门纪检机关立案:其一,违纪问题涉及几个地方,由一个地方纪检机关立案调查不便的;其二,部门纪检机关已受理并经初步核实的。

6. 对于党组织严重违犯党纪的问题,由上一级纪检机关报请同级党委批准立案,再上一级纪委在征求同级党委意见后也可直接决定立案。对违纪党组织的立案,应由有立案权的党委、纪委常委会议研究决定。属于下级纪检机关立案范围的重大违纪问题,必要时上级纪检机关可直接决定立案。上级纪检机关发现应由下级纪检机关立案的违纪问题,可责成下级纪检机关予以立案。上级纪检机关责成下级纪检机关立案的,必须是上级纪检机关或有关部门经过初步核实,认为符合立案条件的。凡责成立案的,上级纪检机关应制作"责成立案通知书"并附核实材料;有关下级纪检机关应即立案,并将查处结果报告上级纪检机关。

7. 凡需立案的,应写出立案呈批报告,由承办纪检室写出"立案呈批报告"。经批准立案的案件,承办纪检室应填写"立案决定书",通报同级党委组织部门;并附检举材料和初步核实情况报告,按立案批准权限呈报审批。党员违犯党纪需要立案的,一般由纪委常委会议或纪检组组务会议讨论决定;党委委员、纪委委员违犯党纪需同级党委批准立案的,一般由党委常委会议讨论决定。党委或纪委因常务委员不够常委会议法定人数而无法召开常委会的,可由 2 名以上常务委员批准立案,但事后应即向其他常务委员通报。不设常委会的各级党工委、纪工委,地级党委、纪委,基层党委、纪委的立案问题,比照前款规定执行。

8. 立案审批时限不得超过 1 个月。立案审批时限,从收到立案呈批报告之日算起,至批准立案之日止。经批准立案的案件,纪检机关应通报同级党委组织部门。党员工作调动后,发现在原单位有违纪问题并需立案调查的,由其现所在单位承办,原单位应予配合。离退休后提高职级待遇的党员,其违纪问题需立案调查的,应按其提高待遇后的干部管理权限办理。

二、线索处理规则

《监督执纪规则》所确立的线索处理规则可归纳为下述九项：[①]

1. 纪检监察机关应当加强对问题线索的集中管理、分类处置、定期清理。信访举报部门归口受理同级党委管理的党组织和党员、干部以及监察对象涉嫌违纪或者职务违法、职务犯罪问题的信访举报，统一接收有关纪检监察机关、派驻或者派出机构以及其他单位移交的相关信访举报，移送本机关有关部门，深入分析信访形势，及时反映损害群众最关心、最直接、最现实的利益问题。

2. 巡视巡察工作机构和审计机关、行政执法机关、司法机关等单位发现涉嫌违纪或者职务违法、职务犯罪问题线索，应当及时移交纪检监察机关案件监督管理部门统一办理。

3. 监督检查部门、审查调查部门、干部监督部门发现的相关问题线索，属于本部门受理范围的，应当送案件监督管理部门备案；不属于本部门受理范围的，经审批后移送案件监督管理部门，由其按程序转交相关监督执纪部门办理。

4. 纪检监察机关应当结合问题线索所涉及地区、部门、单位总体情况，综合分析，按照谈话函询、初步核实、暂存待查、予以了结四类方式进行处置。

5. 线索处置不得拖延和积压，处置意见应当在收到问题线索之日起 1 个月内提出，并制定处置方案，履行审批手续。

6. 纪检监察机关对反映同级党委委员、候补委员，纪委常委、监委委员，以及所辖地区、部门、单位主要负责人的问题线索和线索处置情况，应当及时向上级纪检监察机关报告。

7. 案件监督管理部门对问题线索实行集中管理、动态更新、定期汇总核对，提出分办意见，报纪检监察机关主要负责人批准，按程序移送承办部门。承办部门应当指定专人负责管理问题线索，逐件编号登记、建立管理台账。线索管理处置各环节应当由经手人员签名，全程登记备查。

8. 纪检监察机关应当根据工作需要，定期召开专题会议，听取问题线索综

---

① 参见《监督执纪规则》第 20—25 条。

合情况汇报,进行分析研判;对重要检举事项和反映问题集中的领域深入研究,提出处置要求,做到件件有着落。

9. 承办部门应当做好线索处置归档工作,归档材料齐全完整,载明领导批示和处置过程。案件监督管理部门定期汇总、核对问题线索及处置情况,向纪检监察机关主要负责人报告,并向相关部门通报。

第二节 谈话函询、初步核实和立案规则

一、谈话函询规则

《监督执纪规则》所确立的谈话函询规则可归纳为下述八项:①

1. 各级党委(党组)和纪检监察机关应当推动加强和规范党内政治生活,经常拿起批评和自我批评的武器,及时开展谈话提醒、约谈函询,促使党员、干部以及监察对象增强党的观念和纪律意识。

2. 纪检监察机关采取谈话函询方式处置问题线索,应当起草谈话函询报批请示,拟订谈话方案和相关工作预案,按程序报批。需要谈话函询下一级党委(党组)主要负责人的,应当报纪检监察机关主要负责人批准,必要时向同级党委主要负责人报告。

3. 谈话应当由纪检监察机关相关负责人或者承办部门负责人进行,可以由被谈话人所在党委(党组)、纪委监委(纪检监察组、纪检监察工委)有关负责人陪同;经批准也可以委托被谈话人所在党委(党组)主要负责人进行。

4. 谈话应当在具备安全保障条件的场所进行。由纪检监察机关谈话的,应当制作谈话笔录,谈话后可以视情况由被谈话人写出书面说明。

5. 纪检监察机关进行函询应当以办公厅(室)名义发函给被反映人,并抄送其所在党委(党组)和派驻纪检监察组主要负责人。被函询人应当在收到函件后 15 个工作日内写出说明材料,由其所在党委(党组)主要负责人签署意见后发函回复。被函询人为党委(党组)主要负责人的,或者被函询人所作说明涉及党委(党组)主要负责人的,应当直接发函回复纪检监察机关。

---

① 参见《监督执纪规则》第 26—31 条。

6. 承办部门应当在谈话结束或者收到函询回复后1个月内写出情况报告和处置意见，按程序报批。根据不同情形作出相应处理：(1)反映不实，或者没有证据证明存在问题的，予以采信了结，并向被函询人发函反馈。(2)问题轻微，不需要追究纪律责任的，采取谈话提醒、批评教育、责令检查、诫勉谈话等方式处理。(3)反映问题比较具体，但被反映人予以否认且否认理由不充分具体的，或者说明存在明显问题的，一般应当再次谈话或者函询；发现被反映人涉嫌违纪或者职务违法、职务犯罪问题需要追究纪律和法律责任的，应当提出初步核实的建议。(4)对诬告陷害者，依规依纪依法予以查处。

7. 必要时可以对被反映人谈话函询的说明情况进行抽查核实。谈话函询材料应当存入廉政档案。

8. 被谈话函询的党员干部应当在民主生活会、组织生活会上就本年度或者上年度谈话函询问题进行说明，讲清组织予以采信了结的情况；存在违纪问题的，应当进行自我批评，作出检讨。

二、初步核实规则

《监督执纪规则》所确立的初步核实规则可归纳为下述七项：①

1. 党委(党组)、纪委监委(纪检监察组)应当对具有可查性的涉嫌违纪或者职务违法、职务犯罪问题线索，扎实开展初步核实工作，收集客观性证据，确保真实性和准确性。

2. 纪检监察机关采取初步核实方式处置问题线索，应当制定工作方案，成立核查组，履行审批程序。被核查人为下一级党委(党组)主要负责人的，纪检监察机关应当报同级党委主要负责人批准。

3. 核查组经批准可以采取必要措施收集证据，与相关人员谈话了解情况，要求相关组织作出说明，调取个人有关事项报告，查阅复制文件、账目、档案等资料，查核资产情况和有关信息，进行鉴定勘验。对被核查人及相关人员主动上交的财物，核查组应当予以暂扣。

4. 需要采取技术调查或者限制出境等措施的，纪检监察机关应当严格履行审批手续，交有关机关执行。

---

① 参见《监督执纪规则》第32—35条。

5. 初步核实工作结束后，核查组应当撰写初步核实情况报告，列明被核查人基本情况、反映的主要问题、办理依据以及初步核实结果、存在疑点、处理建议，由核查组全体人员签名备查。

6. 承办部门应当综合分析初步核实情况，按照拟立案审查调查、予以了结、谈话提醒、暂存待查或者移送有关党组织处理等方式提出处置建议。

7. 初步核实情况报告应当报纪检监察机关主要负责人审批，必要时向同级党委主要负责人报告。

三、立案规则

《纪检条例》及《纪检条例实施细则》所确立的有关立案规则可归纳为以下九项：①

1. 对检举、控告以及发现的党员或党组织的违纪问题，经初步核实，确有违纪事实，并需追究党纪责任的，按照规定的权限和程序办理立案手续。

2. 对党员的违纪问题，实行分级立案：

(1)党的中央委员会委员、中央纪律检查委员会委员违犯党纪的问题，由中央纪委报请中央批准立案。

(2)党的中央以下各级委员会、纪律检查委员会常务委员(基层党委、纪委为书记、副书记)违犯党纪的问题，与党委常务委员同职级的党委委员违犯党纪的问题，由上一级纪委决定立案；上一级纪委在决定立案前，应征求同级党委的意见。其他委员违犯党纪的问题，由同级纪委报请同级党委批准立案。

(3)其他党员干部违犯党纪的问题，均按照干部管理权限，由相应的纪委或纪工委、纪检组决定立案，在决定立案前应征求同级党委或党工委、党组的意见。未设立纪委或纪工委、纪检组的，由相应的党委或党工委、党组决定立案。

(4)不是干部的党员违犯党纪的问题，由基层纪委决定立案。未设立纪委的，由基层党委决定立案。

3. 党的关系在地方、干部任免权限在主管部门的党员干部违犯党纪的问

① 参见《纪检条例》第16—22条、《纪检条例实施细则》第13—20条。

题，除另有规定的外，[1]一般由地方纪检机关决定立案。若地方纪检机关认为由部门纪检机关立案更为适宜的，经协商可由部门纪检机关立案；[2]根据规定应由部门纪检机关立案的违纪问题，经协商也可由地方纪检机关立案。

4. 对于党组织严重违犯党纪的问题，由上一级纪检机关报请同级党委批准立案，再上一级纪委在征求同级党委意见后也可直接决定立案。[3]

5. 属于下级纪检机关立案范围的重大违纪问题，必要时上级纪检机关可直接决定立案。[4]

6. 上级纪检机关发现应由下级纪检机关立案的违纪问题，可责成下级纪检机关予以立案。

7. 凡需立案的，应写出立案呈批报告，并附检举材料和初步核实情况报告，按立案批准权限呈报审批。立案审批时限不得超过 1 个月。立案审批时限，从收到立案呈批报告之日算起，至批准立案之日止。经批准立案的案件，纪检机关应通报同级党委组织部门。[5]

8. 党员违犯党纪需要立案的，一般由纪委常委会议或纪检组组务会议讨论决定；党委委员、纪委委员违犯党纪需同级党委批准立案的，一般由党委常委会议讨论决定。党委或纪委因常务委员不够常委会议法定人数而无法召开常委会的，可由 2 名以上常务委员批准立案，但事后应即向其他常务委员通报。不设常委会的各级党工委、纪工委，地级党委、纪委，基层党委、纪委的立案问题，比照前述规定执行。

9. 党员工作调动后，发现在原单位有违纪问题并需立案调查的，由其现所在单位承办，原单位应予配合。离退休后提高职级待遇的党员，其违纪问题需立案调查的，应按其提高待遇后的干部管理权限办理。

---

① 这里“另有规定的”部门，是指铁路、外交、民航、海关、税务、新华社、人民日报社等部门。

② 对应由地方纪检机关立案的违纪问题，有下列情形之一的，可由部门纪检机关立案：(1)违纪问题涉及几个地方，由一个地方纪检机关立案调查不便的；(2)部门纪检机关已受理并经初步核实的。

③ 对违纪党组织的立案，应由有立案权的党委、纪委常委会议研究决定。

④ 上级纪检机关责成下级纪检机关立案的，必须是上级纪检机关或有关部门经过初步核实，认为符合立案条件的。凡责成立案的，上级纪检机关应制作“责成立案通知书”并附核实材料；有关下级纪检机关应即立案，并将查处结果报告上级纪检机关。

⑤ 凡需立案的，由承办纪检室写出“立案呈批报告”。经批准立案的案件，承办纪检室应填写“立案决定书”，通报同级党委组织部门。

第三节 审查调查和审理规则

一、审查调查规则

《监督执纪规则》所确立的审查调查规则可归纳为下述二十二项：①

1. 党委（党组）应当按照管理权限，加强对党员、干部以及监察对象涉嫌严重违纪或者职务违法、职务犯罪问题审查调查处置工作，定期听取重大案件情况报告，加强反腐败协调机构的机制建设，坚定不移、精准有序惩治腐败。

2. 纪检监察机关经过初步核实，对党员、干部以及监察对象涉嫌违纪或者职务违法、职务犯罪，需要追究纪律或者法律责任的，应当立案审查调查。凡报请批准立案的，应当已经掌握部分违纪或者职务违法、职务犯罪事实和证据，具备进行审查调查的条件。

3. 对符合审查立案条件的，承办部门应当起草审查调查呈批报告，经纪检监察机关主要负责人审批，报同级党委主要负责人批准，予以审查调查。审查调查决定应当向被审查调查人宣布，并向被审查调查人所在党委（党组）主要负责人通报。

4. 对涉嫌严重违纪或者职务违法、职务犯罪人员审查调查，纪检监察机关主要负责人应当主持召开由纪检监察机关相关负责人参加的专题会议，研究批准审查调查方案。

5. 纪检监察机关相关负责人批准成立审查调查组，确定审查调查谈话方案、外查方案，审批重要信息查询、涉案财物查扣等事项。监督检查、审查调查部门主要负责人组织研究提出审查调查谈话方案、外查方案和处置意见建议，审批一般信息查询，对调查取证审核把关。审查调查组组长应当严格执行审查调查方案，不得擅自更改；以书面形式报告审查调查进展情况，遇有重要事项及时请示。

6. 审查调查组可以依照党章党规和《监察法》，经审批进行谈话、讯问、询问、留置、查询、冻结、搜查、调取、查封、扣押（暂扣、封存）、勘验检查、鉴定，提

① 参见《监督执纪规则》第36—52条。

请有关机关采取技术调查、通缉、限制出境等措施。承办部门应当建立台账，记录使用措施情况，向案件监督管理部门定期备案。案件监督管理部门应当核对检查，定期汇总重要措施使用情况并报告纪委监委领导和上一级纪检监察机关，发现违规违纪违法使用措施的，区分不同情况进行处理，防止擅自扩大范围、延长时限。

7. 需要对被审查调查人采取留置措施的，应当依据《监察法》进行，在24小时内通知其所在单位和家属，并及时向社会公开发布。因可能毁灭、伪造证据，干扰证人作证或者串供等有碍调查情形而不宜通知或者公开的，应当按程序报批并记录在案。有碍调查的情形消失后，应当立即通知被留置人员所在单位和家属。

8. 审查调查工作应当依照规定由2人以上进行，按照规定出示证件，出具书面通知。

9. 立案审查调查方案批准后，应当由纪检监察机关相关负责人或者部门负责人与被审查调查人谈话，宣布立案决定，讲明党的政策和纪律，要求被审查调查人端正态度、配合审查调查。

10. 审查调查应当充分听取被审查调查人陈述，保障其饮食、休息，提供医疗服务，确保安全。严格禁止使用违反党章党规党纪和国家法律的手段，严禁逼供、诱供、侮辱、打骂、虐待、体罚或者变相体罚。

11. 审查调查期间，对被审查调查人以同志相称，安排学习党章党规党纪以及相关法律法规，开展理想信念宗旨教育，通过深入细致的思想政治工作，促使其深刻反省、认识错误、交代问题，写出忏悔反思材料。

12. 外查工作必须严格按照外查方案执行，不得随意扩大审查调查范围、变更审查调查对象和事项，重要事项应当及时请示报告。外查工作期间，未经批准，监督执纪人员不得单独接触任何涉案人员及其特定关系人，不得擅自采取审查调查措施，不得从事与外查事项无关的活动。

13. 纪检监察机关应当严格依规依纪依法收集、鉴别证据，做到全面、客观，形成相互印证、完整稳定的证据链。调查取证应当收集原物原件，逐件清点编号，现场登记，由在场人员签字盖章，原物不便搬运、保存或者取得原件确有困难的，可以将原物封存并拍照录像或者调取原件副本、复印件；谈话应当现场制作谈话笔录并由被谈话人阅看后签字。已调取证据必须及时交审查调查组统一保管。

14. 严禁以威胁、引诱、欺骗以及其他违规违纪违法方式收集证据，严禁隐匿、损毁、篡改、伪造证据。

15. 查封、扣押（暂扣、封存）、冻结、移交涉案财物，应当严格履行审批手续。执行查封、扣押（暂扣、封存）措施，监督执纪人员应当会同原财物持有人或者保管人、见证人，当面逐一拍照、登记、编号，现场填写登记表，由在场人员签名。对价值不明物品应当及时鉴定，专门封存保管。纪检监察机关应当设立专用账户、专门场所，指定专门人员保管涉案财物，严格履行交接、调取手续，定期对账核实。严禁私自占有、处置涉案财物及其孳息。

16. 对涉嫌严重违纪或者职务违法、职务犯罪问题的审查调查谈话、搜查、查封、扣押（暂扣、封存）涉案财物等重要取证工作应当全过程进行录音录像，并妥善保管，及时归档；案件监督管理部门定期核查。

17. 对涉嫌严重违纪或者职务违法、职务犯罪问题的审查调查，监督执纪人员未经批准并办理相关手续，不得将被审查调查人或者其他重要的谈话、询问对象带离规定的谈话场所，不得在未配置监控设备的场所进行审查调查谈话或者其他重要的谈话、询问，不得在谈话期间关闭录音录像设备。

18. 监督检查、审查调查部门主要负责人、分管领导应当定期检查审查调查期间的录音录像、谈话笔录、涉案财物登记资料，发现问题及时纠正并报告。纪检监察机关相关负责人应当通过调取录音录像等方式，加强对审查调查全过程的监督。

19. 查明涉嫌违纪或者职务违法、职务犯罪问题后，审查调查组应当撰写事实材料，与被审查调查人见面，听取意见。被审查调查人应当在事实材料上签署意见；对签署不同意见或者拒不签署意见的，审查调查组应当作出说明或者注明情况。

20. 审查调查工作结束，审查调查组应当集体讨论，形成审查调查报告，列明被审查调查人基本情况、问题线索来源及审查调查依据、审查调查过程，主要违纪或者职务违法、职务犯罪事实，被审查调查人的态度和认识，处理建议及党纪法律依据，并由审查调查组组长以及有关人员签名。

21. 对审查调查过程中发现的重要问题和意见建议，应当形成专题报告。

22. 审查调查报告以及忏悔反思材料，违纪或者职务违法、职务犯罪事实材料，涉案财物报告等，应当按程序报纪检监察机关主要负责人批准，连同全部证据和程序材料，依照规定移送审理。审查调查全过程形成的材料应当案结卷成、事毕归档。

二、审理规则

《监督执纪规则》所确立的审理规则可归纳为下述十五项：[①]

1. 纪检监察机关应当对涉嫌违纪或者违法、犯罪案件严格依规依纪依法审核把关，提出纪律处理或者处分的意见，做到事实清楚、证据确凿、定性准确、处理恰当、手续完备、程序合规。

2. 纪律处理或者处分必须坚持民主集中制原则，集体讨论决定，不允许任何个人或者少数人决定和批准。

3. 坚持审查调查与审理相分离的原则，审查调查人员不得参与审理。纪检监察机关案件审理部门对涉嫌违纪或者职务违法、职务犯罪问题，依照规定应当给予纪律处理或者处分的案件和复议复查案件进行审核处理。

4. 审理工作按照以下程序进行：

（1）案件审理部门收到审查调查报告后，经审核符合移送条件的予以受理，不符合移送条件的可以暂缓受理或者不予受理。

（2）对于重大、复杂、疑难案件，监督检查、审查调查部门已查清主要违纪或者职务违法、职务犯罪事实并提出倾向性意见的，对涉嫌违纪或者职务违法、职务犯罪行为性质认定分歧较大的，经批准案件审理部门可以提前介入。

（3）案件审理部门受理案件后，应当成立由两人以上组成的审理组，全面审理案卷材料，提出审理意见。

（4）坚持集体审议原则，在民主讨论基础上形成处理意见；对争议较大的应当及时报告，形成一致意见后再作出决定。案件审理部门根据案件审理情况，应当与被审查调查人谈话，核对违纪或者职务违法、职务犯罪事实，听取辩解意见，了解有关情况。

（5）对主要事实不清、证据不足的，经纪检监察机关主要负责人批准，退回监督检查、审查调查部门重新审查调查；需要补充完善证据的，经纪检监察

---

① 参见《监督执纪规则》第53—59条。

机关相关负责人批准，退回监督检查、审查调查部门补充审查调查。

(6)审理工作结束后应当形成审理报告，内容包括被审查调查人基本情况、审查调查简况、违纪违法或者职务犯罪事实、涉案财物处置、监督检查或者审查调查部门意见、审理意见等。审理报告应当体现党内审查特色，依据《中国共产党纪律处分条例》认定违纪事实性质，分析被审查调查人违反党章、背离党的性质宗旨的错误本质，反映其态度、认识以及思想转变过程。涉嫌职务犯罪需要追究刑事责任的，还应当形成"起诉意见书"，作为审理报告附件。

5. 对给予同级党委委员、候补委员，同级纪委委员、监委委员处分的，在同级党委审议前，应当与上级纪委监委沟通并形成处理意见。

6. 审理工作应当在受理之日起 1 个月内完成，重大复杂案件经批准可以适当延长。

7. 审理报告报经纪检监察机关主要负责人批准后，提请纪委常委会会议审议。需报同级党委审批的，应当在报批前以纪检监察机关办公厅(室)名义征求同级党委组织部门和被审查调查人所在党委(党组)意见。

8. 处分决定作出后，纪检监察机关应当通知受处分党员所在党委(党组)，抄送同级党委组织部门，并依照规定在 1 个月内向其所在党的基层组织中的全体党员以及本人宣布。处分决定执行情况应当及时报告。

9. 被审查调查人涉嫌职务犯罪的，应当由案件监督管理部门协调办理移送司法机关事宜。对于采取留置措施的案件，在人民检察院对犯罪嫌疑人先行拘留后，留置措施自动解除。

10. 案件移送司法机关后，审查调查部门应当跟踪了解处理情况，发现问题及时报告，不得违规过问、干预处理工作。

11. 审理工作完成后，对涉及的其他问题线索，经批准应当及时移送有关纪检监察机关处置。

12. 对被审查调查人违规违纪违法所得财物，应当依规依纪依法予以收缴、责令退赔或者登记上交。对涉嫌职务犯罪所得财物，应当随案移送司法机关。对经认定不属于违规违纪违法所得的，应当在案件审结后依规依纪依法予以返还，并办理签收手续。

13. 对不服处分决定的申诉，由批准或者决定处分的党委(党组)或者纪检监察机关受理；需要复议复查的，由纪检监察机关相关负责人批准后受理。

14. 申诉办理部门成立复查组,调阅原案案卷,必要时可以进行取证,经集体研究后,提出办理意见,报纪检监察机关相关负责人批准或者纪委常委会会议研究决定,作出复议复查决定。决定应当告知申诉人,抄送相关单位,并在一定范围内宣布。

15. 坚持复议复查与审查审理分离,原案审查、审理人员不得参与复议复查。复议复查工作应当在 3 个月内办结。

第四节　监督管理规则

《监督执纪规则》所确立的监督管理规则可归纳为下述十九项:[①]

1. 纪检监察机关应当严格依照党内法规和国家法律,在行使权力上慎之又慎,在自我约束上严之又严,强化自我监督,健全内控机制,自觉接受党内监督、社会监督、群众监督,确保权力受到严格约束,坚决防止“灯下黑”。

2. 纪检监察机关应当加强对监督执纪工作的领导,切实履行自身建设主体责任,严格教育、管理、监督,使纪检监察干部成为严守纪律、改进作风、拒腐防变的表率。

3. 纪检监察机关应当严格干部准入制度,严把政治安全关;纪检监察干部必须忠诚坚定、担当尽责、遵纪守法、清正廉洁,具备履行职责的基本条件。

4. 纪检监察机关应当加强党的政治建设、思想建设、组织建设,突出政治功能,强化政治引领。审查调查组有正式党员 3 人以上的,应当设立临时党支部,加强对审查调查组成员的教育、管理、监督,开展政策理论学习,做好思想政治工作,及时发现问题、进行批评纠正,发挥战斗堡垒作用。

5. 纪检监察机关应当加强干部队伍作风建设,树立依规依法、纪律严明、作风深入、工作扎实、谦虚谨慎、秉公执纪的良好形象,力戒形式主义、官僚主义,力戒特权思想,力戒口大气粗、颐指气使,不断提高思想政治水平和把握政策能力,建设让党放心、人民信赖的纪检监察干部队伍。

6. 对纪检监察干部打听案情、过问案件、说情干预的,受请托人应当向审查调查组组长和监督检查、审查调查部门主要负责人报告并登记备案。发现

---

① 参见《监督执纪规则》第 60—73 条。

审查调查组成员未经批准接触被审查调查人、涉案人员及其特定关系人,或者存在交往情形的,应当及时向审查调查组组长和监督检查、审查调查部门主要负责人直至纪检监察机关主要负责人报告并登记备案。

7. 严格执行回避制度。审查调查审理人员是被审查调查人或者检举人近亲属、本案证人、利害关系人,或者存在其他可能影响公正审查调查审理情形的,不得参与相关审查调查审理工作,应当主动申请回避,被审查调查人、检举人以及其他有关人员也有权要求其回避。选用借调人员、看护人员、审查场所,应当严格执行回避制度。

8. 审查调查组需要借调人员的,一般应当从审查调查人才库选用,由纪检监察机关组织部门办理手续,实行一案一借,不得连续多次借调。加强对借调人员的管理监督,借调结束后由审查调查组写出鉴定。借调单位和党员干部不得干预借调人员岗位调整、职务晋升等事项。

9. 监督执纪人员应当严格执行保密制度,控制审查调查工作事项知悉范围和时间,不准私自留存、隐匿、查阅、摘抄、复制、携带问题线索和涉案资料,严禁泄露审查调查工作情况。

10. 审查调查组成员工作期间,应当使用专用手机、电脑、电子设备和存储介质,实行编号管理,审查调查工作结束后收回检查。汇报案情、传递审查调查材料应当使用加密设施,携带案卷材料应当专人专车、卷不离身。

11. 纪检监察机关相关涉密人员离岗离职后,应当遵守脱密期管理规定,严格履行保密义务,不得泄露相关秘密。

12. 监督执纪人员辞职、退休 3 年内,不得从事与纪检监察和司法工作相关联、可能发生利益冲突的职业。

13. 纪检监察机关开展谈话应当做到全程可控。谈话前做好风险评估、医疗保障、安全防范工作以及应对突发事件的预案;谈话中及时研判谈话内容以及案情变化,发现严重职务违法、职务犯罪,依照《监察法》需要采取留置措施的,应当及时采取留置措施;谈话结束前做好被谈话人思想工作,谈话后按程序与相关单位或者人员交接,并做好跟踪回访等工作。

14. 建立健全安全责任制,监督检查、审查调查部门主要负责人和审查调查组组长是审查调查安全第一责任人,审查调查组应当指定专人担任安全员。被审查调查人发生安全事故的,应当在 24 小时内逐级上报至中央纪委,及时做好舆论引导。发生严重安全事故的，或者存在严重违规违纪违法行为的，省级纪检监察机关主要负责人应当向中央纪委作出检讨，并予以通报、严肃问责追责。

15. 案件监督管理部门应当组织开展经常性检查和不定期抽查，发现问题及时报告并督促整改。

16. 对纪检监察干部越权接触相关地区、部门、单位党委（党组）负责人，私存线索、跑风漏气、违反安全保密规定，接受请托、干预审查调查、以案谋私、办人情案，侮辱、打骂、虐待、体罚或者变相体罚被审查调查人，以违规违纪违法方式收集证据，截留挪用、侵占私分涉案财物，接受宴请和财物等行为，依规依纪严肃处理；涉嫌职务违法、职务犯罪的，依法追究法律责任。

17. 纪检监察机关在维护监督执纪工作纪律方面失职失责的，予以严肃问责。

18. 对案件处置出现重大失误，纪检监察干部涉嫌严重违纪或者职务违法、职务犯罪的，开展“一案双查”：既追究直接责任，还应当严肃追究有关领导人员责任。

19. 建立办案质量责任制，对滥用职权、失职失责造成严重后果的，实行终身问责。

附录一
监察法研究部分前期成果

宪法修改如何体现新时代的需要？*

2018年3月11日，第十三届全国人民代表大会第一次会议通过了现行宪法的第五个修正案。今年为什么要修宪？理由如果用一句话表述，就是“适应中国特色社会主义新时代的需要”。党的十八大以来，中国进入中国特色社会主义新时代，作为上层建筑的宪法，必须反映新时代经济基础的要求，适应新时代国家发展与改革的需要。

习近平新时代中国特色社会主义思想入宪，确立习近平新时代中国特色社会主义思想在国家政治和社会生活中的指导地位。

习近平新时代中国特色社会主义思想是马克思主义中国化最新成果，是党和人民实践经验和集体智慧的结晶，是中国特色社会主义理论体系的重要组成部分，是全党全国人民为实现中华民族伟大复兴而奋斗的行动指南。习近平新时代中国特色社会主义思想入宪，具有重大的政治意义、理论意义和实践意义。既有利于增强这一思想的权威性，增强全中国人民的核心意识，从而保证以习近平同志为核心的党中央对新时代国家发展与改革的强有力领导，也有利于明确全党全国人民共同的思想基础，增强全党全国人民的凝聚力。

在《宪法》总纲中增写“中国共产党领导是中国特色社会主义最本质的特征”，进一步增强“党的领导”的力度。

中国共产党是我国长期执政的执政党，是国家最高政治领导力量。中国

* 该文原载于《半月谈》2018年第8期。

共产党领导是中国特色社会主义制度的最大优势。宪法从社会主义制度的本质属性角度对坚持和加强党的领导进行规定，首先是实现党的十九大确立的新时代的目标和任务的需要。新时代的目标和任务关涉中华民族的复兴，关涉“两个一百年”宏伟蓝图的实现。要完成这样伟大而艰巨的历史使命，必须有中国共产党强有力的集中统一领导。其次，这一规定是我们向世人宣示“四个自信”，特别是制度自信的需要。《宪法》总纲第1条确立了我国的国体——人民民主专政的社会主义国家，在当前国际国内的历史形势下，特别有必要向我国全体人民和国际社会进一步明确宣示，这一国体最本质的特征是中国共产党领导。最后，这一规定是总结和坚持我国改革开放40年基本经验的需要。我国改革开放40年来，特别是党的十八大以来，各个方面、各个领域均取得重大成就和成绩。我们取得这些成就和成绩最重要的经验之一，就是坚持中国共产党的领导。因此，这次修宪在《宪法》总纲中规定“中国共产党领导是中国特色社会主义最本质的特征”，是对我国改革开放40年基本经验的总结和明确，表明了我国将长期坚持这一经验的决心和态度。

通过《宪法》确立新发展理念和推进“五大文明”的发展目标和任务。

新发展理念和“五大文明”是党的十八大以来提出和推进的具有重大历史和现实意义的指导思想和行动纲领。一方面，新发展理念是实现发展这一“第一要务”的需要：在当今时代，没有创新、开放，就不可能发展；没有绿色、共享，就不可能可持续发展；没有“五大文明”的协调推进，就不可能科学发展。另一方面，在物质文明、政治文明、精神文明的基础上进一步推进社会文明和生态文明，是满足人民日益增长的美好生活愿望的需要。人民在解决了温饱问题、实现了小康以后，最大的愿望体现在和谐的社会关系、绿色的环境等社会文明和生态文明方面的需求。

在国家机构中增设监察委员会，确立新的反腐败机制，推进国家监察体制改革。

2018年《宪法修正案》单设一节，专门对监察委员会作出规定。这一节的重要意义体现在三个方面。其一，贯彻和体现了深化国家监察体制改革的精神，加强对所有行使公权力的公职人员的监督，实现国家监察全覆盖，继续加大反腐败的力度。其二，保证监察委员会有效行使反腐败的职责、职权。《宪法》确立国家监察委员会和地方各级监察委员会为国家的监察机关，并赋予其依法独立行使监察权的权力,主要目的即在于有力保障各级监察机关高效履行反腐败职责,从而保证党中央构建集中统一、权威高效监察体系目标的实现。其三,保证监察委员会依法、正确地行使反腐败的职责、职权。为此,《宪法修正案》一方面规定对监察机关依法行使职权,其他国家机关必须配合,行政机关、社会团体和个人不得干涉;另一方面对监察机关行使职权又设定一定的监督机制(特别是各级人民代表大会及其常务委员会的监督机制)和制约机制(特别是办理职务违法和职务犯罪案件时与审判机关、检察机关、执法部门互相配合互相制约的机制),以避免其滥用权力,导致冤假错案。

《监察法》颁行：推进监察体制改革和反腐败法治化*

2018年3月20日，第十三届全国人民代表大会第一次会议表决通过了《监察法》。《监察法》的颁行，对于深化我国国家监察体制改革，推进反腐败工作法治化具有重大而深远的意义。

《监察法》颁行的意义和功能作用主要表现在两个方面：一是构建集中统一、权威高效的反腐败体制、机制，从而为加大反腐败力度，提高反腐败效率和质量提供法律支撑；二是确立反腐败机构及其工作人员履行职责和行使权力的行为规范、制度，以防止其滥用职权，为保护被监察人员的人权和其他合法权益提供法律保障。

就"构建集中统一、权威高效的反腐败体制、机制，加大反腐败力度，提高反腐败的效率和质量"的意义和功能作用而言，《监察法》主要规定了下述五个方面的规范和制度：

其一，中国共产党对国家监察工作进行全面和直接的领导。① 比较我国此前的反腐体制，追究公职人员职务犯罪的反贪、反渎和预防职务犯罪的机构均直接隶属于检察机关。《监察法》确立的反腐体制将这些机构均转隶于监察机关，与党的纪检机关合署办公。这无疑将加强党对反腐败工作的直接领导。

其二，各级监察委员会均直接由人民代表大会产生，向人民代表大会及其

---

* 该文原载于《中国法治实施报告（2018）》，人民法院出版社2019年版。

① 参见《监察法》第2条。

常务委员会负责,接受人民代表大会及其常务委员会监督;县级以上地方各级监察委员会同时对上一级监察委员会负责和接受其监督。① 比较我国此前的监察体制,监察部直接隶属于国务院,县级以上地方行政监察机关隶属于各级政府。很显然,依《监察法》所组建的监察委员会的法律地位高于原行政监察机关。

其三,《监察法》将对监察机关独立行使职权的保障力度提升至三大诉讼法对人民法院和人民检察院独立行使职权同样的保障力度:监察机关依法独立行使监察权,不受行政机关、社会团体和个人的干涉。②

其四,监察机关实行对公职人员监察全覆盖,监察对象包括党和国家机关、民主党派、国有企事业组织、基层群众性自治组织中从事公共管理的六类公职人员。③ 比较原行政监察制度,《监察法》规定的监察对象范围大为增加,原监察对象范围仅限于国家行政机关及其公务员和行政机关任命的其他人员。

其五,监察机关可行使查封、扣押、冻结、搜查、留置等十三项权限。④ 比较原行政监察制度,监察机关的反腐手段大为加强,原监察手段主要限于查询、复制、冻结、扣留、封存五项。

就"确立反腐败机构及其工作人员履行职责和行使权力的行为规范、制度,防止其滥用职权,保护被监察人员的人权和其他合法权益"的意义和功能作用而言,《监察法》主要规定了下述六个方面的规范和制度:

其一,对监察机关和监察人员行使职权行为实行全方位监督,包括人大监督、上级监察机关监督、民主监督、社会监督、舆论监督,以及审判机关、检察机关、执法部门对监察的一定制约。⑤

其二,《监察法》专设监察程序一章规范监察权的行使,确立程序制约机制。监察机关履行职责、行使职权必须严格遵循程序。⑥

---

① 参见《监察法》第 8 条和第 9 条。
② 参见《监察法》第 4 条。
③ 参见《监察法》第 15 条。
④ 参见《监察法》第 18—30 条。
⑤ 参见《监察法》第 53—56 条。
⑥ 参见《监察法》第 36 条。

其三，《监察法》规定在监察机关内部设立专门的监督机构对监察人员执行职务和遵守法律情况进行监督。[①]

其四，《监察法》对监察调查行为进行严格规范：监察人员采取讯问、询问、留置、搜查、调取、查封、扣押、勘验检查等调查措施时，均应出示证件，出具书面通知，由 2 人以上进行，形成笔录或者报告、意见等书面材料，并由相关人员签字、盖章等。[②]

其五，《监察法》对采取留置措施予以严格控制，规定应由监察机关领导人员集体研究决定，报上一级监察机关批准或备案；除有碍调查的，应 24 小时内通知被留置人所在单位和家属；留置时间不得超过 3 个月，特殊情况延长不得超过 3 个月；被留置人的饮食、休息、安全、医疗服务应予保障；对之讯问应合理安排时间和时长等。[③]

其六，《监察法》严禁以威胁、引诱、欺骗及其他非法方式收集证据；严禁侮辱、打骂、虐待、体罚或者变相体罚被调查人；进行讯问、查封、扣押等重要取证工作应全过程录音录像等。[④]

为了保障《监察法》的全面有效贯彻实施，规范纪委和监察机关的监察执纪工作，中央办公厅在《监察法》实施 10 个月后印发了《中国共产党纪律检查机关监督执纪工作规则》（以下简称《规则》），对《监察法》确立的规范和制度进一步细化和具体化，推进反腐败工作进一步法治化，让执纪执法更精准，让监察监督更有效。

《规则》最重要的内容之一是详细规定纪检监察机关开展监督执纪工作的整个流程和流程中的各阶段和步骤，包括监督检查、线索处置、谈话函询、初步核实、审查调查和审理各个环节的程序规则和制度。例如，在监督检查阶段，纪检监察机关应结合被监督对象的职责，开展对其权力行使情况的日常监督，通过多种方式了解被监督对象的思想、工作、作风、生活情况，发现苗头性、倾向性问题或者轻微违纪问题，对其及时约谈提醒、批评教育、责令检查、诫勉谈话。对监督中发现的突出问题，则应向有关党组织或者单位提出纪检建议

① 参见《监察法》第 55 条。
② 参见《监察法》第 41 条。
③ 参见《监察法》第 43 条、第 44 条。
④ 参见《监察法》第 40 条、第 41 条。

或监察建议,通过督促召开专题民主生活会、组织开展专项检查等方式,督查督办,推动整改。纪检监察机关开展监督执纪工作的任何一个阶段,均必须严格遵守《规则》规定的相应阶段的程序规则和制度;否则,将承担相应的纪律责任或法律责任。

《规则》的另一重要内容是规范纪检监察机关及其工作人员在监督执纪工作中的行为准则,包括应该怎么做和不得怎么做。例如,对涉案财物进行查封、扣押(暂扣、封存)、冻结、移交时,应当严格履行审批手续;监督执纪人员执行查封、扣押(暂扣、封存)措施,应当会同原财物持有人或保管人、见证人,当面逐一拍照、登记、编号,现场填写登记表,由在场人员签名;对查封、扣押(暂扣、封存)的财物,应当指定专门人员保管,严格履行交接、调取手续,定期对账核实;严禁私自占有、处置涉案财物及其孳息。又如,对涉嫌严重违纪或职务违法、职务犯罪人的审查调查谈话,搜查、查封、扣押(暂扣、封存)涉案财物等,均应全程录音录像;监督执纪人员未经批准,不得将被审查调查人或其他重要的谈话、询问对象带离规定的谈话场所,不得在未配置监控设备的场所进行审查调查谈话或其他重要的谈话、询问,不得在谈话期间关闭录音录像设备。再如,对被审查调查人进行审查调查,严禁使用违反党章党规党纪和国家法律的手段,严禁逼供、诱供、侮辱、打骂、虐待、体罚或变相体罚。《规则》确定的所有这些准则,特别是明确规定纪检监察机关及其工作人员"不得"或"严禁"实施的行为,均是其必须严格遵循的"红线""底线",任何一级纪检监察机关和任何监督执纪人员均不能以任何理由任何借口突破,谁突破谁就得承担纪律责任和法律责任,甚至刑事责任。

《规则》还有一项重要内容就是规定对纪检监察机关和纪检监察干部的监督机制。这是保证纪检监察工作坚持实事求是,以事实为依据,以党章党规党纪为准绳的重要防线。监督者必须首先接受监督,信任不能代替监督。"打铁必须自身硬",执纪者必先守纪,对执纪者必须以更高的标准、更严的要求约束,必须强化对其监督执纪各个环节的监督制约,将其监督执纪的权力关进制度的笼子里,防止"灯下黑",防止反腐者自腐。对此,《规则》确立了一系列的制度机制,如回避制度、避免利益冲突制度、"一案双查"制度、通报问责制度等。对于纪检监察干部可能出现的违规违纪违法行为,《规则》也设置了各种预防、监督和问责机制。例如,对纪检监察干部打听案情、过问案件、说情干预的，受请托人应当向审查调查组组长和监督检查、审查调查部门主要负责人报告并登记备案。如发现审查调查组成员未经批准接触被审查调查人、涉案人员及其特定关系人，或者存在交往情形的，应当及时向审查调查组组长和监督检查、审查调查部门主要负责人直至纪检监察机关主要负责人报告并登记备案。对纪检监察干部越权接触相关地区、部门、单位党委（党组）负责人，私存线索、跑风漏气、以案谋私、接受宴请或财物等诸种违规、违纪和违法行为，《规则》均规定要严肃处理，包括依法追究法律责任。《规则》确立的这种监督和责任机制是促使纪检监察机关依法正确行使职权，维护纪检监察工作在法治轨道上运行的重要保障。

《监察法》是监察机关行使监察职权的基本法，《规则》则是对《监察法》的具体化和细化。纪检监察机关在执纪执法工作中严格执行《监察法》确立的各项规则和制度，严格遵守《规则》规定的各项要求，是保证《监察法》立法目的全面实现，有效提高反腐败力度和法治化水平的切实保障。

试析《监察法》中的“公权力”*

监察机关要正确行使监察权，其重要前提条件之一是明确监察对象。《监察法》第1条将我国监察机关的监察对象界定为“所有行使公权力的公职人员”。何为“公权力”？要正确认识和理解《监察法》第1条对监察对象的界定，必须对“公权力”的内涵和外延加以认真探究。

一、公权力的含义

公权力是指一定人类共同体（国家共同体、社会共同体和国际共同体）依一定规则和一定程序授予一定的组织或者个人为共同体成员提供公共秩序和公共服务而代表共同体，以共同体名义行使的职权和职责的总和。[①] 第一，公权力是由人类共同体授予的。例如，国家公权力是由国家共同体授予的，社会公权力是由社会共同体（如工青妇组织、村民或居民自治组织、公益事业组织等）授予的，国际公权力是由国际共同体（如联合国、WTO、WHO等）授予的。有共同体就有公权力，公权力也只能存在于一定的共同体之中。第二，公权力源于和属于共同体全体成员，共同体及其成员是公权力的实质主体，公权力的行使者只是公权力的形式主体。例如，中华人民共和国国家公权力源于和属于全国人民，人民是国家公权力的实质主体，国家机关和国家公职人员只是国家公权力的形式主体。第三，公权力的目的是为共同体及其成员提供公共秩序和公共服务。共同体为保证公权力的行使者不偏离其授权目的，故要建立

---

* 该文2019年3月20日笔者在《监察法》学术研讨会上的发言整理稿。

① 参见姜明安：《论公法与政治文明》，载《法商研究》2003年第3期；姜明安：《公法学研究的几个基本问题》，载《法商研究》2005年第3期。

监督、监察机制。第四,公权力的效力及于整个共同体及其成员,共同体成员有要求公权力为之提供秩序和服务的权利,也有服从公权力管理的义务。第五,公权力是公权力行使者职权和职责的统一。职权应当依法行使,职责必须依法履行。这里的“法”包括硬法和软法,即共同体制定或认可的规则,国家共同体的规则通常为硬法,社会共同体和国际共同体的规则大多为软法。公权力主体违法行使职权和怠于履行职责均构成对公权力目的的背离。

二、公权力的种类

公权力通常分为国家公权力、社会公权力和国际公权力三类。国家公权力指国家机关行使的管理国家经济、政治、社会、文化、生态环境及外交事务的权力;社会公权力指非国家机关的社会公共组织、团体管理本组织、团体公共事务的权力;国际公权力指国际组织(包括全球性国际组织和地区性国际组织,通常由主权国家组成)管理相应国际事务的权力。在一国之内,公权力通常只包括国家公权力和社会公权力,一国派往国际组织行使国际公权力的公职人员的行为通常是该派出国国家公权力行为的延伸。在我国,中国共产党领导国家的权力是一种特殊的公权力,如党管军队、党管干部、党管意识形态等权力。这些权力具有一定国家公权力的性质。中国共产党机关的工作人员属于公务员,其行使权力的经费由国库支出。但中国共产党的领导权也不完全属于国家公权力,其具有一定社会公权力的性质,宪法所列国家机构并不包括党的机构,党的管理纯粹属于党本身的事务不属于国家事务。所以,在中国,公权力的范围包括四类:国家公权力、执政党行使的领导国家的公权力、社会公权力、国家派往国际组织的公职人员参与国际事务管理的公权力。

三、公权力的性质与特征

公权力是一定共同体通过法律、法规、章程等授权一定组织、个人管理公共事务的权力。公权力姓“公”,这是公权力的性质。尽管这个“公”的范围有大有小:大到国家、国际,小到一个村、一个街道。公权力具有下述特征:第一,公权力具有公共性。公权力是为整个共同体及其成员服务的,它必须代表整个共同体及其成员的意志和利益。尽管行使公权力的公职人员有其个人的意志和利益(二者的界限由公法加以界定和规范)。第二,公权力具有主动行使和不可随意放弃性。被授予公权力的组织、个人可以和应该主动行使公权力,不得随意放弃行使。[①] 此不同于私权利,在一般情况下,私权利(如经营权、迁徙权、旅游权等)都可以自行放弃行使。[②] 第三,公权力具有非营利性。公权力存在的目的是为共同体及其成员提供“公共物品”(公共秩序和公共服务),而不是为了营利。尽管某些公权力行为也需要向相对人收取一定费用。第四,公权力具有一定强制性。公权力(特别是国家公权力)要为共同体及其成员提供秩序,它就不能不具有一定的强制性。为了公共利益的实现,法律必须赋予公权力在必要时以一定手段排除相对人对共同体规则的违反。但是,在现代社会,公权力的行使应尽量柔性化,尽量通过说服、协商等方式实现公权力的目标、任务。

四、我国《宪法》和《监察法》设计的对公权力的控制制约机制

公权力的目的是为共同体及其成员提供公共秩序和公共服务。但是行使公权力的公职人员并不一定必然地依此目的行使公权力。孟德斯鸠说,“一切有权力的人都容易滥用权力,这是万古不易的一条经验”。[③] 那么,我们怎么防止和避免掌握和行使公权力的人腐败和滥用权力呢?习近平总书记指出,“要加强对权力运行的制约和监督,把权力关进制度的笼子里”。[④] 使掌握和行使公权力的人只能运用公权力谋公益,而不能运用公权力谋私利。习近平总书记讲的“把权力关进制度的笼子里”的“笼子”,即对公权力的控制制约机制。

我国宪法和法律,特别是 2018 年第十三届全国人民代表大会第一次会议通过的《宪法修正案》和《监察法》,设计了具有鲜明中国特色的对公权力的控制制约机制。这个机制主要包括下述五项内容:其一,加强各级人民代表机关对国家公权力的监督制约:国家行政机关、监察机关、审判机关、检察机关都由

---

① 公权力包括职权和职责,任何职责(如公安机关维护社会治安秩序、市场监管机关维护市场秩序的职责等)均必须履行,但某些权力(如处罚权、强制权等)可在一定场合一定时候放弃行使。

② 有些学者认为,某些私权利,如生命权、小孩受成人哺养照顾权等,本人无权自行放弃。参见[英]A. J. M. 米尔恩:《人的权利与人的多样性——人权哲学》,夏勇、张志铭译,中国大百科全书出版社 1995 年版,第 153—188 页。

③ [法]孟德斯鸠:《论法的精神》,张雁深译,商务印书馆 2005 年版,第 184 页。

④ 参见《习近平谈治国理政》,外文出版社 2014 年版,第 388 页。

人民代表大会产生，对它负责，受它监督。[①] 其二，全面推进依法治国，通过法治规范公权力的行使：一切国家机关和武装力量、各政党和各社会团体、各企业事业组织都必须遵守宪法和法律。一切违反宪法和法律的行为，必须予以追究。任何组织或者个人都不得有超越宪法和法律的特权。[②] 其三，实现国家监察全面覆盖，构建集中统一、权威高效的中国特色国家监察体制。[③] 其四，赋予各级监察委员会对监察对象以监督、调查、处置的职责和查封、扣押、冻结、搜查、留置等诸种权限，为反腐败提供强有力的手段。[④] 其五，建立对监察机关和监察人员的监督机制，包括人大监督、民主监督、社会监督、舆论监督和自我监督，加强对反腐败监察权的制约，防止反腐败的监察权本身腐败。[⑤] 2018 年《宪法修正案》和《监察法》实施一年来，宪法和《监察法》所设计的上述中国特色对公权力的控制制约机制已经顺畅运行，并彰显良好的效能和较以往机制的明显的优越性。

---

① 参见《宪法》第 3 条第 3 款。

② 参见《宪法》第 5 条第 4 款、第 5 款。

③ 参见《监察法》第 1 条、第 2 条、第 15 条。

④ 参见《监察法》第 11 条、第 18—34 条。

⑤ 参见《监察法》第 53—61 条。

对《政务处分法（草案）》修改完善的意见*

《政务处分法（草案）》（以下简称草案）共7章、66个条文，主要规定了政务处分的主体和原则、政务处分种类和适用规则、公职人员违法行为及其适用的处分、处分程序、救济途径等内容。

一个多月前提请立法机关审议的草案首次向社会公布并征求意见。10月8日，中国人大网公布了草案全文，公众可在11月6日前登录该网站或通过邮寄方式提交意见。

行政法学者、北京大学法学院教授姜明安表示，制定《公职人员政务处分法》有助于从严治官，是提升国家治理能力、行政管理效力的必要之举。

哪些人可能受到政务处分？草案列举了六类，包括：公务员以及参照《公务员法》管理的人员；法律、法规授权或者受国家机关依法委托管理公共事务的组织中从事公务的人员；国有企业管理人员；公办的教育、科研、文化、医疗卫生、体育等单位中从事管理的人员；基层群众性自治组织中从事管理的人员；其他依法履行公职的人员。姜明安表示，公职人员不仅包括公务员，还包括大学校长、村委会主任等，范围较广，“这部法律也是对他们利益的程序法保护”。

此前，中国没有政务处分的统一立法，相关规定散见在《行政机关公务员处分条例》《公务员法》《监察法》中，且较为粗疏。例如，《行政机关公务员处分条例》仅针对行政机关公务员，不包括法院、检察院、人大、事业单位、社会组织等的公职人员，范围较窄；《公务员法》主要规定公务员的权利义务和行

---

* 该文是《财新网》记者对笔者和西南政法大学谭宗泽教授两人的采访稿，载《财新网》2019年10月21日。

为规范,对政务处分等规定不够具体;《监察法》则主要是对公职人员的监督,只有第 45 条要求对违法的公职人员依照法定程序作出警告、记过、记大过、降级、撤职、开除等政务处分决定,但什么行为对应警告处分、什么行为对应记过处分,并没有规定清楚。

西南政法大学行政法学院教授谭宗泽介绍,政务处分是国家监察体制改革的产物。2017 年 11 月 5 日,“政务处分”这一概念首次出现在关于纪检监察部门的新闻报道中。2018 年 3 月 20 日,《监察法》正式颁布实施,明确规定监察委员会对“违法的公职人员依法作出政务处分决定”,“政务处分”首次以法律的形式明确下来。

草案试图框定公职人员“负面”行为清单。如公职人员公开发表反对宪法确立的国家指导思想,反对中国共产党领导,反对社会主义制度,反对改革开放的文章、演说、宣言、声明等,将面临直接开除处分。

在处分程序上,草案确立了处分法定原则,包括处罚行为法定、处罚种类法定、处罚幅度法定、处罚程序法定。如对于处罚种类,草案第二章第 9 条规定为警告、记过、记大过、降级、撤职、开除六种。“也就是说除了这六种,不能再有其他种类的政务处分,比如罚款。”姜明安表示,“处罚法定可以防止处罚机关滥用权力,实施打击报复,实际上对公职人员的合法权益起到保护作用”。

草案还规定了复审、复核、申诉等救济机制,且救济不加重处分。如规定公职人员对监察机关作出的涉及本人的处分决定不服的,依照《监察法》的规定申请复审、复核,对任免机关、单位作出的涉及本人的处分决定不服,申请复核、申诉的,按照有关规定办理。对于处分所依据的违法事实证据不足的,违反法定程序、影响案件公正处理的,作出处分决定超越职权或者滥用职权的情形的,受理复审、复核的监察机关应当撤销处分决定,重新作出决定或者责令原处分决定机关重新作出决定。对于适用法律、法规错误的,对违法行为的情节认定有误及处分不当的,则应当变更处分决定,或者责令原处分决定机关予以变更。

在姜明安看来,草案在前述规定外还需增加权利保障条款。例如,在立法目的上,除了强化监督、促进公职人员廉洁从政等,姜明安建议加上“保护被调查、处分的公职人员的合法权益”一条。姜明安称,依法治国一方面要求从严治吏,另一方面要求严格保护公职人员的人权和其他合法权益,二者缺一不可。

在第 5 条“给予公职人员政务处分,应当坚持的原则”中,姜明安建议在前五项原则的基础上增加一项“权利保障”。政务处分的被处分人对处分决定机关、单位所给予的处分享有陈述权、申辩权;对处分不服的,有权依法申请复审、复核和申诉。姜明安称,现代法治的最重要原则之一是权利救济,这一原则必须在法的总则中体现。

谭宗泽针对保护下级公职人员的权益提出相关建议,建议在第 8 条中增加“下级公职人员依据上级公职人员的书面命令作出应受政务处分的职务行为,应当免责、轻责”的规定。谭宗泽认为,这符合职业伦理的需求,有利于令行禁止,既能使上级谨慎下令,又保护下级公职人员的职业安全。

关于政务处分的救济程序,姜明安在修改意见中予以强调。他建议在第 45 条中增加保护当事人听证权利的内容:对拟作出开除处分的,告知当事人有要求举行听证的权利;当事人要求听证的,应在 3 日内提出;监察机关应当在 7 日后组织听证。姜明安认为,开除是一种非常严厉且涉及当事人基本权利的处分,应有更严格的程序保障。此外,他建议在第 59 条增加 1 款作为第 3 款:公职人员的人身权、财产权等合法权益因违法的政务处分受到侵犯的,可以依《国家赔偿法》申请国家赔偿。

谭宗泽提醒,《公职人员政务处分法》出台后,将成为关于政务处分方面具有最高法律效力的专门法和特殊法,但不能完全替代其他规范性文件的处分决定,因为不同领域具有特殊性。如涉及国有企业、事业单位、基层组织等领域的处分决定,不能完全被《公职人员政务处分法》替代。

加强和推进政务处分的法治化、规范化——对《公职人员政务处分法(草案)》的修改建议*

2019 年 8 月 24 日,第十三届全国人大常委会第十二次会议对《公职人员政务处分法(草案)》进行了初审。10 月 8 日,中国人大网全文公布了该草案(以下简称公职人员政务处分法一审稿)及全国人大监察和司法委员会主任委员吴玉良对该草案所作的说明,并面向全社会征求意见。笔者通读了公职人员政务处分法一审稿和吴玉良主任委员的说明,对之有三点感知和评价:一是认为国家立法机关在现时着手制定公职人员政务处分法,对于依法从严治吏和促进政务处分的法治化、规范化,以及通过依法从严治吏和促进政务处分的法治化、规范化全面推进依法治国和全面推进国家治理体系和治理能力现代化是完全必要的;二是认为公职人员政务处分法一审稿的主要内容基本体现了中国特色宪制和法治的要求,基本体现了党的十八大、十九大和前不久召开的十九届四中全会关于坚持和完善中国特色社会主义制度,推进国家治理体系和治理能力现代化的要求,其确立的制度和规范是基本适当和基本可行的;三是认为公职人员政务处分法一审稿部分内容、部分规定尚存在一定缺陷和不足,没有能全面反映和体现现代法治的精神,没有能完全贯彻该法从严治吏与保护公职人员合法权益相统一的立法目的,因此尚有必要进一步修改和完善。

为了把这部规范政务处分,推进新时代依法治国,推进国家治理现代

---

* 该文是笔者参加全国人大常委会法工委《政务处分法(草案)》征求意见座谈会发言的整理稿,后应《中国法律评论》之约,发表于该刊 2020 年第 1 期。

化,提高国家治理能力的重要法律制定好,使之更加完善,实现良法善治的目标,笔者认为对目前公布的一审稿主要应作以下四个方面的修改和完善:(1)完善立法目的,在坚持依法从严治吏的同时兼顾保护被调查、被处分公职人员的合法权益;(2)增强政务处分原则的法律性、针对性和实效性,去除或减少原则的空泛性和抽象性;(3)减少法律规定中不确定的弹性用语,适当压缩处分决定机关认定事实和适用法律的自由裁量空间;(4)完善救济和责任机制,适当增加被处分人员不服处分的救济途径和强化行使调查、处分职权人员的法律责任。下面即对这些修改、完善的建议和意见分别予以阐释。

一、完善立法目的,在坚持依法从严治吏的同时兼顾保护被调查、被处分公职人员的合法权益

公职人员政务处分法一审稿对该法立法目的是这样规定的:为了规范政务处分,强化对行使公权力的公职人员的监督,促进公职人员依法履职、秉公用权、廉洁从政从业、坚持道德操守……制定本法(总则第1条)。

笔者认为,这样确定公职人员政务处分法立法目的是不全面的:只强调了通过政务处分立法加强从严治吏的一方面,而忽视了通过政务处分立法规范行使处分调查、决定机关及其工作人员的行为,防止其滥用职权,保护被调查、被处分公职人员合法权益的另一个方面。正因为总则第1条在立法目的上忽视了对被调查、被处分公职人员合法权益的保护,在一审稿的第三章“违法行为及其适用的处分”的规定上就存在某些过于宽泛、过于弹性的规定。例如公职人员公开发表反对改革开放的文章、演说、宣言、声明等给予开除处分(第30条第2款)。实践中,人们对“改革开放”的范围、途径、方式有各种各样的认识、看法、观点、意见,通过发表文章、演说、宣言、声明等拥护或者反对政府进行的某一改革开放措施应该是正常的。如果我们的法律这样规定,公职人员一旦发表反对政府进行某一改革开放措施的文章、演说、宣言、声明等就有可能会被认定为“反对改革开放”而被开除,公职人员言论自由的宪法权利就很难得到保障,而且这样做也不利于政府探索最合理、最适当的改革开放措施。又如,公职人员有“不担当、不作为、形式主义、官僚主义”等行为情节严重的给予开除处分(第42条第2项、第3项)。不担当、不作为、形式主义、官僚主义等都是极具弹性的不确定用语,如果以此给公职人员处分,其合法权

益就很容易被看其不顺眼的领导侵犯。也正因为在立法目的上忽视了对被调查、被处分公职人员合法权益的保护，一审稿在第五章规定的救济途径上就存在不完善、不充分的问题，如既没有规定公职人员对严重违法处分（如开除处分）的司法救济途径，也没有规定公职人员人身权、财产权因违法处分（包括此前的违法调查措施）受到侵犯而申请国家赔偿的途径，等等。

为此，笔者建议将公职人员政务处分法一审稿第1条修改为：

第一条　为了规范政务处分，强化对行使公权力的公职人员的监督，促进公职人员依法履职、秉公用权、廉洁从政从业、坚持道德操守，在政务处分过程中保护被调查、被处分人的合法权益，根据宪法和《中华人民共和国监察法》制定本法。

二、增强政务处分原则的法律性、针对性和实效性，去除或减少原则的空泛性和抽象性

公职人员政务处分法一审稿规定了五项政务处分原则：（1）党管干部。坚持党的领导，严格按照管理权限履行批准手续。（2）依法依规。根据法定事由，履行法定程序。（3）实事求是。准确认定违法行为的性质和情节，区别情况，恰当处理。（4）民主集中制。集体讨论作出处分决定，不允许任何个人或者少数人擅自决定和批准。（5）惩前毖后、治病救人。实行惩戒与教育相结合，做到宽严相济。

上述原则有的过于政治化或过于抽象、空泛，属于政治原则或政策要求，没有突出政务处分要求的特色，即法律性、针对性和实效性，有些原则作为规范政务处分行为的原则并不恰当。例如，实事求是原则作为政治原则或政策要求无疑是正确的，但作为法律原则规范政务处分执法活动或者规范法律诉讼活动则均是有问题的。因为在执法活动或者诉讼活动中，要完全重现已事过境迁的客观事实在很多情况下是不可能的，为了保证公正和效率，法律上通常通过举证责任分配来认定事实，这种事实只能是法律事实而不完全是客观事实。如行政诉讼中，《行政诉讼法》规定由行政机关对作出的行政行为负举证责任，行政机关对行政相对人作出行政处罚，如其举不出相对人实施违法行为的证据，即使相对人确实实施了违法行为，法院也只能判行政机关败诉；而不能根据实事求是的政治原则，要求行政机关不限时间不惜成本地去查明

事实。如果行政机关对相对人违法的客观事实查不清楚,在法庭上说不明白,案子就拖着不判。监察机关调查公职人员违法行为及适应政务处分也一样,其事实认定和法律适用也完全以证据为根据,公职人员是否实施了某种违法行为,应科处何种政务处分,只能以证据为标准。没有确凿的证据,公职人员即使确实实施了某种违法行为,监察机关也不能根据自己或者社会公众的认定对之科处惩戒、处分。

又如,民主集中制原则是我国宪法确立的国家机构组织和活动的基本原则。但在政务处分的具体工作中,实施这一原则就不一定妥当。监察机关或任免机关、任免单位给一个有任何违法行为,哪怕是轻微违法行为的公职人员一个处分,哪怕是警告或记过处分,是否有必要都要贯彻民主集中制原则,先由领导班子集体讨论,然后再由负责人作出决定的程序呢?显然没有必要,这种程序只适用于撤职、开除等重处分。至于决定前的监督、调查程序,更无须按民主集中制的要求先集体讨论和作出决定,再由监督调查人员去展开监督调查。

再如,党管干部、坚持党的领导原则,这是整个干部工作的原则,在《监察法》和《公务员法》中都已经作了明确规定。《公职人员政务处分法》是根据《监察法》和《公务员法》并为贯彻实施《监察法》和《公务员法》而制定的,自然同样要遵循这一原则,但却没有必要将这一原则重复规定。再说,这一原则是一项全局性的整体原则,不应作为规范政务处分的具体原则。我们不能认为某一原则特别重要,就将之规定在每一部具体法律中和作为规范每一种国家机关具体行为的具体原则。如果这样,就有可能使重大的基本原则庸俗化。在具体法律中,如果不是针对具体问题和为解决具体问题设置相应原则,而是将脱离法律具体内容的各种普遍性原则归置其中,这实际上会助长立法上的形式主义而背离从问题出发和以解决问题为宗旨的我们党长期以来坚持的务实作风。

与上述缺乏直接针对性和具体规范性的原则不同,对于保证政务处分正确有效实施的功能和作用而言,行政处罚、行政处分领域中有一些长期以来我们经常适用且特别管用的原则,对于政务处分更具有直接针对性和具体规范性。笔者认为,应将这些原则作为政务处分的基本原则在《公职人员政务处分法》中确立,如依法处分原则、公开公正公平原则、正当法律程序原则、比例原则、教育与惩戒相结合原则等。

依法处分原则。这一原则包括依法定权限(包括处分决定权限和批准权限)、法定事由(应受处分的行为)、法定规则(如从重、从轻、减轻处分规则)和法定方式、程序实施处分。该原则实际上包括现载于公职人员政务处分法一审稿第5条第1项和第2项的有关内容(如"按照管理权限履行批准手续""根据法定事由,履行法定程序"等)但却比这些内容更全面、更丰富,而且最重要的是由准政治性原则转化成真正的法律原则。

公开公正公平原则。这一原则包括公开、公正、公平三项要求。公开要求政务处分的根据、理由、程序公开;公正要求不偏私、不滥权、不专断,处分调查、处分决定人员与案件有利害关系的应当回避;公平要求应依法平等对待被处分人,不能因被处分人的身份、民族、性别、宗教信仰等不同而同样情况不同处理,或者不同情况同样处理。

正当法律程序原则。这一原则要求对任何公职人员进行政务处分时,应对其说明理由,听取其陈述、申辩。处分决定机关对被处分人在陈述、申辩中提出的事实、理由和证据,应当进行复核;其提出的事实、理由和证据成立的,处分决定机关应当采纳。

比例原则。这一原则要求处分决定机关对被处分人给予的处分,应当与被处分人违法行为的事实、性质、情节以及社会危害程度相当,即过罚相适应,不得畸轻畸重:过轻重罚,过重轻罚。

教育与惩戒相结合原则。这一原则要求处分决定机关对被处分人给予处分应当同时对被处分人进行法纪教育,使其明了自己的违法行为及其危害,并自觉予以纠正。对违法行为轻微,经教育能认识错误且主动纠正者,可不再予以处分。同时,教育与惩戒相结合原则中的"教育",不仅指教育被处分人,也指教育其他非受处分的公职人员。

为此,笔者建议将公职人员政务处分法一审稿第5条关于政务处分的原则修改为:

第五条　给予公职人员政务处分,应当坚持以下原则:(一)严格依法定权限、法定事由、法定规则、法定方式和法定程序进行处分。(二)处分的根据、理由、程序应当公开;处分决定应当公正、公平。(三)处分应当说明理由,听取被处分人陈述、申辩,被处分人在陈述、申辩中提出的事实、理由和证据成立的,处分决定机关应当采纳。(四)处分应当与被处分人违法行为的事实、性质、情节以及社会危害程度相当。(五)处分应当与教育相结合,使被处分人认识自己的违法行为及其危害,自觉予以纠正,同时教育其他公职人员遵纪守法。

三、减少法律规定中不确定的弹性用语,适当压缩处分决定机关认定事实和适用法律的自由裁量空间

由于社会生活的复杂性,法律适当使用不确定的弹性用语是不可避免的,如“情节严重”“情节轻微”“公共利益需要”“行为不适当”等。但是,就法律的基本特征而言,法律语言要求明确,尽可能的确定性,应当尽量减少歧义和不确定性。对可以不用或少用的不确定的弹性用语,应当尽量不用或少用。因为法律中过多使用不确定的弹性用语,会给执法机关留下太大的自由裁量空间,而过于广泛的自由裁量权最易于被执法机关和执法人员滥用,从而给执法行为相对人的合法权益带来威胁。基于这一考虑,审视公职人员政务处分法一审稿,特别是一审稿中的第三章,其中某些不确定用语是可以去除或者适当修改的。这些不确定用语主要有下述四项:

1. 第 30 条第 2 项:有下列行为之一的,给予记过或者记大过处分;情节较重的,给予降级或者撤职处分,情节严重的,予以开除:……(二)公开发表……反对改革开放的文章、演说、宣言、声明等的,给予开除处分。

“改革开放”如同“公共利益”一样,是一个不确定用语,人们对不同时期要推进哪些改革开放政策、举措,必然有不同的看法、意见、观点。公职人员作为公民的一员,对各级政府(特别是基层政府)推进的改革开放措施公开发表不同看法、意见、观点,乃至进行辩论、争鸣,这并不具有社会危害性。从长远和全局的观点考察,对各种改革开放政策、举措展开公开辩论、争鸣,不仅没有社会危害性,反而有防止和避免违反规律,脱离当时当地经济、社会发展现状盲目冒进而破坏改革、发展、稳定正常秩序的益处。如果我们如同现在的一审稿一样,在今后正式制定的公职人员政务处分法中仍作出上述规定,某些领导人有可能利用这一条款打击和排挤异己,搞“一言堂”,搞专断,最终将是不利于改革开放的。因此,笔者建议从一审稿中去除此项。

2. 第 33 条第 2 项:有下列行为之一的,给予警告、记过或者记大过处分;

情节严重的,给予降级或者撤职处分:……(二)拒绝执行上级依法作出的决定、命令,或者执行时打折扣、搞变通的。

本条款第2项中"依法作出的决定、命令"中的"依法"也有不确定因素。"依法"通常指法定职权。但有法定职权的上级作出的决定、命令的内容不一定是合法的。如果有法定职权的上级作出的决定、命令的内容违法,公职人员可不可以"拒绝执行"或者在"执行时打折扣、搞变通"呢?对此,《公务员法》第60条有明确的规定:公务员执行公务时,认为上级的决定或者命令有错误的,可以向上级提出改正或者撤销该决定或者命令的意见;上级不改变决定或者命令,或者要求立即执行的,公务员应当执行该决定或者命令,执行的后果由上级负责,公务员不承担责任;但是,公务员执行明显违法的决定或者命令的,应当依法承担相应的责任。也就是说,公务员对于上级明显违法的决定或者命令,可以而且应该"拒绝执行";否则,即应承担法律责任。而根据公职人员政务处分法一审稿的上述条款,公职人员认为上级的决定或者命令有错误而向上级提出改正或者撤销该决定或者命令的意见,乃至拒绝执行上级明显违法的决定或者命令时,很可能会被认为是触犯该条款而受到警告、记过或者记大过处分,甚至降级或者撤职处分。因此,笔者建议将一审稿中的这一条款增加一项(作为第3项),修改为:有下列行为之一的,给予警告、记过或者记大过处分;情节严重的,给予降级或者撤职处分:……(二)拒绝执行上级依法作出的决定、命令,或者执行时打折扣、搞变通的;(三)对上级明显违法的决定或者命令不提出改正或者撤销的意见而且予以执行的。

增加了第3项,第二项中"依法"的含义就确定了(也只有增加第3项,第2项中的"依法"的含义才能确定):不仅指依法定职权,而且指内容合法。

3. 第37条:收受可能影响公正行使公权力的礼品、礼金、有价证券等财物的,给予警告、记过或者记大过处分;情节较重的,给予降级或者撤职处分;情节严重的,给予开除处分。向公职人员及其特定关系人赠送可能影响公正行使公权力的礼品、礼金、有价证券等财物,或者接受、提供可能影响公正行使公权力的宴请、旅游、健身、娱乐等活动安排,情节较重的,给予警告、记过或者记大过处分;情节严重的,给予降级或者撤职处分。

这一条款中"可能影响公正行使公权力的"的含义是不确定的,政务处分决定机关及其执法人员可以有很大的裁量空间:当他们想要制裁相应公职人员时,即认定该公职人员收受礼品、礼金、有价证券等财物的行为“影响公正行使公权力”而给予其处分;如果他们不想制裁相应公职人员时,亦可以认定该公职人员收受礼品、礼金、有价证券等财物的行为不“影响公正行使公权力”而不给予其处分。同样,当他们想要制裁相应公职人员时,即认定该公职人员向其他公职人员及其特定关系人赠送礼品、礼金、有价证券等财物,或者接受、提供宴请、旅游、健身、娱乐等活动安排的行为“影响公正行使公权力”而给予其处分;如果他们不想制裁相应公职人员时,亦可以认定该公职人员向其他公职人员及其特定关系人赠送礼品、礼金、有价证券等财物,或者接受、提供宴请、旅游、健身、娱乐等活动安排的行为不“影响公正行使公权力”而不给予其处分。为了防止和避免这种情况,完全可以用“违规”这一有明确含义的词取代“可能影响公正行使公权力的”这一含义不确定用语。因为法律、法规或政策对收受、赠送礼品等通常都有明确的规定(如现在尚无此种规定,即应抓紧制定这种规定),任何公职人员违反规定收受、赠送礼品就必须予以处分,而无须再去分析他收受礼品的行为是否“可能影响公正行使公权力”。同样,法律、法规或政策对公职人员宴请和接受宴请通常都有明确的规定(如现在尚无此种规定,即应抓紧制定这种规定),任何公职人员违反规定宴请或接受宴请就必须予以处分,而无须再去分析他的宴请或接受宴请的行为是否“可能影响公正行使公权力”。因此,笔者建议将政务处分法一审稿中的第 37 条修改为:违规收受礼品、礼金、有价证券等财物的,给予警告、记过或者记大过处分;情节较重的,给予降级或者撤职处分;情节严重的,给予开除处分。违规向公职人员及其特定关系人赠送礼品、礼金、有价证券等财物,或者违规接受、提供宴请、旅游、健身、娱乐等活动安排,情节较重的,给予警告、记过或者记大过处分;情节严重的,给予降级或者撤职处分。

4. 第 42 条第 2 项和第 3 项:有下列行为之一,造成不良后果或者影响的,给予警告、记过或者记大过处分;情节较重的,给予降级或者撤职处分;情节严重的,给予开除处分:……(二)不担当,不作为,玩忽职守,贻误工作的;(三)工作中有形式主义、官僚主义行为的。

这一条款的第 2 项和第 3 项中“不担当、不作为……工作中有形式主义、官僚主义行为”的含义有很大的不确定性,政务处分决定机关及其执法人员的裁量空间可以是很广泛的。他们可以从公职人员工作时大量的行为中,随便可找出一两件做得不尽完美,多少有些瑕疵的事情,认定其“不担当、不作为”或者“有形式主义、官僚主义”而给予其处罚,因为“不担当、不作为”或者“有形式主义、官僚主义”等用语太不确定了,很难有明确的标准。对于这些用语,完全可以用含义较为确定的语词替代。例如,可以用“不依法履行法定职责”代替“不担当、不作为”;用“违反法定规则和法定程序,给行政相对人办事增加烦琐手续和不便”等代替“形式主义、官僚主义”。因为“法定职责”“法定规则”“法定程序”“给行政相对人办事增加烦琐手续和不便”等的含义都比较明确,给予政务处分决定机关及其执法人员的裁量空间会比“不担当、不作为”“形式主义、官僚主义”等小得多,从而有利于防止或避免滥用或者不正确使用这些不确定用语而给公职人员权益可能造成的损害。为此,笔者建议将政务处分法一审稿中的第42条第2项和第3项修改为:有下列行为之一,造成不良后果或者影响的,给予警告、记过或者记大过处分;情节较重的,给予降级或者撤职处分;情节严重的,给予开除处分:……(二)不依法履行法定职责,玩忽职守,贻误工作的;(三)工作中违反法定规则和法定程序,给行政相对人办事增加烦琐手续和不便的。

四、完善救济和责任机制,适当增加被处分人员不服处分的救济途径和强化行使调查、处分职权人员的法律责任

对于公职人员政务处分法一审稿所设计和规定的救济、责任机制的不足,笔者建议从以下四个方面对相关内容予以修改、补充和完善。

1. 在第45条中增加一项:在第1项“将调查认定的事实及拟给予处分的依据告知被调查的公职人员,听取其陈述和申辩……”后增加一项作为第2项:“(二)对拟作出开除处分的,告知当事人有要求举行听证的权利;当事人要求听证的,应在三日内提出;监察机关应当在七日后组织听证。”将原第2项“(二)按照处分决定权限,依法履行审批手续后,作出对该公职人员给予处分或者免予处分的决定”改为第3项,将原第3项“(三)将处分决定或者免予处分决定送达被调查人和所在单位,并在一定范围内宣布”改为第4项。之所以应做这样的修改,因为开除处分是一种非常严厉且涉及当事人基本权利的处分,法律上应当给予被处分人较其他处分更充分一些的程序保障。在这方面,《行政处罚法》的立法方式可以借鉴。《行政处罚法》对一般行政处罚所

设计的权利保障程序只是“告知和听取陈述、申辩”(《行政处罚法》第31条和第32条),但对于停产停业、吊销许可证或者执照、较大数额罚款等处罚,立法则规定相对人有申请听证的权利(《行政处罚法》第42条)。开除处分对相对人权益影响的严重程度显然超过上述较大数额罚款等处罚。因此,从公正公平的角度讲,立法为之设计一个听证程序是必要和适当的。

2. 将公职人员政务处分法一审稿第五章的标题“复审、复核、申诉”改为“受处分人对处分不服的救济途径”,并增加两个救济程序条款:行政诉讼条款和国家赔偿条款。政务处分不是行政处罚,在一般情况下是不应适用行政诉讼的。但是,对于某些严重的违法政务处分,如开除,此种处分本身和之前的调查措施(如查封、扣押、冻结、搜查、留置等)往往严重侵犯被处罚人的人身权和财产权。对于这种处分,仅为被处罚人提供“复审、复核、申诉”的救济途径是不够的,还应该为被处罚人提供行政诉讼救济途径。尽管政务处分的机关不一定是行政机关(如监察委员会),但对公职人员实施处分行为的性质具有行政行为(类似于行政处罚行为)的性质;被处分人同时具有公职人员和公民的身份,且这些处分涉及其人身权和财产权,故为其设定行政诉讼的途径是合乎法理的。

至于为被处分人提供国家赔偿的救济途径,我国《宪法》和《国家赔偿法》均有明确规定,故不仅有法理根据,而且有《宪法》《国家赔偿法》根据。《宪法》第41条第3款规定,“由于国家机关和国家工作人员侵犯公民权利而受到损失的人,有依照法律规定取得赔偿的权利”。《国家赔偿法》第2条规定,“国家机关和国家机关工作人员行使职权,有本法规定的侵犯公民、法人和其他组织合法权益的情形,造成损害的,受害人有依照本法取得国家赔偿的权利”。这里的“国家机关和国家机关工作人员”无疑应包括政务处分决定机关(监察机关和公职人员任免机关)和调查机关、处分决定机关、调查机关的工作人员。

据此,笔者建议,在公职人员政务处分法一审稿第五章“受处分人对处分不服的救济途径”(原标题为“复审、复核、申诉”)增加两条,分别置于现第55条之后(作为第56条,原第56条改为第57条,之后依序顺延)和现第59条之后(作为第61条,原第60条改为第62条,之后依序顺延)。即:

第五十六条　公职人员对政务处分决定机关作出的涉及本人的开除处分

决定不服的,可以依照《中华人民共和国行政诉讼法》规定的程序向人民法院提起行政诉讼(此种行政诉讼可以认为是一种准行政诉讼,因为政务处分不是标准的行政行为,而只是类似于行政行为的准行政行为——笔者注)。

第六十一条　公职人员的人身权、财产权等合法权益因违法的政务处分受到侵犯,造成损害的,可以依照《中华人民共和国国家赔偿法》的规定申请国家赔偿。

3. 将第 62 条规定的处分决定机关、单位和人员应承担责任的情形增加一项,作为第 4 项(原第 4 项改为第 5 项,以下各项依序顺延)。增加的第 4 项内容为:"收受被调查、处分人员或其亲属金钱、物品、或其他利益好处的。"这种情形是行使政务处分及相应调查的人员违法行为情形中最常见且危害性极为严重的一种情形,现公职人员政务处分法一审稿没有加以规定应认为是一项疏漏,故笔者建议将之作为单独一项列出。

4. 修改第 45 条关于政务处分程序规定的第 3 项:"(三)将处分决定或者免予处分决定送达被调查人和所在单位,并在一定范围内宣布。"因为这一规定有不完善之处:没有能使被处分人员的违法事实起到从反面教育更大范围的其他不特定公职人员的作用和贯彻该法总则中关于处分与教育相结合的原则。这一原则中的教育,应既包括教育被处分的特定公职人员,也包括教育其他不特定的公职人员。因此,笔者建议在这一项的后面再加一句"并可根据案情和法治教育的需要,在本级或上级政府的网站或相应媒体上公布"。这里所谓"根据案情和法治教育的需要",是指并非所有政务处分及被处分人的违法事实都应在政府网站或媒体上公布,而是要根据案情和开展廉政法制教育的需要,确定是否公布和在多大范围内采用何种方式(政府网站还是媒体,哪一级别的网站或媒体)公布。据此,公职人员政务处分法一审稿第 45 条第 3 项应修改为:(三)将处分决定与被处分人的违法事实或者免予处分的决定送达被调查人和所在单位,在一定范围内宣布,并可根据案情和法治教育的需要,在本级或上级政府的网站或相应媒体上公布。

中国共产党建党以来廉政建设的主要经验及其在新时代的继承和发展*

中国共产党建党100年来，在党建方面取得了非常丰富的经验。尤其是在廉政建设方面，其经验弥足珍贵。从建立红色根据地时期起，特别是在取得国家政权，成为执政党以来，中国共产党在反腐倡廉方面进行了艰辛探索，走出了一条既具有鲜明马列主义政党特色，又适合中国国情的廉政建设道路。

中共十九届四中全会专题研究了坚持和完善中国特色社会主义制度，推进国家治理体系和治理能力现代化的问题，并对此作出专门决议。廉政制度体系是国家治理体系的重要组成部分，反腐败能力是国家治理能力的重要构成要素。要推进国家治理体系和治理能力现代化，就必须同时推进廉政制度体系现代化和反腐败能力现代化。为此，我们有必要全面深入探讨和总结中国共产党自建党，特别是自执政以来廉政建设和反腐败的宝贵经验，使之得以继承、发扬，并开拓创新和不断发展，以构建现代化的、具有新时代特色的廉政建设和反腐败制度体系和模式。

一、中国共产党建党以来廉政建设的主要经验

中国共产党成立100年，全面执政70多年来，在廉政建设方面不断探索，不断总结经验，不断创新，到现在已经走出了一条具有鲜明中国特色的廉政建设和反腐败之路，积累了诸多可复制、可传承、可继续推广适用，当然亦可进一步发展、完善的基本经验。这些经验最主要的有下述八个方面。

---

* 该文原载于《人民法治》2021年7月(上)期。

（一）加强党内教育，纠正享乐主义等各种错误思想和不正之风

早在红军初创时期，针对党内存在的各种错误思想，毛泽东同志曾专门召开会议，[①]讨论研究红军党建问题并就此作出专门决议。决议指出，“红军第四军的共产党内存在着各种非无产阶级的思想，这对于执行党的正确路线，妨碍极大。若不彻底纠正，则中国革命给予红军第四军的任务，是必然担负不起来的。四军党内种种不正确思想的来源，自然是由于党的组织基础的最大部分是由农民和其他小资产阶级出身的成分所构成的；但是党的领导机关对于这些不正确的思想缺乏一致的坚决的斗争，缺乏对党员作正确路线的教育，也是使这些不正确的思想存在和发展的重要原因”。[②] 毛泽东同志在上述决议中列举的各种错误思想中，有一部分即属于当时和之后某些红军干部腐败的苗头。例如，享乐主义、报复主义、小团体主义等。为此，决议指出，要特别重视加强党内教育，提高党内政治水平，肃清党内各种偏向；并提出加强党内教育，纠正享乐主义等各种错误思想是当时党和红军发展与扩大要解决的最迫切的问题。[③]

通过加强党内教育，纠正个人主义、享乐主义等各种错误思想和不正之风这一党建经验，我党长期以来一直予以继承和发扬。在党的十八大以后，党中央相继开展了多次专门的学习和教育活动，鲜明提出反对“四风”（形式主义、官僚主义、享乐主义和奢靡之风），指出“四风”违背党的性质和宗旨，是群众深恶痛绝、反映最强烈的问题，也是损害党群干群关系的重要根源，故应坚决反对和杜绝。[④]

（二）整风学习，理想信念教育常抓不懈

我们党从延安时期起，即开始抓整风学习，通过整风学习，开展批评和自我批评，克服和纠正“三风”（主观主义、宗派主义、党八股）。毛泽东同志指出，反“三风”是“一件有很大意义的事情”，是“一件有全国性意义的工作”。

---

① 1929 年 12 月在福建上杭县古田村召开的中国共产党红军第四军第九次党的代表大会，因会议在古田召开，故党史上称这次会议为“古田会议”。

② 参见《毛泽东文集》（第 1 卷），人民出版社 1993 年版，第 78 页。

③ 参见《毛泽东文集》（第 1 卷），人民出版社 1993 年版，第 94 页。

④ 关于反对和纠正“四风”问题，参见《力戒形式主义、官僚主义》，载《习近平谈治国理政》（第 3 卷），外文出版社 2020 年版，第 499—513 页。

力是不能征服我们的,这点已经得到证明了。资产阶级的捧场则可能征服我们队伍中的意志薄弱者。可能有这样一些共产党人,他们是不曾被拿枪的敌人征服过的,他们在这些敌人面前不愧英雄的称号;但是经不起人们用糖衣裹着的炮弹的攻击,他们在糖弹面前要打败仗”。因此,“务必使同志们继续地保持谦虚、谨慎、不骄、不躁的作风,务必使同志们继续地保持艰苦奋斗的作风”。[①] 党的七届二中全会之后,中国共产党在几十年时间里一直警钟长鸣,党中央一直告诫我们的党员、干部警惕“糖衣炮弹”,防止腐败。

(五)高压震慑,严厉惩治罪大恶极的腐败分子

高压震慑,严厉惩治罪大恶极的腐败分子也是我党长期以来反腐败和进行廉政建设的一条重要经验。早在1937年,中共中央所在地延安曾发生一起震惊陕甘宁边区、影响波及全中国的重大案件。时任红军抗日军政大学第三期第六队队长黄克功,因逼婚未遂,在延河畔枪杀了陕北公学学员刘茜,由一个革命的功臣堕落为杀人犯。此事发生后,在边区内外引起很大的震动。在国统区,国民党的喉舌《中央日报》将其大肆渲染,攻击和污蔑边区政府“无法无天”“蹂躏人权”等,引起了部分不明真相人士的猜疑和不满。事件发生后,中共中央、中央军委、边区政府高度重视,中共中央和中央军委在毛泽东的主持下专门召开会议,经过慎重讨论,决定将黄克功处以死刑。这件事在我党党史上被称为“黄克功事件”。

我党在共和国建立和成为执政党以后,其反腐败力度之大可从20世纪50年代初期对刘青山、张子善重大贪污腐败案的严厉处理及其后的震慑效果获得证明:刘青山和张子善案发前分任中共石家庄市委副书记和天津地委书记。二人利用职权,盗用建设机场的建筑款、救济水灾的造船贷款、治河款、干部家属救济粮、地方粮、克扣剥削民工供应粮及骗取银行贷款等,总计达171.6272亿元(旧币,下同),用于经营他们秘密掌握的“机关生产”。他们还勾结奸商,投机倒把,使国家财产损失达21亿元。二人生活腐化,贪污挥霍达3.7825亿元。其中刘青山贪污1.8399亿元,张子善贪污1.9426亿元。此案被称为“共和国第一贪腐案”。刘青山、张子善二人经公审,由河北省人民法院报请最高人民法院批准,依法判处其死刑,立即执行,并没收其本人全部财

---

① 《毛泽东选集》(第4卷),人民出版社1967年版,第1376—1377页。

产。该贪腐案件的发生和处理,直接推动了全国性"反贪污、反浪费、反官僚主义"斗争的兴起和深入发展,掀起了共和国历史上第一场反腐肃贪风暴。1952年4月18日,我国公布了《惩治贪污条例》。这是新中国第一部专门惩治贪污腐败的法律。对刘青山、张子善的死刑判决,宣示着中国共产党对贪污腐败绝不容忍、毫不姑息的态度,表明了中国共产党保持党性、维护纯洁的决心。刘青山、张子善案件,自此成为教育全党的典型案例。

我党反腐败和进行廉政建设的这一经验也可从党的十八大后的铁腕治腐及取得的效果得到进一步的证明。党的十八大以来,中国反腐败力度空前加大,坚定不移"打虎""拍蝇""猎狐"。党的十八大至十九大五年期间,查处了一批"大老虎",立案审查省军级以上党员干部及其他中管干部440人,其中十八届中央委员、候补中央委员43人,中央纪委委员9人;纪律处分厅局级干部8900余人,县处级干部6.3余万人。处分基层党员干部27.8万人;追回外逃人员3453名,"百名红通人员"48人落网,[①]反腐败斗争形成压倒性态势。为了进一步扩大和深化反腐败斗争的成果,习近平总书记在党的十九大报告中指出,我们要以坚如磐石的决心,巩固这种压倒性态势。要坚持无禁区、全覆盖、零容忍,坚持重遏制、强高压、长震慑,坚持受贿行贿一起查,坚决防止党内形成利益集团。在市县党委建立巡察制度,加大整治群众身边腐败问题力度。不管腐败分子逃到哪里,都要缉拿归案、绳之以法。推进反腐败国家立法,建设覆盖纪检监察系统的检举举报平台。强化不敢腐的震慑,扎牢不能腐的笼子,增强不想腐的自觉,通过不懈努力换来海晏河清、朗朗乾坤。

(六)完善制度,"把权力关进制度的笼子里"

邓小平同志对制度治党、制度反腐特别重视,一再强调"制度问题更带有根本性、全局性、稳定性和长期性"。"制度好可以使坏人无法任意横行,制度不好可以使好人无法充分做好事,甚至会走向反面"。[②] 改革开放初期,针对群众反映较大的领导干部特殊化的问题,他指示专门制定《关于高级干部生活待遇的若干规定》,规定高级干部每人只能有一处房子。而且,"不管你占

---

① 参见中央纪委副书记杨晓渡在党的十九大记者招待会上的讲话,载《新华网》2017年10月19日。

② 《邓小平文选》(第2卷),人民出版社1994年版,第333页。

的房子面积有多大,除了办公的,会客的公用部分外,都要交房租”。[①] 党的十八大以后,反腐倡廉,控制制约公权力的各方面的制度更严更完善了,新一届党中央领导班子一上台,立即推出“八项规定”。[②] 习近平总书记强调指出,要“健全权力运行制约和监督体系,加强反腐败国家立法,加强反腐倡廉党内法规制度建设……确保国家机关按照法定权限和程序行使权力。要加强对权力运行的制约和监督,把权力关进制度的笼子里,形成不敢腐的惩戒机制、不能腐的防范机制、不易腐的保障机制”。[③] 党的十九届四中全会专题研究制度建设问题。在反腐败制度方面特别强调加强完善三个方面的制度体系和机制:一是监察监督方面的制度体系和机制;二是权力配置和运行方面的制度体系和机制;三是推进不敢腐不能腐不想腐方面的制度体系和机制。

（七）政务公开,让权力在阳光下运行

改革开放前,在廉政建设和反腐败方面,我们党和国家对公开透明的重大意义认识不足,政务公开做得很不够。直到 20 世纪末、21 世纪初,党和国家开始重视信息公开制度,一些地方(如广州、上海、深圳、北京等)开始制定政府信息公开规定(规章层面的规定)。2007 年国务院出台《政府信息公开条例》(行政法规层面的规定)。这些规定,特别是《政府信息公开条例》,对我国民主法治建设和反腐倡廉制度建设起了非常大的作用。党的十八大以后,党和政府进一步加大了政务公开的力度,中办国办几乎每年都发布政务公开的要点和实施方案。中共十八届四中全会要求全面推进政务公开,并确立“以公开为常态,不公开为例外”的政务公开原则,力倡“阳光是最好的防腐剂”。

---

① 《邓小平文选》(第 2 卷),人民出版社 1994 年版,第 216 页。

② “八项规定”是指 2012 年 12 月 4 日中共中央政治局会议审议通过的《关于改进工作作风、密切联系群众的八项规定》。其主要内容包括:(1)加强调查研究,深入基层了解情况,总结经验、研究问题、解决困难、指导工作,调查研究切忌走过场、搞形式主义;要轻车简从、减少陪同、简化接待,不张贴悬挂标语横幅,不安排群众迎送,不铺设迎宾地毯,不摆放花草,不安排宴请。(2)精简会议活动,切实改进会风,提高会议实效,开短会、讲短话,力戒空话、套话。(3)精简文件简报,切实改进文风,没有实质内容、可发可不发的文件、简报一律不发。(4)规范出访活动,严格控制出访随行人员,严格按照规定乘坐交通工具,一般不安排中资机构、华侨华人、留学生代表等到机场迎送。(5)改进警卫工作,减少交通管制,一般情况下不得封路、不清场闭馆。(6)改进新闻报道,中央政治局同志出席会议和活动应根据工作需要、新闻价值、社会效果决定是否报道,进一步压缩报道的数量、字数、时长。(7)严格文稿发表,除中央统一安排外,个人不公开出版著作、讲话单行本,不发贺信、贺电,不题词、题字。(8)厉行勤俭节约,严格遵守廉洁从政有关规定,严格执行住房、车辆配备等有关工作和生活待遇的规定。

③ 《习近平谈治国理政》,外文出版社 2014 年版,第 388 页。

2017年，中共中央发布了《中国共产党党务公开条例（试行）》，推进党务公开。党务公开是发扬党内民主、发展社会主义民主政治的必然要求，对于推进全面从严治党，加强党内监督，反腐防腐以及调动全党积极性、主动性、创造性均具有重要意义。

（八）严明纪律，加强监察监督

严明纪律是中国革命胜利的法宝之一，也是中国共产党长期以来廉政建设和反腐败的重要经验之一。早在红军时期，毛泽东同志就针对党的组织放松对“负担重要工作”的红军领导干部的监督，“对他所犯错误，往往敷衍下去，不执行纪律”的现象，指出“对一人如此，对他人亦不得不如此，因此把纪律一般地放松了”。为了纠正这种现象，毛泽东同志要求党的组织必须“严格地执行纪律，废止对纪律的敷衍现象”。[①] 邓小平同志亦曾经在多个场合说过，要避免我们的干部队伍发生腐化，就必须有严格的纪律制约。“谁也不能违反党章党纪，不管谁违反，都要受到纪律处分，不许任何人干扰党纪的执行，不许任何违反党纪的人逍遥于纪律制裁之外……要制定各种条例，最重要的是要有专门的机构进行铁面无私的监督检查。”[②]从共和国成立时起，我们就曾在政务院下设人民监察委员会。第一届人大后，则在国务院下设监察部作为政纪监督检查的专门机构，20世纪60年代监察部被撤销，80年代中后期又重新恢复。中共十八大以后，中央决定对国家监察体制进行重大改革，建立与党的纪检机构合署办公的集中统一、权威高效的对全体公职人员监察全覆盖的各级监察委员会。[③] 实践证明，新的监察体制的运作是成功的，为中国特色反腐积累了非常重要的经验。

二、新时代推进廉政法制建设的基本路径

时代在前进，随着国家政治、经济、社会和文化的不断发展，党和国家的廉政建设和反腐败事业也必须与时俱进，不断创新。在共和国成立初期，反腐更多地注重严厉惩治、镇压像刘青山、张子善之类的贪污腐败分子，营造不敢腐

① 参见《毛泽东文集》（第1卷），人民出版社1993年版，第89—90页。

② 参见《邓小平文选》（第2卷），人民出版社1994年版，第332页。

③ 参见《监察法》第1—3条。

的氛围和从政环境。20 世纪 60 年代的一个时期,我们较多注重思想教育,号召学习英模,提倡公而忘私,营造不想腐的自觉和社会风气。进入新时代以后,我们反腐败在坚持重遏制、强高压、长震慑、无禁区、全覆盖、零容忍的同时,更注重制度建设,更注重法治反腐,更注重运用互联网、大数据等高科技反腐,更注重标本兼治、综合治理。反腐模式随时代发展而不断进步、不断创新是中国共产党反腐败的另一项重要经验,也是我们探索和推进新时代廉政建设模式的基本路径。

党的十九大报告和十九届四中全会决定就新时代反腐败和廉政法制建设主要提出了三个方面的具体路径:一是持之以恒正风肃纪;二是标本兼治,综合治理;三是构建和完善党和国家监督的制度体系。下面重点对这些路径的具体内容和推进措施予以阐释。

(一)持之以恒正风肃纪

关于正风肃纪,党的十九大报告主要提出五个方面的措施和要求:其一,增强群众观念和群众感情,坚持和发扬我们党紧密联系群众的作风。党的十九大报告指出,我们党来自人民、植根人民、服务人民,一旦脱离群众,就会失去生命力。因此,必须保持党同人民群众的血肉联系,不断厚植党执政的群众基础。凡是群众反映强烈的问题都要认真严肃对待,凡是损害群众利益的行为都要坚决纠正。其二,严格整治"四风"①。整治"四风"的要求最初是中共中央 2013 年提出的。2019 年 3 月,中共中央印发《关于加强和改进中央和国家机关党的建设的意见》,再次强调要持续整治"四风"问题,严明党的各项纪律,深入推进反腐败斗争。中央和国家机关的党组织和党员要增强"四个意识",坚定"四个自信",带头做到"两个维护",要加强对党员、干部的教育管理监督。以党的政治建设为统领,解决和防止"灯下黑"等问题。其三,重点强化政治纪律和组织纪律,严格廉洁纪律、群众纪律、工作纪律和生活纪律。其四,坚持开展批评和自我批评,坚持惩前毖后、治病救人,运用监督执纪"四

① 2013 年 6 月 18 日,党中央在北京召开党的群众路线教育实践活动工作会议,会上提出要集中解决"四风"问题,即形式主义、官僚主义、享乐主义和奢靡之风。"四风"违背党的性质和宗旨,是群众深恶痛绝、反映最强烈的问题,也是损害党群干群关系的重要根源。

种形态”①，抓早抓小，防微杜渐。赋予有干部管理权限的党组织相应纪律处分权限，强化监督执纪问责。其五，加强纪律教育，强化纪律执行，让党员、干部知敬畏，存戒惧，守底线，习惯在受监督和约束的环境中工作生活。

（二）标本兼治，综合治理

标本兼治，综合治理既是党的十九大报告就新时代反腐败和廉政法制建设提出的基本路径之一，也是《监察法》确定的反腐败和监察工作的基本原则。这一基本路径和原则主要包括三项内容：一是加强监督问责，严厉惩治腐败，强化不敢腐的震慑；二是深化改革、健全法治，有效制约和监督权力，扎牢不能腐的笼子；三是加强法治道德教育，弘扬中华优秀传统文化，增强不想腐的自觉。“不敢腐”主要解决治标的问题；“不能腐”和“不想腐”主要解决治本的问题。反腐败只有深化标本兼治，保证干部清正，政府清廉，政治清明，才能跳出历史周期率，确保党和国家长治久安。

一般认为，反腐对策最重要者有四：其一，惩治反腐。即古时所谓“以刑去刑”，今时谓“以惩抑腐”，通过严厉惩罚，使为官者“不敢腐”。其二，教化反腐。即古时所谓“灭心中贼”，今时谓“净化灵魂”，通过理想信念教育，使为官者“不想腐”。其三，激励反腐。国外谓“高薪养廉”，我国谓“奖罚分明”，通过适当提高和改善薪酬福利待遇，使为官者“不思腐”。其四，法治反腐（制度反腐）。即习近平总书记所说的“定规矩、划界限”，“把权力关进制度的笼子里”，通过建立和完善法制，使为官者“不易腐”“不能腐”。

要解决腐败问题，反腐的各种对策：教化反腐、惩治反腐、激励反腐和法治反腐（制度反腐），一个也不能少。但是法治反腐，即制度反腐是最重要的，最具有治本的功效。法治反腐、制度反腐要求腐败治理机关首先要对公职系统现实情况进行调查，梳理腐败的主要形式和类别。有的腐败发生在干部提拔、晋升环节，属于买官卖官性质的腐败；有的发生在行政审批、许可等履行公务活动的环节，属于设租寻租性质的腐败；有的发生在官员八小时工作时间之外，属于私生活性质的腐败。腐败类型是多种多样的，不能一个制度解决所有

---

① 监督执纪“四种形态”是指：其一，经常开展批评和自我批评、约谈函询，让“红红脸、出出汗”成为常态；其二，给予党纪轻处分、组织调整，这是违纪处理的大多数情形；其三，给予党纪重处分、重大职责调整，此为违纪处理的少数情形；其四，对严重违纪涉嫌违法者予以立案审查，此为违纪处理的极少数情形。

类型的腐败。所以,确定反腐对策,第一,要进行调查,把腐败各种类型梳理清晰。我们在制定制度前,要先搞清楚目前到底有多少种形式的腐败,多少种类型的腐败,把底数搞清楚,把情况弄明白,然后再来探讨应对和解决每一种类型腐败的办法和制度。第二,要进行分析,找寻、发现形成和产生各种腐败的原因,然后才能对症下药。就如同医生一样,治疗感冒首先得分析你是热感冒还是风寒感冒,不同的感冒吃不同的药。腐败有很多种原因,你开一个方子肯定解决不了所有的问题。中央提出的"八项规定"能解决一些腐败问题,中央规定的官员家庭财产申报、核查、公开制度也能解决一些问题,但是都不能解决所有的腐败问题。第三,要研究、探讨古今中外治理腐败的各种药方。各种药方都要把它拿出来研究一番,看哪一种药方可以解决哪些腐败问题。第四,要进行制度设计。制度设计必须考虑当下中国的国情。根据现实中国国情对反腐进行顶层设计、宏观设计和具体的制度设计。顶层设计作为一种高层设计,既要考虑横向的层面,还要考虑纵向的层面;宏观设计不能仅从考虑解决某一具体问题出发,而是要通盘考虑诸如政治、经济、文化等整体架构的问题,要考虑整体性和相互联系;在顶层设计、宏观设计之后才是具体制度设计的问题。没有顶层设计和宏观设计,单纯进行具体制度设计可能事倍功半。制度在表面上可能设计得很好,但是在整体上可能作用有限甚至还产生反作用。顶层设计、宏观设计、具体制度设计是我们反腐应遵循的一个重要路径。

反腐必须标本兼治,在当下,标本兼治尤应在以下方面着力:其一,坚持全面从严治党,建立和完善对各级党组织与工作部门行使公权力的监督、制约机制。国家公权力是国家机关行使的权力。但在我国,中国共产党是国家最高政治领导力量,执政党直接行使部分国家公权力,如党管干部、党管军队、党管重大决策等。有权力即必须要有监督。没有监督和制约的权力就必然导致滥用和腐败。目前党的纪律监督和监察监督可以形成重要的制约,但是光有这种制约还是不够的,如果没有民主法治的保障,还难以完全避免腐败问题的产生。即使是纪委监委,也需要监督,监督者同样需要监督。现行《监察法》设有专门一章规定对监察机关和监察人员的监督。① 其二,推进政务公开,建立人大会议、党委会议、政府会议(包括全体会议、常务会议、办公会议等)的公

① 参见《监察法》第七章。

开制度。除涉及国家秘密、商业秘密和个人隐私的事项外。各种会议均应公开,允许媒体适度报道和公民旁听。其三,建立和完善官员家庭财产申报、核查和公开制度。这个制度由于涉及面很大,实行起来有一定困难。为了缓解压力,可以分步推进。第一步仅申报;第二步加抽查;第三步申报后再全面核查;第四步申报、核查后部分公开申报、核查结果;第五步再全面公开申报、核查结果。可以一年进一步,一年或两年上一个台阶。[①] 其四,启动和激活人大的质询监督制度。宪法、组织法、人大代表法和监察法都规定了人大代表质询制度,但实践中较少正式启动。要加大反腐败力度,必须激活这一制度。只有推进和鼓励人大代表质询问责,对腐败、失职官员才会形成有力的监督。其五,加强和规范媒体和网络对腐败现象、腐败官员、腐败行为的监督。网络媒体监督是反腐的利器,我们应很好地运用这一利器。当然,网络媒体反腐也可能产生一定反作用,尺度把握不好,有可能侵害公民的隐私权。因此,需要制定专门法律对之加以规范。

(三)构建和完善党和国家监督的制度体系

关于构建和完善党和国家监督的制度体系,党的十九大报告和十九届四中全会决定主要提出以下五项途径和措施:其一,强化党自我监督和群众监督的机制。这一方面要求增强党自我净化的能力,另一方面要求让人民监督权力,让权力在阳光下运行。其二,强化层级监督和同级相互监督的机制。这首先需要加强自上而下的组织监督制度,其次需要完善自下而上的民主监督制度;既需要完善对党员领导干部的日常监督机制,也要建立健全巡视巡察上下联动的监督机制。其三,推进纪检监察工作规范化、法治化。这首先要求完善纪律监督、监察监督、派驻监督、巡视巡察监督的统筹衔接机制,其次要求健全人大监督、民主监督、行政监督、司法监督、群众监督、舆论监督以及审计监督、统计监督的贯通、协调、配合机制。其四,加强和完善权力的分工制约机制。这一机制特别要求建立健全以下五个方面的制度:一是有关权责法定、分事行权、分岗设权、分级授权、定期轮岗的制度;二是有关明晰权力边界,规范工作

---

① 党的十八届三中全会决定对官员家庭财产申报、核查和公开制度曾有一项规定:健全反腐倡廉法规制度体系,完善……领导干部报告个人有关事项、任职回避等方面法律法规。推行提任领导干部有关事项公开制度试点。

流程,强化权力制约方面的制度;三是有关坚持权责透明,推动用权公开,完善党务、政务、司法和各领域办事公开方面的制度;四是有关建立权力运行可查询、可追溯反馈机制方面的制度;五是有关及时发现问题、纠正偏差、精准问责和压减权力设租寻租空间方面的制度。其五,构建和完善预防、查处和惩治的反腐统一协调机制。这一机制特别要求建立健全以下四个方面的制度:一是有关加强思想道德和党纪国法教育方面的制度;二是有关斩断"围猎"和甘于被"围猎"的利益链,坚决破除权钱交易关系网方面的制度;三是有关推动审批监管、执法司法、工程建设、资源开发、金融信贷、公共资源交易、公共财政支出等重点领域监督机制改革方面的制度;四是有关深入查处政治问题和经济问题交织类腐败案件方面的制度。

在新时代,我们党和国家反腐败和廉政建设的任务是艰巨的。但我们坚信,我们有建党建国以来反腐败和廉政建设的丰富经验,有中国特色社会主义制度的重大和显著优势,我们一定能在反腐败和廉政建设方面取得突破,走出一条完全新型的有明显成效和实效的中国特色反腐败和廉政建设之路。

“三不一体”推进是反腐败取得实效的关键*

一、“三不”一体推进对于反腐败的意义

党的十九届四中全会《关于坚持和完善中国特色社会主义制度、推进国家治理体系和治理能力现代化若干重大问题的决定》要求全党坚定不移推进反腐败斗争，“构建一体推进不敢腐、不能腐、不想腐体制机制”。党的十九届四中全会决定为什么特别强调反腐败斗争一定要一体推进“三不”而不是片面强调推进“一不”或“二不”或者分别推进“三不”？因为“三不”相互之间有着紧密的联系，任何一“不”都是其他两“不”实现的条件，任何一“不”都对反腐败斗争成败有决定性影响。“三不”缺少任何一“不”，其他两“不”都难以有效推进，“三不”只推进一“不”或者两“不”，不同时推进和一体推进，反腐败斗争均难以取得实效，难以可持续发展。

首先，“不敢腐”必须有“不能腐”和“不想腐”的保障、配合，才能真正发挥有效的震慑、扼制作用。如果我们只推进“不敢腐”，只重视对腐败分子和腐败行为的惩治，而放松反腐败的法律、制度建设（“不能腐”）和理想信念教育（“不想腐”），腐败分子是不可能因畏惧惩治而完全“收手”的。这是因为：其一，腐败分子大多有严重的侥幸心理，认为其腐败行为非常隐秘，是不可能被组织发现的。即使有些行为明显有被组织发现的可能，但他们利欲熏心，被腐败欲念冲昏头脑，还会自以为其对腐败行为的安排设计天衣无缝而毫无顾忌地去实施。其二，腐败贿赂之物（金钱、美女、豪宅等）诱惑力太大。一些腐

---

* 该文是笔者参加中国法学会廉政法制研究会 2021 年年会提交的年会论文，未公开发表。

败分子明知有70%以上被查处的风险,还要以90%或100%的“勇气”和冒险精神孤注一掷,甚至以“腐败一把死”的心理去铤而走险。因此,我们如果不以严密的制度去约束公职人员行为,使其不能腐,以猛药去其“心中贼”,使其不想腐,而欲仅靠严刑酷罚以达到反腐去腐的成功,乃是不可能的。此已为历史所反复证明。

其次,“不能腐”同样需要“不敢腐”和“不想腐”的支撑、保障,才能真正发挥其有效的阻遏、扼制腐败的作用。如果我们只推进“不能腐”,只重视扎牢反腐防腐的笼子,而放松对腐败分子、腐败行为的惩治(“不敢腐”),放松对全体公职人员的理想信念教育(“不想腐”),反腐败仍难以取得预期的实效和完全的成功。这是因为:其一,反腐防腐的笼子即使织得再密,也难免有一定的疏漏。腐败分子一旦寻找到这样的疏漏处,必然不会放过机会。其二,反腐防腐的笼子即使没有任何疏漏,腐败分子也可能将笼子凿出漏洞。其三,腐败分子在笼子里还可能冒死腐败,甚至以其腐败腐蚀制造笼子和看守笼子的人。因此,我们推进反腐败,虽然加强制度建设,扎牢笼子(“不能腐”)最为重要,但必须同时坚持强高压、长震慑、严惩治、零容忍以及惩治与教育相结合,促使绝大多数公职人员在其内心筑起反腐防线,自觉抵制腐败。

最后,“不想腐”也需要而且更需要“不敢腐”和“不能腐”的依托、维系,才能真正发挥其有效“灭心中贼”,以预防腐败的作用。如果我们只推进“不想腐”,只注重以清廉、守法、不忘初心等教育和感化手握公权力与行使公权力的人,而忽视扎牢反腐防腐的笼子(“不能腐”),放松对腐败分子、腐败行为的惩治(“不敢腐”),反腐亦难成功,甚至某些“公仆”还可能反其道而行之:其嘴上不想腐而心中思腐、脑中谋腐。这是因为:其一,人非天使,手握公权力和行使公权力的人亦非天使,其生活在社会中,必然有其个人利益,必然有其亲朋好友和一定的偏好,无论组织对其进行怎样的教育感化,如无制度约束,总会有人偏私、谋私。其二,人的思想、道德、品行是受各方面文化、观念、环境影响的,其在此地接受正能量的培训、教育,在彼地难免会接受负能量的熏陶、影响、感染。组织上不可能每时每刻将每个公职人员与负能量的影响隔绝。其三,人的世界观是逐步形成的,从幼儿园到学校到社会,其一旦形成某种负能量的世界观,要通过学习、教育予以改变虽有可能但非常困难,我们试图通过让一个成天想腐败的“公仆”参加一两期培训班或党校学习就不想腐了，这种可能性是比较小的。因此，反腐败必须标本兼治，必须教育惩治并行，必须“三不”一体推进，既灭“心中贼”，又灭“山中贼”，更要营造“贼”不能为“贼”的制度环境。

二、“为行政权力定规矩、划界限”是一体推进“三不”的关键

虽然反腐败必须“三不”一体推进，但是“一体推进”并不意味着同时发力和同等发力。“三不”对于反腐败的作用并不完全等同。对于反腐败，习近平总书记特别强调“为行政权力定规矩、划界限”，“把权力关进制度的笼子里”。这意味着“不能腐”是一体推进“三不”的关键。在《习近平谈治国理政》的3卷文集中，每卷都有这一重要思想的基本内容，每卷都突出和强调了这一基本观点。例如，在《习近平谈治国理政》的第1卷中，《把权力关进制度的笼子里》一文指出，要“健全权力运行制约和监督体系，加强反腐败国家立法，加强反腐倡廉党内法规制度建设，深化腐败问题多发领域和环节的改革，确保国家机关按照法定权限和程序行使权力。要加强对权力运行的制约和监督，把权力关进制度的笼子里，形成不敢腐的惩戒机制、不能腐的防范机制、不易腐的保障机制”。在《习近平谈治国理政》的第2卷中，《加快建设社会主义法治国家》一文指出，要“推进依法执政制度化、规范化、程序化。执法是行政机关履行政府职能、管理经济社会事务的主要方式，各级政府必须依法全面履行职能，坚持法定职责必须为、法无授权不可为，健全依法决策机制，完善执法程序，严格执法责任，做到严格规范公正文明执法”。在《习近平谈治国理政》的第3卷中，《坚持以全面依法治国新理念新思想新战略为指导，坚定不移走中国特色社会主义法治道路》一文指出，要“推进法治政府建设，大幅减少行政审批事项，非行政许可审批彻底终结，建立政府权力清单、负面清单、责任清单，规范行政权力，推动严格规范公正文明执法”。

对行政权力定规矩、划界限，规范和制约行政权，把权力关进制度的笼子里，为什么在反腐败斗争中会具有这么重要的地位呢？此缘由有三：其一，在整个国家权力系统中，国家行政机关的行政权是公民、法人和其他组织最经常、最广泛、最直接打交道的公权力，公民从摇篮到坟墓，在其一生的任何阶段，都要与各级各类国家行政机关的行政权打交道，都要接受各级各类国家行政机关的管理和服务，从而公民的人权和其他各种合法权益能否得到保障，都

取决于各级各类国家行政机关能否依法正确行使行政权,能否依法行政和依法办事。其二,在各种国家权力中,各级各类国家行政机关的行政权力,特别是行政许可、行政确认、行政处罚、行政强制等各种与老百姓关系最密切的行政权力,是最有机会和最有可能被滥用、腐败和侵犯老百姓权益的权力。这些行政权力的行使,如果没有完善的法律加以规范和制约,其滥用和腐败就不可避免。正是基于以上缘由,习近平总书记在其法治论述中,才一直和反复强调,一定要对行政权力定规矩、划界限,规范和制约行政权,把权力关进制度的笼子里。其三,行政权力的规范化、法治化对于整个国家治理体系和治理能力的现代化,对于执政党执政地位的巩固,对于宪法确定的国家目标和任务的实现,均有着至关重要和关键的作用。国家行政机关担负着组织和管理国家内政外交的重任。执政党作出的重大决策,立法机关制定的法律、法规,需要各级国家行政机关运用行政权去组织贯彻实施;国家的安全和社会秩序,需要各级国家行政机关运用行政权去保障和维护;全体国民赖以繁衍生息的生态环境,需要各级国家行政机关运用行政权去保护。如果行政权力腐败,行政权不能合法、正确和有效行使,国家富强和人民幸福的美好理想都难以变成现实。

那么,我们怎么对行政权力定规矩、划界限,规范和制约行政权,把权力关进制度的笼子里呢?笔者认为,为此必须加强和完善三方面的行政法制。

一是行政组织法法制。行政组织法是规定行政机关的职权、职责及组织机构、编制和活动基本原则的法律,是给行政权力定规矩、划界限的第一大法律。只有健全完善行政组织法,才能明确行政权的疆域,才能要求行政机关及其工作人员“法定职责必须为、法无授权不可为”。没有健全完善的行政组织法,行政机关及其工作人员不知道他的法定职责是什么,法律给他的授权是什么,他怎么知道哪些事他“必须为”、哪些事他“不可为”?现在我国行政组织法极不完善,除一个非常简要、非常原则的《国务院组织法》和半个地方政府组织法(地方政府组织法和地方人大组织法共同构成一个组织法)外,各级各类行政机关均无组织法,而是以各级编制管理部门制定的“三定方案”或“三定办法”取而代之。“三定方案”或“三定办法”不是法,制定机关不是立法机关而是行政机关自己。试图让行政权给自己定规矩、划界限,把自己关进制度的笼子里,这种控权限权的方式和路径虽然也有一定的效果,但是很有限的。有效的控权限权方式和路径只能是法治,即通过健全完善行政组织法控权限权。

二是行政程序法法制。行政程序法是规定行政机关行使行政权的方式、过程、步骤、时限等，直接为行政行为设规则、定规矩的法律。关于制定和完善行政程序法的必要性和重要性，笔者自 20 世纪 90 年代以来一直在各种场合反复论述和强调。首先，制定和完善行政程序法（特别是制定行政程序法典）是把行政权力关进制度的笼子里，防止行政权任性、恣意和滥用的需要。一个国家，只有有了完善的行政程序法制，才可能构建完善的保护公民、法人和其他组织合法权益免受行政权侵害的机制。行政复议、行政诉讼、行政赔偿只能在行政相对人权益受到侵害以后再提供救济；行政处分、政务处分、刑事处罚只能在公职人员任性、恣意和滥用权力，已给国家利益、社会公共利益造成重大损失之后，再予以追究。行政程序法则是事先、事中把权力控制住，使之不能任性、恣意和滥用，尽可能不让损害、损失发生。其次，制定和完善行政程序法是推进制度反腐、法治反腐，建设廉洁政府、效能政府的需要。反腐的“三不”［通过严厉惩罚，使公权力执掌者、行使者“不敢腐”；通过理想信念教育和各种激励手段及适当提高公职人员待遇等，使公权力执掌者、行使者“不想腐”；通过完善法治（主要是行政程序法治），给行政权力行使确定规则、设定规矩，使行政机关及其工作人员在行使行政权力时“不能腐”］各有所用，各有所长，一个也不能少。但是，程序反腐相较于惩治反腐和教育反腐、激励反腐，更有治本的作用。而且，行政程序法制除有推进制度反腐、法治反腐，建设廉洁政府的作用外，还有防止政府和政府官员滥用职权、乱作为、不作为，防止政府和政府官员乱政、懒政、庸政的作用。最后，制定和完善行政程序法是推进国家治理现代化，实现政府善治良政的需要。现代国家治理要求程序化、规范化，要求公开、透明与公众参与，而这就必须通过行政程序法确立相应的制度实现，如权力清单、责任清单、负面清单制度、政府信息公开制度、对相对人实施不利行为的告知制度、听取申辩制度、说明理由制度、听证制度以及回避制度等。这些制度对于规范行政权行使，防止行政权在行使过程中的腐败，已经为中外反腐败斗争的实践反复证明。正因如此，中共中央 2021 年 1 月 10 日颁布的《法治中国建设规划（2020—2025 年）》明确要求“加强对权力运行的制约和监督，健全规范共同行政行为的法律法规，研究制定行政程序法”。前不久，笔者在《人民日报》内参上发文，建议全国人大启动制定《行政程序法典》的立法程序。

三是行政法制监督和行政责任法法制。行政法制监督和行政责任法是规定对行政机关及其工作人员行使行政权的行为进行监督,对其不作为、乱作为行为追究法律责任的法律。行政组织法和行政程序法是通过为行政权力定规矩、划界限,规范和制约行政权,把行政权力关进制度的笼子里,而行政法制监督和行政责任法是对行政组织法和行政程序法为行政权力所定规矩、所划界限的保障。这个保障非常重要,如果没有这个保障,行政机关及其工作人员行使行政权可以随意违反规矩、超越界限而不受任何责任追究,那行政组织法和行政程序法为行政权力所定规矩、所划界限就没有任何意义。因此,要真正把行政权关进制度的笼子里,不仅要加强和完善行政组织法法制和行政程序法法制,我们还必须健全和完善行政法制监督和行政责任法法制。目前,我国在这一领域已经制定了涉及整个公职人员监督和责任的《监察法》和《公职人员政务处分法》,但对于专门行使国家行政权的行政机关及其工作人员的监督和责任追究法却尚不完善。例如,对于行政机关及其工作人员因为不作为、乱作为导致重大责任事故,给国家、集体、公民造成重大损失(包括生命、财产和其他重大损失)责任的调查、问责法,对于行政机关领导干部不如实申报家庭财产和个人有关事项的调查、问责法等。健全、完善这些方面的法制非常重要。要真正把行政权力关进制度的笼子里,就不仅必须通过行政组织法(而不只是现行"三定规定")明确行政权的边界,通过行政程序法确定行政权行使的规则、规矩,还必须通过行政法制监督和行政责任法规定行政权执掌者、行使者超出边界,违反规则、规矩行使行政权的监督和责任。三者缺一不可。缺少这三方面法制的任一法制,或者这三方面法制的任一法制不健全完善,都会给行政权留下滥用、腐败的空间。

坚持制度治党、依规治党，保障和促进党依法执政*

党的二十大报告要求，在全面建设社会主义现代化的进程中，要坚持全面依法治国，推进法治中国建设。而要坚持全面依法治国，推进法治中国建设，就必须促进和保障党依法执政。因为“办好中国的事情，关键在党”。[①] 推翻三座大山，建立新中国，关键在党；改天换地，建设新中国，关键在党；改革开放，开辟中国特色社会主义新道路，关键也在党；全面依法治国，推进法治中国建设，关键同样在党，在于党的依法执政。而党的依法执政，则关键在于党能否制度治党、依规治党。

一、制度治党、依规治党——党依法执政的必由之路

党依法执政的关键之所以取决于党能否制度治党、依规治党，其理由和依据有四：一是依法执政的决策是否科学，在很大程度上取决于党内是否建立了民主科学的决策制度，是否有相应的党内法规规范和制约各级党委的决策行为；二是依法执政的选人用人机制能否保证选对人和用对人，在很大程度上取决于党内是否建立了选贤任能的干部选拔制度，是否有相应的党内法规规范和制约各级党委和组织人事部门的选人用人行为；三是依法执政的施政能否

* 该文是笔者参加中国法学会廉政法制研究会 2022 年年会提交的年会论文，后由《中共中央党校（国家行政法院）学报》发表，发表时标题改为“推进依规治党的关键环节与保障措施”，载该刊 2023 年第 1 期。

① 习近平：《在庆祝中国共产党一百周年大会上的讲话》，载《习近平谈治国理政》（第 4 卷），外文出版社 2022 年版，第 8 页。

有效进行,在很大程度上取决于党内是否建立了对各级各类从政人员的科学评价、考察、考核和督察制度,是否有相应的党内法规规范和监督从政人员的施政行为;四是依法执政在运行机制上能否尽量避免公职人员腐败,在很大程度上取决于党内是否建立了奖罚分明、标本兼治的反腐倡廉制度,是否有相应的党内法规确立公职人员职业道德和从政行为的底线、红线。

(一)健全完善党内决策制度,保障民主决策、科学决策

依法执政首先要求依法决策,我国重大决策的主体包括党中央和各级党委、全国人大和地方各级人大、国务院和地方各级政府。在这三类决策主体中,党中央和各级党委是最重要的决策主体,这是因为,“党政军民学,东西南北中,党是领导一切的”。[①] “治理好我们这个世界上最大的政党和人口最多的国家,必须坚持党的集中统一领导,维护党中央权威,确保党始终总揽全局、协调各方。”[②]在我们国家整个决策体系中,党的决策有着最重要的地位。凡是涉及国家最重大的国计民生问题,首先都需要党中央做出决策;凡是涉及地方最重要的国计民生问题,首先需要相应级别的地方党委做出决策。各级人大和各级政府则在各自职权范围内,就其管辖范围内的事项做出决策。所谓“依法决策”,自然是指依法律、行政法规、地方性法规规定的权限和程序决策。例如,全国人大就重大问题做出决策要遵循《全国人民代表大会组织法》《立法法》《全国人民代表大会议事规则》等法律的规定,国务院就重大问题做出决策要遵循《国务院组织法》《行政法规制定程序条例》以及《重大行政决策程序暂行条例》等法律和行政法规的规定。

人大和政府的决策都有法可依,那么党的决策要不要依法呢?根据《中国共产党章程》的规定,党必须在宪法和法律的范围内活动。[③] 因此,党就国家重大事务做出决策,自然要遵循宪法和法律的规定。特别是全国人大党组就全国人大职权范围内的事项所涉重大问题做出决策要遵循《全国人民代表

---

① 习近平:《不断增强“四个意识”、坚定“四个自信”、做到“两个维护”》,载《习近平谈治国理政》(第3卷),外文出版社2020年版,第85页。

② 习近平:《坚持党的政治建设,始终保持党的团结统一》,载《习近平谈治国理政》(第4卷),外文出版社2022年版,第50页。

③ 参见《中国共产党章程》(中国共产党第二十次全国代表大会部分修改,2022年10月22日通过),人民出版社2022年版,“序言”,第24页。

大会组织法》《立法法》《全国人民代表大会议事规则》等法律的规定,国务院党组就国务院职权范围内的事项所涉重大问题做出决策要遵循《国务院组织法》《行政法规制定程序条例》以及《重大行政决策程序暂行条例》等法律和行政法规的规定。至于党中央就全国性的重大事项、各级党委就相应行政区域内的重大事项进行决策,自然不受某一具体法律法规的拘束,具体法律法规也不可能专门就党中央和各级党委的决策权限和决策程序作出规定。因此,这个任务只能由党内法规来解决:通过党内法规确立科学的严密的党的决策制度,明确党中央和各级党委的决策权限和决策程序(特别是决策程序)。这对于党依法执政是非常必要的,只有把各级党委的决策权力关进制度的笼子里,其依法执政才有可能。在党和国家重大事项的决策方面,制度治党、依规治党无疑是依法治国、依法执政的前提。

为规范党的决策程序,特别需要党中央尽快制定专门的党内法规。国务院曾于2019年(在党中央指导下)制定出台《重大行政决策程序暂行条例》的行政法规。这个行政法规规定的五大决策程序特别全面地反映和体现了现代正当法律程序的民主性和科学性要求。党中央制定专门规范党的决策程序的党内法规完全可以参考这五大决策程序:其一,公众参与。作为党的决策,首先自然应该是广大党员和党的基层组织的参与,但党的决策不仅是对党内事务的决策,更多地是对国家重大事务的决策。因此,同样需要一般社会公众的参与,需要一般公民、法人和其他组织的参与。其二,专家论证。党委决策事项涉及较强专业性、技术性的,应当组织专家、专业机构论证其必要性和可行性,以保证决策的科学性。其三,风险评估。党委对相应事项的决策预期在之后实施可能对社会稳定、公共安全等方面造成不利影响的,应组织有关部门、机构对可能的风险和相应控制措施及这些措施控制风险的效力进行评估。其四,合法性审查。因为《党章》规定,党必须在宪法和法律范围内活动,因此,党中央和各级党委就党和国家重大事项进行的决策在正式出台和实施前,应当交党内专门法制机构进行合宪性与合法性审查,以保证党的决策符合国家的宪法和法律。其五,集体讨论决定。为了保证党的决策的民主性和科学性,尽量避免决策失误,所有重大事项的决策,除特别紧急情况外,必须一律提交党的决策机关集体讨论决定。

(二)健全完善党的选人用人制度,打造优胜劣汰、选贤任能的干部选拔和晋升机制

毛泽东同志曾经指出,“政治路线确定之后,干部就是决定的因素”。[①] 依法治国、依法执政,是党在改革开放以后,特别是新时代以来党确定的治国理政方略,也是党的政治路线。这个治国理政方略能不能有效实施,这一政治路线能不能坚定不移地执行,干部的选拔任用是决定的因素,选拔出千百万真正想干事,真正能干成事的德才兼备的干部是关键。而要选拔出千百万真正想干事,真正能干成事的德才兼备的干部,党必须健全完善党的选人用人制度,打造出一套优胜劣汰、选贤任能的干部选拔和晋升机制。由于我国一直坚持“党管干部”的原则,“党管干部”不仅是党管党的干部,而且管国家的所有干部,所以这套制度和机制对于党依法治国和依法执政具有特殊重要的意义。

为了创建这套制度和机制,2014 年,党中央即制定了《党政领导干部选拔任用工作条例》(以下简称《条例》);2019 年,党中央对该《条例》进行了修改和重新发布。《条例》确立了党组织选拔任用党政领导干部的六项基本原则:(1)党管干部;(2)德才兼备、以德为先,五湖四海、任人唯贤;(3)事业为上、人岗相适、人事相宜;(4)公道正派、注重实绩、群众公认;(5)民主集中制;(6)依法依规办事。[②] 该《条例》还具体规定了党组织选拔任用党政领导干部的条件和程序。党政领导干部选拔任用的条件包括政治思想条件、品行作风条件、知识能力条件等。党政领导干部选拔任用的程序主要包括:(1)分析研判和动议。党组织决定选拔任用党政领导干部,党的组织(人事)部门应综合有关方面建议和平时了解掌握的情况,对领导班子和领导干部进行动议分析,就选拔任用的职位、条件、范围、方式、程序和人选意向等提出初步建议。组织(人事)部门将初步建议向党委(党组)主要领导成员汇报,对初步建议进行完善。研判和动议时,根据工作需要和实际情况,如确有必要,也可以把公开选拔、竞争上岗作为产生人选的一种方式。(2)民主推荐。民主推荐包括谈话调研推荐和会议推荐,推荐结果作为选拔任用的重要参考。(3)考察。党委和党的组织(人事)部门对党政领导职务拟任人选,必须依据干部选拔任

① 《毛泽东选集》(第 2 卷),人民出版社 1991 年版,第 526 页。

② 参见《条例》第一章第 2 条。

用条件和不同领导职务的职责要求,全面考察其德、能、勤、绩、廉,严把政治关、品行关、能力关、作风关、廉洁关。(4)讨论决定。选拔任用党政领导干部,应当按照干部管理权限由党委(党组)集体讨论作出任免决定。[①]

尽管《条例》为党中央和各级党委选人用人建立了一套比较好的制度和机制,但是在选人用人的实践中仍还存在一定的买官卖官、搞团团伙伙的现象以及选人用人不当的问题。这可能有两方面的原因:一是《条例》本身尚有不完善之处,《条例》所确立的制度还存在某些漏洞;二是一些地区、一些部门没有认真切实执行《条例》,有规不依,我行我素。因此,要解决好党依法执政的选人用人问题,既要健全和完善制度,还要建立起有力的执行机制,保证制度发生实效。

(三)健全完善施政绩效考核制度,保障和促进高质量发展

党依法执政的目的之一是保障和促进国家经济和社会的高质量发展,而国家经济和社会的高质量发展在很大程度有赖于对党政部门和党政领导干部的施政绩效考核制度。绩效考核在很大程度上发挥着执政者对从政者的"指挥棒"的作用:执政者考核什么,怎样考核,从政者的施政可能就朝哪个方向使劲,朝哪个方向发展。例如,执政者单纯以 GDP 作为考核指标考核从政者,从政者就可能以 GDP 作为唯一施政方向,眼睛只盯着经济指标而忽视社会、文化的发展和生态环境的治理与改善。执政者单纯以数据考核从政者的政绩,从政者就可能变着法儿制造出各种光鲜亮丽的数据让执政者相信其所施政的地区、部门正在"跨越式发展",其施政绩效正在创造奇迹。

因此,党建立和完善对党政部门和党政领导干部的施政绩效的科学考核制度对于党依法执政非常重要。只有科学的施政绩效考核制度才能促进各地区、各部门真实的高质量发展。只有保障全国社会经济长期可持续的真实的高质量发展,才能最有力证明和体现党长期执政的合法性。2019 年,党中央发布了《党政领导干部考核工作条例》(以下简称《考核条例》),对党政领导班子和党政领导干部考核的内容、方式、程序及考核结果的使用等作了详细规定,初步建立了党政领导班子和党政领导干部的施政绩效考核制度。关于对党政领导班子的考核,《考核条例》规定了五个方面的内容:一是政治思想建

---

① 参见《条例》第二章至第六章。

设；二是领导能力；三是工作实绩；四是党风廉政建设；五是作风建设。在这五项内容中，工作实绩应该占最大的比重。对此，《考核条例》规定，"考核地方党委和政府领导班子的工作实绩，应当看全面工作，看推动本地区经济建设、政治建设、文化建设、社会建设、生态文明建设，解决发展不平衡不充分问题，满足人民日益增长的美好生活需要的情况和实际成效"。[①] 关于对党政领导干部的考核，《考核条例》规定了德、能、勤、绩、廉五个方面的内容。《考核条例》要求，对党政领导班子和党政领导干部的考核，要"落实新发展理念，突出高质量发展导向，构建推动高质量发展指标体系，改进推动高质量发展的政绩考核，因地制宜合理设置经济社会发展实绩考核指标和权重……"[②]关于考核方式，《考核条例》要求平时考核、年度考核、专项考核、任期考核相结合。考核不能只听汇报，看报表数据，而要采取实地调研、走访、舆情分析、现场观摩、专题调查、民主测评等多种方法核实印证。[③]

（四）健全完善反腐倡廉制度，巩固党的执政根基

党的廉政建设与党依法执政有着最密切的联系。执政者依法执政是以执政者清廉为前提的，贪污腐败的执政者不可能依法执政。执政清廉则是以执政者依法守法为条件的，没有法律的制约，执政者单靠自律难以抵制腐败的诱惑，单靠教化难以抵抗权钱交易、权色交易等"糖衣炮弹"的攻击。亚里士多德说："常人既不能完全消除兽欲，虽最好的人们（贤良之人）也未免有热忱，这就往往在执政的时候引起偏向。法律恰恰正是免除一切情欲影响的神祇和理智的体现。"[④]正因如此，执政者执政，执政者行使公权力，即使是无产阶级政党执政，即使是品行优秀的党政领导干部行使公权力，也必须有制度约束，有法律约束。只有依规治党、依法治国、依法执政，才能保证公权力永远姓"公"，"权为民所用"，[⑤]避免以权谋私，公器私用。

党的十八大以来，党中央和中央纪律检查委员会制定了多项反腐倡廉的

① 参见《考核条例》第二章第7条。

② 参见《考核条例》第二章第10条。

③ 参见《考核条例》第2条、第16条、第20条、第23条、第27条。

④ ［古希腊］亚里士多德：《政治学》，吴寿彭译，商务印书馆1996年版，第169页。

⑤ 胡锦涛：《领导干部权为民所用情为民所系利为民所谋》，载中国新闻网，https://www.chinanews.com/n/2003-02-18/26/273898.html。

党内法规,建立了较我党历史上以往任何时候都更严密的预防和惩治腐败的制度。关于党的十八大以来党预防和惩治腐败及制度治党、依规治党的经验,党的二十大报告是这样表述的:“我们深入推进全面从严治党,坚持打铁必须自身硬,从制定和落实中央八项规定开局破题,提出和落实新时代党的建设总要求,以党的政治建设统领党的建设各项工作,坚持思想建党和制度治党同向发力,严肃党内政治生活,持续开展党内集中教育,提出和坚持新时代党的组织路线,突出政治标准选贤任能,加强政治巡视,形成比较完善的党内法规体系,推动全党坚定理想信念、严密组织体系、严明纪律规矩。我们持之以恒正风肃纪,以钉钉子精神纠治‘四风’,反对特权思想和特权现象,坚决整治群众身边的不正之风和腐败问题,刹住了一些长期没有刹住的歪风,纠治了一些多年未除的顽瘴痼疾。我们开展了史无前例的反腐败斗争,以‘得罪千百人、不负十四亿’的使命担当祛疴治乱,不敢腐、不能腐、不想腐一体推进,‘打虎’、‘拍蝇’、‘猎狐’多管齐下,反腐败斗争取得压倒性胜利并全面巩固,消除了党、国家、军队内部存在的严重隐患,确保党和人民赋予的权力始终用来为人民谋幸福。经过不懈努力,党找到了自我革命这一跳出治乱兴衰历史周期率的第二个答案,自我净化、自我完善、自我革新、自我提高能力显著增强,管党治党宽松软状况得到根本扭转,风清气正的党内政治生态不断形成和发展,确保党永远不变质、不变色、不变味。”①

新时代十年,正是由于党坚持自我革命,坚持制度治党、依规治党,为党依法治国、依法执政创建了厚实的基础和条件。

二、加强制度建设与制度执行——制度治党的两大关键环节

制度治党,必须同时抓两件事:制度建设与制度执行。制度治党首先要有制度,没有健全完善的制度,制度治党就是一句空话。其次,制度治党还要解决执行机制的问题,有了好的制度,如果只停留在纸面上,没有强有力的执行机构、执行行动、检查监督及对制度违反者问责、惩治的完善机制,制度治党也仍然只能是设计图纸,而不可能转化为运作实践。

---

① 习近平:《高举中国特色社会主义伟大旗帜 为全面建设社会主义现代化国家而团结奋斗——在中国共产党第二十次全国代表大会上的报告》,人民出版社 2022 年版,第 13—14 页。

(一)加强制度建设,推进制度治党

加强制度建设需解决两个问题:制度治党应该建立、完善,或者应该首先建立、完善哪些制度;怎样制定、完善这些制度。

关于第一个问题,笔者曾在一篇讨论党内法规制度与依法执政、依法治国、依规治党关系方面的文章中提出要建立、完善三方面的制度:一是规范党组织和党员(特别是党员领导干部)的行为,实现全面从严治党,保障党的先进性和纯洁性方面的制度;二是规范党直接行使相关国家公权力的行为,为党的执政行为直接提供规范依据,保证党依法执政方面的制度;三是规范国家机关内党政领导班子职责分工和相互关系,包括二者分别发文或联合发文对相应党政事务作出规定,规范和指导所在机关相应事业的改革、创新和发展方面的制度。①

第一方面的制度主要包括三项:其一,党内民主制度。党内民主的重点是决策民主、选人用人民主和选举民主。因此,有必要抓紧制定有关党内民主决策、民主选举、民主监督等方面的党内法规,完善《条例》。一是应围绕党的各级组织决策的民主程序、党员或党员代表广泛参与党的重大决策、针对重大决策有序征询有关方面专家意见、党的各级组织集体讨论决策等问题,制定相应的党内法规,进一步确保党内民主决策制度化。二是应围绕党内各层级民主选举程序,制定相应的党内法规,确保党内选举能够充分发扬民主,真正体现选举人的意志。三是应进一步完善《条例》,进一步规范党政领导干部选拔任用的民主程序,确保有权党组织在领导干部选拔任用的过程中能够更好听取广大党员和群众的意见,把好党内选人用人关。其二,党务公开制度。党务公开包括党务的静态公开和动态公开。党务静态公开主要指党务的信息公开,包括党的组织、机构及其职能,党的领导干部的分工、权限与责任,党的工作制度、活动程序,党内法规和党的规范性文件等信息的公开。党务动态公开主要指党的会议、党的活动的公开,包括党的各级代表大会、党的各级委员会、党的各级委员会的常务委员会的会务和活动,除需要保密的外,应向一定范围的党员乃至社会公众公开。对此,中共中央已于 2017 年制定发布了《中国共

① 参见姜明安:《党内法规制度建设与依法执政、依法治国、依规治党关系的理论阐释》,载《党内法规研究》2022 年第 1 期。

产党党务公开条例(试行)》。今后的任务是修改完善这部党内法规,在适当的时候将之制定为正式条例,进一步明确党务公开的原则,适当扩大公开的范围,改进公开的方式与程序,完善相应的监督责任机制。其三,党内监督制度。关于党内监督,在党的十八届六中全会修订的《中国共产党党内监督条例》中,规定了多项已在党内先后实施并取得了较好成效的制度。如层级监督制度、职能监督制度、纪检监督制度、民主生活会制度、检举揭发制度、纪检派驻制度、巡视制度等。今后的任务是,进一步根据近年来党内监督实践中发现的新情况新问题,进一步优化党内监督制度的运行机制,强化党内监督制度和其他监督制度的衔接协调,确保能够扎紧制度的笼子。

第二方面的制度在笔者前述文章中没有列举,根据党直接行使相关国家公权力行为的内容,这些制度应当包括党对军队实行绝对领导的制度、党管干部的制度、党管政法工作的制度、党管意识形态工作的制度、党管统战工作的制度等。中国共产党不同于西方国家的政党,西方国家的政党只在选举产生国家权力的相应职位(如总统、总理、首相、部长、议员)时,推荐自己的党员参选,或在其选举胜选后推荐自己的党员进入政府、内阁担任各种职务。之后党不再直接行使国家公权力。中国共产党则不同,其不仅推荐其党员担任国家机关各种职务行使国家公权力,而且建立各种相应机构(如中央军委、中央纪委、中央政法委、中央统战部等)直接行使部分国家公权力。这样,就产生了党行使国家公权力与党依法治国、依法执政的关系问题。党依法治国、依法执政首先要求党要依照国家法律运用国家公权力,如党管军队要依据和遵守《国防法》等国家法律;党管干部要依据和遵守《公务员法》等国家法律;党管政法工作要依据和遵守刑事、民事、行政三大诉讼法和人民法院、人民检察院两大组织法等国家法律。除依据和遵守国家法律外,党行使国家公权力还应当依据和遵守党内法规,党既要通过党内法规具体规范行使国家公权力的党的具体机构的行为,还要通过党内法规规范直接行使国家公权力的作为公职人员的党员的行为。

第三方面的制度在笔者前述文章中也没有明确列举,根据党的十八大以来国家机关内党政领导班子职责分工和相互关系的实践与改革发展趋势,这方面的制度主要有三类:第一类是党组制度。《中国共产党章程》规定:“在中央和地方国家机关、人民团体、经济组织、文化组织和其他非党组织的领导机关中，可以成立党组。党组发挥领导作用。党组的任务，主要是负责贯彻执行党的路线、方针、政策；加强对本单位党的建设的领导，履行全面从严治党责任；讨论和决定本单位的重大问题；做好干部管理工作；讨论和决定基层党组织设置调整和发展党员、处分党员等重要事项；团结党外干部和群众，完成党和国家交给的任务；领导机关和直属单位党组织的工作。”[①]根据《中国共产党党组工作条例》规定，“党组是党在中央和地方国家机关、人民团体、经济组织、文化组织和其他非党组织的领导机关中设立的领导机构，在本单位发挥领导作用”，党组要“坚持正确领导方式，实现党组发挥领导作用与本单位领导班子依法依章程履行职责相统一”。[②]《党章》和《党组工作条例》是规范国家机关（以及人民团体、经济组织、文化组织和其他非党组织）内党组活动的基本规则，是调整国家机关内党政领导班子相互关系的基本依据。第二类是会议制度。在国家机关内部，党务处理有党组的会议制度，政务处理有政务领导班子的会议制度（规模大的国家机关，如国务院，同时设领导班子常务会议制度和全体会议制度）。在国家机关，除了党政分设的会议制度，通常还有党政联席会议制度。目前，党内尚未制定专门规定党政会议制度的党内法规，各国家机关的会议制度一般由其自行制定。有的国家机关这方面的制度很不完善，随意性较大。制度治党自然需要加强会议制度建设。第三类是纲要和其他规范性文件指导制度。在规范党依法治国、依法执政以及规范党和国家机关内部制度治党领域，党单独发布或与国家机关联合发布纲要和其他规范性文件的制度有着重要的地位和作用。例如，中共中央和国务院分别在 2015 年和 2021 年联合发布的《法治政府建设实施纲要（2015—2020 年）》《法治政府建设实施纲要（2021—2025 年）》和中共中央于 2020 年发布的《法治中国建设规划》《法治社会建设实施纲要（2020—2025 年）》，以及 2013 年党的十八届三中全会通过的《中共中央关于全面深化改革若干重大问题的决定》、2014 年党的十八届四中全会通过的《中共中央关于全面推进依法治国若干重大问题的决定》等。党通过纲要和其他规范性文件领导和指导工作，规范党和国家机关的活动是党依法治国、依法执政一种重要方式，这种方式同样需要制度

① 参见《中国共产党章程》，人民出版社 2022 年版，第 59 页。
② 参见《中国共产党党组工作条例》第 2 条、第 4 条第 5 项。

化，如适用范围、制定发布程序、实施机制等，均需要以制度确定。

（二）促进制度执行，实现制度治党

制度治党除需要制定和完善制度外，另一个重要环节就是制度执行。如果不创设有效的执行机制，制度就只是摆设而不能产生实效。

制度的执行机制主要有四个环节：一是执行机构；二是执行措施；三是对执行的检查监督；四是对违反制度行为的问责处理。

制度一经确立，就必须明确制度相应的执行实施机构。以党务公开制度为例，根据《中国共产党党务公开条例（试行）》的规定，党务公开由党中央统一领导，地方党委分级负责，各部门各单位各负其责。“中央办公厅承担党中央党务公开的具体工作，负责统筹协调和督促指导整个党务公开工作。地方党委办公厅（室）承担本级党委党务公开的具体工作，负责统筹协调和督促指导本地区的党务公开工作。”“党的组织应当根据本条例规定的党务公开内容和范围编制党务公开目录，并根据职责任务要求动态调整。党务公开目录应当报党的上一级组织备案，并按照规定在党内或者向社会公开。中央纪律检查委员会、中央各部门应当加强对本系统本领域党务公开目录编制的指导。”“党的中央纪律检查机关、党中央有关工作机关，县级以上地方党委以及地方纪律检查机关、地方党委有关工作机关应当建立和完善党委新闻发言人制度，逐步建立例行发布制度，及时准确发布重要党务信息。”①

制度的有效实施，必须有严密和有力的执行措施保障。党组织在推出某一制度时，必须有相应的执行措施跟进。在一般情况下，出台相应制度的党内法规即会规定相应的执行措施。例如，中组部在推出领导干部报告个人有关事项的制度时，即在相应党内法规《领导干部报告个人有关事项规定》中同时规定了执行这一制度的下述八项措施：（1）领导干部于每年1月31日前集中报告一次上一年度收入、房产、投资等事项。（2）年度集中报告后，新发生应报告事项的，应当在事后30日内按照规定报告。因特殊原因不能按时报告的，特殊原因消除后应当及时补报，并说明原因。（3）领导干部报告个人有关事项，按照干部管理权限由相应的组织（人事）部门负责受理。（4）领导干部在执行报告制度过程中，认为有需要请示的事项，可以向受理报告的组织（人

---

① 《中国共产党党务公开条例（试行）》第5条、第14条、第16条。

事）部门请示。受理报告的组织（人事）部门应当认真研究，及时答复。（5）组织（人事）部门应当每年对领导干部报告个人有关事项的情况进行汇总综合，向同级党委（党组）和上一级党委（党组）的组织（人事）部门报告。（6）组织（人事）部门在干部监督工作和干部选拔任用工作中，按照干部管理权限，经本机关、本单位负责人批准，可以查阅有关领导干部报告个人有关事项的材料。纪检监察机关（机构）在履行职责时，按照干部管理权限，经本机关负责人批准，可以查阅有关领导干部报告个人有关事项的材料。巡视机构在巡视工作期间，根据工作需要，经巡视工作领导小组负责人批准，可以查阅有关领导干部报告个人有关事项的材料。检察机关在查办职务犯罪案件时，经本机关负责人批准，可以查阅案件涉及的领导干部报告个人有关事项的材料。（7）组织（人事）部门应当按照干部管理权限，对领导干部报告个人有关事项的真实性和完整性进行查核。查核方式包括随机抽查和重点查核。随机抽查每年集中开展一次，按照10%的比例进行。纪检监察机关（机构）、巡视机构、检察机关在履行职责时，按照规定履行报批手续后，可以委托组织（人事）部门按照干部管理权限，对领导干部报告个人有关事项的真实性和完整性进行查核。（8）查核发现领导干部的家庭财产明显超过正常收入的，应当要求其作出说明，必要时可以对其财产来源的合法性进行验证。上述这些措施对于保证领导干部报告个人有关事项制度的有效实施，无疑具有非常重要的作用。当然，这些措施还有进一步完善的余地。如果各级党的组织部门能够在此基础上每年有选择地公布一定级别以上的或者拟提拔、晋升职务的领导干部个人申报的财产和其他有关事项的情况，该制度实施的有效性会有进一步的提高。

制度执行的第三个环节——执行的检查监督和第四个环节——对违反制度行为的问责处理是紧密联系的，二者均是制度执行的重要保障。党中央或地方党组织出台任何一项制度，要使之有效执行，均要确立相应的检查监督和对违反制度行为的问责处罚处理机制。例如，中共中央政治局于2012年制定了《关于改进工作作风、密切联系群众的八项规定》，并建立了一系列相应制度。为了保证这些制度的执行，2018年专门制定了《贯彻落实中央八项规定的实施细则》，确立了检查监督和对违反规定的问责处理机制。该实施细则规定，各地区各部门要严格执行八项规定及其实施细则。每年年底对执行情况进行一次专项检查,并将检查结果分别报送中央办公厅、国务院办公厅。中央办公厅、国务院办公厅要定期督促检查。每年年底通报执行情况,并向中央政治局常委会议、中央政治局会议汇报执行情况,对违反规定的要建议有关部门进行处理。各级纪检监察机关要把监督执行该细则作为改进党风政风的一项经常性工作来抓。审计部门每年要对各地区各部门会议活动等经费的使用情况进行审查。[①] 2022 年 10 月 25 日,第二十届中央政治局又专门开会审议《贯彻落实中央八项规定的实施细则》,进一步修改完善贯彻落实中央八项规定的检查监督和对违反规定的问责处理机制。

三、推进党内法规的立释改废——依规治党的四项保障措施

依规治党必须有规可依,有良规可依。要解决"有规可依"的问题,必须推进党内法规的"立"(制定)和"释"(解释);要解决"有良规可依"的问题,必须推进党内法规的"改"(修改)和"废"(废止和撤销)。

(一)推进党内法规的"立",保障依规治党有规可依

要保障依规治党有规可依,就必须做好党内法规的制定工作。为此,需要抓好三件事情:第一件事是建立健全党内法制工作机构,选配有良好法律素质的人员在党内法制工作机构任职。根据《中国共产党党内法规制定条例》,党的中央组织、中央纪律检查委员会以及党中央工作机关(如中组部、中宣部、中央政法委等)和省、自治区、直辖市党委均有权制定党内法规。[②] 从而,党的这些机关均应设置党内法制工作机构。第二件事是编制好党内法规制定规划与计划。对此,《中国共产党党内法规制定条例》规定,制定党内法规应当统筹进行,科学编制党内法规制定工作五年规划和年度计划,突出重点、整体推进,构建内容科学、程序严密、配套完备、运行有效的党内法规体系。中央党内法规制定工作五年规划,由中央办公厅对中央纪律检查委员会以及中央各部门和省、自治区、直辖市党委提出的制定建议进行汇总,并广泛征求意见后拟订,经中央书记处办公会议讨论,报党中央审定。中央党内法规制定工作年度计划,由中央办公厅对中央纪律检查委员会以及中央各部门每年年底前提出

① 参见中共中央政治局《贯彻落实中央八项规定的实施细则》第 26 项、第 27 项。

② 参见《中国共产党党内法规制定条例》第 3 条。

的下一年度制定建议进行汇总后拟订,报党中央审批。中央纪律检查委员会以及党中央工作机关和省、自治区、直辖市党委可以根据职权和实际需要,编制本系统、本地区党内法规制定工作规划和计划。① 第三件事是加强党内法规起草制定工作的民主性和科学性,切实提高党内法规的质量。对此,《中国共产党党内法规制定条例》规定,起草党内法规,应当深入调查研究,全面掌握实际情况,认真总结历史经验和新的实践经验,充分了解各级党组织和广大党员的意见和建议。必要时,调查研究可以吸收党委及其工作机关法律顾问和有关专家学者参加,或者委托专门机构开展。起草党内法规的部门和单位,应当就涉及其他部门和单位工作范围的事项,同有关部门和单位协商一致。经协商未能取得一致意见的,应当在报送党内法规草案时对有关情况作出说明。党内法规草案形成后,应当广泛征求意见。征求意见范围根据党内法规草案的具体内容确定,必要时在全党范围内征求意见。征求意见时应当注意听取党代表大会代表和基层党员、干部以及有关专家学者的意见。与群众切身利益密切相关的党内法规草案,应当充分听取群众意见。征求意见可以采取书面形式,也可以采取座谈会、论证会、网上征询等形式。②

(二)推进党内法规的"释",保障和增强依规治党的"规"的明确性和可操作性

要保障依规治党,不仅要解决有规可依(立规)的问题,而且要解决规的明确性和可操作性(释规)的问题。在某种意义上,释规与立规一样,同样是解决有规可依的问题,因为规定过于抽象、原则,不通过释规使之具体、明确,具有可操作性,即难以执行,有规等于无规,执行者在处理相应问题时仍会是无据可依。为此,《中国共产党党内法规制定条例》规定,党内法规需要进一步明确条款具体含义或者适用问题的,应当进行解释。中央党内法规由党中央或者授权有关部委解释,中央纪律检查委员会以及党中央工作机关和省、自治区、直辖市党委制定的党内法规由制定机关解释。党内法规的解释同党内法规具有同等效力。③

---

① 参见《中国共产党党内法规制定条例》第 15 条、第 16 条、第 18 条。
② 参见《中国共产党党内法规制定条例》第 22 条、第 23 条、第 25 条。
③ 参见《中国共产党党内法规制定条例》第 34 条。

(三)推进对违法违规或者不适应新时代目标任务需要的党内法规的"改",保障依规治党的"规"合法且与时俱进

依规治党要求党内法规符合宪法、法律且与时俱进。为此,立规机关应随时修改或者根据党中央的指令修改违法违规或者不适应新时代目标任务需要的党内法规。《中国共产党党内法规制定条例》规定,中央纪律检查委员会以及党中央工作机关和省、自治区、直辖市党委制定的党内法规有下列情形之一的,党中央予以责令改正或者撤销:(1)同党章、党的理论和路线方针政策相抵触;(2)同宪法、法律和行政法规相抵触;(3)同上位党内法规和规范性文件相抵触;(4)其他应当责令改正或者撤销的情形。不同部委制定的党内法规对同一事项作出的规定相冲突的,提请党中央处理。[①]

《中国共产党党内法规制定条例》规定的上述第四种情形"其他应当责令改正或者撤销的情形",主要指相应党内法规内容过时,不适应新时代目标任务需要或者与新发展理念及政策导向不相符合的情形。该条例规定的所有上述情形,立规机关既可以"改正"(修改),也可以撤销,包括完全撤销和撤销后重新制定。是修改还是撤销,由立规机关裁量决定。

(四)推进对违法违规或者不适应新时代目标任务需要的党内法规的"废",保障依规治党常有良规可依

前已述及,对于具有《中国共产党党内法规制定条例》第32条规定情形的党内法规,既可以修改(改正),也可以撤销("废")[②]。是修改还是撤销(包括废止),由立规机关裁量决定。但是,立规机关的裁量决定不是完全任意的。一般来说,立规机关决定修改还是撤销,应取决于该党内法规违法违规的严重程度和该党内法规所调整事项对相应法规调整的需要程度。如果该党内法规违法违规情节严重,或者该党内法规所调整事项已有上位法规调整或者该事项已经处理完毕,则应撤销;如果该党内法规违法违规情节轻微,或者该党内法规所调整事项尚在进行中,无其他法规可取代适用,则应及时修改,以适应党的建设和改革、发展的需要。

---

① 参见《中国共产党党内法规制定条例》第32条。

② 这里的"废",包括撤销和废止。撤销主要适用于违法违规的党内法规;废止主要适用于内容过时,不适应新时代目标任务需要或者与新发展理念及政策导向不相符合的党内法规。

推进对违法违规或者不适应新时代目标任务需要的党内法规的“废”应成为党内法制机构一项经常性的任务，这是保障依规治党常有良规可依的需要。如果依规治党的“规”不是良规，而是违法违规或者不适应新时代目标任务需要、违反新发展理念及新时代政策导向之规，党就不可能实现依法治国、依法执政的伟大使命。

附录二

监察“三法一条例”

中华人民共和国监察法

（2018年3月20日第十三届全国人民代表大会
第一次会议通过）

目　　录

第一章　总　　则
第二章　监察机关及其职责
第三章　监察范围和管辖
第四章　监察权限
第五章　监察程序
第六章　反腐败国际合作
第七章　对监察机关和监察人员的监督
第八章　法律责任
第九章　附　　则

第一章　总　　则

第一条　为了深化国家监察体制改革，加强对所有行使公权力的公职人员的监督，实现国家监察全面覆盖，深入开展反腐败工作，推进国家治理体系和治理能力现代化，根据宪法，制定本法。

第二条　坚持中国共产党对国家监察工作的领导，以马克思列宁主义、毛泽东思想、邓小平理论、“三个代表”重要思想、科学发展观、习近平新时代中国特色社会主义思想为指导，构建集中统一、权威高效的中国特色国家监察体制。

第三条 各级监察委员会是行使国家监察职能的专责机关，依照本法对所有行使公权力的公职人员（以下称公职人员）进行监察，调查职务违法和职务犯罪，开展廉政建设和反腐败工作，维护宪法和法律的尊严。

第四条 监察委员会依照法律规定独立行使监察权，不受行政机关、社会团体和个人的干涉。

监察机关办理职务违法和职务犯罪案件，应当与审判机关、检察机关、执法部门互相配合，互相制约。

监察机关在工作中需要协助的，有关机关和单位应当根据监察机关的要求依法予以协助。

第五条 国家监察工作严格遵照宪法和法律，以事实为根据，以法律为准绳；在适用法律上一律平等，保障当事人的合法权益；权责对等，严格监督；惩戒与教育相结合，宽严相济。

第六条 国家监察工作坚持标本兼治、综合治理，强化监督问责，严厉惩治腐败；深化改革、健全法治，有效制约和监督权力；加强法治教育和道德教育，弘扬中华优秀传统文化，构建不敢腐、不能腐、不想腐的长效机制。

第二章　监察机关及其职责

第七条 中华人民共和国国家监察委员会是最高监察机关。

省、自治区、直辖市、自治州、县、自治县、市、市辖区设立监察委员会。

第八条 国家监察委员会由全国人民代表大会产生，负责全国监察工作。

国家监察委员会由主任、副主任若干人、委员若干人组成，主任由全国人民代表大会选举，副主任、委员由国家监察委员会主任提请全国人民代表大会常务委员会任免。

国家监察委员会主任每届任期同全国人民代表大会每届任期相同，连续任职不得超过两届。

国家监察委员会对全国人民代表大会及其常务委员会负责，并接受其监督。

第九条　地方各级监察委员会由本级人民代表大会产生，负责本行政区域内的监察工作。

地方各级监察委员会由主任、副主任若干人、委员若干人组成，主任由本级人民代表大会选举，副主任、委员由监察委员会主任提请本级人民代表大会常务委员会任免。

地方各级监察委员会主任每届任期同本级人民代表大会每届任期相同。

地方各级监察委员会对本级人民代表大会及其常务委员会和上一级监察委员会负责，并接受其监督。

第十条　国家监察委员会领导地方各级监察委员会的工作，上级监察委员会领导下级监察委员会的工作。

第十一条　监察委员会依照本法和有关法律规定履行监督、调查、处置职责：

（一）对公职人员开展廉政教育，对其依法履职、秉公用权、廉洁从政从业以及道德操守情况进行监督检查；

（二）对涉嫌贪污贿赂、滥用职权、玩忽职守、权力寻租、利益输送、徇私舞弊以及浪费国家资财等职务违法和职务犯罪进行调查；

（三）对违法的公职人员依法作出政务处分决定；对履行职责不力、失职失责的领导人员进行问责；对涉嫌职务犯罪的，将调查结果移送人民检察院依法审查、提起公诉；向监察对象所在单位提出监察建议。

第十二条　各级监察委员会可以向本级中国共产党机关、国家机关、法律法规授权或者委托管理公共事务的组织和单位以及所管辖的行政区域、国有企业等派驻或者派出监察机构、监察专员。

监察机构、监察专员对派驻或者派出它的监察委员会负责。

第十三条　派驻或者派出的监察机构、监察专员根据授权，按照管理权限依法对公职人员进行监督，提出监察建议，依法对公职人员进行调查、处置。

第十四条　国家实行监察官制度，依法确定监察官的等级设置、任免、考评和晋升等制度。

第三章　监察范围和管辖

第十五条　监察机关对下列公职人员和有关人员进行监察：

（一）中国共产党机关、人民代表大会及其常务委员会机关、人民政府、监察委员会、人民法院、人民检察院、中国人民政治协商会议各级委员会机关、民主党派机关和工商业联合会机关的公务员，以及参照《中华人民共和国公务员法》管理的人员；

（二）法律、法规授权或者受国家机关依法委托管理公共事务的组织中从事公务的人员；

（三）国有企业管理人员；

（四）公办的教育、科研、文化、医疗卫生、体育等单位中从事管理的人员；

（五）基层群众性自治组织中从事管理的人员；

（六）其他依法履行公职的人员。

第十六条 各级监察机关按照管理权限管辖本辖区内本法第十五条规定的人员所涉监察事项。

上级监察机关可以办理下一级监察机关管辖范围内的监察事项，必要时也可以办理所辖各级监察机关管辖范围内的监察事项。

监察机关之间对监察事项的管辖有争议的，由其共同的上级监察机关确定。

第十七条 上级监察机关可以将其所管辖的监察事项指定下级监察机关管辖，也可以将下级监察机关有管辖权的监察事项指定给其他监察机关管辖。

监察机关认为所管辖的监察事项重大、复杂，需要由上级监察机关管辖的，可以报请上级监察机关管辖。

第四章 监察权限

第十八条 监察机关行使监督、调查职权，有权依法向有关单位和个人了解情况，收集、调取证据。有关单位和个人应当如实提供。

监察机关及其工作人员对监督、调查过程中知悉的国家秘密、商业秘密、个人隐私，应当保密。

任何单位和个人不得伪造、隐匿或者毁灭证据。

第十九条 对可能发生职务违法的监察对象，监察机关按照管理权限，可以直接或者委托有关机关、人员进行谈话或者要求说明情况。

第二十条 在调查过程中，对涉嫌职务违法的被调查人，监察机关可以要求其就涉嫌违法行为作出陈述，必要时向被调查人出具书面通知。

对涉嫌贪污贿赂、失职渎职等职务犯罪的被调查人，监察机关可以进行讯问，要求其如实供述涉嫌犯罪的情况。

第二十一条　在调查过程中，监察机关可以询问证人等人员。

第二十二条　被调查人涉嫌贪污贿赂、失职渎职等严重职务违法或者职务犯罪，监察机关已经掌握其部分违法犯罪事实及证据，仍有重要问题需要进一步调查，并有下列情形之一的，经监察机关依法审批，可以将其留置在特定场所：

（一）涉及案情重大、复杂的；

（二）可能逃跑、自杀的；

（三）可能串供或者伪造、隐匿、毁灭证据的；

（四）可能有其他妨碍调查行为的。

对涉嫌行贿犯罪或者共同职务犯罪的涉案人员，监察机关可以依照前款规定采取留置措施。

留置场所的设置、管理和监督依照国家有关规定执行。

第二十三条　监察机关调查涉嫌贪污贿赂、失职渎职等严重职务违法或者职务犯罪，根据工作需要，可以依照规定查询、冻结涉案单位和个人的存款、汇款、债券、股票、基金份额等财产。有关单位和个人应当配合。

冻结的财产经查明与案件无关的，应当在查明后三日内解除冻结，予以退还。

第二十四条　监察机关可以对涉嫌职务犯罪的被调查人以及可能隐藏被调查人或者犯罪证据的人的身体、物品、住处和其他有关地方进行搜查。在搜查时，应当出示搜查证，并有被搜查人或者其家属等见证人在场。

搜查女性身体，应当由女性工作人员进行。

监察机关进行搜查时，可以根据工作需要提请公安机关配合。公安机关应当依法予以协助。

第二十五条　监察机关在调查过程中，可以调取、查封、扣押用以证明被调查人涉嫌违法犯罪的财物、文件和电子数据等信息。采取调取、查封、扣押措施，应当收集原物原件，会同持有人或者保管人、见证人，当面逐一拍照、登记、编号，开列清单，由在场人员当场核对、签名，并将清单副本交财物、文件的持有人或者保管人。

对调取、查封、扣押的财物、文件，监察机关应当设立专用账户、专门场所，确定专门人员妥善保管，严格履行交接、调取手续，定期对账核实，不得毁损或者用于其他目的。对价值不明物品应当及时鉴定，专门封存保管。

查封、扣押的财物、文件经查明与案件无关的，应当在查明后三日内解除查封、扣押，予以退还。

第二十六条 监察机关在调查过程中，可以直接或者指派、聘请具有专门知识、资格的人员在调查人员主持下进行勘验检查。勘验检查情况应当制作笔录，由参加勘验检查的人员和见证人签名或者盖章。

第二十七条 监察机关在调查过程中，对于案件中的专门性问题，可以指派、聘请有专门知识的人进行鉴定。鉴定人进行鉴定后，应当出具鉴定意见，并且签名。

第二十八条 监察机关调查涉嫌重大贪污贿赂等职务犯罪，根据需要，经过严格的批准手续，可以采取技术调查措施，按照规定交有关机关执行。

批准决定应当明确采取技术调查措施的种类和适用对象，自签发之日起三个月以内有效；对于复杂、疑难案件，期限届满仍有必要继续采取技术调查措施的，经过批准，有效期可以延长，每次不得超过三个月。对于不需要继续采取技术调查措施的，应当及时解除。

第二十九条 依法应当留置的被调查人如果在逃，监察机关可以决定在本行政区域内通缉，由公安机关发布通缉令，追捕归案。通缉范围超出本行政区域的，应当报请有权决定的上级监察机关决定。

第三十条 监察机关为防止被调查人及相关人员逃匿境外，经省级以上监察机关批准，可以对被调查人及相关人员采取限制出境措施，由公安机关依法执行。对于不需要继续采取限制出境措施的，应当及时解除。

第三十一条 涉嫌职务犯罪的被调查人主动认罪认罚，有下列情形之一的，监察机关经领导人员集体研究，并报上一级监察机关批准，可以在移送人民检察院时提出从宽处罚的建议：

（一）自动投案，真诚悔罪悔过的；

（二）积极配合调查工作，如实供述监察机关还未掌握的违法犯罪行为的；

（三）积极退赃，减少损失的；

（四）具有重大立功表现或者案件涉及国家重大利益等情形的。

第三十二条 职务违法犯罪的涉案人员揭发有关被调查人职务违法犯罪行为，查证属实的，或者提供重要线索，有助于调查其他案件的，监察机关经领导人员集体研究，并报上一级监察机关批准，可以在移送人民检察院时提出从宽处罚的建议。

第三十三条 监察机关依照本法规定收集的物证、书证、证人证言、被调查人供述和辩解、视听资料、电子数据等证据材料，在刑事诉讼中可以作为证据使用。

监察机关在收集、固定、审查、运用证据时，应当与刑事审判关于证据的要求和标准相一致。

以非法方法收集的证据应当依法予以排除，不得作为案件处置的依据。

第三十四条 人民法院、人民检察院、公安机关、审计机关等国家机关在工作中发现公职人员涉嫌贪污贿赂、失职渎职等职务违法或者职务犯罪的问题线索，应当移送监察机关，由监察机关依法调查处置。

被调查人既涉嫌严重职务违法或者职务犯罪，又涉嫌其他违法犯罪的，一般应当由监察机关为主调查，其他机关予以协助。

第五章 监察程序

第三十五条 监察机关对于报案或者举报，应当接受并按照有关规定处理。对于不属于本机关管辖的，应当移送主管机关处理。

第三十六条 监察机关应当严格按照程序开展工作，建立问题线索处置、调查、审理各部门相互协调、相互制约的工作机制。

监察机关应当加强对调查、处置工作全过程的监督管理，设立相应的工作部门履行线索管理、监督检查、督促办理、统计分析等管理协调职能。

第三十七条 监察机关对监察对象的问题线索，应当按照有关规定提出处置意见，履行审批手续，进行分类办理。线索处置情况应当定期汇总、通报，定期检查、抽查。

第三十八条 需要采取初步核实方式处置问题线索的，监察机关应当依法履行审批程序，成立核查组。初步核实工作结束后，核查组应当撰写初步核实情况报告，提出处理建议。承办部门应当提出分类处理意见。初步核实情况报告和分类处理意见报监察机关主要负责人审批。

第三十九条 经过初步核实，对监察对象涉嫌职务违法犯罪，需要追究法律责任的，监察机关应当按照规定的权限和程序办理立案手续。

监察机关主要负责人依法批准立案后，应当主持召开专题会议，研究确定调查方案，决定需要采取的调查措施。

立案调查决定应当向被调查人宣布，并通报相关组织。涉嫌严重职务违法或者职务犯罪的，应当通知被调查人家属，并向社会公开发布。

第四十条 监察机关对职务违法和职务犯罪案件，应当进行调查，收集被调查人有无违法犯罪以及情节轻重的证据，查明违法犯罪事实，形成相互印证、完整稳定的证据链。

严禁以威胁、引诱、欺骗及其他非法方式收集证据，严禁侮辱、打骂、虐待、体罚或者变相体罚被调查人和涉案人员。

第四十一条 调查人员采取讯问、询问、留置、搜查、调取、查封、扣押、勘验检查等调查措施，均应当依照规定出示证件，出具书面通知，由二人以上进行，形成笔录、报告等书面材料，并由相关人员签名、盖章。

调查人员进行讯问以及搜查、查封、扣押等重要取证工作，应当对全过程进行录音录像，留存备查。

第四十二条 调查人员应当严格执行调查方案，不得随意扩大调查范围、变更调查对象和事项。

对调查过程中的重要事项，应当集体研究后按程序请示报告。

第四十三条 监察机关采取留置措施，应当由监察机关领导人员集体研究决定。设区的市级以下监察机关采取留置措施，应当报上一级监察机关批准。省级监察机关采取留置措施，应当报国家监察委员会备案。

留置时间不得超过三个月。在特殊情况下，可以延长一次，延长时间不得超过三个月。省级以下监察机关采取留置措施的，延长留置时间应当报上一级监察机关批准。监察机关发现采取留置措施不当的，应当及时解除。

监察机关采取留置措施，可以根据工作需要提请公安机关配合。公安机关应当依法予以协助。

第四十四条 对被调查人采取留置措施后，应当在二十四小时以内，通知被留置人员所在单位和家属，但有可能毁灭、伪造证据，干扰证人作证或者串供等有碍调查情形的除外。有碍调查的情形消失后，应当立即通知被留置人员所在单位和家属。

监察机关应当保障被留置人员的饮食、休息和安全，提供医疗服务。讯问被留置人员应当合理安排讯问时间和时长，讯问笔录由被讯问人阅看后签名。

被留置人员涉嫌犯罪移送司法机关后，被依法判处管制、拘役和有期徒刑的，留置一日折抵管制二日，折抵拘役、有期徒刑一日。

第四十五条　监察机关根据监督、调查结果，依法作出如下处置：

（一）对有职务违法行为但情节较轻的公职人员，按照管理权限，直接或者委托有关机关、人员，进行谈话提醒、批评教育、责令检查，或者予以诫勉；

（二）对违法的公职人员依照法定程序作出警告、记过、记大过、降级、撤职、开除等政务处分决定；

（三）对不履行或者不正确履行职责负有责任的领导人员，按照管理权限对其直接作出问责决定，或者向有权作出问责决定的机关提出问责建议；

（四）对涉嫌职务犯罪的，监察机关经调查认为犯罪事实清楚，证据确实、充分的，制作起诉意见书，连同案卷材料、证据一并移送人民检察院依法审查、提起公诉；

（五）对监察对象所在单位廉政建设和履行职责存在的问题等提出监察建议。

监察机关经调查，对没有证据证明被调查人存在违法犯罪行为的，应当撤销案件，并通知被调查人所在单位。

第四十六条　监察机关经调查，对违法取得的财物，依法予以没收、追缴或者责令退赔；对涉嫌犯罪取得的财物，应当随案移送人民检察院。

第四十七条　对监察机关移送的案件，人民检察院依照《中华人民共和国刑事诉讼法》对被调查人采取强制措施。

人民检察院经审查，认为犯罪事实已经查清，证据确实、充分，依法应当追究刑事责任的，应当作出起诉决定。

人民检察院经审查，认为需要补充核实的，应当退回监察机关补充调查，必要时可以自行补充侦查。对于补充调查的案件，应当在一个月内补充调查完毕。补充调查以二次为限。

人民检察院对于有《中华人民共和国刑事诉讼法》规定的不起诉的情形的，经上一级人民检察院批准，依法作出不起诉的决定。监察机关认为不起诉的决定有错误的，可以向上一级人民检察院提请复议。

第四十八条 监察机关在调查贪污贿赂、失职渎职等职务犯罪案件过程中，被调查人逃匿或者死亡，有必要继续调查的，经省级以上监察机关批准，应当继续调查并作出结论。被调查人逃匿，在通缉一年后不能到案，或者死亡的，由监察机关提请人民检察院依照法定程序，向人民法院提出没收违法所得的申请。

第四十九条 监察对象对监察机关作出的涉及本人的处理决定不服的，可以在收到处理决定之日起一个月内，向作出决定的监察机关申请复审，复审机关应当在一个月内作出复审决定；监察对象对复审决定仍不服的，可以在收到复审决定之日起一个月内，向上一级监察机关申请复核，复核机关应当在二个月内作出复核决定。复审、复核期间，不停止原处理决定的执行。复核机关经审查，认定处理决定有错误的，原处理机关应当及时予以纠正。

第六章 反腐败国际合作

第五十条 国家监察委员会统筹协调与其他国家、地区、国际组织开展的反腐败国际交流、合作，组织反腐败国际条约实施工作。

第五十一条 国家监察委员会组织协调有关方面加强与有关国家、地区、国际组织在反腐败执法、引渡、司法协助、被判刑人的移管、资产追回和信息交流等领域的合作。

第五十二条 国家监察委员会加强对反腐败国际追逃追赃和防逃工作的组织协调，督促有关单位做好相关工作：

（一）对于重大贪污贿赂、失职渎职等职务犯罪案件，被调查人逃匿到国（境）外，掌握证据比较确凿的，通过开展境外追逃合作，追捕归案；

（二）向赃款赃物所在国请求查询、冻结、扣押、没收、追缴、返还涉案资产；

（三）查询、监控涉嫌职务犯罪的公职人员及其相关人员进出国（境）和跨境资金流动情况，在调查案件过程中设置防逃程序。

第七章 对监察机关和监察人员的监督

第五十三条 各级监察委员会应当接受本级人民代表大会及其常务委员会的监督。

各级人民代表大会常务委员会听取和审议本级监察委员会的专项工作报告,组织执法检查。

县级以上各级人民代表大会及其常务委员会举行会议时,人民代表大会代表或者常务委员会组成人员可以依照法律规定的程序,就监察工作中的有关问题提出询问或者质询。

第五十四条 监察机关应当依法公开监察工作信息,接受民主监督、社会监督、舆论监督。

第五十五条 监察机关通过设立内部专门的监督机构等方式,加强对监察人员执行职务和遵守法律情况的监督,建设忠诚、干净、担当的监察队伍。

第五十六条 监察人员必须模范遵守宪法和法律,忠于职守、秉公执法,清正廉洁、保守秘密;必须具有良好的政治素质,熟悉监察业务,具备运用法律、法规、政策和调查取证等能力,自觉接受监督。

第五十七条 对于监察人员打听案情、过问案件、说情干预的,办理监察事项的监察人员应当及时报告。有关情况应当登记备案。

发现办理监察事项的监察人员未经批准接触被调查人、涉案人员及其特定关系人,或者存在交往情形的,知情人应当及时报告。有关情况应当登记备案。

第五十八条 办理监察事项的监察人员有下列情形之一的,应当自行回避,监察对象、检举人及其他有关人员也有权要求其回避:

(一)是监察对象或者检举人的近亲属的;

(二)担任过本案的证人的;

(三)本人或者其近亲属与办理的监察事项有利害关系的;

(四)有可能影响监察事项公正处理的其他情形的。

第五十九条 监察机关涉密人员离岗离职后,应当遵守脱密期管理规定,严格履行保密义务,不得泄露相关秘密。

监察人员辞职、退休三年内,不得从事与监察和司法工作相关联且可能发生利益冲突的职业。

第六十条 监察机关及其工作人员有下列行为之一的,被调查人及其近亲属有权向该机关申诉:

(一)留置法定期限届满,不予以解除的;

(二)查封、扣押、冻结与案件无关的财物的;

(三)应当解除查封、扣押、冻结措施而不解除的;

(四)贪污、挪用、私分、调换以及违反规定使用查封、扣押、冻结的财物的;

(五)其他违反法律法规、侵害被调查人合法权益的行为。

受理申诉的监察机关应当在受理申诉之日起一个月内作出处理决定。申诉人对处理决定不服的,可以在收到处理决定之日起一个月内向上一级监察机关申请复查,上一级监察机关应当在收到复查申请之日起二个月内作出处理决定,情况属实的,及时予以纠正。

第六十一条 对调查工作结束后发现立案依据不充分或者失实,案件处置出现重大失误,监察人员严重违法的,应当追究负有责任的领导人员和直接责任人员的责任。

第八章 法律责任

第六十二条 有关单位拒不执行监察机关作出的处理决定,或者无正当理由拒不采纳监察建议的,由其主管部门、上级机关责令改正,对单位给予通报批评;对负有责任的领导人员和直接责任人员依法给予处理。

第六十三条 有关人员违反本法规定,有下列行为之一的,由其所在单位、主管部门、上级机关或者监察机关责令改正,依法给予处理:

(一)不按要求提供有关材料,拒绝、阻碍调查措施实施等拒不配合监察机关调查的;

(二)提供虚假情况,掩盖事实真相的;

(三)串供或者伪造、隐匿、毁灭证据的;

(四)阻止他人揭发检举、提供证据的;

(五)其他违反本法规定的行为,情节严重的。

第六十四条 监察对象对控告人、检举人、证人或者监察人员进行报复陷害的;控告人、检举人、证人捏造事实诬告陷害监察对象的,依法给予处理。

第六十五条 监察机关及其工作人员有下列行为之一的,对负有责任的领导人员和直接责任人员依法给予处理:

(一)未经批准、授权处置问题线索,发现重大案情隐瞒不报,或者私自留存、处理涉案材料的;

(二)利用职权或者职务上的影响干预调查工作、以案谋私的;

(三)违法窃取、泄露调查工作信息,或者泄露举报事项、举报受理情况以及举报人信息的;

(四)对被调查人或者涉案人员逼供、诱供,或者侮辱、打骂、虐待、体罚或者变相体罚的;

(五)违反规定处置查封、扣押、冻结的财物的;

(六)违反规定发生办案安全事故,或者发生安全事故后隐瞒不报、报告失实、处置不当的;

(七)违反规定采取留置措施的;

(八)违反规定限制他人出境,或者不按规定解除出境限制的;

(九)其他滥用职权、玩忽职守、徇私舞弊的行为。

第六十六条 违反本法规定,构成犯罪的,依法追究刑事责任。

第六十七条 监察机关及其工作人员行使职权,侵犯公民、法人和其他组织的合法权益造成损害的,依法给予国家赔偿。

第九章 附 则

第六十八条 中国人民解放军和中国人民武装警察部队开展监察工作,由中央军事委员会根据本法制定具体规定。

第六十九条 本法自公布之日起施行。《中华人民共和国行政监察法》同时废止。

中华人民共和国公职人员政务处分法

（2020年6月20日第十三届全国人民代表大会常务委员会第十九次会议通过　2020年6月20日中华人民共和国主席令第四十六号公布　自2020年7月1日起施行）

目　　录

第一章　总　　则
第二章　政务处分的种类和适用
第三章　违法行为及其适用的政务处分
第四章　政务处分的程序
第五章　复审、复核
第六章　法律责任
第七章　附　　则

第一章　总　　则

第一条　为了规范政务处分，加强对所有行使公权力的公职人员的监督，促进公职人员依法履职、秉公用权、廉洁从政从业、坚持道德操守，根据《中华人民共和国监察法》，制定本法。

第二条　本法适用于监察机关对违法的公职人员给予政务处分的活动。

本法第二章、第三章适用于公职人员任免机关、单位对违法的公职人员给予处分。处分的程序、申诉等适用其他法律、行政法规、国务院部门规章和国家有关规定。

本法所称公职人员，是指《中华人民共和国监察法》第十五条规定的人员。

第三条　监察机关应当按照管理权限,加强对公职人员的监督,依法给予违法的公职人员政务处分。

公职人员任免机关、单位应当按照管理权限,加强对公职人员的教育、管理、监督,依法给予违法的公职人员处分。

监察机关发现公职人员任免机关、单位应当给予处分而未给予,或者给予的处分违法、不当的,应当及时提出监察建议。

第四条　给予公职人员政务处分,坚持党管干部原则,集体讨论决定;坚持法律面前一律平等,以事实为根据,以法律为准绳,给予的政务处分与违法行为的性质、情节、危害程度相当;坚持惩戒与教育相结合,宽严相济。

第五条　给予公职人员政务处分,应当事实清楚、证据确凿、定性准确、处理恰当、程序合法、手续完备。

第六条　公职人员依法履行职责受法律保护,非因法定事由、非经法定程序,不受政务处分。

第二章　政务处分的种类和适用

第七条　政务处分的种类为:

(一)警告;

(二)记过;

(三)记大过;

(四)降级;

(五)撤职;

(六)开除。

第八条　政务处分的期间为:

(一)警告,六个月;

(二)记过,十二个月;

(三)记大过,十八个月;

(四)降级、撤职,二十四个月。

政务处分决定自作出之日起生效,政务处分期自政务处分决定生效之日起计算。

第九条　公职人员二人以上共同违法,根据各自在违法行为中所起的作用和应当承担的法律责任，分别给予政务处分。

第十条 有关机关、单位、组织集体作出的决定违法或者实施违法行为的，对负有责任的领导人员和直接责任人员中的公职人员依法给予政务处分。

第十一条 公职人员有下列情形之一的，可以从轻或者减轻给予政务处分：

（一）主动交代本人应当受到政务处分的违法行为的；

（二）配合调查，如实说明本人违法事实的；

（三）检举他人违纪违法行为，经查证属实的；

（四）主动采取措施，有效避免、挽回损失或者消除不良影响的；

（五）在共同违法行为中起次要或者辅助作用的；

（六）主动上交或者退赔违法所得的；

（七）法律、法规规定的其他从轻或者减轻情节。

第十二条 公职人员违法行为情节轻微，且具有本法第十一条规定的情形之一的，可以对其进行谈话提醒、批评教育、责令检查或者予以诫勉，免予或者不予政务处分。

公职人员因不明真相被裹挟或者被胁迫参与违法活动，经批评教育后确有悔改表现的，可以减轻、免予或者不予政务处分。

第十三条 公职人员有下列情形之一的，应当从重给予政务处分：

（一）在政务处分期内再次故意违法，应当受到政务处分的；

（二）阻止他人检举、提供证据的；

（三）串供或者伪造、隐匿、毁灭证据的；

（四）包庇同案人员的；

（五）胁迫、唆使他人实施违法行为的；

（六）拒不上交或者退赔违法所得的；

（七）法律、法规规定的其他从重情节。

第十四条 公职人员犯罪，有下列情形之一的，予以开除：

（一）因故意犯罪被判处管制、拘役或者有期徒刑以上刑罚（含宣告缓刑）的；

（二）因过失犯罪被判处有期徒刑，刑期超过三年的；

（三）因犯罪被单处或者并处剥夺政治权利的。

因过失犯罪被判处管制、拘役或者三年以下有期徒刑的，一般应当予以开除；案件情况特殊，予以撤职更为适当的，可以不予开除，但是应当报请上一级机关批准。

公职人员因犯罪被单处罚金，或者犯罪情节轻微，人民检察院依法作出不起诉决定或者人民法院依法免予刑事处罚的，予以撤职；造成不良影响的，予以开除。

第十五条 公职人员有两个以上违法行为的，应当分别确定政务处分。应当给予两种以上政务处分的，执行其中最重的政务处分；应当给予撤职以下多个相同政务处分的，可以在一个政务处分期以上、多个政务处分期之和以下确定政务处分期，但是最长不得超过四十八个月。

第十六条 对公职人员的同一违法行为，监察机关和公职人员任免机关、单位不得重复给予政务处分和处分。

第十七条 公职人员有违法行为，有关机关依照规定给予组织处理的，监察机关可以同时给予政务处分。

第十八条 担任领导职务的公职人员有违法行为，被罢免、撤销、免去或者辞去领导职务的，监察机关可以同时给予政务处分。

第十九条 公务员以及参照《中华人民共和国公务员法》管理的人员在政务处分期内，不得晋升职务、职级、衔级和级别；其中，被记过、记大过、降级、撤职的，不得晋升工资档次。被撤职的，按照规定降低职务、职级、衔级和级别，同时降低工资和待遇。

第二十条 法律、法规授权或者受国家机关依法委托管理公共事务的组织中从事公务的人员，以及公办的教育、科研、文化、医疗卫生、体育等单位中从事管理的人员，在政务处分期内，不得晋升职务、岗位和职员等级、职称；其中，被记过、记大过、降级、撤职的，不得晋升薪酬待遇等级。被撤职的，降低职务、岗位或者职员等级，同时降低薪酬待遇。

第二十一条 国有企业管理人员在政务处分期内，不得晋升职务、岗位等级和职称；其中，被记过、记大过、降级、撤职的，不得晋升薪酬待遇等级。被撤职的，降低职务或者岗位等级，同时降低薪酬待遇。

第二十二条 基层群众性自治组织中从事管理的人员有违法行为的，监察机关可以予以警告、记过、记大过。

基层群众性自治组织中从事管理的人员受到政务处分的，应当由县级或者乡镇人民政府根据具体情况减发或者扣发补贴、奖金。

第二十三条　《中华人民共和国监察法》第十五条第六项规定的人员有违法行为的，监察机关可以予以警告、记过、记大过。情节严重的，由所在单位直接给予或者监察机关建议有关机关、单位给予降低薪酬待遇、调离岗位、解除人事关系或者劳动关系等处理。

《中华人民共和国监察法》第十五条第二项规定的人员，未担任公务员、参照《中华人民共和国公务员法》管理的人员、事业单位工作人员或者国有企业人员职务的，对其违法行为依照前款规定处理。

第二十四条　公职人员被开除，或者依照本法第二十三条规定，受到解除人事关系或者劳动关系处理的，不得录用为公务员以及参照《中华人民共和国公务员法》管理的人员。

第二十五条　公职人员违法取得的财物和用于违法行为的本人财物，除依法应当由其他机关没收、追缴或者责令退赔的，由监察机关没收、追缴或者责令退赔；应当退还原所有人或者原持有人的，依法予以退还；属于国家财产或者不应当退还以及无法退还的，上缴国库。

公职人员因违法行为获得的职务、职级、衔级、级别、岗位和职员等级、职称、待遇、资格、学历、学位、荣誉、奖励等其他利益，监察机关应当建议有关机关、单位、组织按规定予以纠正。

第二十六条　公职人员被开除的，自政务处分决定生效之日起，应当解除其与所在机关、单位的人事关系或者劳动关系。

公职人员受到开除以外的政务处分，在政务处分期内有悔改表现，并且没有再发生应当给予政务处分的违法行为的，政务处分期满后自动解除，晋升职务、职级、衔级、级别、岗位和职员等级、职称、薪酬待遇不再受原政务处分影响。但是，解除降级、撤职的，不恢复原职务、职级、衔级、级别、岗位和职员等级、职称、薪酬待遇。

第二十七条　已经退休的公职人员退休前或者退休后有违法行为的，不再给予政务处分，但是可以对其立案调查；依法应当予以降级、撤职、开除的，应当按照规定相应调整其享受的待遇，对其违法取得的财物和用于违法行为的本人财物依照本法第二十五条的规定处理。

已经离职或者死亡的公职人员在履职期间有违法行为的，依照前款规定处理。

第三章　违法行为及其适用的政务处分

第二十八条　有下列行为之一的，予以记过或者记大过；情节较重的，予以降级或者撤职；情节严重的，予以开除：

（一）散布有损宪法权威、中国共产党领导和国家声誉的言论的；

（二）参加旨在反对宪法、中国共产党领导和国家的集会、游行、示威等活动的；

（三）拒不执行或者变相不执行中国共产党和国家的路线方针政策、重大决策部署的；

（四）参加非法组织、非法活动的；

（五）挑拨、破坏民族关系，或者参加民族分裂活动的；

（六）利用宗教活动破坏民族团结和社会稳定的；

（七）在对外交往中损害国家荣誉和利益的。

有前款第二项、第四项、第五项和第六项行为之一的，对策划者、组织者和骨干分子，予以开除。

公开发表反对宪法确立的国家指导思想，反对中国共产党领导，反对社会主义制度，反对改革开放的文章、演说、宣言、声明等的，予以开除。

第二十九条　不按照规定请示、报告重大事项，情节较重的，予以警告、记过或者记大过；情节严重的，予以降级或者撤职。

违反个人有关事项报告规定，隐瞒不报，情节较重的，予以警告、记过或者记大过。

篡改、伪造本人档案资料的，予以记过或者记大过；情节严重的，予以降级或者撤职。

第三十条　有下列行为之一的，予以警告、记过或者记大过；情节严重的，予以降级或者撤职：

（一）违反民主集中制原则，个人或者少数人决定重大事项，或者拒不执行、擅自改变集体作出的重大决定的；

（二）拒不执行或者变相不执行、拖延执行上级依法作出的决定、命令的。

第三十一条 违反规定出境或者办理因私出境证件的，予以记过或者记大过；情节严重的，予以降级或者撤职。

违反规定取得外国国籍或者获取境外永久居留资格、长期居留许可的，予以撤职或者开除。

第三十二条 有下列行为之一的，予以警告、记过或者记大过；情节较重的，予以降级或者撤职；情节严重的，予以开除：

（一）在选拔任用、录用、聘用、考核、晋升、评选等干部人事工作中违反有关规定的；

（二）弄虚作假，骗取职务、职级、衔级、级别、岗位和职员等级、职称、待遇、资格、学历、学位、荣誉、奖励或者其他利益的；

（三）对依法行使批评、申诉、控告、检举等权利的行为进行压制或者打击报复的；

（四）诬告陷害，意图使他人受到名誉损害或者责任追究等不良影响的；

（五）以暴力、威胁、贿赂、欺骗等手段破坏选举的。

第三十三条 有下列行为之一的，予以警告、记过或者记大过；情节较重的，予以降级或者撤职；情节严重的，予以开除：

（一）贪污贿赂的；

（二）利用职权或者职务上的影响为本人或者他人谋取私利的；

（三）纵容、默许特定关系人利用本人职权或者职务上的影响谋取私利的。

拒不按照规定纠正特定关系人违规任职、兼职或者从事经营活动，且不服从职务调整的，予以撤职。

第三十四条 收受可能影响公正行使公权力的礼品、礼金、有价证券等财物的，予以警告、记过或者记大过；情节较重的，予以降级或者撤职；情节严重的，予以开除。

向公职人员及其特定关系人赠送可能影响公正行使公权力的礼品、礼金、有价证券等财物，或者接受、提供可能影响公正行使公权力的宴请、旅游、健身、娱乐等活动安排，情节较重的，予以警告、记过或者记大过；情节严重的，予以降级或者撤职。

第三十五条 有下列行为之一，情节较重的，予以警告、记过或者记大过；情节严重的，予以降级或者撤职：

（一）违反规定设定、发放薪酬或者津贴、补贴、奖金的；

（二）违反规定，在公务接待、公务交通、会议活动、办公用房以及其他工作生活保障等方面超标准、超范围的；

（三）违反规定公款消费的。

第三十六条　违反规定从事或者参与营利性活动，或者违反规定兼任职务、领取报酬的，予以警告、记过或者记大过；情节较重的，予以降级或者撤职；情节严重的，予以开除。

第三十七条　利用宗族或者黑恶势力等欺压群众，或者纵容、包庇黑恶势力活动的，予以撤职；情节严重的，予以开除。

第三十八条　有下列行为之一，情节较重的，予以警告、记过或者记大过；情节严重的，予以降级或者撤职：

（一）违反规定向管理服务对象收取、摊派财物的；

（二）在管理服务活动中故意刁难、吃拿卡要的；

（三）在管理服务活动中态度恶劣粗暴，造成不良后果或者影响的；

（四）不按照规定公开工作信息，侵犯管理服务对象知情权，造成不良后果或者影响的；

（五）其他侵犯管理服务对象利益的行为，造成不良后果或者影响的。

有前款第一项、第二项和第五项行为，情节特别严重的，予以开除。

第三十九条　有下列行为之一，造成不良后果或者影响的，予以警告、记过或者记大过；情节较重的，予以降级或者撤职；情节严重的，予以开除：

（一）滥用职权，危害国家利益、社会公共利益或者侵害公民、法人、其他组织合法权益的；

（二）不履行或者不正确履行职责，玩忽职守，贻误工作的；

（三）工作中有形式主义、官僚主义行为的；

（四）工作中有弄虚作假，误导、欺骗行为的；

（五）泄露国家秘密、工作秘密，或者泄露因履行职责掌握的商业秘密、个人隐私的。

第四十条　有下列行为之一的，予以警告、记过或者记大过；情节较重的，予以降级或者撤职；情节严重的，予以开除：

（一）违背社会公序良俗，在公共场所有不当行为，造成不良影响的；

（二）参与或者支持迷信活动，造成不良影响的；

（三）参与赌博的；

（四）拒不承担赡养、抚养、扶养义务的；

（五）实施家庭暴力，虐待、遗弃家庭成员的；

（六）其他严重违反家庭美德、社会公德的行为。

吸食、注射毒品，组织赌博，组织、支持、参与卖淫、嫖娼、色情淫乱活动的，予以撤职或者开除。

第四十一条 公职人员有其他违法行为，影响公职人员形象，损害国家和人民利益的，可以根据情节轻重给予相应政务处分。

第四章 政务处分的程序

第四十二条 监察机关对涉嫌违法的公职人员进行调查，应当由二名以上工作人员进行。监察机关进行调查时，有权依法向有关单位和个人了解情况，收集、调取证据。有关单位和个人应当如实提供情况。

严禁以威胁、引诱、欺骗及其他非法方式收集证据。以非法方式收集的证据不得作为给予政务处分的依据。

第四十三条 作出政务处分决定前，监察机关应当将调查认定的违法事实及拟给予政务处分的依据告知被调查人，听取被调查人的陈述和申辩，并对其陈述的事实、理由和证据进行核实，记录在案。被调查人提出的事实、理由和证据成立的，应予采纳。不得因被调查人的申辩而加重政务处分。

第四十四条 调查终结后，监察机关应当根据下列不同情况，分别作出处理：

（一）确有应受政务处分的违法行为的，根据情节轻重，按照政务处分决定权限，履行规定的审批手续后，作出政务处分决定；

（二）违法事实不能成立的，撤销案件；

（三）符合免予、不予政务处分条件的，作出免予、不予政务处分决定；

（四）被调查人涉嫌其他违法或者犯罪行为的，依法移送主管机关处理。

第四十五条 决定给予政务处分的，应当制作政务处分决定书。

政务处分决定书应当载明下列事项：

（一）被处分人的姓名、工作单位和职务；

（二）违法事实和证据；

（三）政务处分的种类和依据；

（四）不服政务处分决定，申请复审、复核的途径和期限；

（五）作出政务处分决定的机关名称和日期。

政务处分决定书应当盖有作出决定的监察机关的印章。

第四十六条 政务处分决定书应当及时送达被处分人和被处分人所在机关、单位，并在一定范围内宣布。

作出政务处分决定后，监察机关应当根据被处分人的具体身份书面告知相关的机关、单位。

第四十七条 参与公职人员违法案件调查、处理的人员有下列情形之一的，应当自行回避，被调查人、检举人及其他有关人员也有权要求其回避：

（一）是被调查人或者检举人的近亲属的；

（二）担任过本案的证人的；

（三）本人或者其近亲属与调查的案件有利害关系的；

（四）可能影响案件公正调查、处理的其他情形。

第四十八条 监察机关负责人的回避，由上级监察机关决定；其他参与违法案件调查、处理人员的回避，由监察机关负责人决定。

监察机关或者上级监察机关发现参与违法案件调查、处理人员有应当回避情形的，可以直接决定该人员回避。

第四十九条 公职人员依法受到刑事责任追究的，监察机关应当根据司法机关的生效判决、裁定、决定及其认定的事实和情节，依照本法规定给予政务处分。

公职人员依法受到行政处罚，应当给予政务处分的，监察机关可以根据行政处罚决定认定的事实和情节，经立案调查核实后，依照本法给予政务处分。

监察机关根据本条第一款、第二款的规定作出政务处分后，司法机关、行政机关依法改变原生效判决、裁定、决定等，对原政务处分决定产生影响的，监察机关应当根据改变后的判决、裁定、决定等重新作出相应处理。

第五十条 监察机关对经各级人民代表大会、县级以上各级人民代表大会常务委员会选举或者决定任命的公职人员予以撤职、开除的，应当先依法罢免、撤销或者免去其职务，再依法作出政务处分决定。

（四）诬告陷害公职人员的；

（五）其他违反本法规定的情形。

第六十三条 监察机关及其工作人员有下列情形之一的，对负有责任的领导人员和直接责任人员依法给予处理：

（一）违反规定处置问题线索的；

（二）窃取、泄露调查工作信息，或者泄露检举事项、检举受理情况以及检举人信息的；

（三）对被调查人或者涉案人员逼供、诱供，或者侮辱、打骂、虐待、体罚或者变相体罚的；

（四）收受被调查人或者涉案人员的财物以及其他利益的；

（五）违反规定处置涉案财物的；

（六）违反规定采取调查措施的；

（七）利用职权或者职务上的影响干预调查工作、以案谋私的；

（八）违反规定发生办案安全事故，或者发生安全事故后隐瞒不报、报告失实、处置不当的；

（九）违反回避等程序规定，造成不良影响的；

（十）不依法受理和处理公职人员复审、复核的；

（十一）其他滥用职权、玩忽职守、徇私舞弊的行为。

第六十四条 违反本法规定，构成犯罪的，依法追究刑事责任。

第七章 附 则

第六十五条 国务院及其相关主管部门根据本法的原则和精神，结合事业单位、国有企业等的实际情况，对事业单位、国有企业等的违法的公职人员处分事宜作出具体规定。

第六十六条 中央军事委员会可以根据本法制定相关具体规定。

第六十七条 本法施行前，已结案的案件如果需要复审、复核，适用当时的规定。尚未结案的案件，如果行为发生时的规定不认为是违法的，适用当时的规定；如果行为发生时的规定认为是违法的，依照当时的规定处理，但是如果本法不认为是违法或者根据本法处理较轻的，适用本法。

第六十八条 本法自 2020 年 7 月 1 日起施行。

中华人民共和国监察官法

（2021年8月20日第十三届全国人民代表大会常务委员会第三十次会议通过）

目　　录

第一章　总　　则
第二章　监察官的职责、义务和权利
第三章　监察官的条件和选用
第四章　监察官的任免
第五章　监察官的管理
第六章　监察官的考核和奖励
第七章　监察官的监督和惩戒
第八章　监察官的职业保障
第九章　附　　则

第一章　总　　则

第一条　为了加强对监察官的管理和监督，保障监察官依法履行职责，维护监察官合法权益，推进高素质专业化监察官队伍建设，推进监察工作规范化、法治化，根据宪法和《中华人民共和国监察法》，制定本法。

第二条　监察官的管理和监督坚持中国共产党领导，坚持以马克思列宁主义、毛泽东思想、邓小平理论、“三个代表”重要思想、科学发展观、习近平新时代中国特色社会主义思想为指导，坚持党管干部原则，增强监察官的使命感、责任感、荣誉感，建设忠诚干净担当的监察官队伍。

第三条 监察官包括下列人员：

（一）各级监察委员会的主任、副主任、委员；

（二）各级监察委员会机关中的监察人员；

（三）各级监察委员会派驻或者派出到中国共产党机关、国家机关、法律法规授权或者委托管理公共事务的组织和单位以及所管辖的行政区域等的监察机构中的监察人员、监察专员；

（四）其他依法行使监察权的监察机构中的监察人员。

对各级监察委员会派驻到国有企业的监察机构工作人员、监察专员，以及国有企业中其他依法行使监察权的监察机构工作人员的监督管理，参照执行本法有关规定。

第四条 监察官应当忠诚坚定、担当尽责、清正廉洁，做严格自律、作风优良、拒腐防变的表率。

第五条 监察官应当维护宪法和法律的尊严和权威，以事实为根据，以法律为准绳，客观公正地履行职责，保障当事人的合法权益。

第六条 监察官应当严格按照规定的权限和程序履行职责，坚持民主集中制，重大事项集体研究。

第七条 监察机关应当建立健全对监察官的监督制度和机制，确保权力受到严格约束。

监察官应当自觉接受组织监督和民主监督、社会监督、舆论监督。

第八条 监察官依法履行职责受法律保护，不受行政机关、社会团体和个人的干涉。

第二章 监察官的职责、义务和权利

第九条 监察官依法履行下列职责：

（一）对公职人员开展廉政教育；

（二）对公职人员依法履职、秉公用权、廉洁从政从业以及道德操守情况进行监督检查；

（三）对法律规定由监察机关管辖的职务违法和职务犯罪进行调查；

（四）根据监督、调查的结果，对办理的监察事项提出处置意见；

（五）开展反腐败国际合作方面的工作；

（六）法律规定的其他职责。

监察官在职权范围内对所办理的监察事项负责。

第十条 监察官应当履行下列义务：

（一）自觉坚持中国共产党领导，严格执行中国共产党和国家的路线方针政策、重大决策部署；

（二）模范遵守宪法和法律；

（三）维护国家和人民利益，秉公执法，勇于担当、敢于监督，坚决同腐败现象作斗争；

（四）依法保障监察对象及有关人员的合法权益；

（五）忠于职守，勤勉尽责，努力提高工作质量和效率；

（六）保守国家秘密和监察工作秘密，对履行职责中知悉的商业秘密和个人隐私、个人信息予以保密；

（七）严守纪律，恪守职业道德，模范遵守社会公德、家庭美德；

（八）自觉接受监督；

（九）法律规定的其他义务。

第十一条 监察官享有下列权利：

（一）履行监察官职责应当具有的职权和工作条件；

（二）履行监察官职责应当享有的职业保障和福利待遇；

（三）人身、财产和住所安全受法律保护；

（四）提出申诉或者控告；

（五）《中华人民共和国公务员法》等法律规定的其他权利。

第三章 监察官的条件和选用

第十二条 担任监察官应当具备下列条件：

（一）具有中华人民共和国国籍；

（二）忠于宪法，坚持中国共产党领导和社会主义制度；

（三）具有良好的政治素质、道德品行和廉洁作风；

（四）熟悉法律、法规、政策，具有履行监督、调查、处置等职责的专业知识和能力；

（五）具有正常履行职责的身体条件和心理素质；

（六）具备高等学校本科及以上学历；

（七）法律规定的其他条件。

本法施行前的监察人员不具备前款第六项规定的学历条件的，应当接受培训和考核，具体办法由国家监察委员会制定。

第十三条 有下列情形之一的，不得担任监察官：

（一）因犯罪受过刑事处罚，以及因犯罪情节轻微被人民检察院依法作出不起诉决定或者被人民法院依法免予刑事处罚的；

（二）被撤销中国共产党党内职务、留党察看、开除党籍的；

（三）被撤职或者开除公职的；

（四）被依法列为失信联合惩戒对象的；

（五）配偶已移居国（境）外，或者没有配偶但是子女均已移居国（境）外的；

（六）法律规定的其他情形。

第十四条 监察官的选用，坚持德才兼备、以德为先，坚持五湖四海、任人唯贤，坚持事业为上、公道正派，突出政治标准，注重工作实绩。

第十五条 监察官采用考试、考核的办法，从符合监察官条件的人员中择优选用。

第十六条 录用监察官，应当依照法律和国家有关规定采取公开考试、严格考察、平等竞争、择优录取的办法。

第十七条 监察委员会可以根据监察工作需要，依照法律和国家有关规定从中国共产党机关、国家机关、事业单位、国有企业等机关、单位从事公务的人员中选择符合任职条件的人员担任监察官。

第十八条 监察委员会可以根据监察工作需要，依照法律和国家有关规定在从事与监察机关职能职责相关的职业或者教学、研究的人员中选拔或者聘任符合任职条件的人员担任监察官。

第四章 监察官的任免

第十九条 国家监察委员会主任由全国人民代表大会选举和罢免，副主任、委员由国家监察委员会主任提请全国人民代表大会常务委员会任免。

地方各级监察委员会主任由本级人民代表大会选举和罢免，副主任、委员由监察委员会主任提请本级人民代表大会常务委员会任免。

新疆生产建设兵团各级监察委员会主任、副主任、委员，由新疆维吾尔自治区监察委员会主任提请自治区人民代表大会常务委员会任免。

其他监察官的任免，按照管理权限和规定的程序办理。

第二十条 监察官就职时应当依照法律规定进行宪法宣誓。

第二十一条 监察官有下列情形之一的，应当免去其监察官职务：

（一）丧失中华人民共和国国籍的；

（二）职务变动不需要保留监察官职务的；

（三）退休的；

（四）辞职或者依法应当予以辞退的；

（五）因违纪违法被调离或者开除的；

（六）法律规定的其他情形。

第二十二条 监察官不得兼任人民代表大会常务委员会的组成人员，不得兼任行政机关、审判机关、检察机关的职务，不得兼任企业或者其他营利性组织、事业单位的职务，不得兼任人民陪审员、人民监督员、执业律师、仲裁员和公证员。

监察官因工作需要兼职的，应当按照管理权限批准，但是不得领取兼职报酬。

第二十三条 监察官担任县级、设区的市级监察委员会主任的，应当按照有关规定实行地域回避。

第二十四条 监察官之间有夫妻关系、直系血亲关系、三代以内旁系血亲以及近姻亲关系的，不得同时担任下列职务：

（一）同一监察委员会的主任、副主任、委员，上述人员和其他监察官；

（二）监察委员会机关同一部门的监察官；

（三）同一派驻机构、派出机构或者其他监察机构的监察官；

（四）上下相邻两级监察委员会的主任、副主任、委员。

第五章 监察官的管理

第二十五条 监察官等级分为十三级，依次为总监察官、一级副总监察官、二级副总监察官，一级高级监察官、二级高级监察官、三级高级监察官、四级高级监察官，一级监察官、二级监察官、三级监察官、四级监察官、五级监察官、六级监察官。

第二十六条 国家监察委员会主任为总监察官。

第二十七条 监察官等级的确定，以监察官担任的职务职级、德才表现、业务水平、工作实绩和工作年限等为依据。

监察官等级晋升采取按期晋升和择优选升相结合的方式，特别优秀或者作出特别贡献的，可以提前选升。

第二十八条 监察官的等级设置、确定和晋升的具体办法，由国家另行规定。

第二十九条 初任监察官实行职前培训制度。

第三十条 对监察官应当有计划地进行政治、理论和业务培训。

培训应当突出政治机关特色，坚持理论联系实际、按需施教、讲求实效，提高专业能力。

监察官培训情况，作为监察官考核的内容和任职、等级晋升的依据之一。

第三十一条 监察官培训机构按照有关规定承担培训监察官的任务。

第三十二条 国家加强监察学科建设，鼓励具备条件的普通高等学校设置监察专业或者开设监察课程，培养德才兼备的高素质监察官后备人才，提高监察官的专业能力。

第三十三条 监察官依照法律和国家有关规定实行任职交流。

第三十四条 监察官申请辞职，应当由本人书面提出，按照管理权限批准后，依照规定的程序免去其职务。

第三十五条 监察官有依法应当予以辞退情形的，依照规定的程序免去其职务。

辞退监察官应当按照管理权限决定。辞退决定应当以书面形式通知被辞退的监察官，并列明作出决定的理由和依据。

第六章 监察官的考核和奖励

第三十六条 对监察官的考核，应当全面、客观、公正，实行平时考核、专项考核和年度考核相结合。

第三十七条 监察官的考核应当按照管理权限，全面考核监察官的德、能、勤、绩、廉，重点考核政治素质、工作实绩和廉洁自律情况。

第三十八条　年度考核结果分为优秀、称职、基本称职和不称职四个等次。

考核结果作为调整监察官等级、工资以及监察官奖惩、免职、降职、辞退的依据。

第三十九条　年度考核结果以书面形式通知监察官本人。监察官对考核结果如果有异议，可以申请复核。

第四十条　对在监察工作中有显著成绩和贡献，或者有其他突出事迹的监察官、监察官集体，给予奖励。

第四十一条　监察官有下列表现之一的，给予奖励：

（一）履行监督职责，成效显著的；

（二）在调查、处置职务违法和职务犯罪工作中，做出显著成绩和贡献的；

（三）提出有价值的监察建议，对防止和消除重大风险隐患效果显著的；

（四）研究监察理论、总结监察实践经验成果突出，对监察工作有指导作用的；

（五）有其他功绩的。

监察官的奖励按照有关规定办理。

第七章　监察官的监督和惩戒

第四十二条　监察机关应当规范工作流程，加强内部监督制约机制建设，强化对监察官执行职务和遵守法律情况的监督。

第四十三条　任何单位和个人对监察官的违纪违法行为，有权检举、控告。受理检举、控告的机关应当及时调查处理，并将结果告知检举人、控告人。

对依法检举、控告的单位和个人，任何人不得压制和打击报复。

第四十四条　对于审判机关、检察机关、执法部门等移送的监察官违纪违法履行职责的问题线索，监察机关应当及时调查处理。

第四十五条　监察委员会根据工作需要，按照规定从各方面代表中聘请特约监察员等监督人员，对监察官履行职责情况进行监督，提出加强和改进监察工作的意见、建议。

第四十六条　监察官不得打听案情、过问案件、说情干预。对于上述行为,办理监察事项的监察官应当及时向上级报告。有关情况应当登记备案。

办理监察事项的监察官未经批准不得接触被调查人、涉案人员及其特定关系人,或者与其进行交往。对于上述行为,知悉情况的监察官应当及时向上级报告。有关情况应当登记备案。

第四十七条 办理监察事项的监察官有下列情形之一的,应当自行回避,监察对象、检举人、控告人及其他有关人员也有权要求其回避;没有主动申请回避的,监察机关应当依法决定其回避:

(一)是监察对象或者检举人、控告人的近亲属的;

(二)担任过本案的证人的;

(三)本人或者其近亲属与办理的监察事项有利害关系的;

(四)有可能影响监察事项公正处理的其他情形的。

第四十八条 监察官应当严格执行保密制度,控制监察事项知悉范围和时间,不得私自留存、隐匿、查阅、摘抄、复制、携带问题线索和涉案资料,严禁泄露监察工作秘密。

监察官离岗离职后,应当遵守脱密期管理规定,严格履行保密义务,不得泄露相关秘密。

第四十九条 监察官离任三年内,不得从事与监察和司法工作相关联且可能发生利益冲突的职业。

监察官离任后,不得担任原任职监察机关办理案件的诉讼代理人或者辩护人,但是作为当事人的监护人或者近亲属代理诉讼、进行辩护的除外。

监察官被开除后,不得担任诉讼代理人或者辩护人,但是作为当事人的监护人或者近亲属代理诉讼、进行辩护的除外。

第五十条 监察官应当遵守有关规范领导干部配偶、子女及其配偶经商办企业行为的规定。违反规定的,予以处理。

第五十一条 监察官的配偶、父母、子女及其配偶不得以律师身份担任该监察官所任职监察机关办理案件的诉讼代理人、辩护人,或者提供其他有偿法律服务。

第五十二条 监察官有下列行为之一的,依法给予处理;构成犯罪的,依法追究刑事责任:

(一)贪污贿赂的;

（二）不履行或者不正确履行监督职责，应当发现的问题没有发现，或者发现问题不报告、不处置，造成恶劣影响的；

（三）未经批准、授权处置问题线索，发现重大案情隐瞒不报，或者私自留存、处理涉案材料的；

（四）利用职权或者职务上的影响干预调查工作、以案谋私的；

（五）窃取、泄露调查工作信息，或者泄露举报事项、举报受理情况以及举报人信息的；

（六）隐瞒、伪造、变造、故意损毁证据、案件材料的；

（七）对被调查人或者涉案人员逼供、诱供，或者侮辱、打骂、虐待、体罚、变相体罚的；

（八）违反规定采取调查措施或者处置涉案财物的；

（九）违反规定发生办案安全事故，或者发生安全事故后隐瞒不报、报告失实、处置不当的；

（十）其他职务违法犯罪行为。

监察官有其他违纪违法行为，影响监察官队伍形象，损害国家和人民利益的，依法追究相应责任。

第五十三条　监察官涉嫌违纪违法，已经被立案审查、调查、侦查，不宜继续履行职责的，按照管理权限和规定的程序暂时停止其履行职务。

第五十四条　实行监察官责任追究制度，对滥用职权、失职失责造成严重后果的，终身追究责任或者进行问责。

监察官涉嫌严重职务违法、职务犯罪或者对案件处置出现重大失误的，应当追究负有责任的领导人员和直接责任人员的责任。

第八章　监察官的职业保障

第五十五条　除下列情形外，不得将监察官调离：

（一）按规定需要任职回避的；

（二）按规定实行任职交流的；

（三）因机构、编制调整需要调整工作的；

（四）因违纪违法不适合继续从事监察工作的；

（五）法律规定的其他情形。

第五十六条 任何单位或者个人不得要求监察官从事超出法定职责范围的事务。

对任何干涉监察官依法履职的行为,监察官有权拒绝并予以全面如实记录和报告;有违纪违法情形的,由有关机关根据情节轻重追究有关人员的责任。

第五十七条 监察官的职业尊严和人身安全受法律保护。

任何单位和个人不得对监察官及其近亲属打击报复。

对监察官及其近亲属实施报复陷害、侮辱诽谤、暴力侵害、威胁恐吓、滋事骚扰等违法犯罪行为的,应当依法从严惩治。

第五十八条 监察官因依法履行职责遭受不实举报、诬告陷害、侮辱诽谤,致使名誉受到损害的,监察机关应当会同有关部门及时澄清事实,消除不良影响,并依法追究相关单位或者个人的责任。

第五十九条 监察官因依法履行职责,本人及其近亲属人身安全面临危险的,监察机关、公安机关应当对监察官及其近亲属采取人身保护、禁止特定人员接触等必要保护措施。

第六十条 监察官实行国家规定的工资制度,享受监察官等级津贴和其他津贴、补贴、奖金、保险、福利待遇。监察官的工资及等级津贴制度,由国家另行规定。

第六十一条 监察官因公致残的,享受国家规定的伤残待遇。监察官因公牺牲或者病故的,其亲属享受国家规定的抚恤和优待。

第六十二条 监察官退休后,享受国家规定的养老金和其他待遇。

第六十三条 对于国家机关及其工作人员侵犯监察官权利的行为,监察官有权提出控告。

受理控告的机关应当依法调查处理,并将调查处理结果及时告知本人。

第六十四条 监察官对涉及本人的政务处分、处分和人事处理不服的,可以依照规定的程序申请复审、复核,提出申诉。

第六十五条 对监察官的政务处分、处分或者人事处理错误的,应当及时予以纠正;造成名誉损害的,应当恢复名誉、消除影响、赔礼道歉;造成经济损失的,应当赔偿。对打击报复的直接责任人员,应当依法追究其责任。

第九章　附　　则

第六十六条　有关监察官的权利、义务和管理制度,本法已有规定的,适用本法的规定;本法未作规定的,适用《中华人民共和国公务员法》等法律法规的规定。

第六十七条　中国人民解放军和中国人民武装警察部队的监察官制度,按照国家和军队有关规定执行。

第六十八条　本法自 2022 年 1 月 1 日起施行。

中华人民共和国监察法实施条例

（2021年7月20日国家监察委员会全体会议决定，
自2021年9月20日起施行）

目　　录

第一章　总　　则
第二章　监察机关及其职责
　第一节　领导体制
　第二节　监察监督
　第三节　监察调查
　第四节　监察处置
第三章　监察范围和管辖
　第一节　监察对象
　第二节　管　　辖
第四章　监察权限
　第一节　一般要求
　第二节　证　　据
　第三节　谈　　话
　第四节　讯　　问
　第五节　询　　问
　第六节　留　　置
　第七节　查询、冻结
　第八节　搜　　查

第九节 调　　取
第十节 查封、扣押
第十一节 勘验检查
第十二节 鉴　　定
第十三节 技术调查
第十四节 通　　缉
第十五节 限制出境
第五章 监察程序
第一节 线索处置
第二节 初步核实
第三节 立　　案
第四节 调　　查
第五节 审　　理
第六节 处　　置
第七节 移送审查起诉
第六章 反腐败国际合作
第一节 工作职责和领导体制
第二节 国(境)内工作
第三节 对外合作
第七章 对监察机关和监察人员的监督
第八章 法律责任
第九章 附　　则

第一章 总　　则

第一条 为了推动监察工作法治化、规范化,根据《中华人民共和国监察法》(以下简称监察法),结合工作实际,制定本条例。

第二条 坚持中国共产党对监察工作的全面领导,增强政治意识、大局意识、核心意识、看齐意识,坚定中国特色社会主义道路自信、理论自信、制度自信、文化自信,坚决维护习近平总书记党中央的核心、全党的核心地位,坚决维护党中央权威和集中统一领导,把党的领导贯彻到监察工作各方面和全过程。

第三条 监察机关与党的纪律检查机关合署办公,坚持法治思维和法治方式,促进执纪执法贯通、有效衔接司法,实现依纪监督和依法监察、适用纪律和适用法律有机融合。

第四条 监察机关应当依法履行监督、调查、处置职责,坚持实事求是,坚持惩前毖后、治病救人,坚持惩戒与教育相结合,实现政治效果、法律效果和社会效果相统一。

第五条 监察机关应当坚定不移惩治腐败,推动深化改革、完善制度,规范权力运行,加强思想道德教育、法治教育、廉洁教育,引导公职人员提高觉悟、担当作为、依法履职,一体推进不敢腐、不能腐、不想腐体制机制建设。

第六条 监察机关坚持民主集中制,对于线索处置、立案调查、案件审理、处置执行、复审复核中的重要事项应当集体研究,严格按照权限履行请示报告程序。

第七条 监察机关应当在适用法律上一律平等,充分保障监察对象以及相关人员的人身权、知情权、财产权、申辩权、申诉权以及申请复审复核权等合法权益。

第八条 监察机关办理职务犯罪案件,应当与人民法院、人民检察院互相配合、互相制约,在案件管辖、证据审查、案件移送、涉案财物处置等方面加强沟通协调,对于人民法院、人民检察院提出的退回补充调查、排除非法证据、调取同步录音录像、要求调查人员出庭等意见依法办理。

第九条 监察机关开展监察工作,可以依法提请组织人事、公安、国家安全、审计、统计、市场监管、金融监管、财政、税务、自然资源、银行、证券、保险等有关部门、单位予以协助配合。

有关部门、单位应当根据监察机关的要求,依法协助采取有关措施、共享相关信息、提供相关资料和专业技术支持,配合开展监察工作。

第二章 监察机关及其职责

第一节 领导体制

第十条 国家监察委员会在党中央领导下开展工作。地方各级监察委员会在同级党委和上级监察委员会双重领导下工作,监督执法调查工作以上级监察委员会领导为主,线索处置和案件查办在向同级党委报告的同时应当一并向上一级监察委员会报告。

上级监察委员会应当加强对下级监察委员会的领导。下级监察委员会对上级监察委员会的决定必须执行,认为决定不当的,应当在执行的同时向上级监察委员会反映。上级监察委员会对下级监察委员会作出的错误决定,应当按程序予以纠正,或者要求下级监察委员会予以纠正。

第十一条 上级监察委员会可以依法统一调用所辖各级监察机关的监察人员办理监察事项。调用决定应当以书面形式作出。

监察机关办理监察事项应当加强互相协作和配合,对于重要、复杂事项可以提请上级监察机关予以协调。

第十二条 各级监察委员会依法向本级中国共产党机关、国家机关、法律法规授权或者受委托管理公共事务的组织和单位以及所管辖的国有企业事业单位等派驻或者派出监察机构、监察专员。

省级和设区的市级监察委员会依法向地区、盟、开发区等不设置人民代表大会的区域派出监察机构或者监察专员。县级监察委员会和直辖市所辖区(县)监察委员会可以向街道、乡镇等区域派出监察机构或者监察专员。

监察机构、监察专员开展监察工作,受派出机关领导。

第十三条 派驻或者派出的监察机构、监察专员根据派出机关授权,按照管理权限依法对派驻或者派出监督单位、区域等的公职人员开展监督,对职务违法和职务犯罪进行调查、处置。监察机构、监察专员可以按规定与地方监察委员会联合调查严重职务违法、职务犯罪,或者移交地方监察委员会调查。

未被授予职务犯罪调查权的监察机构、监察专员发现监察对象涉嫌职务犯罪线索的,应当及时向派出机关报告,由派出机关调查或者依法移交有关地方监察委员会调查。

第二节 监察监督

第十四条 监察机关依法履行监察监督职责,对公职人员政治品行、行使公权力和道德操守情况进行监督检查,督促有关机关、单位加强对所属公职人员的教育、管理、监督。

第十五条 监察机关应当坚决维护宪法确立的国家指导思想,加强对公职人员特别是领导人员坚持党的领导、坚持中国特色社会主义制度,贯彻落实党和国家路线方针政策、重大决策部署,履行从严管理监督职责,依法行使公权力等情况的监督。

第十六条 监察机关应当加强对公职人员理想教育、为人民服务教育、宪法法律法规教育、优秀传统文化教育,弘扬社会主义核心价值观,深入开展警示教育,教育引导公职人员树立正确的权力观、责任观、利益观,保持为民务实清廉本色。

第十七条 监察机关应当结合公职人员的职责加强日常监督,通过收集群众反映、座谈走访、查阅资料、召集或者列席会议、听取工作汇报和述责述廉、开展监督检查等方式,促进公职人员依法用权、秉公用权、廉洁用权。

第十八条 监察机关可以与公职人员进行谈心谈话,发现政治品行、行使公权力和道德操守方面有苗头性、倾向性问题的,及时进行教育提醒。

第十九条 监察机关对于发现的系统性、行业性的突出问题,以及群众反映强烈的问题,可以通过专项检查进行深入了解,督促有关机关、单位强化治理,促进公职人员履职尽责。

第二十条 监察机关应当以办案促进整改、以监督促进治理,在查清问题、依法处置的同时,剖析问题发生的原因,发现制度建设、权力配置、监督机制等方面存在的问题,向有关机关、单位提出改进工作的意见或者监察建议,促进完善制度,提高治理效能。

第二十一条 监察机关开展监察监督,应当与纪律监督、派驻监督、巡视监督统筹衔接,与人大监督、民主监督、行政监督、司法监督、审计监督、财会监督、统计监督、群众监督和舆论监督等贯通协调,健全信息、资源、成果共享等机制,形成监督合力。

第三节 监察调查

第二十二条 监察机关依法履行监察调查职责,依据监察法、《中华人民共和国公职人员政务处分法》(以下简称政务处分法)和《中华人民共和国刑法》(以下简称刑法)等规定对职务违法和职务犯罪进行调查。

第二十三条 监察机关负责调查的职务违法是指公职人员实施的与其职务相关联,虽不构成犯罪但依法应当承担法律责任的下列违法行为:

（一）利用职权实施的违法行为；

（二）利用职务上的影响实施的违法行为；

（三）履行职责不力、失职失责的违法行为；

（四）其他违反与公职人员职务相关的特定义务的违法行为。

第二十四条 监察机关发现公职人员存在其他违法行为，具有下列情形之一的，可以依法进行调查、处置：

（一）超过行政违法追究时效，或者超过犯罪追诉时效、未追究刑事责任，但需要依法给予政务处分的；

（二）被追究行政法律责任，需要依法给予政务处分的；

（三）监察机关调查职务违法或者职务犯罪时，对被调查人实施的事实简单、清楚，需要依法给予政务处分的其他违法行为一并查核的。

监察机关发现公职人员成为监察对象前有前款规定的违法行为的，依照前款规定办理。

第二十五条 监察机关依法对监察法第十一条第二项规定的职务犯罪进行调查。

第二十六条 监察机关依法调查涉嫌贪污贿赂犯罪，包括贪污罪，挪用公款罪，受贿罪，单位受贿罪，利用影响力受贿罪，行贿罪，对有影响力的人行贿罪，对单位行贿罪，介绍贿赂罪，单位行贿罪，巨额财产来源不明罪，隐瞒境外存款罪，私分国有资产罪，私分罚没财物罪，以及公职人员在行使公权力过程中实施的职务侵占罪，挪用资金罪，对外国公职人员、国际公共组织官员行贿罪，非国家工作人员受贿罪和相关联的对非国家工作人员行贿罪。

第二十七条 监察机关依法调查公职人员涉嫌滥用职权犯罪，包括滥用职权罪，国有公司、企业、事业单位人员滥用职权罪，滥用管理公司、证券职权罪，食品、药品监管渎职罪，故意泄露国家秘密罪，报复陷害罪，阻碍解救被拐卖、绑架妇女、儿童罪，帮助犯罪分子逃避处罚罪，违法发放林木采伐许可证罪，办理偷越国（边）境人员出入境证件罪，放行偷越国（边）境人员罪，挪用特定款物罪，非法剥夺公民宗教信仰自由罪，侵犯少数民族风俗习惯罪，打击报复会计、统计人员罪，以及司法工作人员以外的公职人员利用职权实施的非法拘禁罪、虐待被监管人罪、非法搜查罪。

第二十八条 监察机关依法调查公职人员涉嫌玩忽职守犯罪，包括玩忽职守罪，国有公司、企业、事业单位人员失职罪，签订、履行合同失职被骗罪，国家机关工作人员签订、履行合同失职被骗罪，环境监管失职罪，传染病防治失职罪，商检失职罪，动植物检疫失职罪，不解救被拐卖、绑架妇女、儿童罪，失职造成珍贵文物损毁、流失罪，过失泄露国家秘密罪。

第二十九条 监察机关依法调查公职人员涉嫌徇私舞弊犯罪，包括徇私舞弊低价折股、出售国有资产罪，非法批准征收、征用、占用土地罪，非法低价出让国有土地使用权罪，非法经营同类营业罪，为亲友非法牟利罪，枉法仲裁罪，徇私舞弊发售发票、抵扣税款、出口退税罪，商检徇私舞弊罪，动植物检疫徇私舞弊罪，放纵走私罪，放纵制售伪劣商品犯罪行为罪，招收公务员、学生徇私舞弊罪，徇私舞弊不移交刑事案件罪，违法提供出口退税凭证罪，徇私舞弊不征、少征税款罪。

第三十条 监察机关依法调查公职人员在行使公权力过程中涉及的重大责任事故犯罪，包括重大责任事故罪，教育设施重大安全事故罪，消防责任事故罪，重大劳动安全事故罪，强令、组织他人违章冒险作业罪，危险作业罪，不报、谎报安全事故罪，铁路运营安全事故罪，重大飞行事故罪，大型群众性活动重大安全事故罪，危险物品肇事罪，工程重大安全事故罪。

第三十一条 监察机关依法调查公职人员在行使公权力过程中涉及的其他犯罪，包括破坏选举罪，背信损害上市公司利益罪，金融工作人员购买假币、以假币换取货币罪，利用未公开信息交易罪，诱骗投资者买卖证券、期货合约罪，背信运用受托财产罪，违法运用资金罪，违法发放贷款罪，吸收客户资金不入账罪，违规出具金融票证罪，对违法票据承兑、付款、保证罪，非法转让、倒卖土地使用权罪，私自开拆、隐匿、毁弃邮件、电报罪，故意延误投递邮件罪，泄露不应公开的案件信息罪，披露、报道不应公开的案件信息罪，接送不合格兵员罪。

第三十二条 监察机关发现依法由其他机关管辖的违法犯罪线索，应当及时移送有管辖权的机关。

监察机关调查结束后，对于应当给予被调查人或者涉案人员行政处罚等其他处理的，依法移送有关机关。

第四节 监察处置

第三十三条 监察机关对违法的公职人员，依据监察法、政务处分法等规定作出政务处分决定。

第三十四条　监察机关在追究违法的公职人员直接责任的同时，依法对履行职责不力、失职失责，造成严重后果或者恶劣影响的领导人员予以问责。

监察机关应当组成调查组依法开展问责调查。调查结束后经集体讨论形成调查报告，需要进行问责的按照管理权限作出问责决定，或者向有权作出问责决定的机关、单位书面提出问责建议。

第三十五条　监察机关对涉嫌职务犯罪的人员，经调查认为犯罪事实清楚，证据确实、充分，需要追究刑事责任的，依法移送人民检察院审查起诉。

第三十六条　监察机关根据监督、调查结果，发现监察对象所在单位在廉政建设、权力制约、监督管理、制度执行以及履行职责等方面存在问题需要整改纠正的，依法提出监察建议。

监察机关应当跟踪了解监察建议的采纳情况，指导、督促有关单位限期整改，推动监察建议落实到位。

第三章　监察范围和管辖

第一节　监 察 对 象

第三十七条　监察机关依法对所有行使公权力的公职人员进行监察，实现国家监察全面覆盖。

第三十八条　监察法第十五条第一项所称公务员范围，依据《中华人民共和国公务员法》（以下简称公务员法）确定。

监察法第十五条第一项所称参照公务员法管理的人员，是指有关单位中经批准参照公务员法进行管理的工作人员。

第三十九条　监察法第十五条第二项所称法律、法规授权或者受国家机关依法委托管理公共事务的组织中从事公务的人员，是指在上述组织中，除参照公务员法管理的人员外，对公共事务履行组织、领导、管理、监督等职责的人员，包括具有公共事务管理职能的行业协会等组织中从事公务的人员，以及法定检验检测、检疫等机构中从事公务的人员。

第四十条　监察法第十五条第三项所称国有企业管理人员，是指国家出资企业中的下列人员：

（一）在国有独资、全资公司、企业中履行组织、领导、管理、监督等职责的人员；

（二）经党组织或者国家机关，国有独资、全资公司、企业，事业单位提名、推荐、任命、批准等，在国有控股、参股公司及其分支机构中履行组织、领导、管理、监督等职责的人员；

（三）经国家出资企业中负有管理、监督国有资产职责的组织批准或者研究决定，代表其在国有控股、参股公司及其分支机构中从事组织、领导、管理、监督等工作的人员。

第四十一条 监察法第十五条第四项所称公办的教育、科研、文化、医疗卫生、体育等单位中从事管理的人员，是指国家为了社会公益目的，由国家机关举办或者其他组织利用国有资产举办的教育、科研、文化、医疗卫生、体育等事业单位中，从事组织、领导、管理、监督等工作的人员。

第四十二条 监察法第十五条第五项所称基层群众性自治组织中从事管理的人员，是指该组织中的下列人员：

（一）从事集体事务和公益事业管理的人员；

（二）从事集体资金、资产、资源管理的人员；

（三）协助人民政府从事行政管理工作的人员，包括从事救灾、防疫、抢险、防汛、优抚、帮扶、移民、救济款物的管理，社会捐助公益事业款物的管理，国有土地的经营和管理，土地征收、征用补偿费用的管理，代征、代缴税款，有关计划生育、户籍、征兵工作，协助人民政府等国家机关在基层群众性自治组织中从事的其他管理工作。

第四十三条 下列人员属于监察法第十五条第六项所称其他依法履行公职的人员：

（一）履行人民代表大会职责的各级人民代表大会代表，履行公职的中国人民政治协商会议各级委员会委员、人民陪审员、人民监督员；

（二）虽未列入党政机关人员编制，但在党政机关中从事公务的人员；

（三）在集体经济组织等单位、组织中，由党组织或者国家机关，国有独资、全资公司、企业，国家出资企业中负有管理监督国有和集体资产职责的组织，事业单位提名、推荐、任命、批准等，从事组织、领导、管理、监督等工作的人员；

（四）在依法组建的评标、谈判、询价等组织中代表国家机关，国有独资、全资公司、企业，事业单位，人民团体临时履行公共事务组织、领导、管理、监督等职责的人员；

（五）其他依法行使公权力的人员。

第四十四条　有关机关、单位、组织集体作出的决定违法或者实施违法行为的，监察机关应当对负有责任的领导人员和直接责任人员中的公职人员依法追究法律责任。

第二节　管　　辖

第四十五条　监察机关开展监督、调查、处置，按照管理权限与属地管辖相结合的原则，实行分级负责制。

第四十六条　设区的市级以上监察委员会按照管理权限，依法管辖同级党委管理的公职人员涉嫌职务违法和职务犯罪案件。

县级监察委员会和直辖市所辖区（县）监察委员会按照管理权限，依法管辖本辖区内公职人员涉嫌职务违法和职务犯罪案件。

地方各级监察委员会按照本条例第十三条、第四十九条规定，可以依法管辖工作单位在本辖区内的有关公职人员涉嫌职务违法和职务犯罪案件。

监察机关调查公职人员涉嫌职务犯罪案件，可以依法对涉嫌行贿犯罪、介绍贿赂犯罪或者共同职务犯罪的涉案人员中的非公职人员一并管辖。非公职人员涉嫌利用影响力受贿罪的，按照其所利用的公职人员的管理权限确定管辖。

第四十七条　上级监察机关对于下一级监察机关管辖范围内的职务违法和职务犯罪案件，具有下列情形之一的，可以依法提级管辖：

（一）在本辖区有重大影响的；

（二）涉及多个下级监察机关管辖的监察对象，调查难度大的；

（三）其他需要提级管辖的重大、复杂案件。

上级监察机关对于所辖各级监察机关管辖范围内有重大影响的案件，必要时可以依法直接调查或者组织、指挥、参与调查。

地方各级监察机关所管辖的职务违法和职务犯罪案件，具有第一款规定情形的，可以依法报请上一级监察机关管辖。

第四十八条 上级监察机关可以依法将其所管辖的案件指定下级监察机关管辖。

设区的市级监察委员会将同级党委管理的公职人员涉嫌职务违法或者职务犯罪案件指定下级监察委员会管辖的,应当报省级监察委员会批准;省级监察委员会将同级党委管理的公职人员涉嫌职务违法或者职务犯罪案件指定下级监察委员会管辖的,应当报国家监察委员会相关监督检查部门备案。

上级监察机关对于下级监察机关管辖的职务违法和职务犯罪案件,具有下列情形之一,认为由其他下级监察机关管辖更为适宜的,可以依法指定给其他下级监察机关管辖:

(一)管辖有争议的;

(二)指定管辖有利于案件公正处理的;

(三)下级监察机关报请指定管辖的;

(四)其他有必要指定管辖的。

被指定的下级监察机关未经指定管辖的监察机关批准,不得将案件再行指定管辖。发现新的职务违法或者职务犯罪线索,以及其他重要情况、重大问题,应当及时向指定管辖的监察机关请示报告。

第四十九条 工作单位在地方、管理权限在主管部门的公职人员涉嫌职务违法和职务犯罪,一般由驻在主管部门、有管辖权的监察机构、监察专员管辖;经协商,监察机构、监察专员可以按规定移交公职人员工作单位所在地的地方监察委员会调查,或者与地方监察委员会联合调查。地方监察委员会在工作中发现上述公职人员有关问题线索,应当向驻在主管部门、有管辖权的监察机构、监察专员通报,并协商确定管辖。

前款规定单位的其他公职人员涉嫌职务违法和职务犯罪,可以由地方监察委员会管辖;驻在主管部门的监察机构、监察专员自行立案调查的,应当及时通报地方监察委员会。

地方监察委员会调查前两款规定案件,应当将立案、留置、移送审查起诉、撤销案件等重要情况向驻在主管部门的监察机构、监察专员通报。

第五十条 监察机关办理案件中涉及无隶属关系的其他监察机关的监察对象,认为需要立案调查的,应当商请有管理权限的监察机关依法立案调查。商请立案时,应当提供涉案人员基本情况、已经查明的涉嫌违法犯罪事实以及相关证据材料。

承办案件的监察机关认为由其一并调查更为适宜的，可以报请有权决定的上级监察机关指定管辖。

第五十一条　公职人员既涉嫌贪污贿赂、失职渎职等严重职务违法和职务犯罪，又涉嫌公安机关、人民检察院等机关管辖的犯罪，依法由监察机关为主调查的，应当由监察机关和其他机关分别依职权立案，监察机关承担组织协调职责，协调调查和侦查工作进度、重要调查和侦查措施使用等重要事项。

第五十二条　监察机关必要时可以依法调查司法工作人员利用职权实施的涉嫌非法拘禁、刑讯逼供、非法搜查等侵犯公民权利、损害司法公正的犯罪，并在立案后及时通报同级人民检察院。

监察机关在调查司法工作人员涉嫌贪污贿赂等职务犯罪中，可以对其涉嫌的前款规定的犯罪一并调查，并及时通报同级人民检察院。人民检察院在办理直接受理侦查的案件中，发现犯罪嫌疑人同时涉嫌监察机关管辖的其他职务犯罪，经沟通全案移送监察机关管辖的，监察机关应当依法进行调查。

第五十三条　监察机关对于退休公职人员在退休前或者退休后，或者离职、死亡的公职人员在履职期间实施的涉嫌职务违法或者职务犯罪行为，可以依法进行调查。

对前款规定人员，按照其原任职务的管辖规定确定管辖的监察机关；由其他监察机关管辖更为适宜的，可以依法指定或者交由其他监察机关管辖。

第四章　监察权限

第一节　一般要求

第五十四条　监察机关应当加强监督执法调查工作规范化建设，严格按规定对监察措施进行审批和监管，依照法定的范围、程序和期限采取相关措施，出具、送达法律文书。

第五十五条　监察机关在初步核实中，可以依法采取谈话、询问、查询、调取、勘验检查、鉴定措施；立案后可以采取讯问、留置、冻结、搜查、查封、扣押、通缉措施。需要采取技术调查、限制出境措施的，应当按照规定交有关机关依法执行。设区的市级以下监察机关在初步核实中不得采取技术调查措施。

开展问责调查,根据具体情况可以依法采取相关监察措施。

第五十六条 开展讯问、搜查、查封、扣押以及重要的谈话、询问等调查取证工作,应当全程同步录音录像,并保持录音录像资料的完整性。录音录像资料应当妥善保管、及时归档,留存备查。

人民检察院、人民法院需要调取同步录音录像的,监察机关应当予以配合,经审批依法予以提供。

第五十七条 需要商请其他监察机关协助收集证据材料的,应当依法出具《委托调查函》;商请其他监察机关对采取措施提供一般性协助的,应当依法出具《商请协助采取措施函》。商请协助事项涉及协助地监察机关管辖的监察对象的,应当由协助地监察机关按照所涉人员的管理权限报批。协助地监察机关对于协助请求,应当依法予以协助配合。

第五十八条 采取监察措施需要告知、通知相关人员的,应当依法办理。告知包括口头、书面两种方式,通知应当采取书面方式。采取口头方式告知的,应当将相关情况制作工作记录;采取书面方式告知、通知的,可以通过直接送交、邮寄、转交等途径送达,将有关回执或者凭证附卷。

无法告知、通知,或者相关人员拒绝接收的,调查人员应当在工作记录或者有关文书上记明。

第二节 证 据

第五十九条 可以用于证明案件事实的材料都是证据,包括:

(一)物证;

(二)书证;

(三)证人证言;

(四)被害人陈述;

(五)被调查人陈述、供述和辩解;

(六)鉴定意见;

(七)勘验检查、辨认、调查实验等笔录;

(八)视听资料、电子数据。

监察机关向有关单位和个人收集、调取证据时,应当告知其必须依法如实提供证据。对于不按要求提供有关材料,泄露相关信息,伪造、隐匿、毁灭证据，提供虚假情况或者阻止他人提供证据的，依法追究法律责任。

监察机关依照监察法和本条例规定收集的证据材料，经审查符合法定要求的，在刑事诉讼中可以作为证据使用。

第六十条　监察机关认定案件事实应当以证据为根据，全面、客观地收集、固定被调查人有无违法犯罪以及情节轻重的各种证据，形成相互印证、完整稳定的证据链。

只有被调查人陈述或者供述，没有其他证据的，不能认定案件事实；没有被调查人陈述或者供述，证据符合法定标准的，可以认定案件事实。

第六十一条　证据必须经过查证属实，才能作为定案的根据。审查认定证据，应当结合案件的具体情况，从证据与待证事实的关联程度、各证据之间的联系、是否依照法定程序收集等方面进行综合判断。

第六十二条　监察机关调查终结的职务违法案件，应当事实清楚、证据确凿。证据确凿，应当符合下列条件：

（一）定性处置的事实都有证据证实；

（二）定案证据真实、合法；

（三）据以定案的证据之间不存在无法排除的矛盾；

（四）综合全案证据，所认定事实清晰且令人信服。

第六十三条　监察机关调查终结的职务犯罪案件，应当事实清楚，证据确实、充分。证据确实、充分，应当符合下列条件：

（一）定罪量刑的事实都有证据证明；

（二）据以定案的证据均经法定程序查证属实；

（三）综合全案证据，对所认定事实已排除合理怀疑。

证据不足的，不得移送人民检察院审查起诉。

第六十四条　严禁以暴力、威胁、引诱、欺骗以及非法限制人身自由等非法方法收集证据，严禁侮辱、打骂、虐待、体罚或者变相体罚被调查人、涉案人员和证人。

第六十五条　对于调查人员采用暴力、威胁以及非法限制人身自由等非法方法收集的被调查人供述、证人证言、被害人陈述，应当依法予以排除。

前款所称暴力的方法，是指采用殴打、违法使用戒具等方法或者变相肉刑的恶劣手段，使人遭受难以忍受的痛苦而违背意愿作出供述、证言、陈述；威胁的方法，是指采用以暴力或者严重损害本人及其近亲属合法权益等进行威胁的方法，使人遭受难以忍受的痛苦而违背意愿作出供述、证言、陈述。

收集物证、书证不符合法定程序，可能严重影响案件公正处理的，应当予以补正或者作出合理解释；不能补正或者作出合理解释的，对该证据应当予以排除。

第六十六条 监察机关监督检查、调查、案件审理、案件监督管理等部门发现监察人员在办理案件中，可能存在以非法方法收集证据情形的，应当依据职责进行调查核实。对于被调查人控告、举报调查人员采用非法方法收集证据，并提供涉嫌非法取证的人员、时间、地点、方式和内容等材料或者线索的，应当受理并进行审核。根据现有材料无法证明证据收集合法性的，应当进行调查核实。

经调查核实，确认或者不能排除以非法方法收集证据的，对有关证据依法予以排除，不得作为案件定性处置、移送审查起诉的依据。认定调查人员非法取证的，应当依法处理，另行指派调查人员重新调查取证。

监察机关接到对下级监察机关调查人员采用非法方法收集证据的控告、举报，可以直接进行调查核实，也可以交由下级监察机关调查核实。交由下级监察机关调查核实的，下级监察机关应当及时将调查结果报告上级监察机关。

第六十七条 对收集的证据材料及扣押的财物应当妥善保管，严格履行交接、调用手续，定期对账核实，不得违规使用、调换、损毁或者自行处理。

第六十八条 监察机关对行政机关在行政执法和查办案件中收集的物证、书证、视听资料、电子数据，勘验、检查等笔录，以及鉴定意见等证据材料，经审查符合法定要求的，可以作为证据使用。

根据法律、行政法规规定行使国家行政管理职权的组织在行政执法和查办案件中收集的证据材料，视为行政机关收集的证据材料。

第六十九条 监察机关对人民法院、人民检察院、公安机关、国家安全机关等在刑事诉讼中收集的物证、书证、视听资料、电子数据，勘验、检查、辨认、侦查实验等笔录，以及鉴定意见等证据材料，经审查符合法定要求的，可以作为证据使用。

监察机关办理职务违法案件，对于人民法院生效刑事判决、裁定和人民检察院不起诉决定采信的证据材料，可以直接作为证据使用。

第三节 谈 话

第七十条 监察机关在问题线索处置、初步核实和立案调查中，可以依法对涉嫌职务违法的监察对象进行谈话，要求其如实说明情况或者作出陈述。

谈话应当个别进行。负责谈话的人员不得少于二人。

第七十一条 对一般性问题线索的处置，可以采取谈话方式进行，对监察对象给予警示、批评、教育。谈话应当在工作地点等场所进行，明确告知谈话事项，注重谈清问题、取得教育效果。

第七十二条 采取谈话方式处置问题线索的，经审批可以由监察人员或者委托被谈话人所在单位主要负责人等进行谈话。

监察机关谈话应当形成谈话笔录或者记录。谈话结束后，可以根据需要要求被谈话人在十五个工作日以内作出书面说明。被谈话人应当在书面说明每页签名，修改的地方也应当签名。

委托谈话的，受委托人应当在收到委托函后的十五个工作日以内进行谈话。谈话结束后及时形成谈话情况材料报送监察机关，必要时附被谈话人的书面说明。

第七十三条 监察机关开展初步核实工作，一般不与被核查人接触；确有需要与被核查人谈话的，应当按规定报批。

第七十四条 监察机关对涉嫌职务违法的被调查人立案后，可以依法进行谈话。

与被调查人首次谈话时，应当出示《被调查人权利义务告知书》，由其签名、捺指印。被调查人拒绝签名、捺指印的，调查人员应当在文书上记明。对于被调查人未被限制人身自由的，应当在首次谈话时出具《谈话通知书》。

与涉嫌严重职务违法的被调查人进行谈话的，应当全程同步录音录像，并告知被调查人。告知情况应当在录音录像中予以反映，并在笔录中记明。

第七十五条 立案后，与未被限制人身自由的被调查人谈话的，应当在具备安全保障条件的场所进行。

调查人员按规定通知被调查人所在单位派员或者被调查人家属陪同被调查人到指定场所的，应当与陪同人员办理交接手续，填写《陪送交接单》。

第七十六条 调查人员与被留置的被调查人谈话的，按照法定程序在留置场所进行。

与在押的犯罪嫌疑人、被告人谈话的，应当持以监察机关名义出具的介绍信、工作证件，商请有关案件主管机关依法协助办理。

与在看守所、监狱服刑的人员谈话的，应当持以监察机关名义出具的介绍信、工作证件办理。

第七十七条　与被调查人进行谈话，应当合理安排时间、控制时长，保证其饮食和必要的休息时间。

第七十八条　谈话笔录应当在谈话现场制作。笔录应当详细具体，如实反映谈话情况。笔录制作完成后，应当交给被调查人核对。被调查人没有阅读能力的，应当向其宣读。

笔录记载有遗漏或者差错的，应当补充或者更正，由被调查人在补充或者更正处捺指印。被调查人核对无误后，应当在笔录中逐页签名、捺指印。被调查人拒绝签名、捺指印的，调查人员应当在笔录中记明。调查人员也应当在笔录中签名。

第七十九条　被调查人请求自行书写说明材料的，应当准许。必要时，调查人员可以要求被调查人自行书写说明材料。

被调查人应当在说明材料上逐页签名、捺指印，在末页写明日期。对说明材料有修改的，在修改之处应当捺指印。说明材料应当由二名调查人员接收，在首页记明接收的日期并签名。

第八十条　本条例第七十四条至第七十九条的规定，也适用于在初步核实中开展的谈话。

第四节　讯　　问

第八十一条　监察机关对涉嫌职务犯罪的被调查人，可以依法进行讯问，要求其如实供述涉嫌犯罪的情况。

第八十二条　讯问被留置的被调查人，应当在留置场所进行。

第八十三条　讯问应当个别进行，调查人员不得少于二人。

首次讯问时，应当向被讯问人出示《被调查人权利义务告知书》，由其签名、捺指印。被讯问人拒绝签名、捺指印的，调查人员应当在文书上记明。被讯问人未被限制人身自由的，应当在首次讯问时向其出具《讯问通知书》。

讯问一般按照下列顺序进行：

（一）核实被讯问人的基本情况，包括姓名、曾用名、出生年月日、户籍地、身份证件号码、民族、职业、政治面貌、文化程度、工作单位及职务、住所、家庭情况、社会经历，是否属于党代表大会代表、人大代表、政协委员，是否受到过党纪政务处分，是否受到过刑事处罚等；

（二）告知被讯问人如实供述自己罪行可以依法从宽处理和认罪认罚的法律规定；

（三）讯问被讯问人是否有犯罪行为，让其陈述有罪的事实或者无罪的辩解，应当允许其连贯陈述。

调查人员的提问应当与调查的案件相关。被讯问人对调查人员的提问应当如实回答。调查人员对被讯问人的辩解，应当如实记录，认真查核。

讯问时，应当告知被讯问人将进行全程同步录音录像。告知情况应当在录音录像中予以反映，并在笔录中记明。

第八十四条　本条例第七十五条至第七十九条的要求，也适用于讯问。

第五节　询　　问

第八十五条　监察机关按规定报批后，可以依法对证人、被害人等人员进行询问，了解核实有关问题或者案件情况。

第八十六条　证人未被限制人身自由的，可以在其工作地点、住所或者其提出的地点进行询问，也可以通知其到指定地点接受询问。到证人提出的地点或者调查人员指定的地点进行询问的，应当在笔录中记明。

调查人员认为有必要或者证人提出需要由所在单位派员或者其家属陪同到询问地点的，应当办理交接手续并填写《陪送交接单》。

第八十七条　询问应当个别进行。负责询问的调查人员不得少于二人。

首次询问时，应当向证人出示《证人权利义务告知书》，由其签名、捺指印。证人拒绝签名、捺指印的，调查人员应当在文书上记明。证人未被限制人身自由的，应当在首次询问时向其出具《询问通知书》。

询问时，应当核实证人身份，问明证人的基本情况，告知证人应当如实提供证据、证言，以及作伪证或者隐匿证据应当承担的法律责任。不得向证人泄露案情，不得采用非法方法获取证言。

询问重大或者有社会影响案件的重要证人，应当对询问过程全程同步录音录像，并告知证人。告知情况应当在录音录像中予以反映，并在笔录中记明。

第八十八条 询问未成年人，应当通知其法定代理人到场。无法通知或者法定代理人不能到场的，应当通知未成年人的其他成年亲属或者所在学校、居住地基层组织的代表等有关人员到场。询问结束后，由法定代理人或者有关人员在笔录中签名。调查人员应当将到场情况记录在案。

询问聋、哑人，应当有通晓聋、哑手势的人员参加。调查人员应当在笔录中记明证人的聋、哑情况，以及翻译人员的姓名、工作单位和职业。询问不通晓当地通用语言、文字的证人，应当有翻译人员。询问结束后，由翻译人员在笔录中签名。

第八十九条 凡是知道案件情况的人，都有如实作证的义务。对故意提供虚假证言的证人，应当依法追究法律责任。

证人或者其他任何人不得帮助被调查人隐匿、毁灭、伪造证据或者串供，不得实施其他干扰调查活动的行为。

第九十条 证人、鉴定人、被害人因作证，本人或者近亲属人身安全面临危险，向监察机关请求保护的，监察机关应当受理并及时进行审查；对于确实存在人身安全危险的，监察机关应当采取必要的保护措施。监察机关发现存在上述情形的，应当主动采取保护措施。

监察机关可以采取下列一项或者多项保护措施：

（一）不公开真实姓名、住址和工作单位等个人信息；

（二）禁止特定的人员接触证人、鉴定人、被害人及其近亲属；

（三）对人身和住宅采取专门性保护措施；

（四）其他必要的保护措施。

依法决定不公开证人、鉴定人、被害人的真实姓名、住址和工作单位等个人信息的，可以在询问笔录等法律文书、证据材料中使用化名。但是应当另行书面说明使用化名的情况并标明密级，单独成卷。

监察机关采取保护措施需要协助的，可以提请公安机关等有关单位和要求有关个人依法予以协助。

第九十一条 本条例第七十六条至第七十九条的要求，也适用于询问。

询问重要涉案人员,根据情况适用本条例第七十五条的规定。

询问被害人,适用询问证人的规定。

第六节　留　　置

第九十二条　监察机关调查严重职务违法或者职务犯罪,对于符合监察法第二十二条第一款规定的,经依法审批,可以对被调查人采取留置措施。

监察法第二十二条第一款规定的严重职务违法,是指根据监察机关已经掌握的事实及证据,被调查人涉嫌的职务违法行为情节严重,可能被给予撤职以上政务处分;重要问题,是指对被调查人涉嫌的职务违法或者职务犯罪,在定性处置、定罪量刑等方面有重要影响的事实、情节及证据。

监察法第二十二条第一款规定的已经掌握其部分违法犯罪事实及证据,是指同时具备下列情形:

(一)有证据证明发生了违法犯罪事实;

(二)有证据证明该违法犯罪事实是被调查人实施;

(三)证明被调查人实施违法犯罪行为的证据已经查证属实。

部分违法犯罪事实,既可以是单一违法犯罪行为的事实,也可以是数个违法犯罪行为中任何一个违法犯罪行为的事实。

第九十三条　被调查人具有下列情形之一的,可以认定为监察法第二十二条第一款第二项所规定的可能逃跑、自杀:

(一)着手准备自杀、自残或者逃跑的;

(二)曾经有自杀、自残或者逃跑行为的;

(三)有自杀、自残或者逃跑意图的;

(四)其他可能逃跑、自杀的情形。

第九十四条　被调查人具有下列情形之一的,可以认定为监察法第二十二条第一款第三项所规定的可能串供或者伪造、隐匿、毁灭证据:

(一)曾经或者企图串供,伪造、隐匿、毁灭、转移证据的;

(二)曾经或者企图威逼、恐吓、利诱、收买证人,干扰证人作证的;

(三)有同案人或者与被调查人存在密切关联违法犯罪的涉案人员在逃,重要证据尚未收集完成的;

(四)其他可能串供或者伪造、隐匿、毁灭证据的情形。

第九十五条 被调查人具有下列情形之一的，可以认定为监察法第二十二条第一款第四项所规定的可能有其他妨碍调查行为：

（一）可能继续实施违法犯罪行为的；

（二）有危害国家安全、公共安全等现实危险的；

（三）可能对举报人、控告人、被害人、证人、鉴定人等相关人员实施打击报复的；

（四）无正当理由拒不到案，严重影响调查的；

（五）其他可能妨碍调查的行为。

第九十六条 对下列人员不得采取留置措施：

（一）患有严重疾病、生活不能自理的；

（二）怀孕或者正在哺乳自己婴儿的妇女；

（三）系生活不能自理的人的唯一扶养人。

上述情形消除后，根据调查需要可以对相关人员采取留置措施。

第九十七条 采取留置措施时，调查人员不得少于二人，应当向被留置人员宣布《留置决定书》，告知被留置人员权利义务，要求其在《留置决定书》上签名、捺指印。被留置人员拒绝签名、捺指印的，调查人员应当在文书上记明。

第九十八条 采取留置措施后，应当在二十四小时以内通知被留置人员所在单位和家属。当面通知的，由有关人员在《留置通知书》上签名。无法当面通知的，可以先以电话等方式通知，并通过邮寄、转交等方式送达《留置通知书》，要求有关人员在《留置通知书》上签名。

因可能毁灭、伪造证据，干扰证人作证或者串供等有碍调查情形而不宜通知的，应当按规定报批，记录在案。有碍调查的情形消失后，应当立即通知被留置人员所在单位和家属。

第九十九条 县级以上监察机关需要提请公安机关协助采取留置措施的，应当按规定报批，请同级公安机关依法予以协助。提请协助时，应当出具《提请协助采取留置措施函》，列明提请协助的具体事项和建议，协助采取措施的时间、地点等内容，附《留置决定书》复印件。

因保密需要，不适合在采取留置措施前向公安机关告知留置对象姓名的，可以作出说明，进行保密处理。

需要提请异地公安机关协助采取留置措施的，应当按规定报批，向协作地同级监察机关出具协作函件和相关文书，由协作地监察机关提请当地公安机关依法予以协助。

第一百条 留置过程中，应当保障被留置人员的合法权益，尊重其人格和民族习俗，保障饮食、休息和安全，提供医疗服务。

第一百零一条 留置时间不得超过三个月，自向被留置人员宣布之日起算。具有下列情形之一的，经审批可以延长一次，延长时间不得超过三个月：

（一）案情重大，严重危害国家利益或者公共利益的；

（二）案情复杂，涉案人员多、金额巨大，涉及范围广的；

（三）重要证据尚未收集完成，或者重要涉案人员尚未到案，导致违法犯罪的主要事实仍须继续调查的；

（四）其他需要延长留置时间的情形。

省级以下监察机关采取留置措施的，延长留置时间应当报上一级监察机关批准。

延长留置时间的，应当在留置期满前向被留置人员宣布延长留置时间的决定，要求其在《延长留置时间决定书》上签名、捺指印。被留置人员拒绝签名、捺指印的，调查人员应当在文书上记明。

延长留置时间的，应当通知被留置人员家属。

第一百零二条 对被留置人员不需要继续采取留置措施的，应当按规定报批，及时解除留置。

调查人员应当向被留置人员宣布解除留置措施的决定，由其在《解除留置决定书》上签名、捺指印。被留置人员拒绝签名、捺指印的，调查人员应当在文书上记明。

解除留置措施的，应当及时通知被留置人员所在单位或者家属。调查人员应当与交接人办理交接手续，并由其在《解除留置通知书》上签名。无法通知或者有关人员拒绝签名的，调查人员应当在文书上记明。

案件依法移送人民检察院审查起诉的，留置措施自犯罪嫌疑人被执行拘留时自动解除，不再办理解除法律手续。

第一百零三条 留置场所应当建立健全保密、消防、医疗、餐饮及安保等安全工作责任制，制定紧急突发事件处置预案，采取安全防范措施。

留置期间发生被留置人员死亡、伤残、脱逃等办案安全事故、事件的，应当及时做好处置工作。相关情况应当立即报告监察机关主要负责人,并在二十四小时以内逐级上报至国家监察委员会。

第七节 查询、冻结

第一百零四条 监察机关调查严重职务违法或者职务犯罪,根据工作需要,按规定报批后,可以依法查询、冻结涉案单位和个人的存款、汇款、债券、股票、基金份额等财产。

第一百零五条 查询、冻结财产时,调查人员不得少于二人。调查人员应当出具《协助查询财产通知书》或者《协助冻结财产通知书》,送交银行或者其他金融机构、邮政部门等单位执行。有关单位和个人应当予以配合,并严格保密。

查询财产应当在《协助查询财产通知书》中填写查询账号、查询内容等信息。没有具体账号的,应当填写足以确定账户或者权利人的自然人姓名、身份证件号码或者企业法人名称、统一社会信用代码等信息。

冻结财产应当在《协助冻结财产通知书》中填写冻结账户名称、冻结账号、冻结数额、冻结期限起止时间等信息。冻结数额应当具体、明确,暂时无法确定具体数额的,应当在《协助冻结财产通知书》上明确写明"只收不付"。冻结证券和交易结算资金时,应当明确冻结的范围是否及于孳息。

冻结财产,应当为被调查人及其所扶养的亲属保留必需的生活费用。

第一百零六条 调查人员可以根据需要对查询结果进行打印、抄录、复制、拍照,要求相关单位在有关材料上加盖证明印章。对查询结果有疑问的,可以要求相关单位进行书面解释并加盖印章。

第一百零七条 监察机关对查询信息应当加强管理,规范信息交接、调阅、使用程序和手续,防止滥用和泄露。

调查人员不得查询与案件调查工作无关的信息。

第一百零八条 冻结财产的期限不得超过六个月。冻结期限到期未办理续冻手续的,冻结自动解除。

有特殊原因需要延长冻结期限的,应当在到期前按原程序报批,办理续冻手续。每次续冻期限不得超过六个月。

第一百零九条 已被冻结的财产可以轮候冻结,不得重复冻结。轮候冻结的，监察机关应当要求有关银行或者其他金融机构等单位在解除冻结或者作出处理前予以通知。

监察机关接受司法机关、其他监察机关等国家机关移送的涉案财物后，该国家机关采取的冻结期限届满，监察机关续行冻结的顺位与该国家机关冻结的顺位相同。

第一百一十条　冻结财产应当通知权利人或者其法定代理人、委托代理人，要求其在《冻结财产告知书》上签名。冻结股票、债券、基金份额等财产，应当告知权利人或者其法定代理人、委托代理人有权申请出售。

对于被冻结的股票、债券、基金份额等财产，权利人或者其法定代理人、委托代理人申请出售，不损害国家利益、被害人利益，不影响调查正常进行的，经审批可以在案件办结前由相关机构依法出售或者变现。对于被冻结的汇票、本票、支票即将到期的，经审批可以在案件办结前由相关机构依法出售或者变现。出售上述财产的，应当出具《许可出售冻结财产通知书》。

出售或者变现所得价款应当继续冻结在其对应的银行账户中；没有对应的银行账户的，应当存入监察机关指定的专用账户保管，并将存款凭证送监察机关登记。监察机关应当及时向权利人或者其法定代理人、委托代理人出具《出售冻结财产通知书》，并要求其签名。拒绝签名的，调查人员应当在文书上记明。

第一百一十一条　对于冻结的财产，应当及时核查。经查明与案件无关的，经审批，应当在查明后三日以内将《解除冻结财产通知书》送交有关单位执行。解除情况应当告知被冻结财产的权利人或者其法定代理人、委托代理人。

第八节　搜　　查

第一百一十二条　监察机关调查职务犯罪案件，为了收集犯罪证据、查获被调查人，按规定报批后，可以依法对被调查人以及可能隐藏被调查人或者犯罪证据的人的身体、物品、住处、工作地点和其他有关地方进行搜查。

第一百一十三条　搜查应当在调查人员主持下进行，调查人员不得少于二人。搜查女性的身体，由女性工作人员进行。

搜查时，应当有被搜查人或者其家属、其所在单位工作人员或者其他见证人在场。监察人员不得作为见证人。调查人员应当向被搜查人或者其家属、见证人出示《搜查证》,要求其签名。被搜查人或者其家属不在场,或者拒绝签名的,调查人员应当在文书上记明。

第一百一十四条 搜查时,应当要求在场人员予以配合,不得进行阻碍。对以暴力、威胁等方法阻碍搜查的,应当依法制止。对阻碍搜查构成违法犯罪的,依法追究法律责任。

第一百一十五条 县级以上监察机关需要提请公安机关依法协助采取搜查措施的,应当按规定报批,请同级公安机关予以协助。提请协助时,应当出具《提请协助采取搜查措施函》,列明提请协助的具体事项和建议,搜查时间、地点、目的等内容,附《搜查证》复印件。

需要提请异地公安机关协助采取搜查措施的,应当按规定报批,向协作地同级监察机关出具协作函件和相关文书,由协作地监察机关提请当地公安机关予以协助。

第一百一十六条 对搜查取证工作,应当全程同步录音录像。

对搜查情况应当制作《搜查笔录》,由调查人员和被搜查人或者其家属、见证人签名。被搜查人或者其家属不在场,或者拒绝签名的,调查人员应当在笔录中记明。

对于查获的重要物证、书证、视听资料、电子数据及其放置、存储位置应当拍照,并在《搜查笔录》中作出文字说明。

第一百一十七条 搜查时,应当避免未成年人或者其他不适宜在搜查现场的人在场。

搜查人员应当服从指挥、文明执法,不得擅自变更搜查对象和扩大搜查范围。搜查的具体时间、方法,在实施前应当严格保密。

第一百一十八条 在搜查过程中查封、扣押财物和文件的,按照查封、扣押的有关规定办理。

第九节 调　取

第一百一十九条 监察机关按规定报批后,可以依法向有关单位和个人调取用以证明案件事实的证据材料。

第一百二十条 调取证据材料时,调查人员不得少于二人。调查人员应当依法出具《调取证据通知书》,必要时附《调取证据清单》。

有关单位和个人配合监察机关调取证据,应当严格保密。

第一百二十一条　调取物证应当调取原物。原物不便搬运、保存,或者依法应当返还,或者因保密工作需要不能调取原物的,可以将原物封存,并拍照、录像。对原物拍照或者录像时,应当足以反映原物的外形、内容。

调取书证、视听资料应当调取原件。取得原件确有困难或者因保密工作需要不能调取原件的,可以调取副本或者复制件。

调取物证的照片、录像和书证、视听资料的副本、复制件的,应当书面记明不能调取原物、原件的原因,原物、原件存放地点,制作过程,是否与原物、原件相符,并由调查人员和物证、书证、视听资料原持有人签名或者盖章。持有人无法签名、盖章或者拒绝签名、盖章的,应当在笔录中记明,由见证人签名。

第一百二十二条　调取外文材料作为证据使用的,应当交由具有资质的机构和人员出具中文译本。中文译本应当加盖翻译机构公章。

第一百二十三条　收集、提取电子数据,能够扣押原始存储介质的,应当予以扣押、封存并在笔录中记录封存状态。无法扣押原始存储介质的,可以提取电子数据,但应当在笔录中记明不能扣押的原因、原始存储介质的存放地点或者电子数据的来源等情况。

由于客观原因无法或者不宜采取前款规定方式收集、提取电子数据的,可以采取打印、拍照或者录像等方式固定相关证据,并在笔录中说明原因。

收集、提取的电子数据,足以保证完整性,无删除、修改、增加等情形的,可以作为证据使用。

收集、提取电子数据,应当制作笔录,记录案由、对象、内容,收集、提取电子数据的时间、地点、方法、过程,并附电子数据清单,注明类别、文件格式、完整性校验值等,由调查人员、电子数据持有人(提供人)签名或者盖章;电子数据持有人(提供人)无法签名或者拒绝签名的,应当在笔录中记明,由见证人签名或者盖章。有条件的,应当对相关活动进行录像。

第一百二十四条　调取的物证、书证、视听资料等原件,经查明与案件无关的,经审批,应当在查明后三日以内退还,并办理交接手续。

第十节 查封、扣押

第一百二十五条 监察机关按规定报批后，可以依法查封、扣押用以证明被调查人涉嫌违法犯罪以及情节轻重的财物、文件、电子数据等证据材料。

对于被调查人到案时随身携带的物品，以及被调查人或者其他相关人员主动上交的财物和文件，依法需要扣押的，依照前款规定办理。对于被调查人随身携带的与案件无关的个人用品，应当逐件登记，随案移交或者退还。

第一百二十六条 查封、扣押时，应当出具《查封/扣押通知书》，调查人员不得少于二人。持有人拒绝交出应当查封、扣押的财物和文件的，可以依法强制查封、扣押。

调查人员对于查封、扣押的财物和文件，应当会同在场见证人和被查封、扣押财物持有人进行清点核对，开列《查封/扣押财物、文件清单》，由调查人员、见证人和持有人签名或者盖章。持有人不在场或者拒绝签名、盖章的，调查人员应当在清单上记明。

查封、扣押财物，应当为被调查人及其所扶养的亲属保留必需的生活费用和物品。

第一百二十七条 查封、扣押不动产和置于该不动产上不宜移动的设施、家具和其他相关财物，以及车辆、船舶、航空器和大型机械、设备等财物，必要时可以依法扣押其权利证书，经拍照或者录像后原地封存。调查人员应当在查封清单上记明相关财物的所在地址和特征，已经拍照或者录像及其权利证书被扣押的情况，由调查人员、见证人和持有人签名或者盖章。持有人不在场或者拒绝签名、盖章的，调查人员应当在清单上记明。

查封、扣押前款规定财物的，必要时可以将被查封财物交给持有人或者其近亲属保管。调查人员应当告知保管人妥善保管，不得对被查封财物进行转移、变卖、毁损、抵押、赠予等处理。

调查人员应当将《查封/扣押通知书》送达不动产、生产设备或者车辆、船舶、航空器等财物的登记、管理部门，告知其在查封期间禁止办理抵押、转让、出售等权属关系变更、转移登记手续。相关情况应当在查封清单上记明。被查封、扣押的财物已经办理抵押登记的，监察机关在执行没收、追缴、责令退赔等决定时应当及时通知抵押权人。

第一百二十八条　查封、扣押下列物品，应当依法进行相应的处理：

（一）查封、扣押外币、金银珠宝、文物、名贵字画以及其他不易辨别真伪的贵重物品，具备当场密封条件的，应当当场密封，由二名以上调查人员在密封材料上签名并记明密封时间。不具备当场密封条件的，应当在笔录中记明，以拍照、录像等方法加以保全后进行封存。查封、扣押的贵重物品需要鉴定的，应当及时鉴定。

（二）查封、扣押存折、银行卡、有价证券等支付凭证和具有一定特征能够证明案情的现金，应当记明特征、编号、种类、面值、张数、金额等，当场密封，由二名以上调查人员在密封材料上签名并记明密封时间。

（三）查封、扣押易损毁、灭失、变质等不宜长期保存的物品以及有消费期限的卡、券，应当在笔录中记明，以拍照、录像等方法加以保全后进行封存，或者经审批委托有关机构变卖、拍卖。变卖、拍卖的价款存入专用账户保管，待调查终结后一并处理。

（四）对于可以作为证据使用的录音录像、电子数据存储介质，应当记明案由、对象、内容，录制、复制的时间、地点、规格、类别、应用长度、文件格式及长度等，制作清单。具备查封、扣押条件的电子设备、存储介质应当密封保存。必要时，可以请有关机关协助。

（五）对被调查人使用违法犯罪所得与合法收入共同购置的不可分割的财产，可以先行查封、扣押。对无法分割退还的财产，涉及违法的，可以在结案后委托有关单位拍卖、变卖，退还不属于违法所得的部分及孳息；涉及职务犯罪的，依法移送司法机关处置。

（六）查封、扣押危险品、违禁品，应当及时送交有关部门，或者根据工作需要严格封存保管。

第一百二十九条　对于需要启封的财物和文件，应当由二名以上调查人员共同办理。重新密封时，由二名以上调查人员在密封材料上签名、记明时间。

第一百三十条　查封、扣押涉案财物，应当按规定将涉案财物详细信息、《查封/扣押财物、文件清单》录入并上传监察机关涉案财物信息管理系统。

对于涉案款项，应当在采取措施后十五日以内存入监察机关指定的专用账户。对于涉案物品，应当在采取措施后三十日以内移交涉案财物保管部门保管。因特殊原因不能按时存入专用账户或者移交保管的,应当按规定报批,将保管情况录入涉案财物信息管理系统,在原因消除后及时存入或者移交。

第一百三十一条 对于已移交涉案财物保管部门保管的涉案财物,根据调查工作需要,经审批可以临时调用,并应当确保完好。调用结束后,应当及时归还。调用和归还时,调查人员、保管人员应当当面清点查验。保管部门应当对调用和归还情况进行登记,全程录像并上传涉案财物信息管理系统。

第一百三十二条 对于被扣押的股票、债券、基金份额等财产,以及即将到期的汇票、本票、支票,依法需要出售或者变现的,按照本条例关于出售冻结财产的规定办理。

第一百三十三条 监察机关接受司法机关、其他监察机关等国家机关移送的涉案财物后,该国家机关采取的查封、扣押期限届满,监察机关续行查封、扣押的顺位与该国家机关查封、扣押的顺位相同。

第一百三十四条 对查封、扣押的财物和文件,应当及时进行核查。经查明与案件无关的,经审批,应当在查明后三日以内解除查封、扣押,予以退还。解除查封、扣押的,应当向有关单位、原持有人或者近亲属送达《解除查封/扣押通知书》,附《解除查封/扣押财物、文件清单》,要求其签名或者盖章。

第一百三十五条 在立案调查之前,对监察对象及相关人员主动上交的涉案财物,经审批可以接收。

接收时,应当由二名以上调查人员,会同持有人和见证人进行清点核对,当场填写《主动上交财物登记表》。调查人员、持有人和见证人应当在登记表上签名或者盖章。

对于主动上交的财物,应当根据立案及调查情况及时决定是否依法查封、扣押。

第十一节 勘验检查

第一百三十六条 监察机关按规定报批后,可以依法对与违法犯罪有关的场所、物品、人身、尸体、电子数据等进行勘验检查。

第一百三十七条 依法需要勘验检查的,应当制作《勘验检查证》;需要委托勘验检查的,应当出具《委托勘验检查书》,送具有专门知识、勘验检查资格的单位（人员）办理。

第一百三十八条　勘验检查应当由二名以上调查人员主持，邀请与案件无关的见证人在场。勘验检查情况应当制作笔录，并由参加勘验检查人员和见证人签名。

勘验检查现场、拆封电子数据存储介质应当全程同步录音录像。对现场情况应当拍摄现场照片、制作现场图，并由勘验检查人员签名。

第一百三十九条　为了确定被调查人或者相关人员的某些特征、伤害情况或者生理状态，可以依法对其人身进行检查。必要时可以聘请法医或者医师进行人身检查。检查女性身体，应当由女性工作人员或者医师进行。被调查人拒绝检查的，可以依法强制检查。

人身检查不得采用损害被检查人生命、健康或者贬低其名誉、人格的方法。对人身检查过程中知悉的个人隐私，应当严格保密。

对人身检查的情况应当制作笔录，由参加检查的调查人员、检查人员、被检查人员和见证人签名。被检查人员拒绝签名的，调查人员应当在笔录中记明。

第一百四十条　为查明案情，在必要的时候，经审批可以依法进行调查实验。调查实验，可以聘请有关专业人员参加，也可以要求被调查人、被害人、证人参加。

进行调查实验，应当全程同步录音录像，制作调查实验笔录，由参加实验的人签名。进行调查实验，禁止一切足以造成危险、侮辱人格的行为。

第一百四十一条　调查人员在必要时，可以依法让被害人、证人和被调查人对与违法犯罪有关的物品、文件、尸体或者场所进行辨认；也可以让被害人、证人对被调查人进行辨认，或者让被调查人对涉案人员进行辨认。

辨认工作应当由二名以上调查人员主持进行。在辨认前，应当向辨认人详细询问辨认对象的具体特征，避免辨认人见到辨认对象，并告知辨认人作虚假辨认应当承担的法律责任。几名辨认人对同一辨认对象进行辨认时，应当由辨认人个别进行。辨认应当形成笔录，并由调查人员、辨认人签名。

第一百四十二条　辨认人员时，被辨认的人数不得少于七人，照片不得少于十张。

辨认人不愿公开进行辨认时，应当在不暴露辨认人的情况下进行辨认，并为其保守秘密。

第一百四十三条 组织辨认物品时一般应当辨认实物。被辨认的物品系名贵字画等贵重物品或者存在不便搬运等情况的，可以对实物照片进行辨认。辨认人进行辨认时，应当在辨认出的实物照片与附纸骑缝上捺指印予以确认，在附纸上写明该实物涉案情况并签名、捺指印。

辨认物品时，同类物品不得少于五件，照片不得少于五张。

对于难以找到相似物品的特定物，可以将该物品照片交由辨认人进行确认后，在照片与附纸骑缝上捺指印，在附纸上写明该物品涉案情况并签名、捺指印。在辨认人确认前，应当向其详细询问物品的具体特征，并对确认过程和结果形成笔录。

第一百四十四条 辨认笔录具有下列情形之一的，不得作为认定案件的依据：

（一）辨认开始前使辨认人见到辨认对象的；

（二）辨认活动没有个别进行的；

（三）辨认对象没有混杂在具有类似特征的其他对象中，或者供辨认的对象数量不符合规定的，但特定辨认对象除外；

（四）辨认中给辨认人明显暗示或者明显有指认嫌疑的；

（五）辨认不是在调查人员主持下进行的；

（六）违反有关规定，不能确定辨认笔录真实性的其他情形。

辨认笔录存在其他瑕疵的，应当结合全案证据审查其真实性和关联性，作出综合判断。

第十二节 鉴 定

第一百四十五条 监察机关为解决案件中的专门性问题，按规定报批后，可以依法进行鉴定。

鉴定时应当出具《委托鉴定书》，由二名以上调查人员送交具有鉴定资格的鉴定机构、鉴定人进行鉴定。

第一百四十六条 监察机关可以依法开展下列鉴定：

（一）对笔迹、印刷文件、污损文件、制成时间不明的文件和以其他形式表现的文件等进行鉴定；

（二）对案件中涉及的财务会计资料及相关财物进行会计鉴定；

（三）对被调查人、证人的行为能力进行精神病鉴定；

（四）对人体造成的损害或者死因进行人身伤亡医学鉴定；

（五）对录音录像资料进行鉴定；

（六）对因电子信息技术应用而出现的材料及其派生物进行电子证据鉴定；

（七）其他可以依法进行的专业鉴定。

第一百四十七条　监察机关应当为鉴定提供必要条件，向鉴定人送交有关检材和对比样本等原始材料，介绍与鉴定有关的情况。调查人员应当明确提出要求鉴定事项，但不得暗示或者强迫鉴定人作出某种鉴定意见。

监察机关应当做好检材的保管和送检工作，记明检材送检环节的责任人，确保检材在流转环节的同一性和不被污染。

第一百四十八条　鉴定人应当在出具的鉴定意见上签名，并附鉴定机构和鉴定人的资质证明或者其他证明文件。多个鉴定人的鉴定意见不一致的，应当在鉴定意见上记明分歧的内容和理由，并且分别签名。

监察机关对于法庭审理中依法决定鉴定人出庭作证的，应当予以协调。

鉴定人故意作虚假鉴定的，应当依法追究法律责任。

第一百四十九条　调查人员应当对鉴定意见进行审查。对经审查作为证据使用的鉴定意见，应当告知被调查人及相关单位、人员，送达《鉴定意见告知书》。

被调查人或者相关单位、人员提出补充鉴定或者重新鉴定申请，经审查符合法定要求的，应当按规定报批，进行补充鉴定或者重新鉴定。

对鉴定意见告知情况可以制作笔录，载明告知内容和被告知人的意见等。

第一百五十条　经审查具有下列情形之一的，应当补充鉴定：

（一）鉴定内容有明显遗漏的；

（二）发现新的有鉴定意义的证物的；

（三）对鉴定证物有新的鉴定要求的；

（四）鉴定意见不完整，委托事项无法确定的；

（五）其他需要补充鉴定的情形。

第一百五十一条　经审查具有下列情形之一的，应当重新鉴定：

（一）鉴定程序违法或者违反相关专业技术要求的；

（二）鉴定机构、鉴定人不具备鉴定资质和条件的；

（三）鉴定人故意作出虚假鉴定或者违反回避规定的；

（四）鉴定意见依据明显不足的；

（五）检材虚假或者被损坏的；

（六）其他应当重新鉴定的情形。

决定重新鉴定的，应当另行确定鉴定机构和鉴定人。

第一百五十二条 因无鉴定机构，或者根据法律法规等规定，监察机关可以指派、聘请具有专门知识的人就案件的专门性问题出具报告。

第十三节 技术调查

第一百五十三条 监察机关根据调查涉嫌重大贪污贿赂等职务犯罪需要，依照规定的权限和程序报经批准，可以依法采取技术调查措施，按照规定交公安机关或者国家有关执法机关依法执行。

前款所称重大贪污贿赂等职务犯罪，是指具有下列情形之一：

（一）案情重大复杂，涉及国家利益或者重大公共利益的；

（二）被调查人可能被判处十年以上有期徒刑、无期徒刑或者死刑的；

（三）案件在全国或者本省、自治区、直辖市范围内有较大影响的。

第一百五十四条 依法采取技术调查措施的，监察机关应当出具《采取技术调查措施委托函》《采取技术调查措施决定书》和《采取技术调查措施适用对象情况表》，送交有关机关执行。其中，设区的市级以下监察机关委托有关执行机关采取技术调查措施，还应当提供《立案决定书》。

第一百五十五条 技术调查措施的期限按照监察法的规定执行，期限届满前未办理延期手续的，到期自动解除。

对于不需要继续采取技术调查措施的，监察机关应当按规定及时报批，将《解除技术调查措施决定书》送交有关机关执行。

需要依法变更技术调查措施种类或者增加适用对象的，监察机关应当重新办理报批和委托手续，依法送交有关机关执行。

第一百五十六条 对于采取技术调查措施收集的信息和材料，依法需要作为刑事诉讼证据使用的，监察机关应当按规定报批，出具《调取技术调查证据材料通知书》向有关执行机关调取。

对于采取技术调查措施收集的物证、书证及其他证据材料，监察机关应当制作书面说明，写明获取证据的时间、地点、数量、特征以及采取技术调查措施的批准机关、种类等。调查人员应当在书面说明上签名。

对于采取技术调查措施获取的证据材料，如果使用该证据材料可能危及有关人员的人身安全，或者可能产生其他严重后果的，应当采取不暴露有关人员身份、技术方法等保护措施。必要时，可以建议由审判人员在庭外进行核实。

第一百五十七条　调查人员对采取技术调查措施过程中知悉的国家秘密、商业秘密、个人隐私，应当严格保密。

采取技术调查措施获取的证据、线索及其他有关材料，只能用于对违法犯罪的调查、起诉和审判，不得用于其他用途。

对采取技术调查措施获取的与案件无关的材料，应当经审批及时销毁。对销毁情况应当制作记录，由调查人员签名。

第十四节　通　　缉

第一百五十八条　县级以上监察机关对在逃的应当被留置人员，依法决定在本行政区域内通缉的，应当按规定报批，送交同级公安机关执行。送交执行时，应当出具《通缉决定书》，附《留置决定书》等法律文书和被通缉人员信息，以及承办单位、承办人员等有关情况。

通缉范围超出本行政区域的，应当报有决定权的上级监察机关出具《通缉决定书》，并附《留置决定书》及相关材料，送交同级公安机关执行。

第一百五十九条　国家监察委员会依法需要提请公安部对在逃人员发布公安部通缉令的，应当先提请公安部采取网上追逃措施。如情况紧急，可以向公安部同时出具《通缉决定书》和《提请采取网上追逃措施函》。

省级以下监察机关报请国家监察委员会提请公安部发布公安部通缉令的，应当先提请本地公安机关采取网上追逃措施。

第一百六十条　监察机关接到公安机关抓获被通缉人员的通知后，应当立即核实被抓获人员身份，并在接到通知后二十四小时以内派员办理交接手续。边远或者交通不便地区，至迟不得超过三日。

公安机关在移交前,将被抓获人员送往当地监察机关留置场所临时看管的,当地监察机关应当接收,并保障临时看管期间的安全,对工作信息严格保密。

监察机关需要提请公安机关协助将被抓获人员带回的,应当按规定报批,请本地同级公安机关依法予以协助。提请协助时,应当出具《提请协助采取留置措施函》,附《留置决定书》复印件及相关材料。

第一百六十一条 监察机关对于被通缉人员已经归案、死亡,或者依法撤销留置决定以及发现有其他不需要继续采取通缉措施情形的,应当经审批出具《撤销通缉通知书》,送交协助采取原措施的公安机关执行。

第十五节 限制出境

第一百六十二条 监察机关为防止被调查人及相关人员逃匿境外,按规定报批后,可以依法决定采取限制出境措施,交由移民管理机构依法执行。

第一百六十三条 监察机关采取限制出境措施应当出具有关函件,与《采取限制出境措施决定书》一并送交移民管理机构执行。其中,采取边控措施的,应当附《边控对象通知书》;采取法定不批准出境措施的,应当附《法定不准出境人员报备表》。

第一百六十四条 限制出境措施有效期不超过三个月,到期自动解除。

到期后仍有必要继续采取措施的,应当按原程序报批。承办部门应当出具有关函件,在到期前与《延长限制出境措施期限决定书》一并送交移民管理机构执行。延长期限每次不得超过三个月。

第一百六十五条 监察机关接到口岸移民管理机构查获被决定采取留置措施的边控对象的通知后,应当于二十四小时以内到达口岸办理移交手续。无法及时到达的,应当委托当地监察机关及时前往口岸办理移交手续。当地监察机关应当予以协助。

第一百六十六条 对于不需要继续采取限制出境措施的,应当按规定报批,及时予以解除。承办部门应当出具有关函件,与《解除限制出境措施决定书》一并送交移民管理机构执行。

第一百六十七条 县级以上监察机关在重要紧急情况下,经审批可以依法直接向口岸所在地口岸移民管理机构提请办理临时限制出境措施。

第五章　监 察 程 序

第一节　线 索 处 置

第一百六十八条　监察机关应当对问题线索归口受理、集中管理、分类处置、定期清理。

第一百六十九条　监察机关对于报案或者举报应当依法接受。属于本级监察机关管辖的,依法予以受理;属于其他监察机关管辖的,应当在五个工作日以内予以转送。

监察机关可以向下级监察机关发函交办检举控告,并进行督办,下级监察机关应当按期回复办理结果。

第一百七十条　对于涉嫌职务违法或者职务犯罪的公职人员主动投案的,应当依法接待和办理。

第一百七十一条　监察机关对于执法机关、司法机关等其他机关移送的问题线索,应当及时审核,并按照下列方式办理:

(一)本单位有管辖权的,及时研究提出处置意见;

(二)本单位没有管辖权但其他监察机关有管辖权的,在五个工作日以内转送有管辖权的监察机关;

(三)本单位对部分问题线索有管辖权的,对有管辖权的部分提出处置意见,并及时将其他问题线索转送有管辖权的机关;

(四)监察机关没有管辖权的,及时退回移送机关。

第一百七十二条　信访举报部门归口受理本机关管辖监察对象涉嫌职务违法和职务犯罪问题的检举控告,统一接收有关监察机关以及其他单位移送的相关检举控告,移交本机关监督检查部门或者相关部门,并将移交情况通报案件监督管理部门。

案件监督管理部门统一接收巡视巡察机构和审计机关、执法机关、司法机关等其他机关移送的职务违法和职务犯罪问题线索,按程序移交本机关监督检查部门或者相关部门办理。

监督检查部门、调查部门在工作中发现的相关问题线索,属于本部门受理范围的,应当报送案件监督管理部门备案;属于本机关其他部门受理范围的，经审批后移交案件监督管理部门分办。

第一百七十三条 案件监督管理部门应当对问题线索实行集中管理、动态更新，定期汇总、核对问题线索及处置情况，向监察机关主要负责人报告，并向相关部门通报。

问题线索承办部门应当指定专人负责管理线索，逐件编号登记、建立管理台账。线索管理处置各环节应当由经手人员签名，全程登记备查，及时与案件监督管理部门核对。

第一百七十四条 监督检查部门应当结合问题线索所涉及地区、部门、单位总体情况进行综合分析，提出处置意见并制定处置方案，经审批按照谈话、函询、初步核实、暂存待查、予以了结等方式进行处置，或者按照职责移送调查部门处置。

函询应当以监察机关办公厅（室）名义发函给被反映人，并抄送其所在单位和派驻监察机构主要负责人。被函询人应当在收到函件后十五个工作日以内写出说明材料，由其所在单位主要负责人签署意见后发函回复。被函询人为所在单位主要负责人的，或者被函询人所作说明涉及所在单位主要负责人的，应当直接发函回复监察机关。

被函询人已经退休的，按照第二款规定程序办理。

监察机关根据工作需要，经审批可以对谈话、函询情况进行核实。

第一百七十五条 检举控告人使用本人真实姓名或者本单位名称，有电话等具体联系方式的，属于实名检举控告。监察机关对实名检举控告应当优先办理、优先处置，依法给予答复。虽有署名但不是检举控告人真实姓名（单位名称）或者无法验证的检举控告，按照匿名检举控告处理。

信访举报部门对属于本机关受理的实名检举控告，应当在收到检举控告之日起十五个工作日以内按规定告知实名检举控告人受理情况，并做好记录。

调查人员应当将实名检举控告的处理结果在办结之日起十五个工作日以内向检举控告人反馈，并记录反馈情况。对检举控告人提出异议的应当如实记录，并向其进行说明；对提供新证据材料的，应当依法核查处理。

第二节 初步核实

第一百七十六条 监察机关对具有可查性的职务违法和职务犯罪问题线

索，应当按规定报批后，依法开展初步核实工作。

第一百七十七条　采取初步核实方式处置问题线索，应当确定初步核实对象，制定工作方案，明确需要核实的问题和采取的措施，成立核查组。

在初步核实中应当注重收集客观性证据，确保真实性和准确性。

第一百七十八条　在初步核实中发现或者受理被核查人新的具有可查性的问题线索的，应当经审批纳入原初核方案开展核查。

第一百七十九条　核查组在初步核实工作结束后应当撰写初步核实情况报告，列明被核查人基本情况、反映的主要问题、办理依据、初步核实结果、存在疑点、处理建议，由全体人员签名。

承办部门应当综合分析初步核实情况，按照拟立案调查、予以了结、谈话提醒、暂存待查，或者移送有关部门、机关处理等方式提出处置建议，按照批准初步核实的程序报批。

第三节　立　　案

第一百八十条　监察机关经过初步核实，对于已经掌握监察对象涉嫌职务违法或者职务犯罪的部分事实和证据，认为需要追究其法律责任的，应当按规定报批后，依法立案调查。

第一百八十一条　监察机关立案调查职务违法或者职务犯罪案件，需要对涉嫌行贿犯罪、介绍贿赂犯罪或者共同职务犯罪的涉案人员立案调查的，应当一并办理立案手续。需要交由下级监察机关立案的，经审批交由下级监察机关办理立案手续。

对单位涉嫌受贿、行贿等职务犯罪，需要追究法律责任的，依法对该单位办理立案调查手续。对事故（事件）中存在职务违法或者职务犯罪问题，需要追究法律责任，但相关责任人员尚不明确的，可以以事立案。对单位立案或者以事立案后，经调查确定相关责任人员的，按照管理权限报批确定被调查人。

监察机关根据人民法院生效刑事判决、裁定和人民检察院不起诉决定认定的事实，需要对监察对象给予政务处分的，可以由相关监督检查部门依据司法机关的生效判决、裁定、决定及其认定的事实、性质和情节，提出给予政务处分的意见，按程序移送审理。对依法被追究行政法律责任的监察对象，需要给予政务处分的，应当依法办理立案手续。

第一百八十二条 对案情简单、经过初步核实已查清主要职务违法事实,应当追究监察对象法律责任,不再需要开展调查的,立案和移送审理可以一并报批,履行立案程序后再移送审理。

第一百八十三条 上级监察机关需要指定下级监察机关立案调查的,应当按规定报批,向被指定管辖的监察机关出具《指定管辖决定书》,由其办理立案手续。

第一百八十四条 批准立案后,应当由二名以上调查人员出示证件,向被调查人宣布立案决定。宣布立案决定后,应当及时向被调查人所在单位等相关组织送达《立案通知书》,并向被调查人所在单位主要负责人通报。

对涉嫌严重职务违法或者职务犯罪的公职人员立案调查并采取留置措施的,应当按规定通知被调查人家属,并向社会公开发布。

第四节　调　　查

第一百八十五条 监察机关对已经立案的职务违法或者职务犯罪案件应当依法进行调查,收集证据查明违法犯罪事实。

调查职务违法或者职务犯罪案件,对被调查人没有采取留置措施的,应当在立案后一年以内作出处理决定;对被调查人解除留置措施的,应当在解除留置措施后一年以内作出处理决定。案情重大复杂的案件,经上一级监察机关批准,可以适当延长,但延长期限不得超过六个月。

被调查人在监察机关立案调查以后逃匿的,调查期限自被调查人到案之日起重新计算。

第一百八十六条 案件立案后,监察机关主要负责人应当依照法定程序批准确定调查方案。

监察机关应当组成调查组依法开展调查。调查工作应当严格按照批准的方案执行,不得随意扩大调查范围、变更调查对象和事项,对重要事项应当及时请示报告。调查人员在调查工作期间,未经批准不得单独接触任何涉案人员及其特定关系人,不得擅自采取调查措施。

第一百八十七条 调查组应当将调查认定的涉嫌违法犯罪事实形成书面材料,交给被调查人核对,听取其意见。被调查人应当在书面材料上签署意见。对被调查人签署不同意见或者拒不签署意见的,调查组应当作出说明或者注明情况。对被调查人提出申辩的事实、理由和证据应当进行核实，成立的予以采纳。

调查组对于立案调查的涉嫌行贿犯罪、介绍贿赂犯罪或者共同职务犯罪的涉案人员，在查明其涉嫌犯罪问题后，依照前款规定办理。

对于按照本条例规定，对立案和移送审理一并报批的案件，应当在报批前履行本条第一款规定的程序。

第一百八十八条　调查组在调查工作结束后应当集体讨论，形成调查报告。调查报告应当列明被调查人基本情况、问题线索来源及调查依据、调查过程，涉嫌的主要职务违法或者职务犯罪事实，被调查人的态度和认识，处置建议及法律依据，并由调查组组长以及有关人员签名。

对调查过程中发现的重要问题和形成的意见建议，应当形成专题报告。

第一百八十九条　调查组对被调查人涉嫌职务犯罪拟依法移送人民检察院审查起诉的，应当起草《起诉建议书》。《起诉建议书》应当载明被调查人基本情况，调查简况，认罪认罚情况，采取留置措施的时间，涉嫌职务犯罪事实以及证据，对被调查人从重、从轻、减轻或者免除处罚等情节，提出对被调查人移送起诉的理由和法律依据，采取强制措施的建议，并注明移送案卷数及涉案财物等内容。

调查组应当形成被调查人到案经过及量刑情节方面的材料，包括案件来源、到案经过，自动投案、如实供述、立功等量刑情节，认罪悔罪态度、退赃、避免和减少损害结果发生等方面的情况说明及相关材料。被检举揭发的问题已被立案、查破，被检举揭发人已被采取调查措施或者刑事强制措施、起诉或者审判的，还应当附有关法律文书。

第一百九十条　经调查认为被调查人构成职务违法或者职务犯罪的，应当区分不同情况提出相应处理意见，经审批将调查报告、职务违法或者职务犯罪事实材料、涉案财物报告、涉案人员处理意见等材料，连同全部证据和文书手续移送审理。

对涉嫌职务犯罪的案件材料应当按照刑事诉讼要求单独立卷，与《起诉建议书》、涉案财物报告、同步录音录像资料及其自查报告等材料一并移送审理。

调查全过程形成的材料应当案结卷成、事毕归档。

第五节 审　理

第一百九十一条 案件审理部门收到移送审理的案件后，应当审核材料是否齐全、手续是否完备。对被调查人涉嫌职务犯罪的，还应当审核相关案卷材料是否符合职务犯罪案件立卷要求，是否在调查报告中单独表述已查明的涉嫌犯罪问题，是否形成《起诉建议书》。

经审核符合移送条件的，应当予以受理；不符合移送条件的，经审批可以暂缓受理或者不予受理，并要求调查部门补充完善材料。

第一百九十二条 案件审理部门受理案件后，应当成立由二人以上组成的审理组，全面审理案卷材料。

案件审理部门对于受理的案件，应当以监察法、政务处分法、刑法、《中华人民共和国刑事诉讼法》等法律法规为准绳，对案件事实证据、性质认定、程序手续、涉案财物等进行全面审理。

案件审理部门应当强化监督制约职能，对案件严格审核把关，坚持实事求是、独立审理，依法提出审理意见。坚持调查与审理相分离的原则，案件调查人员不得参与审理。

第一百九十三条 审理工作应当坚持民主集中制原则，经集体审议形成审理意见。

第一百九十四条 审理工作应当在受理之日起一个月以内完成，重大复杂案件经批准可以适当延长。

第一百九十五条 案件审理部门根据案件审理情况，经审批可以与被调查人谈话，告知其在审理阶段的权利义务，核对涉嫌违法犯罪事实，听取其辩解意见，了解有关情况。与被调查人谈话时，案件审理人员不得少于二人。

具有下列情形之一的，一般应当与被调查人谈话：

（一）对被调查人采取留置措施，拟移送起诉的；

（二）可能存在以非法方法收集证据情形的；

（三）被调查人对涉嫌违法犯罪事实材料签署不同意见或者拒不签署意见的；

（四）被调查人要求向案件审理人员当面陈述的；

（五）其他有必要与被调查人进行谈话的情形。

第一百九十六条　经审理认为主要违法犯罪事实不清、证据不足的，应当经审批将案件退回承办部门重新调查。

有下列情形之一，需要补充完善证据的，经审批可以退回补充调查：

（一）部分事实不清、证据不足的；

（二）遗漏违法犯罪事实的；

（三）其他需要进一步查清案件事实的情形。

案件审理部门将案件退回重新调查或者补充调查的，应当出具审核意见，写明调查事项、理由、调查方向、需要补充收集的证据及其证明作用等，连同案卷材料一并送交承办部门。

承办部门补充调查结束后，应当经审批将补证情况报告及相关证据材料，连同案卷材料一并移送案件审理部门；对确实无法查明的事项或者无法补充的证据，应当作出书面说明。重新调查终结后，应当重新形成调查报告，依法移送审理。

重新调查完毕移送审理的，审理期限重新计算。补充调查期间不计入审理期限。

第一百九十七条　审理工作结束后应当形成审理报告，载明被调查人基本情况、调查简况、涉嫌违法或者犯罪事实、被调查人态度和认识、涉案财物处置、承办部门意见、审理意见等内容，提请监察机关集体审议。

对被调查人涉嫌职务犯罪需要追究刑事责任的，应当形成《起诉意见书》，作为审理报告附件。《起诉意见书》应当忠实于事实真象，载明被调查人基本情况，调查简况，采取留置措施的时间，依法查明的犯罪事实和证据，从重、从轻、减轻或者免除处罚等情节，涉案财物情况，涉嫌罪名和法律依据，采取强制措施的建议，以及其他需要说明的情况。

案件审理部门经审理认为现有证据不足以证明被调查人存在违法犯罪行为，且通过退回补充调查仍无法达到证明标准的，应当提出撤销案件的建议。

第一百九十八条　上级监察机关办理下级监察机关管辖案件的，可以经审理后按程序直接进行处置，也可以经审理形成处置意见后，交由下级监察机关办理。

第一百九十九条　被指定管辖的监察机关在调查结束后应当将案件移送审理，提请监察机关集体审议。

上级监察机关将其所管辖的案件指定管辖的,被指定管辖的下级监察机关应当按照前款规定办理后,将案件报上级监察机关依法作出政务处分决定。上级监察机关在作出决定前,应当进行审理。

上级监察机关将下级监察机关管辖的案件指定其他下级监察机关管辖的,被指定管辖的监察机关应当按照第一款规定办理后,将案件送交有管理权限的监察机关依法作出政务处分决定。有管理权限的监察机关应当进行审理,审理意见与被指定管辖的监察机关意见不一致的,双方应当进行沟通;经沟通不能取得一致意见的,报请有权决定的上级监察机关决定。经协商,有管理权限的监察机关在被指定管辖的监察机关审理阶段可以提前阅卷,沟通了解情况。

对于前款规定的重大、复杂案件,被指定管辖的监察机关经集体审议后将处理意见报有权决定的上级监察机关审核同意的,有管理权限的监察机关可以经集体审议后依法处置。

第六节　处　　置

第二百条　监察机关根据监督、调查结果,依据监察法、政务处分法等规定进行处置。

第二百零一条　监察机关对于公职人员有职务违法行为但情节较轻的,可以依法进行谈话提醒、批评教育、责令检查,或者予以诫勉。上述方式可以单独使用,也可以依据规定合并使用。

谈话提醒、批评教育应当由监察机关相关负责人或者承办部门负责人进行,可以由被谈话提醒、批评教育人所在单位有关负责人陪同;经批准也可以委托其所在单位主要负责人进行。对谈话提醒、批评教育情况应当制作记录。

被责令检查的公职人员应当作出书面检查并进行整改。整改情况在一定范围内通报。

诫勉由监察机关以谈话或者书面方式进行。以谈话方式进行的,应当制作记录。

第二百零二条　对违法的公职人员依法需要给予政务处分的,应当根据情节轻重作出警告、记过、记大过、降级、撤职、开除的政务处分决定,制作政务处分决定书。

第二百零三条　监察机关应当将政务处分决定书在作出后一个月以内送达被处分人和被处分人所在机关、单位，并依法履行宣布、书面告知程序。

政务处分决定自作出之日起生效。有关机关、单位、组织应当依法及时执行处分决定，并将执行情况向监察机关报告。处分决定应当在作出之日起一个月以内执行完毕，特殊情况下经监察机关批准可以适当延长办理期限，最迟不得超过六个月。

第二百零四条　监察机关对不履行或者不正确履行职责造成严重后果或者恶劣影响的领导人员，可以按照管理权限采取通报、诫勉、政务处分等方式进行问责；提出组织处理的建议。

第二百零五条　监察机关依法向监察对象所在单位提出监察建议的，应当经审批制作监察建议书。

监察建议书一般应当包括下列内容：

（一）监督调查情况；

（二）调查中发现的主要问题及其产生的原因；

（三）整改建议、要求和期限；

（四）向监察机关反馈整改情况的要求。

第二百零六条　监察机关经调查，对没有证据证明或者现有证据不足以证明被调查人存在违法犯罪行为的，应当依法撤销案件。省级以下监察机关撤销案件后，应当在七个工作日以内向上一级监察机关报送备案报告。上一级监察机关监督检查部门负责备案工作。

省级以下监察机关拟撤销上级监察机关指定管辖或者交办案件的，应当将《撤销案件意见书》连同案卷材料，在法定调查期限到期七个工作日前报指定管辖或者交办案件的监察机关审查。对于重大、复杂案件，在法定调查期限到期十个工作日前报指定管辖或者交办案件的监察机关审查。

指定管辖或者交办案件的监察机关由监督检查部门负责审查工作。指定管辖或者交办案件的监察机关同意撤销案件的，下级监察机关应当作出撤销案件决定，制作《撤销案件决定书》；指定管辖或者交办案件的监察机关不同意撤销案件的，下级监察机关应当执行该决定。

监察机关对于撤销案件的决定应当向被调查人宣布，由其在《撤销案件决定书》上签名、捺指印，立即解除留置措施，并通知其所在机关、单位。

撤销案件后又发现重要事实或者有充分证据，认为被调查人有违法犯罪事实需要追究法律责任的，应当重新立案调查。

第二百零七条 对于涉嫌行贿等犯罪的非监察对象，案件调查终结后依法移送起诉。综合考虑行为性质、手段、后果、时间节点、认罪悔罪态度等具体情况，对于情节较轻，经审批不予移送起诉的，应当采取批评教育、责令具结悔过等方式处置；应当给予行政处罚的，依法移送有关行政执法部门。

对于有行贿行为的涉案单位和人员，按规定记入相关信息记录，可以作为信用评价的依据。

对于涉案单位和人员通过行贿等非法手段取得的财物及孳息，应当依法予以没收、追缴或者责令退赔。对于违法取得的其他不正当利益，依照法律法规及有关规定予以纠正处理。

第二百零八条 对查封、扣押、冻结的涉嫌职务犯罪所得财物及孳息应当妥善保管，并制作《移送司法机关涉案财物清单》随案移送人民检察院。对作为证据使用的实物应当随案移送；对不宜移送的，应当将清单、照片和其他证明文件随案移送。

对于移送人民检察院的涉案财物，价值不明的，应当在移送起诉前委托进行价格认定。在价格认定过程中，需要对涉案财物先行作出真伪鉴定或者出具技术、质量检测报告的，应当委托有关鉴定机构或者检测机构进行真伪鉴定或者技术、质量检测。

对不属于犯罪所得但属于违法取得的财物及孳息，应当依法予以没收、追缴或者责令退赔，并出具有关法律文书。

对经认定不属于违法所得的财物及孳息，应当及时予以返还，并办理签收手续。

第二百零九条 监察机关经调查，对违法取得的财物及孳息决定追缴或者责令退赔的，可以依法要求公安、自然资源、住房城乡建设、市场监管、金融监管等部门以及银行等机构、单位予以协助。

追缴涉案财物以追缴原物为原则，原物已经转化为其他财物的，应当追缴转化后的财物；有证据证明依法应当追缴、没收的涉案财物无法找到、被他人善意取得、价值灭失减损或者与其他合法财产混合且不可分割的，可以依法追缴、没收其他等值财产。

追缴或者责令退赔应当自处置决定作出之日起一个月以内执行完毕。因被调查人的原因逾期执行的除外。

人民检察院、人民法院依法将不认定为犯罪所得的相关涉案财物退回监察机关的，监察机关应当依法处理。

第二百一十条 监察对象对监察机关作出的涉及本人的处理决定不服的，可以在收到处理决定之日起一个月以内，向作出决定的监察机关申请复审。复审机关应当依法受理，并在受理后一个月以内作出复审决定。监察对象对复审决定仍不服的，可以在收到复审决定之日起一个月以内，向上一级监察机关申请复核。复核机关应当依法受理，并在受理后二个月以内作出复核决定。

上一级监察机关的复核决定和国家监察委员会的复审、复核决定为最终决定。

第二百一十一条 复审、复核机关承办部门应当成立工作组，调阅原案卷宗，必要时可以进行调查取证。承办部门应当集体研究，提出办理意见，经审批作出复审、复核决定。决定应当送达申请人，抄送相关单位，并在一定范围内宣布。

复审、复核期间，不停止原处理决定的执行。复审、复核机关经审查认定处理决定有错误或者不当的，应当依法撤销、变更原处理决定，或者责令原处理机关及时予以纠正。复审、复核机关经审查认定处理决定事实清楚、适用法律正确的，应当予以维持。

坚持复审复核与调查审理分离，原案调查、审理人员不得参与复审复核。

第七节 移送审查起诉

第二百一十二条 监察机关决定对涉嫌职务犯罪的被调查人移送起诉的，应当出具《起诉意见书》，连同案卷材料、证据等，一并移送同级人民检察院。

监察机关案件审理部门负责与人民检察院审查起诉的衔接工作，调查、案件监督管理等部门应当予以协助。

国家监察委员会派驻或者派出的监察机构、监察专员调查的职务犯罪案件，应当依法移送省级人民检察院审查起诉。

第二百一十三条 涉嫌职务犯罪的被调查人和涉案人员符合监察法第三十一条、第三十二条规定情形的，结合其案发前的一贯表现、违法犯罪行为的情节、后果和影响等因素，监察机关经综合研判和集体审议，报上一级监察机关批准，可以在移送人民检察院时依法提出从轻、减轻或者免除处罚等从宽处罚建议。报请批准时，应当一并提供主要证据材料、忏悔反思材料。

上级监察机关相关监督检查部门负责审查工作，重点审核拟认定的从宽处罚情形、提出的从宽处罚建议，经审批在十五个工作日以内作出批复。

第二百一十四条 涉嫌职务犯罪的被调查人有下列情形之一，如实交代自己主要犯罪事实的，可以认定为监察法第三十一条第一项规定的自动投案，真诚悔罪悔过：

（一）职务犯罪问题未被监察机关掌握，向监察机关投案的；

（二）在监察机关谈话、函询过程中，如实交代监察机关未掌握的涉嫌职务犯罪问题的；

（三）在初步核实阶段，尚未受到监察机关谈话时投案的；

（四）职务犯罪问题虽被监察机关立案，但尚未受到讯问或者采取留置措施，向监察机关投案的；

（五）因伤病等客观原因无法前往投案，先委托他人代为表达投案意愿，或者以书信、网络、电话、传真等方式表达投案意愿，后到监察机关接受处理的；

（六）涉嫌职务犯罪潜逃后又投案，包括在被通缉、抓捕过程中投案的；

（七）经查实确已准备去投案，或者正在投案途中被有关机关抓获的；

（八）经他人规劝或者在他人陪同下投案的；

（九）虽未向监察机关投案，但向其所在党组织、单位或者有关负责人员投案，向有关巡视巡察机构投案，以及向公安机关、人民检察院、人民法院投案的；

（十）具有其他应当视为自动投案的情形的。

被调查人自动投案后不能如实交代自己的主要犯罪事实，或者自动投案并如实供述自己的罪行后又翻供的，不能适用前款规定。

第二百一十五条 涉嫌职务犯罪的被调查人有下列情形之一的，可以认定为监察法第三十一条第二项规定的积极配合调查工作，如实供述监察机关还未掌握的违法犯罪行为：

（一）监察机关所掌握线索针对的犯罪事实不成立，在此范围外被调查人主动交代其他罪行的；

（二）主动交代监察机关尚未掌握的犯罪事实，与监察机关已掌握的犯罪事实属不同种罪行的；

（三）主动交代监察机关尚未掌握的犯罪事实，与监察机关已掌握的犯罪事实属同种罪行的；

（四）监察机关掌握的证据不充分，被调查人如实交代有助于收集定案证据的。

前款所称同种罪行和不同种罪行，一般以罪名区分。被调查人如实供述其他罪行的罪名与监察机关已掌握犯罪的罪名不同，但属选择性罪名或者在法律、事实上密切关联的，应当认定为同种罪行。

第二百一十六条　涉嫌职务犯罪的被调查人有下列情形之一的，可以认定为监察法第三十一条第三项规定的积极退赃，减少损失：

（一）全额退赃的；

（二）退赃能力不足，但被调查人及其亲友在监察机关追缴赃款赃物过程中积极配合，且大部分已追缴到位的；

（三）犯罪后主动采取措施避免损失发生，或者积极采取有效措施减少、挽回大部分损失的。

第二百一十七条　涉嫌职务犯罪的被调查人有下列情形之一的，可以认定为监察法第三十一条第四项规定的具有重大立功表现：

（一）检举揭发他人重大犯罪行为且经查证属实的；

（二）提供其他重大案件的重要线索且经查证属实的；

（三）阻止他人重大犯罪活动的；

（四）协助抓捕其他重大职务犯罪案件被调查人、重大犯罪嫌疑人（包括同案犯）的；

（五）为国家挽回重大损失等对国家和社会有其他重大贡献的。

前款所称重大犯罪一般是指依法可能被判处无期徒刑以上刑罚的犯罪行为；重大案件一般是指在本省、自治区、直辖市或者全国范围内有较大影响的案件；查证属实一般是指有关案件已被监察机关或者司法机关立案调查、侦查,被调查人、犯罪嫌疑人被监察机关采取留置措施或者被司法机关采取强制措施,或者被告人被人民法院作出有罪判决,并结合案件事实、证据进行判断。

监察法第三十一条第四项规定的案件涉及国家重大利益,是指案件涉及国家主权和领土完整、国家安全、外交、社会稳定、经济发展等情形。

第二百一十八条 涉嫌行贿等犯罪的涉案人员有下列情形之一的,可以认定为监察法第三十二条规定的揭发有关被调查人职务违法犯罪行为,查证属实或者提供重要线索,有助于调查其他案件:

(一)揭发所涉案件以外的被调查人职务犯罪行为,经查证属实的;

(二)提供的重要线索指向具体的职务犯罪事实,对调查其他案件起到实质性推动作用的;

(三)提供的重要线索有助于加快其他案件办理进度,或者对其他案件固定关键证据、挽回损失、追逃追赃等起到积极作用的。

第二百一十九条 从宽处罚建议一般应当在移送起诉时作为《起诉意见书》内容一并提出,特殊情况下也可以在案件移送后、人民检察院提起公诉前,单独形成从宽处罚建议书移送人民检察院。对于从宽处罚建议所依据的证据材料,应当一并移送人民检察院。

监察机关对于被调查人在调查阶段认罪认罚,但不符合监察法规定的提出从宽处罚建议条件,在移送起诉时没有提出从宽处罚建议的,应当在《起诉意见书》中写明其自愿认罪认罚的情况。

第二百二十条 监察机关一般应当在正式移送起诉十日前,向拟移送的人民检察院采取书面通知等方式预告移送事宜。对于已采取留置措施的案件,发现被调查人因身体等原因存在不适宜羁押等可能影响刑事强制措施执行情形的,应当通报人民检察院。对于未采取留置措施的案件,可以根据案件具体情况,向人民检察院提出对被调查人采取刑事强制措施的建议。

第二百二十一条 监察机关办理的职务犯罪案件移送起诉,需要指定起诉、审判管辖的,应当与同级人民检察院协商有关程序事宜。需要由同级人民检察院的上级人民检察院指定管辖的,应当商请同级人民检察院办理指定管辖事宜。

监察机关一般应当在移送起诉二十日前,将商请指定管辖函送交同级人民检察院。商请指定管辖函应当附案件基本情况,对于被调查人已被其他机关立案侦查的犯罪认为需要并案审查起诉的，一并进行说明。

派驻或者派出的监察机构、监察专员调查的职务犯罪案件需要指定起诉、审判管辖的，应当报派出机关办理指定管辖手续。

第二百二十二条 上级监察机关指定下级监察机关进行调查，移送起诉时需要人民检察院依法指定管辖的，应当在移送起诉前由上级监察机关与同级人民检察院协商有关程序事宜。

第二百二十三条 监察机关对已经移送起诉的职务犯罪案件，发现遗漏被调查人罪行需要补充移送起诉的，应当经审批出具《补充起诉意见书》，连同相关案卷材料、证据等一并移送同级人民检察院。

对于经人民检察院指定管辖的案件需要补充移送起诉的，可以直接移送原受理移送起诉的人民检察院；需要追加犯罪嫌疑人、被告人的，应当再次商请人民检察院办理指定管辖手续。

第二百二十四条 对于涉嫌行贿犯罪、介绍贿赂犯罪或者共同职务犯罪等关联案件的涉案人员，移送起诉时一般应当随主案确定管辖。

主案与关联案件由不同监察机关立案调查的，调查关联案件的监察机关在移送起诉前，应当报告或者通报调查主案的监察机关，由其统一协调案件管辖事宜。因特殊原因，关联案件不宜随主案确定管辖的，调查主案的监察机关应当及时通报和协调有关事项。

第二百二十五条 监察机关对于人民检察院在审查起诉中书面提出的下列要求应当予以配合：

（一）认为可能存在以非法方法收集证据情形，要求监察机关对证据收集的合法性作出说明或者提供相关证明材料的；

（二）排除非法证据后，要求监察机关另行指派调查人员重新取证的；

（三）对物证、书证、视听资料、电子数据及勘验检查、辨认、调查实验等笔录存在疑问，要求调查人员提供获取、制作的有关情况的；

（四）要求监察机关对案件中某些专门性问题进行鉴定，或者对勘验检查进行复验、复查的；

（五）认为主要犯罪事实已经查清，仍有部分证据需要补充完善，要求监察机关补充提供证据的；

（六）人民检察院依法提出的其他工作要求。

第二百二十六条 监察机关对于人民检察院依法退回补充调查的案件,应当向主要负责人报告,并积极开展补充调查工作。

第二百二十七条 对人民检察院退回补充调查的案件,经审批分别作出下列处理:

(一)认定犯罪事实的证据不够充分的,应当在补充证据后,制作补充调查报告书,连同相关材料一并移送人民检察院审查,对无法补充完善的证据,应当作出书面情况说明,并加盖监察机关或者承办部门公章;

(二)在补充调查中发现新的同案犯或者增加、变更犯罪事实,需要追究刑事责任的,应当重新提出处理意见,移送人民检察院审查;

(三)犯罪事实的认定出现重大变化,认为不应当追究被调查人刑事责任的,应当重新提出处理意见,将处理结果书面通知人民检察院并说明理由;

(四)认为移送起诉的犯罪事实清楚,证据确实、充分的,应当说明理由,移送人民检察院依法审查。

第二百二十八条 人民检察院在审查起诉过程中发现新的职务违法或者职务犯罪问题线索并移送监察机关的,监察机关应当依法处置。

第二百二十九条 在案件审判过程中,人民检察院书面要求监察机关补充提供证据,对证据进行补正、解释,或者协助人民检察院补充侦查的,监察机关应当予以配合。监察机关不能提供有关证据材料的,应当书面说明情况。

人民法院在审判过程中就证据收集合法性问题要求有关调查人员出庭说明情况时,监察机关应当依法予以配合。

第二百三十条 监察机关认为人民检察院不起诉决定有错误的,应当在收到不起诉决定书后三十日以内,依法向其上一级人民检察院提请复议。监察机关应当将上述情况及时向上一级监察机关书面报告。

第二百三十一条 对于监察机关移送起诉的案件,人民检察院作出不起诉决定,人民法院作出无罪判决,或者监察机关经人民检察院退回补充调查后不再移送起诉,涉及对被调查人已生效政务处分事实认定的,监察机关应当依法对政务处分决定进行审核。认为原政务处分决定认定事实清楚、适用法律正确的,不再改变;认为原政务处分决定确有错误或者不当的,依法予以撤销或者变更。

第二百三十二条 对于贪污贿赂、失职渎职等职务犯罪案件,被调查人逃匿，在通缉一年后不能到案，或者被调查人死亡，依法应当追缴其违法所得及其他涉案财产的，承办部门在调查终结后应当依法移送审理。

监察机关应当经集体审议，出具《没收违法所得意见书》，连同案卷材料、证据等，一并移送人民检察院依法提出没收违法所得的申请。

监察机关将《没收违法所得意见书》移送人民检察院后，在逃的被调查人自动投案或者被抓获的，监察机关应当及时通知人民检察院。

第二百三十三条　监察机关立案调查拟适用缺席审判程序的贪污贿赂犯罪案件，应当逐级报送国家监察委员会同意。

监察机关承办部门认为在境外的被调查人犯罪事实已经查清，证据确实、充分，依法应当追究刑事责任的，应当依法移送审理。

监察机关应当经集体审议，出具《起诉意见书》，连同案卷材料、证据等，一并移送人民检察院审查起诉。

在审查起诉或者缺席审判过程中，犯罪嫌疑人、被告人向监察机关自动投案或者被抓获的，监察机关应当立即通知人民检察院、人民法院。

第六章　反腐败国际合作

第一节　工作职责和领导体制

第二百三十四条　国家监察委员会统筹协调与其他国家、地区、国际组织开展反腐败国际交流、合作。

国家监察委员会组织《联合国反腐败公约》等反腐败国际条约的实施以及履约审议等工作，承担《联合国反腐败公约》司法协助中央机关有关工作。

国家监察委员会组织协调有关单位建立集中统一、高效顺畅的反腐败国际追逃追赃和防逃协调机制，统筹协调、督促指导各级监察机关反腐败国际追逃追赃等涉外案件办理工作，具体履行下列职责：

（一）制定反腐败国际追逃追赃和防逃工作计划，研究工作中的重要问题；

（二）组织协调反腐败国际追逃追赃等重大涉外案件办理工作；

（三）办理由国家监察委员会管辖的涉外案件；

（四）指导地方各级监察机关依法开展涉外案件办理工作；

（五）汇总和通报全国职务犯罪外逃案件信息和追逃追赃工作信息；

（六）建立健全反腐败国际追逃追赃和防逃合作网络；

（七）承担监察机关开展国际刑事司法协助的主管机关职责；

（八）承担其他与反腐败国际追逃追赃等涉外案件办理工作相关的职责。

第二百三十五条 地方各级监察机关在国家监察委员会领导下，统筹协调、督促指导本地区反腐败国际追逃追赃等涉外案件办理工作，具体履行下列职责：

（一）落实上级监察机关关于反腐败国际追逃追赃和防逃工作部署，制定工作计划；

（二）按照管辖权限或者上级监察机关指定管辖，办理涉外案件；

（三）按照上级监察机关要求，协助配合其他监察机关开展涉外案件办理工作；

（四）汇总和通报本地区职务犯罪外逃案件信息和追逃追赃工作信息；

（五）承担本地区其他与反腐败国际追逃追赃等涉外案件办理工作相关的职责。

省级监察委员会应当会同有关单位，建立健全本地区反腐败国际追逃追赃和防逃协调机制。

国家监察委员会派驻或者派出的监察机构、监察专员统筹协调、督促指导本部门反腐败国际追逃追赃等涉外案件办理工作，参照第一款规定执行。

第二百三十六条 国家监察委员会国际合作局归口管理监察机关反腐败国际追逃追赃等涉外案件办理工作。地方各级监察委员会应当明确专责部门，归口管理本地区涉外案件办理工作。

国家监察委员会派驻或者派出的监察机构、监察专员和地方各级监察机关办理涉外案件中有关执法司法国际合作事项，应当逐级报送国家监察委员会审批。由国家监察委员会依法直接或者协调有关单位与有关国家（地区）相关机构沟通，以双方认可的方式实施。

第二百三十七条 监察机关应当建立追逃追赃和防逃工作内部联络机制。承办部门在调查过程中，发现被调查人或者重要涉案人员外逃、违法所得及其他涉案财产被转移到境外的，可以请追逃追赃部门提供工作协助。监察机关将案件移送人民检察院审查起诉后，仍有重要涉案人员外逃或者未追缴的违法所得及其他涉案财产的，应当由追逃追赃部门继续办理，或者由追逃追赃部门指定协调有关单位办理。

第二节　国（境）内工作

第二百三十八条　监察机关应当将防逃工作纳入日常监督内容，督促相关机关、单位建立健全防逃责任机制。

监察机关在监督、调查工作中，应当根据情况制定对监察对象、重要涉案人员的防逃方案，防范人员外逃和资金外流风险。监察机关应当会同同级组织人事、外事、公安、移民管理等单位健全防逃预警机制，对存在外逃风险的监察对象早发现、早报告、早处置。

第二百三十九条　监察机关应当加强与同级人民银行、公安等单位的沟通协作，推动预防、打击利用离岸公司和地下钱庄等向境外转移违法所得及其他涉案财产，对涉及职务违法和职务犯罪的行为依法进行调查。

第二百四十条　国家监察委员会派驻或者派出的监察机构、监察专员和地方各级监察委员会发现监察对象出逃、失踪、出走，或者违法所得及其他涉案财产被转移至境外的，应当在二十四小时以内将有关信息逐级报送至国家监察委员会国际合作局，并迅速开展相关工作。

第二百四十一条　监察机关追逃追赃部门统一接收巡视巡察机构、审计机关、行政执法部门、司法机关等单位移交的外逃信息。

监察机关对涉嫌职务违法和职务犯罪的外逃人员，应当明确承办部门，建立案件档案。

第二百四十二条　监察机关应当依法全面收集外逃人员涉嫌职务违法和职务犯罪证据。

第二百四十三条　开展反腐败国际追逃追赃等涉外案件办理工作，应当把思想教育贯穿始终，落实宽严相济刑事政策，依法适用认罪认罚从宽制度，促使外逃人员回国投案或者配合调查、主动退赃。开展相关工作，应当尊重所在国家（地区）的法律规定。

第二百四十四条　外逃人员归案、违法所得及其他涉案财产被追缴后，承办案件的监察机关应当将情况逐级报送国家监察委员会国际合作局。监察机关应当依法对涉案人员和违法所得及其他涉案财产作出处置，或者请有关单